FamRZ-Buch **36**

D1666658

Betreuung und Erbrecht

– Der Betreute als Erbe oder Erblasser –

von

Prof. Dr. Dr. h.c. Walter Zimmermann,
Vizepräsident des Landgerichts a. D.
Honorarprofessor an der Universität Regensburg

3., völlig neu bearbeitete Auflage

2023

VERLAG ERNST UND WERNER GIESEKING, BIELEFELD

Bibliografische Information der Deutschen Nationalbibliothek
Die Deutsche Nationalbibliothek verzeichnet diese Publikation in der
Deutschen Nationalbibliografie; detaillierte bibliografische Daten sind
im Internet über http://dnb.d-nb.de abrufbar.

2023

© Verlag Ernst und Werner Gieseking GmbH, Bielefeld

Lektorat: Dr. iur. Jobst Conring

Satz: DeinSatz Marburg | mg
Gesamtherstellung: CPI books GmbH, Leck

ISBN 978-3-7694-1281-9

Vorwort zur 3. Auflage

Ist ein Betreuter als Erbe oder als Erblasser an einem Erbfall beteiligt, dann ergeben sich Besonderheiten daraus, dass der Betreuer gesetzlicher Vertreter des Betreuten ist und in vielen Fällen die Genehmigung des Betreuungsgerichts braucht. Es gibt Betreute, die geschäftsfähig sind und solche, die geschäftsunfähig sein. Das ist theoretisch leicht gesagt, führt aber in der Praxis zu erheblichen Unsicherheiten, weil die Geschäftsfähigkeit nicht in einem Verfahren isoliert festgestellt werden kann. In beiden Fällen kann zusätzlich ein Einwilligungsvorbehalt bestehen oder auch nicht. Manchmal (etwa bei Testamentserrichtung) kann der Betreuer nicht für den Betreuten handeln, obwohl er gesetzlicher Vertreter ist. Die Vertretung ist im Übrigen nur möglich, wenn der vom Betreuungsgericht zugewiesene Aufgabenkreis ausreicht, was oft unklar ist. Weitere Schwierigkeiten ergeben sich, wenn der geschäftsfähige Betreute seinem Betreuer Vollmachten erteilt; oder wenn der geschäftsfähige Betreute ein Wissen hat (z.B. über die Überschuldung des Nachlasses), das dem Betreuer fehlt. Der Betreuer hat Wünschen des Betreuten, soweit zumutbar, zu entsprechen; das ist für den Betreuer eine unklare Handlungsanweisung.

Mit diesen und anderen Fragen befasst sich das Buch. Das Betreuungsrecht wurde durch Gesetz vom 4.5.2021 (BGBl. I S. 882; berichtigt durch G. v. 24.6.2022, BGBl. I S. 959) mit Wirkung vom 1.1.2023 neugestaltet und umgeschrieben. Die vorliegende 3. Auflage berücksichtigt die Neufassung sowie neue Rechtsprechung und Literatur; sie ist auch sonst erweitert.

Passau, im Oktober 2022 *Walter Zimmermann*

Inhaltsverzeichnis

Literaturverzeichnis

BeckOK/Bearbeiter, BGB, online Kommentar, o. J.
BeckOGK/Bearbeiter, BGB, online Großkommentar, o. J.
Burandt/Rojahn, Erbrecht, 4. Aufl. 2022

Damrau/Tanck/Bearbeiter, Erbrecht (Kommentar), 4. Aufl. 2020
Damrau/Zimmermann, Betreuungsrecht, 4. Aufl. 2011
Deinert/Neuser/Bisping, Todesfall- und Bestattungsrecht, Vorschriften-
sammlung, 2021

Grüneberg siehe *Palandt*

Hollstein, Die Nichtigkeit letztwilliger Verfügungen wegen Verstoßes
gegen das gesetzliche Verbot aus § 14 HeimG, 2011

Karl, Der Betreute als Erblasser mit besonderer Berücksichtigung von
§ 14 HeimG, 2007
Keidel, FamFG (Kommentar), 20. Aufl. 2020; künftig „Sternal"
Knittel, Betreuungsrecht (Loseblatt), 1992 ff.
Kornexl, Nachlassplanung bei Problemkindern, 2006
Kurze/Goertz, Bestattungsrecht in der Praxis, 2012

Lange, K. W., Erbrecht, 2. Aufl. 2017
Lange/Kuchinke, Erbrecht, 5. Aufl. 2001

Möller, Fragen der gesetzlichen Betreuung im Rahmen der Nachlasspfleg-
schaft, NLPrax 2021, 21.
Müller, G., Betreuung und Geschäftsfähigkeit, 1998
Münchener Kommentar zum BGB, 9. Aufl. 2022
Muscheler, Erbrecht (2 Bände), 2010

Nieder/Kössinger, Handbuch der Testamentsgestaltung, 2020
Nomos-Kommentar BGB, Erbrecht, 6. Aufl. 2022

Palandt/Bearbeiter, jetzt „Grüneberg" BGB, 81. Aufl. 2022

Roth, Wolfgang, Erbfall und Betreuungsrecht, 2016
Roth, Wolfgang, Erben und Vererben bei rechtlicher Betreuung, 2022

Schellenbach/Normann-Scheerer/Giers/Thielke, Betreuungsrecht für die
   Praxis, 2023
Schumacher, Rechtsgeschäfte zulasten der Sozialhilfe, 2000
Schürmann, Sozialrecht für die familienrechtliche Praxis, 2. Aufl. 2022
Soergel/Bearbeiter, BGB, Erbrecht Bände 21 bis 23, 13. Aufl. 2002
Staudinger/Bearbeiter, BGB (mehrere Bände) ab 1997

v. Lübtow, Erbrecht (2 Bände), 1971

Tanck/Lenz, Die Erbengemeinschaft, 2006
Tanck/Uricher, Erbrecht (Testamentsgestaltung), 2. Aufl. 2011

Zimmermann, Die Testamentsvollstreckung, 2020
Zimmermann, Die Nachlasspflegschaft, 6. Aufl. 2023
Zimmermann, Erbrecht (Lehrbuch), 2019
Zimmermann, Erbschein, Erbscheinsverfahren, Europäisches Nachlass-
   zeugnis, 2022

Abkürzungsverzeichnis

a. A.	anderer Ansicht
AG	Amtsgericht
Alt.	Alternative
a. F.	Alte Fassung einer Bestimmung
AO	Abgabenordnung
Art.	Artikel
BayObLG	Bayerisches Oberstes Landesgericht
BB	Der Betriebsberater
BeckOGK	Beck-Online Grosskommentar
BeckOK	Beck-Online-Kommentar
BeckRS	Beck Rechtssammlung (online)
BeurkG	Beurkundungsgesetz
BewG	Bewertungsgesetz
BFH	Bundesfinanzhof
BGB	Bürgerliches Gesetzbuch
BGBl.	Bundesgesetzblatt
BGH	Bundesgerichtshof; Entscheidungssammlung BGHZ
BNotO	Bundesnotarordnung
BT-Drucks.	Bundestags-Drucksache
BtOG	Betreuungsorganisationsgesetz (2023)
BVerfG	Bundesverfassungsgericht
BWNotZ	Zeitschrift für das Notariat in Baden-Württemberg
DNotZ	Deutsche Notarzeitschrift
EGBGB	Einführungsgesetz zum BGB
E, EL	Erblasser
ErbR	Erbrecht (Zeitschrift)
ErbStG	Erbschaftsteuergesetz
ErbStDV	ErbSt-Durchführungsverordnung
ErbStR	ErbSt-Richtlinien
EStG	Einkommensteuergesetz
FamFG	G. über das Verfahren in Familiensachen und in den Angelegenheiten der freiwilligen Gerichtsbarkeit
FamRZ	Zeitschrift für das gesamte Familienrecht

FD	Fachdienst
FGPrax	Praxis der Freiwilligen Gerichtsbarkeit
G.	Gesetz
GBA	Grundbuchamt
GBO	Grundbuchordnung
GG	Grundgesetz
GKG	Gerichtskostengesetz
GNotKG	Gerichts- und Notarkostengesetz
GVG	Gerichtsverfassungsgesetz
HöfeO	Höfeordnung von 1976
Hg.	Herausgegeben
h. M.	Herrschende Meinung
i. d. R.	in der Regel
InsO	Insolvenzordnung
i. V. m.	in Verbindung mit
JR	Juristische Rundschau
JVEG	Justizvergütungs- und -entschädigungsgesetz
JZ	Juristenzeitung
KG	Kammergericht
KV	Kostenverzeichnis
LFGG	Landesgesetz über die Freiwillige Gerichtsbarkeit (Baden-Württemberg)
LG	Landgericht
LM	Lindenmaier/Möhring (Nachschlagewerk des BGH)
LS	Leitsatz
MDR	Monatsschrift für Deutsches Recht
MittBayNot	Mitteilungen des Bayerischen Notarvereins
MittRhNotK	Mitteilungen der Rheinischen Notarkammer
MünchKomm	Münchener Kommentar zum BGB
NdsRpfl	Niedersächsische Rechtspflege
n. F.	neue Fassung
NJOZ	Neue Juristische Online-Zeitschrift
NJW	Neue Juristische Wochenschrift
NJW-RR	Rechtsprechungsreport der NJW
NLPrax	Praxiszeitschrift für Nachlasswesen

OLG	Oberlandesgericht
PKH	Prozesskostenhilfe
RG	Reichsgericht; Entscheidungssammlung RGZ
Rn.	Randnummer
RNotZ	Rheinische Notarzeitschrift
RPflG	Rechtspflegergesetz
RpflStud	Rechtspfleger-Studienhefte
Rpfleger	Der Deutsche Rechtspfleger (Zeitschrift)
Rspr.	Rechtsprechung
RVG	Rechtsanwaltsvergütungsgesetz
SGB	Sozialgesetzbuch
VersR	Versicherungsrecht (Zeitschrift)
VBVG	Vormünder- und Betreuervergütungsgesetz
VKH	Verfahrenskostenhilfe
VRegV	Vorsorgeregister-Verordnung
z. B.	zum Beispiel
ZErb	Zeitschrift für Erbrecht
ZEV	Zeitschrift für Erbrecht und Vermögensnachfolge
ZPO	Zivilprozessordnung

A. Bedeutung der Betreuung in Erbrechtsfällen

1. Voraussetzungen der Bestellung eines Betreuers

Das Betreuungsrecht kann unter zwei verschiedenen Aspekten im Erbrecht   1
eine Rolle spielen: Der Betreute kann **Erbe** oder sonst erbrechtlich Begünstigter werden; der Betreute kann **Erblasser** sein. Für einen Volljährigen kann das Betreuungsgericht (Amtsgericht[1]) einen Betreuer bestellen, wenn die Voraussetzungen des § 1814 I BGB vorliegen: „Kann ein Volljähriger seine Angelegenheiten ganz oder teilweise rechtlich nicht besorgen und beruht dies auf einer Krankheit oder Behinderung, so bestellt das Betreuungsgericht für ihn einen rechtlichen Betreuer". Die Anordnung muss erforderlich und verhältnismäßig sein.[2] Die Worte „psychische Krankheit (so früher § 1896 a. F. BGB) sind im neuen Gesetzestext nicht mehr enthalten. Das Verfahren richtet sich nach §§ 271 ff. FamFG. Die Rechtsstellung des Betreuers ergibt sich insbesondere aus §§ 1814 ff. BGB.

Die Betreuung soll dem Betreuten die Möglichkeit geben, sein Leben nach seinen Wünschen zu gestalten, soweit möglich (§ 1821 II BGB). Eine Betreuung hat nicht den Zweck, das Vermögen des Betroffenen zugunsten eines gesetzlichen Erben zu erhalten.[3]

Die Frage, ob für eine Person im Einzelfall ein Betreuer bestellt werden durfte (z. B. wegen § 1814 II BGB: Betreuerbestellung gegen den *freien* Willen des Betreuten), spielt für die Kompetenzen des Betreuers keine Rolle: Ist die Betreuerbestellung durch Bekanntgabe des Beschlusses an den Betreuer (nicht: an den Betreuten) wirksam geworden (§ 287 I BGB), ist es für die Vertretungsmacht ohne Bedeutung, ob die Bestellung zu Recht oder zu Unrecht erfolgte.[4] Das ist durch Beschwerde gegen den Bestellungsbeschluss zu klären (§§ 58 ff. FamFG).

Wenn eine **Vorsorgevollmacht** besteht und die Geschäfts**un**fähigkeit des Vollmachtgebers zum Zeitpunkt der Vollmachtserteilung nicht positiv festgestellt werden kann, dann kann keine Betreuung angeordnet werden.[5]

---

1 In Baden-Württemberg bis 31.12.2017 teilweise der Bezirksnotar, §§ 36, 37 BaWüLFGG.
2 BGH ZEV 2021, 775.
3 BGH ZEV 2021, 584 (zur Kontrollbetreuung).
4 BGH NJW 1964, 1129 zur Pflegschaft.
5 BGH NJW 2021, 63.

Denn wenn die Unwirksamkeit einer Vorsorgevollmacht nicht positiv festgestellt werden kann, bleibt es bei der wirksamen Bevollmächtigung.

Wird die Betreuerbestellung auf **Beschwerde** aufgehoben, so bleiben trotzdem die zwischenzeitlichen Rechtsgeschäfte des Betreuers (z. B. Verkauf von Möbeln, Kauf von Kleidung) wirksam (§ 47 FamFG); auch wird der Betreuer trotzdem so bezahlt, wie wenn die Betreuung zu Recht angeordnet worden wäre.

2. Bedeutung der Geschäftsfähigkeit

2   Die Anordnung der Betreuung hat auf die Geschäftsfähigkeit keinen Einfluss.[6] Es gibt deshalb *geschäftsfähige* Betreute und *geschäftsunfähige* Betreute, ferner Betreute mit oder ohne Einwilligungsvorbehalt (§ 1825 BGB). Der geschäftsunfähige Betreute kann ohnehin nicht selbst rechtlich handeln (§ 104 Nr. 2 BGB). Der geschäftsfähige Betreute dagegen kann (wenn kein Einwilligungsvorbehalt besteht) selbst handeln und wird hierbei vom Betreuer nicht verdrängt (er kann aber auch durch den Betreuer vertreten werden); es sind deshalb Doppelverpflichtungen möglich (Beispiel: Sowohl der Betreute wie der Betreuer bestellen Heizöl), bei denen das *eine* Geschäft durchgeführt wird, das *andere* dagegen u. U. durch Zahlung von Schadensersatz wegen Nichterfüllung abgewickelt werden muss. Bei Verfügungen (z. B. Übereignung) zählt die frühere Verfügung. Beschränkt geschäftsfähige Betreute (§ 106 BGB) gibt es nicht, weil alle Betreuten volljährig sind (§ 1814 BGB).

Die Geschäftsunfähigkeit nach § 104 Nr. 2 BGB ist kein medizinischer Befund, sondern ein Rechtsbegriff, dessen Voraussetzungen das Gericht unter kritischer Würdigung des Sachverständigengutachtens festzustellen hat.[7]

Es gibt **kein Bundeszentralregister,** in welches Betreuungen eingetragen werden; auch im **Grundbuch** wird eine Betreuung nicht vermerkt. Der Betreute, welcher *geschäftsfähig* zu sein scheint, kann daher faktisch zum Notar gehen und dort wirksam Erklärungen abgeben; da die Betreuung im Grundbuch nicht eingetragen ist (im Gegensatz etwa zur Testamentsvollstreckung, Nachlassverwaltung, Zwangsversteigerung, Insolvenzeröffnung) ergibt sich weder beim Notar noch beim Grundbuchamt ein Zweifel; sollte der Betreute allerdings geschäftsunfähig gewesen sein, ist das Grundbuch unrichtig geworden (Folgen: § 894 BGB).

---

6 *G. Müller,* Betreuung und Geschäftsfähigkeit, 1998, S. 49.
7 BGH NJW 2021, 63.

Obwohl die **Geschäftsfähigkeit** von zentraler Bedeutung ist, kann sie vom Gericht **nicht isoliert festgestellt** werden. Jeder Volljährige gilt zunächst als geschäftsfähig; die Geschäftsunfähigkeit muss nachgewiesen werden, positiv feststehen.[8] Als Vorfrage wird sie z. B. durch ein Sachverständigengutachten nachgewiesen, wenn in einem **Erbscheinsverfahren** plausibel behauptet wird, dass das Testament wegen Testierunfähigkeit nichtig war (§ 2229 IV BGB).[9] Ebenso kann in einem **Zivilprozess** die Geschäftsunfähigkeit als Vorfrage in einem Gutachten geprüft werden. Eine Vollmacht, die zu Lebzeiten und/oder nach dem Tod wirken soll, ist nur wirksam, wenn bei Erteilung der **Vollmacht** Geschäftsfähigkeit bestand; das wird gegebenenfalls vor Betreuungsanordnung geprüft, weil nur bei wirksamer Vollmacht eine Betreuung entbehrlich ist (§ 1814 III Nr. 1 BGB). Feststellungen eines Notars in der Urkunde, er halte den Beteiligten (der z. B. ein Testament errichtet hat) für geschäftsfähig, haben keinen besonderen Beweiswert;[10] der Notar ist kein Sachverständiger und hatte nur ganz kurze Zeit Kontakt mit dem Beteiligten. Zur praktischen Handhabung vgl. Rn. 65a.

3. Auswirkungen eines Einwilligungsvorbehalts

„Soweit dies zur Abwendung einer erheblichen Gefahr für die Person oder das Vermögen des Betreuten erforderlich ist, ordnet das Betreuungsgericht an, dass der Betreute zu einer Willenserklärung, die einen Aufgabenbereich des Betreuers betrifft, dessen Einwilligung bedarf (Einwilligungsvorbehalt)"; § 1825 I 1 BGB. Der Einwilligungsvorbehalt kann also nur für einen Teil der Betreuung angeordnet werden.

3

a) Folgen für den Betreuten

Liegt beim Betreuten natürliche Geschäftsunfähigkeit (§ 104 Nr. 2 BGB) vor, so ist die Willenserklärung des Betreuten nichtig; sie bleibt auch nichtig (§ 105 I BGB), wenn ein Einwilligungsvorbehalt angeordnet wurde und der Betreuer seine *Einwilligung* erteilt.[11] Wirksam ist die Willenserklärung nur, wenn der Betreuer sie selbst vornimmt. Theoretisch bedarf es daher bei einem Geschäftsunfähigen gar keines Einwilligungsvorbehaltes. Gleichwohl kann er angeordnet werden,[12] weil dann keine **Beweisschwierigkei-**

4

---

8   BGH NJW 2021, 63.
9   Hierzu OLG Hamm FGPrax 2021, 226.
10 OLG Hamm ZEV 2021, 791.
11 BT-Drucks. 11/4528 S. 137.
12 BayObLG FamRZ 2000, 567; OLG Düsseldorf FamRZ 1993, 1224, MünchKomm/ *Schneider* § 1903 Rn. 20.

ten auftauchen. Denn der Betreute ist anderenfalls dafür beweispflichtig, dass er im Zeitpunkt der Abgabe der Willenserklärung geschäftsunfähig war[13] und trägt das entsprechende Prozess- und Kostenrisiko. Fehlt es an der Einwilligung des Betreuers, entfällt für den Betreuten die Notwendigkeit, die eigene Geschäftsunfähigkeit beweisen zu müssen.

b) Unzulässige Einwilligungsvorbehalte

5   Ein Einwilligungsvorbehalt kann sich ua nicht erstrecken auf Verfügungen von Todes wegen (§ 1825 II Nr. 2 BGB), Anfechtung eines Erbvertrages, Aufhebung eines Erbvertrages durch Vertrag, und auf Willenserklärungen, zu denen ein beschränkt Geschäftsfähiger nach den Vorschriften der BGB-Bücher vier und fünf (= Familien- und Erbrecht) nicht der Zustimmung seines gesetzlichen Vertreters bedarf (§ 1825 II Nr. 3-5 BGB). Für ein **Testament** oder den Widerruf eines Testaments braucht also ein Betreuer, selbst wenn ein Einwilligungsvorbehalt angeordnet wurde, keine Einwilligung seines Betreuers. Sobald er gestorben ist kann allerdings im Erbscheinsverfahren nachgeprüft werden, ob er bei Testamentserrichtung testierfähig war.

Der *geschäftsfähige* Betreute kann ohne Zustimmung seines Betreuers und ohne Genehmigung des Betreuungsgerichts als Erblasser einen **Erbvertrag** abschließen, der Einwilligungsvorbehalt kann sich nach § 1825 II BGB nicht auf diese Art der Verfügung von Todes wegen erstrecken. Als **Vertragspartei des Erblassers** kann ein geschäftsfähiger Betreuter, auch wenn er unter Einwilligungsvorbehalt steht, einen Erbvertrag schließen, wonach er erbt, da dieser Vertrag für ihn nur rechtlich vorteilhaft ist (§ 1825 III 1 BGB), solange keine Gegenleistung versprochen wird. Durch einen Einwilligungsvorbehalt wird der geschäftsfähige Betreute nicht gehindert an der Anfechtung des Erbvertrages bzw. dessen Aufhebung (§ 2282 I 2 bzw. § 2290 II 2 BGB), dem Rücktritt vom Erbvertrag (§ 2296 I 2 BGB) und dem Abschluss eines Erbverzichtsvertrages (§ 2347 II 1 BGB).

Bei einer **Vorsorgevollmacht** gibt es keinen Einwilligungsvorbehalt.

c) Rechtlicher Vorteil; geringfügige Angelegenheit

6   Ist ein Einwilligungsvorbehalt angeordnet, so bedarf der Betreute dennoch nicht der Einwilligung seines Betreuers, wenn die Willenserklärung dem Betreuten lediglich einen *rechtlichen* Vorteil bringt (§ 1825 III BGB). Das ist nicht identisch mit einem *wirtschaftlichen* Vorteil; wenn mir jemand

---

13   BGH NJW 1955, 1714.

etwas schenkt ist das nicht unbedingt ein rechtlicher Vorteile für mich. Ebenso ist es, wenn die Willenserklärung eine geringfügige Angelegenheit des täglichen Lebens betrifft, z. B. Lebensmittelkauf im Supermarkt.

4. Der Betreuer als gesetzlicher Vertreter

Der Betreuer ist gesetzlicher Vertreter des Betreuten; in seinem Aufga-   7
benkreis *kann* er den Betreuten gerichtlich und außergerichtlich vertreten (§ 1823 BGB);[14] er muss also zum Ausdruck bringen, dass er als Vertreter handeln will. Dieser Grundsatz erfährt mehrere Einschränkungen:

a) Stellvertretung teils ausgeschlossen

Eine Stellvertretung ist im Erbrecht teilweise ausdrücklich ausgeschlossen,   8
z. B.:

- § 2064 BGB: Testamentserrichtung

- § 2256 II 2 BGB: Rücknahme des Testaments aus der amtlichen Verwahrung

- § 2274 BGB: Abschluss eines Erbvertrags.

Weitere Fälle, die nicht das Erbrecht betreffen, regelt § 1824 BGB.

In diesen Fällen kann der Betreute, sobald er geschäftsunfähig bzw. testier-   9
unfähig geworden ist, überhaupt nicht (mehr) handeln, der geschäfts- bzw. testierfähige Betreute kann nur selbst handeln, ein Betreuer kann nicht für ihn handeln, ebenso wenig ein Bevollmächtigter.

Eine „Entziehung der Vertretungsmacht" gibt es nicht mehr, an ihre Stelle ist die „Einschränkung des Aufgabenbereichs" (§ 1871 I BGB) getreten.[15]

b) Aufgabenkreis des Betreuers

Die Vertretungsmacht ist beschränkt auf den Aufgabenkreis, der im Be-   10
stellungsbeschluss des Gerichts angegeben ist (§ 286 I Nr. 1 FamFG); falls im Betreuerausweis (§ 290 FamFG), ein anderer Aufgabenkreis angegeben ist als im Bestellungsbeschluss, z. B. versehentlich, kommt es auf den Be-

---

14 Einzelheiten vgl. v. *Sachsen Gessaphe,* Der Betreuer als gesetzlicher Vertreter ..., 1999, S. 136 ff.
15 BT-Drucks. 19/24445 S. 259.

stellungsbeschluss an.[16] In erbrechtlichen und nachlassgerichtlichen Angelegenheiten war bisher[17] der Aufgabenkreis „alle Angelegenheiten" ausreichend, jetzt ist „Vermögenssorge" oder „erbrechtliche Angelegenheiten"
notwendig („alle" gibt es nicht mehr). Vereinzelt wird die Ansicht vertreten,
eine ganz spezielle Aufgabenzuweisung (z. B. Vertretung in Fragen der Ausschlagung der Erbschaft) sei erforderlich. Betreuer, die z. B. nur den Aufgabenkreis Gesundheitssorge, Wohnungsangelegenheiten etc. haben, müss-
ten beantragen, dass ihr Aufgabenkreis erweitert wird (§ 293 I FamFG),
was in Eilfällen durch einstweilige Anordnung erfolgen kann (§§ 300,
301 FamFG). Handelt der Betreuer außerhalb seines Aufgabenkreises, verpflichtet er nicht den Betreuten, sondern sich selbst (§§ 177 ff. BGB). Der
frühere **Gegenbetreuer** ist durch die Reform seit 2023 abgeschafft worden
(§ 54 II EGBGB). Der **Kontrollbetreuer** (§ 1815 III BGB) ist zwar gesetzlicher Vertreter, aber nur im Rahmen seines engen Aufgabenkreises,
nämlich der Überwachung eines Bevollmächtigten. Der **Ergänzungsbetreuer** ist gesetzlicher Vertreter und wird bestellt, wenn der Betreuer selbst
rechtlich verhindert ist, etwa wenn er mit sich selbst einen Pflegevertrag
schließen will (z. B. Tochter = Betreuerin will die Mutter = Betreute gegen
Bezahlung pflegen).

c) Genehmigungen des Betreuungsgerichts

11   Betreuer brauchen für zahlreiche Erklärungen **im Bereich des Erbrechts**
eine Genehmigung des Betreuungsgerichts (z. B. § 1851 BGB; Rn. 661 ff.).
Das gilt auch dann, wenn der Betreute geschäftsfähig ist. Wenn aber der
Betreute selbst noch geschäftsfähig ist, kann er selbst handeln, weil die Betreuung keine verdrängende Wirkung hat. Dann besteht keine Genehmigungsbedürftigkeit. Ausnahmen bestehen bei einem Einwilligungsvorbehalt nach § 1825 BGB. Zur Erteilung von Vollmachten vgl. Rn. 12.

5. Der befreite Betreuer

11a   **a)** Familienangehörige des Betreuten, nämlich Kinder, Enkel, Urenkel, Geschwister, Ehegatten; ferner Betreuungsvereine, Vereinsbetreuer, Behördenbetreuer und die Betreuungsbehörde haben geringere Pflichten als sonstige
ehrenamtliche oder berufsmäßige Betreuer (§ 1859 II BGB). Sie müssen

---

16 MünchKomm/*Schneider* § 1902 Rn. 2.
17 Dieser Aufgabenkreis muss ab 2023 nach § 1815 BGB umgewandelt werden, Art. 229
    § 54 III EGBGB, z. B. statt „alle" Angelegenheiten: „Vermögenssorge und …". Die Zahl
    der Aufgabenkreise ist nicht begrenzt.

keine Rechnungslegung (§ 1865 BGB) machen, keine Sperrvereinbarung mit der Bank (§ 1845 BGB) abschließen und können ohne Genehmigung über Bankguthaben und Wertpapiere des Betreuten verfügen (§ 1859 I BGB). Nur noch jährlich (bzw alle 5 Jahre) haben sie eine „Vermögensübersicht" beim Betreuungsgericht einzureichen, also kein „Vermögensverzeichnis" im Sinne von § 1835 BGB anzufertigen. – Für vermögende Betreute ist das gefährlich, die Abrechnung nach dem Tod des Betreuten ist dadurch erschwert.

b) Das Betreuungsgericht kann jeden Betreuer (also auch Berufsbetreuer) auf seinen Antrag von einzelnen Pflichten befreien, wenn der Wert des Vermögens ohne Berücksichtigung von Immobilien und Verbindlichkeiten 6.000 Euro nicht übersteigt (§ 1860 I BGB); auch weitere Befreiungen sind möglich (§ 1860 II, III BGB). Letztlich darf das Vermögen des Betreuten dadurch nicht gefährdet werden (§§ 1860 IV, 1821 III Nr. 1 BGB).

6. Vollmachtserteilung durch den Betreuten

Der Betreuer ist auch dann (aber nur innerhalb seines Aufgabenkreises) gesetzlicher Vertreter des Betreuten, **wenn der Betreute geschäftsfähig** ist. Er verdrängt den Betreuten nicht, so dieser weiterhin rechtsgeschäftlich selbst handeln kann (bei Testamentsvollstreckung dagegen bleibt dem Erben fast keine Handlungsmacht, § 2211 I BGB); es bestehen also konkurrierende Handlungsmöglichkeiten. Wenn der Betreute *geschäftsfähig* ist und kein entsprechender Einwilligungsvorbehalt angeordnet wurde, kann der Betreute daher einem Dritten wirksam eine Vollmacht erteilen.[18] Unstreitig kann der *geschäftsfähige* Betreute ferner außerhalb des Aufgabenkreises seinem Betreuer Vollmacht erteilen (Beispiel: Betreuung nur für Gesundheitsangelegenheiten; der Betreute gibt seinem Betreuer eine Vollmacht zur Vermögensverwaltung).

Streitig ist aber, ob der geschäftsfähige Betreute auch dem Betreuer *innerhalb* seines Aufgabenkreises Vollmacht erteilen kann; nach h.M.[19] ist das möglich.

Beispiel:

(1) Der Betreuer will vom Sparbuch des Betreuten 5.000 Euro abheben; dazu braucht er die Genehmigung des Betreuungsgerichts (§ 1849 BGB). (2) Der *geschäftsfähige* Betreute geht selbst zur Bank und hebt das Geld ab; genehmigungsfrei (der Sperrvermerk, § 1845 BGB, wirkt nicht gegen den geschäftsfähigen Betreuten). (3) Der *geschäftsfähige* Betreute erteilt seiner geschäftsfähigen

12

13

---

18 MünchKomm/*Schneider* § 1902 Rn. 10.
19 MünchKomm/*Schneider* § 1902 Rn. 10; *Damrau/Zimmermann* § 1902 Rn. 2.

Schwester eine Vollmacht, damit sie den Betrag von seinem Sparbuch abheben kann; genehmigungsfrei; wirksam. (4) Der *geschäftsfähige* Betreute erteilt seinem Vermögens-Betreuer Vollmacht, damit er den Betrag sogleich von seinem Sparbuch abheben kann; wirksam. Der Betreuer braucht keine Genehmigung des Betreuungsgerichts.

14   Eine gibt keine Vorschrift, die die Erteilung der Vollmacht an den Betreuer verbieten würde. Natürlich besteht Missbrauchsgefahr, weil dadurch betreuungsgerichtliche Genehmigungen umgangen werden können. Ist dem Betreuer eine solche Vollmacht erteilt worden, dann liegt es in seinem Ermessen, ob er als Betreuer oder als Bevollmächtigter handelt. Im ersten Fall braucht er Genehmigungen des Betreuungsgerichts, im letzteren Fall nicht. Allerdings sollte das Betreuungsgericht in einem solchen Fall die Betreuung unverzüglich einschränken bzw. aufheben, weil der Betroffene seine Angelegenheiten offenbar selbst erledigen kann (vgl. § 1871 I 1 BGB).

Wird eine Vollmacht widerrufen, wird die Urkunde aber vom Bevollmächtigten nicht zurückgegeben, kann beim Amtsgericht die **Kraftloserklärung** beantragt werden (§ 176 BGB).

7. Zurechnung von Wissen

15   „Soweit die rechtlichen Folgen einer Willenserklärung durch Willensmängel oder durch die Kenntnis oder das Kennenmüssen gewisser Umstände beeinflusst werden, kommt nicht die Person des Vertretenen, sondern die des Vertreters in Betracht" (§ 166 I BGB). Diese Regelung gilt für alle Vertreter,[20] auch den Betreuer als gesetzlichen Vertreter[21] und den Vorsorgebevollmächtigten. Das ist im Erbrecht bedeutsam, wenn es bei der **Ausschlagung der Erbschaft**, bei der Anfechtung von Annahme und Ausschlagung und in sonstigen Fällen auf ein „Wissen" bzw. auf die Kenntnis von Umständen (z. B. die Überschuldung des Nachlasses) ankommt. Abzustellen ist somit grundsätzlich auf den Betreuer, gleichgültig ob der Betreute geschäftsfähig oder geschäftsunfähig ist.

16   • Bei *Geschäftsunfähigkeit* ist dies selbstverständlich, weil der Vertretene hier keinen rechtlich erheblichen Willen bilden kann.

17   • Bei *Geschäftsfähigkeit* dagegen muss man berücksichtigen, dass der Betreute in der Lage wäre und ist, seine Angelegenheiten ohne Betreuer zu regeln; er steht neben dem Betreuer. Hat *er* Kenntnis von Umständen, der Betreuer dagegen nicht, muss man ihm das meines Erachtens zu-

---

20 KG NJW-RR 2004, 801.
21 BGHZ 38, 65; OLG Hamm ZEV 2018, 136; Grüneberg/*Ellenberger* § 166 Rn. 2.

rechnen. Das ist z. B. wichtig für die Kenntnis vom **Anfall der Erb-schaft**, weil damit grds. die Ausschlagungsfrist beginnt (§ 1944 BGB). Die **früheste Kenntnis** von Betreuer bzw. Betreutem ist maßgebend.[22] Die Verdrängungsregel des § 9 V FamFG i. V. m. mit § 53 ZPO betrifft nur die Verfahrensfähigkeit. Soweit der Betreuer ohne die erforderliche Genehmigung des Betreuungsgerichts handelt, ist seine Kenntnis dem Vertretenen (Betreuten) aber nicht zuzurechnen.[23]

Ein Betreuer handelt nicht aufgrund von Weisungen des Betreuten; nur **18** im Innenverhältnis sind die Wünsche des Betreuten zu berücksichtigen (§ 1821 II 2 BGB). § 166 II BGB ist deshalb auf den Betreuer grundsätzlich nicht anwendbar. Wenn aber der Betreuer im konkreten Fall nach **Wei-sungen des geschäftsfähigen Betreuten** gehandelt hat, dann gleicht der Betreuer in allen wesentlichen Punkten dem nach Weisungen handelnden Bevollmächtigten des § 166 II BGB. Es ist dann geboten, den § 166 II BGB in Fällen dieser Art auf den Betreuer entsprechend anzuwenden;[24] das bedeutet, dass sich der Betreute nicht auf die Unkenntnis seines Vertreters berufen kann.

8. Zurechnung von Verschulden im Schuldverhältnis

Ein Betreuter hat innerhalb eines Schuldverhältnisses für seinen Betreuer **19** einzustehen, weil dies sein gesetzlicher Vertreter ist (**§ 278 BGB**); der Be-treute muss also u. U. für Fehler seines Betreuers zahlen. Haftungsfolge *kann* sein, dass der Betreute dann gegen seinen Betreuer einen Regress-anspruch hat (§ 1826 BGB). Zu diesem Zweck muss der Betreuer abgelöst werden und ein neuer Betreuer bestellt werden, der den Regress gegen den früheren Betreuer geltend macht.

9. Prozessuale Stellung des Betreuers und des Betreuten

a) Prozessfähigkeit

Der *geschäftsunfähige* Betreute ist ohnehin prozessunfähig (§ 52 ZPO); **20** ebenso ist es, wenn ein Einwilligungsvorbehalt (§ 1825 BGB) angeord-net wurde. Der *geschäftsfähige* Betreute scheint prozessfähig zu sein. Ob

---

22 Grüneberg/*Weidlich* § 1944 Rn. 6; Damrau/*Masloff* § 1944 Rn. 3.
23 RGZ 132, 78; Grüneberg/*Ellenberger* § 166 Rn. 4.
24 BGH NJW 1962, 2251 (Ergänzungspfleger, Fall nach dem AnfG); MünchKomm/*Schubert* § 166 Rn. 91.

jemand geschäftsfähig ist oder nicht, ist oft nicht leicht erkennbar. Deshalb bestimmt § 53 II ZPO (2023), dass dann, wenn der Betreute (egal ob geschäftsfähig oder geschäftsunfähig) in einem Rechtsstreit durch einen Betreuer vertreten wird, die Prozessführung allein in den Händen des Betreuers liegt,[25] falls und sobald der Betreuer dem Gericht mitgeteilt hat, dass „der Rechtsstreit fortan ausschließlich durch ihn geführt wird"; so soll verhindert werden, dass sich der Betreute krankheitsbedingt schädigt. Damit der Betreuer informiert ist, bestimmt § 170a ZPO, dass dem Betreuer eine Abschrift z. B. der Klage mitzuteilen ist, „soweit er bekannt ist und sein Aufgabenkreis betroffen ist".

Nach Eingang der „Ausschließlichkeitserklärung" kann der Prozess ohne Unklarheiten fortgeführt werden kann. Die Klagerücknahme durch den geschäftsfähigen Betreuten ist in diesem Falle unwirksam, er kann keine Berufung einlegen, aber Zeuge sein. Die **materiell-rechtliche Rechtsmacht** des *geschäftsfähigen* Betreuten (z. B. Anerkenntnis der Forderung, Verzicht darauf) wird durch die Betreuung nicht verdrängt. Nehmen der Betreuer als Vertreter und der *geschäftsfähige* Betreute widersprechende *materiell-rechtliche* Rechtshandlungen vor, so ist diejenige des Betreuten *maßgebend*.[26] Da der geschäftsfähige Erbe trotz der Betreuerbestellung befugt bleibt, über seine Rechte zu verfügen, kann er z. B. einen Erlassvertrag mit dem Beklagten schließen und so erreichen, dass die vom Betreuer als Vertreter erhobene Klage als unbegründet abgewiesen wird.

b) Verfahrensfähigkeit

21   Der *geschäftsunfähige* Betreute ist verfahrensunfähig (§ 9 II FamFG). Der *geschäftsfähige* Betreute ist verfahrensfähig, wird aber im Rechtsstreit nach Maßgabe des § 53 ZPO vom Betreuer verdrängt (§ 9 V FamFG).

c) Zeugenstellung

22   Hierzu besagt § 455 ZPO (der über § 30 I FamFG auch in der freiwilligen Gerichtsbarkeit gilt): Ist eine Partei nicht prozessfähig, so ist grundsätzlich ihr gesetzlicher Vertreter als Zeuge zu vernehmen. Der geschäftsunfähige Betreute kann also nicht Zeuge sein. Eine prozessfähige Person, die in dem Rechtsstreit durch einen Betreuer vertreten wird, kann über Tatsachen, die in ihren eigenen Handlungen bestehen oder Gegenstand ihrer Wahrnehmung gewesen sind, vernommen und auch nach § 452 ZPO beeidigt wer-

---

25 Vgl. *Gottwald*, FamRZ 2022, 331.
26 BGHZ 48, 147; BGH NJW 1988, 49.

den, wenn das Gericht dies nach den Umständen des Falles für angemessen erachtet. Klagt der geschäftsfähige Betreute, vertreten durch den Betreuer, kann der Betreute also Zeuge sein.

d) Zurechnung von Verschulden im Gerichtsverfahren

Im gerichtlichen Verfahren wird ein Fehler des Betreuers, z. B. eine **Frist-**   23
versäumung, dem Betreuten zugerechnet (§ 51 II ZPO; § 9 IV FamFG). Der Ausgleich erfolgt, weil im Innenverhältnis der Betreute dann gegen seinen Betreuer u. U. einen Regressanspruch hat (§ 1826 BGB).

e) Unterbrechung von Prozessen

§ 246 ZPO   24

(1) Fand in den Fällen des Todes, des Verlustes der Prozessfähigkeit, des Wegfalls des gesetzlichen Vertreters … eine Vertretung durch einen Prozessbevollmächtigten statt, so tritt eine Unterbrechung des Verfahrens nicht ein; das Prozessgericht hat jedoch auf Antrag des Bevollmächtigten, in den Fällen des Todes … auch auf Antrag des Gegners die Aussetzung des Verfahrens anzuordnen.

War einer Partei **nicht durch einen Prozessbevollmächtigten** (z. B.   25
einen Rechtsanwalt) **vertreten**, wird der Prozess durch den Tod einer Partei unterbrochen (§ 239 ZPO).

War eine Partei durch **einen Prozessbevollmächtigten (z. B. einen**   26
Rechtsanwalt) vertreten, wird der Prozess zwar grundsätzlich nicht unterbrochen; jedoch kann die Aussetzung auf Antrag einer Partei angeordnet werden. Das gilt nicht nur, wenn eine Partei stirbt, sondern auch, wenn ihr gesetzlicher Vertreter (Betreuer) weggefallen ist, z. B. durch Tod; sowie, wenn bei einer Partei der Verlust der Prozessfähigkeit eingetreten ist (z. B. weil sie geschäftsunfähig wird). Der Prozessbevollmächtigte, dessen Vollmacht trotz Tod des Mandanten fortbesteht (§ 86 ZPO), ist im Regelfall verpflichtet, die Aussetzung zu beantragen. Er muss dann die Weisung des Rechtsnachfolgers (z. B. des Erben) einholen, der möglicherweise den Prozess nicht fortführen will, einen anderen Anwalt beauftragen will oder eine Beschränkung der Erbenhaftung (§ 780 ZPO) geltend machen will bzw. sollte.

f) Zustellungen

26a   Wird eine Klage, eine Kündigung usw. an einen Betreuten zugestellt, ist dem Betreuer eine Abschrift zuzuleiten; wird wegen Geschäftsunfähigkeit des Betreuten an den Betreuer zugestellt, ist dem Betreuten eine Abschrift mitzuteilen (§ 170a ZPO). Das gilt natürlich nur, soweit der Aufgabenkreis betroffen ist und soweit der Kläger bzw. das Gericht usw. weiß, dass der Empfänger unter Betreuung steht.

g) Steuerrecht

27   § 79 AO sagt zur Handlungsfähigkeit:

> **§ 79 AO**
>
> (1) Fähig zur Vornahme von Verfahrenshandlungen sind:
>
> 1. natürliche Personen, die nach bürgerlichem Recht geschäftsfähig sind ...
>
> (2) Betrifft ein Einwilligungsvorbehalt nach § 1825 BGB den Gegenstand des Verfahrens, so ist ein geschäftsfähiger Betreuter nur insoweit zur Vornahme von Verfahrenshandlungen fähig, als er nach den Vorschriften des bürgerlichen Rechts ohne Einwilligung des Betreuers handeln kann oder durch Vorschriften des öffentlichen Rechts als handlungsfähig anerkannt ist.
>
> (3) Die §§ 53 und 55 ZPO gelten entsprechend.

10. Bindung des Betreuers an den Willen des Betreuten?

28   Der Betreuer hat Wünschen des Betreuten, soweit zumutbar,[27] zu entsprechen (§ 1821 II BGB); unzumutbar sind z. B. tägliche Besuche oder dass der Betreuer die Haus-/Stallarbeit verrichtet, putzt und einkauft. Eine weitere Grenze ist, dass die Wünsche des Betreuten den Betreuten nicht erheblich gefährden dürfen (§ 1821 III BGB), z. B. wenn er täglich zwei Flaschen Alkohol haben will. Der Betreuer ist also an Wünsche und Weisungen des Betreuten, auch wenn dieser geschäftsfähig ist, nicht gebunden; man darf nicht übersehen, dass der Betreute krank ist und seinen Angelegenheiten nicht besorgen kann, sonst hätte er keinen Betreuer. Ferner hat die Regelung in § 1821 BGB nur Bedeutung im **Innenverhältnis** zum Betreuten, sie beschränkt die Vertretungsmacht des Betreuers nicht, wirkt also nicht im **Außenverhältnis**.[28]

---

27   Vgl. hierzu BGH NJW 2009, 2814; BGH FamRZ 1995, 282.
28   BGH NJW 2008, 2333 Tz. 42 = FamRZ 2008, 1404; MünchKomm/*Schneider* § 1901 Rn. 22; Damrau/*Zimmermann* § 1901 Rn. 9; vgl. *Dodegge*, FamRZ 2022, 844.

Ist der Betreute lediglich körperlich behindert (z. B. blind), dann kann auf seinen Antrag ein Betreuer bestellt werden (§ 1814 IV BGB); das Innenverhältnis ist dann wie bei einer Vollmacht.

11. Vorsorgevollmacht[29]

a) Allgemeines. Hatte eine geschäftsfähige Person einem anderen eine **29** Vollmacht erteilt, um eine Betreuung zu vermeiden (§ 1814 III Nr. 1 BGB), dann hängt es vom Wortlaut der Vollmacht ab, wozu der Bevollmächtigte berechtigt sein soll; konkret bedeutet das, dass z. b. unklar ist, ob die Vollmacht für „Vermögensangelegenheiten" auch zur Ausschlagung der Erbschaft berechtigt. Will der Bevollmächtigte noch nach dem Tod des Vollmachtgebers handeln, kommt es darauf an, ob die Vollmacht nach ihrem Inhalt (z. B. Wortlaut) mit dem Tod erlöschen sollte oder nach dem Tod fortwirkt. Die Vollmacht, die zu Lebzeiten und über den Tod hinaus wirkt, wird „**transmortal**" genannt; die Vollmacht, deren Wirkung erst mit dem Tod beginnen soll, heißt „**postmortal**". Schweigt eine Vollmacht darüber, dann ist durch Auslegung zu klären, ob der Vollmachtgeber eine Fortwirkung nach seinem Tod wollte oder nicht.

Nur die *schriftliche* Vollmacht ist praxistauglich, teils ist Schriftform Wirksamkeitsvoraussetzung (§ 1820 II BGB). Ist die Vorsorgevollmacht bis 31.12.2022 **von der Betreuungsbehörde beglaubigt** worden, dann ist sie auch ab 2023 zum Nachweis gegenüber dem Grundbuchamt (§ 29 GBO) geeignet (§ 6 a. F. BtBG).[30] Das gilt auch, wenn die Vollmacht im Außenverhältnis unbedingt, im Innenverhältnis aber bedingt erteilt ist („wenn ich betreuungsbedürftig werden sollte"); unschädlich ist ferner, dass die Vollmacht über den Tod hinaus gelten soll,[31] also nicht nur eine Betreuung verhindern soll.

Soll die zwecks Vermeidung einer Betreuung errichtete Vorsorgevollmacht nach ihrem Wortlaut über den Tod hinaus wirken und wurde sie *von der Betreuungsbehörde* ab 1.1.2023 beglaubigt, dann endet die Wirkung der Beglaubigung (z. B. die Tauglichkeit für das Grundbuch) seit 2023 mit dem Tod des Vollmachtgebers (§ 7 I 2 BtOG, bis 31.12.2022 dagegen galt § 6 II 1 BtBG, § 34 BtOG), die sonstigen Wirkungen, z. B. gegenüber der Bank, bleiben aber auch nach dem Tod erhalten.[32] Künftig wird deshalb vom GBA u. U. ein Lebensnachweis verlangt.

---

29 Einzelheiten vgl. *Müller-Engels,* FamRZ 2021, 645; allgemein *Horn,* Anwaltsformulare Vorsorgevollmachten, 2019.
30 BGH ZEV 2021, 267 = ErbR 2021, 522; früher umstritten.
31 BGH ZEV 2021, 267 = ErbR 2021, 522; OLG Karlsruhe FGPrax 2016, 10, h. M.; a. A. OLG Köln FGPrax 2019, 255 – ZEV 2020, 66 (LS).
32 Vgl. *Becker* MittBayNot 2021, 549; vgl. *Schnellenbach u. a.,* Rn. 103.

Bei Unterschriftsbeglaubigung durch einen **Notar**, was aber teurer ist (Nr. 25100 KV GNotKG), besteht die Beglaubigungswirkung auch nach dem Tod des Vollmachtgebers fort.

Ab dem Tod des Vollmachtgebers **vertritt der Bevollmächtigte die Erben** des Vollmachtgebers,[33] jedoch nur bezogen auf den Nachlass und nicht auf das Eigenvermögen des Erben.[34] Der Erbe kann die Vollmacht widerrufen, bei Miterben jeder einzelne Miterbe für sich, wenn der Erblasser nach dem Grundverhältnis die Vollmacht hätte widerrufen können.[35] Das setzt freilich voraus, dass dem Erben die Vollmacht bekannt ist.

Der vom *geschäftsfähigen* Erblasser noch über den Tod hinaus Bevollmächtigte braucht **keine Genehmigung** des Betreuungsgerichts für solche Geschäfte, die ein Betreuer des Erben nur mit dieser Genehmigung vornehmen könnte.[36]

Die Vollmacht, die nach ihrem Text über den Tod hinaus wirken soll, ist für die Erben sehr gefährlich.

Beispiel:[37]

Die kinderlosen Ehegatten hatten sich in einem gemeinschaftlichen Testament wechselseitig als Alleinerben eingesetzt und eine Stiftung zum Erben des zuletzt Verstorbenen eingesetzt. Zwei Tage vor seinem Tod erteilte der überlebende M seiner Bekannten X notarielle Vollmacht, die über seinen Tod hinaus gelten sollte und die Frau X auch zu Grundstücksübertragungen und zu Schenkungen, *auch an sich selbst*, bevollmächtigte. Dann starb M, 13 Tage nach dem Tod des M schenkte die F mit notarieller Urkunde das Grundstück des M an sich. Das war wirksam (!). Die Bindungswirkung des gemeinschaftlichen Testaments war dadurch ausgehebelt, § 2287 BGB hilft nicht, die Erbin (Stiftung) hat die Erbschaft verloren.

Wird trotz Vorsorgevollmacht eine Betreuung angeordnet, dann kann der Betreute dagegen **Beschwerde** einlegen (§§ 58 ff. FamFG). Der Vorsorgebevollmächtigte dagegen ist nicht berechtigt, im eigenen Namen gegen einen die Betreuung anordnenden Beschluss Beschwerde einzulegen;[38] zulässig ist aber die Beschwerde in Namen und Vollmacht des Betreuten.

---

33 MünchKomm/*Schubert* § 168 Rn. 39; zur Erbschaft- bzw. Schenkungsteuer vgl. *Wiedemann* ZEV 2013, 581.
34 BGH FamRZ 1983, 477; MünchKomm/*Schubert* § 168 Rn. 14.
35 MünchKomm/*Schubert* § 168 Rn. 54, 55.
36 RGZ 88, 345; MünchKomm/*Schubert* § 168 Rn. 52.
37 OLG Frankfurt ZEV 2015, 648 (Anm. *Grunewald*); kritisch *Sagmeister* MittBayNot 2016, 403; *Ruby/Schindler* ZEV 2017, 29.
38 BGH NJW 2015, 1963 = ZEV 2015, 416.

b) Kontrollbetreuer. Zur Überwachung des Vorsorgebevollmächtigten   **29a**
und ggf zum Widerruf der Vollmacht kann das Betreuungsgericht einen
Kontrollbetreuer bestellen (§§ 1815 III, 1820 III BGB), aber nur, wenn der
konkrete, durch Anhaltspunkte untermauerte Verdacht gegen die Redlich-
keit oder Tauglichkeit des Bevollmächtigten besteht.[39]

c) Suspendierung der Vollmacht. Seit 2023 kann das Betreuungsge-   **29b**
richt eine Vorsorgevollmacht, z. B. bei Missbrauchsgefahr, befristet außer
Kraft setzen (§ 1820 IV BGB). Das Gericht kann anordnen, dass der Bevollmächtigte die ihm erteilte Vollmacht nicht ausüben darf, wenn die
dringende Gefahr besteht, dass der Bevollmächtigte nicht den Wünschen
(!) des Vollmachtgebers entsprechend handelt und dadurch dessen Vermögen erheblich gefährdet – oder – der Bevollmächtigte den Betreuer bei der
Wahrnehmung seiner Aufgaben behindert. Dies betrifft den Fall, dass Bevollmächtigter und Betreuer dieselben Rechte haben (z. B. Verfügung über
das Konto des Betreuten bei der Sparkasse) und widersprüchlich handeln;
der Bevollmächtigte hat also Vorrang.

d) Widerruf der Vollmacht des Betreuten. Der Betreuer darf die Voll-   **29c**
macht, die der Betreute erteilte, nur widerrufen, wenn sonst eine Verletzung des Vermögens mit hinreichender Wahrscheinlichkeit und in erheblicher Schwere zu befürchten ist und mildere Maßnahmen nicht geeignet
erscheinen; der Widerruf bedarf der Genehmigung des Betreuungsgerichts
(§ 1820 V BGB). – Es ist also nicht mehr zulässig, dass der Betreuer bei
Antritt des Amts alle Vollmachten widerruft, um ungestört arbeiten zu
können.

12. Mögliche Manipulation des Erbrechts (EuErbVO)

a) Allgemeines

Früher wurde beim Erbrecht an die Staatsangehörigkeit des Erblassers an-   **29d**
geknüpft: ein deutscher Staatsangehöriger wurde nach deutschem Erbrecht
(z. B. BGB) beerbt. Für Erbfälle ab 17.8.2015 hat die EuErbVO das (aus
politischen Gründen) grundlegend geändert: Die EuErbVO knüpft nicht
mehr an die **Staatsangehörigkeit** des Erblassers (oder die Religion oder
die Ethnie oder sonst was) an, sondern grds. an den letzten gewöhnlichen
Aufenthalt des Erblassers (nicht des Erben).[40]

---

39 BGH ZEV 2021, 584.
40 Zuvor folgten 14 Mitgliedsstaaten dem Staatsangehörigkeitsprinzip, 11 dem Aufent-
    haltsprinzip, der Rest Mischformen.

Nach Art. 21 I EuErbVO unterliegt die *gesamte* Rechtsnachfolge von Todes wegen dem Recht des Staates, in dem der Erblasser im Zeitpunkt seines Todes seinen gewöhnlichen Aufenthalt hatte. Gewöhnlicher Aufenthalt ist der „Daseinsmittelpunkt".[41]

Beispiel:

Der französische Erblasser F zieht 2014 nach Deutschland und verstirbt nach dem 17.8.2015 in Deutschland, wo sein letzter gewöhnlicher Aufenthalt war. Wir wenden auf seinen gesamten Nachlass („Weltnachlass") deutsches Erbrecht an. Das französische Erbrecht unterscheidet sich in vielen Punkten vom deutschen Erbrecht. Durch den Umzug hat also F (wahrscheinlich unbewusst) das Erbrecht seiner Erben gravierend geändert.

Allerdings kann ein deutscher Erblasser, der z.B. in Spanien wohnt, im Testament z.B. deutsches Recht wählen (Art. 22 EuErbVO: **Rechtswahl**); es kann auch sein, dass trotz des Aufenthalts in Deutschland beim Franzosen ausnahmsweise noch eine **„offensichtlich engere Verbindung"** zu Frankreich besteht (Art. 21 II EuErbVO), z.B. bei Grenzpendlern; dann würde für den Erbfall französisches Erbrecht gelten.

Das Recht des letzten Aufenthalts ist auch dann anzuwenden, wenn es nicht das Recht eines Mitgliedstaates ist, sondern z.B. Schweizer Recht, Kanadisches Recht (Art. 20 EuErbVO; „universelle Anwendung"); ferner, wenn der Erblasser seinen letzten Aufenthalt nicht in einem EU-Mitgliedstaat hatte, sondern z.B. in den USA.

Beispiel:[42]

Kanadischer Erblasser (Provinz Ontario) verstirbt nach dem 17.8.2015 in Deutschland, wo sein letzter gewöhnlicher Aufenthalt war. Wir wenden auf seinen gesamten Nachlass deutsches Erbrecht an. Wenn der Erblasser ein Grundstück in Kanada hinterlassen hat, dann nützt der deutsche Erbschein dort nichts, das Gericht in Kanada wird (mangels Rück- oder Weiterverweisung) für das Grundstück kanadisches Recht anwenden.

b) Deutscher Rentner zieht ins Ausland

29e   Durch den Umzug ins Ausland ändert der deutsche Rentner das Erbrecht seiner Angehörigen (bewusst oder unbewusst, gewollt oder ungewollt). IdR ändert sich dadurch auch die **internationale Zuständigkeit** (stirbt der deutsche Rentner in Spanien sind spanische Behörden/Gericht für den Erb-

---

41 *Burandt/Rojahn*, Erbrecht, Art. 21 EuErbVO Rn. 3.
42 *Hauschild* ErbR 2015, 130.

schein usw. zuständig); es tritt eine erhebliche Verteuerung für den deutschen Erben ein (Dolmetscher, Reisen, Übersetzungen usw). Ein Betreuer kann das Testament des Betreuten nicht um die Rechtswahl ergänzen.

c) Änderung des Aufenthalts

Steht ein künftiger Erblasser unter **Betreuung** kann es sein, das mit Zustimmung des Betreuers ein Umzug des *geschäftsfähigen* Betreuten in ein grenznahes ausländisches Pflegeheim stattfindet, weil es dort erheblich billiger ist. Ist der Bereute schon *dement/geschäftsunfähig*, tauchen Probleme mit dem „Aufenthalt" auf. **29f**

Was gilt, wenn geistig verwirrte Personen ohne eigenen rechtsgeschäftlichen Willen von ihren Angehörigen (z. B. dem Betreuer) an einen anderen Ort, z. B. in ein (ausländisches) **Pflegeheim, Altenheim** gebracht werden und dort versterben?[43]

Beispiel:

Der Betreuer, der als Sohn selbst pflichtteilsberechtigt ist, verbringt seinen Vater in die Schweiz, wo der Vater nach dem 17.8.2015 stirbt. Es gilt Schweizer Erbrecht. In der Schweiz sind die **Pflichtteilsquoten** höher als in Deutschland.[44]

Ebenso ist es, wenn demente Angehörige aus dem Ausland nach Deutschland zurückgebracht werden und hier sterben. Die Frage ist, ob neben dem **objektiven Element** (tatsächlicher Aufenthalt) auch ein **subjektives Element** notwendig ist, ein Aufenthaltswille, ein Bleibewille. Das ist umstritten,[45] aber zu bejahen.[46] Denn andernfalls können die Fragen des erzwungenen oder willenlosen Aufenthalts nicht befriedigend gelöst werden; auch könnte sonst **das materielle Erbrecht von den Angehörigen (bzw von Betreuern) manipuliert** werden. Solche Personen können (ohne gesetzlichen Vertreter) zwar keinen neuen Wohnsitz begründen, aber sich irgendwo tatsächlich aufhalten.[47] Der fehlende Wille ist zwar der we-

---

43 Vgl. KG FamRZ 2021, 244 (Sterbehospiz); *Weber/Francastel* DNotZ 2018, 163.
44 Siehe § 471 ZGB, *Zimmer/Oppermann* ZEV 2016, 126; *Süß,* Erbrecht in Europa, 2020, „Schweiz" Rn. 94.
45 Übersicht über die vielen Meinungen bei MüKoFamFG/*Grziwotz* § 343 Rn. 19.
46 OLG Hamm ZEV 2018, 343 betr. in Spanien verstorbener Deutscher; OLG Hamm ZEV 2020, 636 = FamRZ 2020, 1872; OLG München ZEV 2017, 333 betr. Aufnahme in ein Pflegeheim drei Wochen vor dem Tod; *Geimer/Schütze/Wall* EuErbVO Art. 4 Rn. 83; *Döbereiner* MittBayNot 2013, 358; *Emmerich* ErbR 2016, 122; *Zimmer/Oppermann* ZEV 2016, 126.
47 MüKoFamFG/*Grziwotz* § 343 Rn. 13.

sentliche Unterschied zwischen Wohnsitz und Aufenthalt; die Verwendung des Wortes „Aufenthalt" in der EuErbVO trifft aber in Wirklichkeit den Lebensmittelpunkt (Erwägungsgründe 23, 24 zur EuErbVO). Man muss auf den **letzten gewöhnlichen Aufenthalt** zur Zeit der letztmalig vorhandenen Geschäftsfähigkeit abstellen,[48] was natürlich ein faktisches Problem ist, da u. U. Gutachten notwendig sind. Keinesfalls kommt es auf den Aufenthalt der Personen an, mit denen der demente Pflegeheimbewohner noch soziale Kontakte hat, oder den Aufenthalt des Betreuers, erst recht nicht auf den Aufenthalt des Pflegepersonals.[49] Für eine solche Ableitung des Lebensmittelpunkts gibt es keine Rechtsgrundlage. Aufenthalt ist etwas Tatsächliches, da gibt es keine gesetzliche Vertretung. Andernfalls könnte der Betreuer das anzuwendende Erbrecht (oft ohne sein Wissen) faktisch beeinflussen, obwohl Betreuer den Betreuten erbrechtlich nicht vertreten können.

---

48 *Emmerich* ErbR 2016, 122; *Zimmer/Oppermann* ZEV 2016, 126.
49 *Emmerich* ErbR 2016, 122; a. A. *Geimer/Schütze/Wall* EuErbVO Art. 4 Rn. 86.

B. Testamentserrichtung und Testamentswiderruf

1. Testamentserrichtung durch den Betreuten

a) Persönliche Errichtung, Fälschung

Der Erblasser kann ein Testament nur persönlich errichten (§ 2064 BGB). **30**
Ein von einem Vertreter, z. B. einem Betreuer, errichtetes Testament ist
daher unheilbar nichtig. Der Betreute dagegen kann Testamente nach Belieben errichten. Allerdings ist der Betreute oft schon testierunfähig, was
aber u. U. erst im Erbscheinsverfahren geprüft wird (Rn. 649 ff.).

Ein Testament muss **eigenhändig vom Erblasser geschrieben und**
unterschrieben sein (§ 2247 BGB). Testamente werden seit Jahrhunderten
gefälscht; wird die Behauptung der Fälschung von einem Beteiligten sub-
stantiiert aufgestellt (also mit plausiblen Anhaltspunkten) oder drängt sie
sich dem Gericht selbst auf, hat das Gericht von Amts wegen ein schriftver-
gleichendes Gutachten einzuholen (§§ 26, 29, 30 FamFG).[1] Dazu sind Ver-
gleichsschriften (Originale, keine Fotokopien) notwendig, die das Nachlassgericht von den Beteiligten oder sonstigen Personen und Stellen anfordern
kann. Es gibt Fälle, in denen der Erblasser seit Jahren nichts mehr mit der
Hand geschrieben hat, alles nur mit Computer oder E-Mail; dann gibt es
als Vergleichsmaterial allenfalls noch die eingescannte Unterschrift auf dem
Personalausweis. Deshalb sollte **bei der Wohnungsräumung Schriftgut**
nicht weggeworfen werden. Kein Gutachten kann eine 100%ige Aussage
treffen, es sind nur Wahrscheinlichkeitsstufen möglich. Wer Rechte aus
einem handschriftlichen Testament herleiten will, dessen Echtheit nicht
nachweisbar ist, hat keinen Erfolg (er trägt die Feststellungslast).[2]

b) Form der Errichtung eines Testaments

Der Betreute kann ein Testament in derselben Form errichten wie jeder **31**
andere Bürger, also eigenhändig geschrieben und unterschrieben (§ 2247
I BGB) oder zu Niederschrift eines Notars (§§ 2231 Nr. 1, 2232 BGB).
Dritte (wie z. B. der Betreuer) können zwar den Erblasser beim Schrei-

---

1 OLG Karlsruhe ErbR 2020, 49; *Horn/Kroiß/Seitz* ZEV 2013, 24; *Michel*, Gerichtliche
  Schriftvergleichung, 1982; LG Duisburg ZEV 2012, 659.
2 BayObLG FamRZ 1985, 837; KG NJW-RR 1991, 392.

ben unterstützen, etwa wenn die Hand zittert, die Willensbildung und die Leistung seiner Schriftzüge muss aber beim Erblasser bleiben, sonst könnte nicht durch Schriftgutachten festgestellt werden, wessen Hand den Text geschrieben und den Testierwillen gebildet hat. Keine Bedenken bestehen, wenn der Erblasser einen von einem Dritten gefertigten Entwurf abschreibt, sofern er dabei frei entscheidet.[3]

32   Der Notar berechnet für die Beurkundung eines Einzel-Testaments Gebühren nach Nr. 21200 Tabelle B KV GNotKG; sie richten sich nach der Höhe des Nachlasses des Erblassers (vorerst laut Angaben des Erblassers), wobei vom Bruttonachlass die „Schulden" nur bis zur Hälfte des Werts des Vermögens abgezogen werden (§ 102 I GNotKG).

33   **Beispiel:**

E errichtet ein Testament. Nachlass: 250.000 Euro Brutto, Schulden 160.000 Euro, ergibt einen fiktiven Geschäftswert von 125.000 Euro (und nicht von 90.000).

Die Testamentserrichtung fällt unter Nr. 21200 KV GNotKG. Gebühr 1,0 nach der Tabelle B zum GNotKG. Notargebühr somit 300 Euro, zuzüglich Dokumentenpauschale und sonstiger Auslagen sowie 19 % Umsatzsteuer.

34   Der **Träger eines Krankenhauses** ist gehalten, einem Patienten, der ein Testament zu errichten wünscht, zur Erfüllung dieses Wunsches jede mit der Anstaltsordnung zu vereinbarende und zumutbare Unterstützung zu gewähren. Dazu gehört es zwar nicht, dem Patienten Rechtsrat zu erteilen. Zumindest muss aber dafür Sorge getragen werden, dass alles unterlassen wird, was die Errichtung eines wirksamen Testamentes gefährden oder verhindern kann.[4] Andernfalls können Schadensersatzansprüche gegen den Krankenausträger bestehen (etwa wenn das vom Personal errichtete Testament wegen Nichtigkeit nicht geeignet ist, dem Bedachten die Erbschaft zu verschaffen; oder wenn zu spät ein Notar gerufen wird).

35   Einige **Besonderheiten** sind vor allem bei Betreuten bedeutsam:

36   **aa)** Wer **nicht (mehr) schreiben kann,** kann kein eigenhändiges Testament errichten (Blindenschrift genügt nicht); ihm bleibt nur das notarielle Testament. Wer zittrig ist und kaum mehr schreiben kann hat beim eigenhändigen Testament Probleme. Eigenhändigkeit ist nicht gegeben, wenn dem Erblasser die Hand geführt wird und dadurch die Schriftzüge von einem Dritten geformt werden.[5] Die unterstützende Schreibhilfe ist zuläs-

---

3 MünchKomm/*Sticherlina* § 2247 Rn. 18.
4 BGH NJW 1989, 2945 (der Stationsarzt hatte ein Testament protokolliert); BGH NJW 1958, 2107; BayObLG FGPrax 1995, 241.
5 BGH NJW 1967, 1124.

sig, z. B. Halten der zitternden Hand, solange der Erblasser die Formung der Schriftzeichen vom eigenen Willen getragen selbst bestimmt.[6]

Der BGH[7] hat ausgeführt: „… ist die Eigenhändigkeit einer Unterschrift bei der Gewährung von Schreibhilfe nicht schon dann zu verneinen, wenn das Schriftbild mehr der Schreibweise des Schreibhelfers als der des Erblassers entspricht und die Unterschrift überwiegend auf die Tätigkeit und die Willensimpulse des Helfers zurückgeht und nicht auf solche des Erblassers." Andererseits reicht es danach zur Bejahung der Eigenhändigkeit aber noch nicht aus, dass der Schriftzug mit der „Feder in der Hand" des Erblassers gemacht wird. Dabei hat der BGH entscheidend darauf abgestellt, ob der Erblasser unterschreiben will und ob er diesen Willen derart betätigt, dass der Schriftzug von seinem Willen abhängig bleibt. Dagegen hat der BGH die Eigenhändigkeit verneinen wollen, „wenn die Hand des Erblassers völlig unter der Herrschaft und Leitung des Schreibhelfers gestanden hat."

bb) Wer **nicht lesen kann**, kann sein Testament nur durch Erklärung   **37** vor einem Notar errichten (§ 2233 II BGB), also nicht mehr eigenhändig (§ 2247 IV BGB). Worauf die Leseunfähigkeit beruht, ist ohne Bedeutung; sie kann sich ergeben aus angeborener Blindheit, Analphabetismus, aus später (z. B. infolge Alters) auftretender hochgradiger Schwachsichtigkeit, aus einer akuten Augenerkrankung. Es ist ua zu klären, ob der Erblasser eine „starke Brille" besaß und damit lesen konnte.[8]

Beispiel: **38**

Die Erblasserin E hat im Alter von 90 Jahren ein handschriftliches Testament verfasst und darin ihre Pflegerin P zur Alleinerbin eingesetzt. P beantragt einen Erbschein. Der Sohn der E wendet ein, das Testament sei unwirksam, weil seine Mutter seit ihrem 85. Lebensjahr nicht mehr habe lesen können. Beweis: Augenarzt; Sachverständiger; Betreuer der E.

Wer sich darauf beruft, dass der Erblasser unfähig gewesen sei, Ge-   **39** schriebenes zu lesen, ist dafür beweispflichtig.[9] Hat der Erblasser das Testament eigenhändig geschrieben, steht jedoch nicht fest, dass er zu diesem Zeitpunkt noch Geschriebenes zu lesen vermochte, und lässt sich auch durch Beweiserhebung insofern keine Klarheit in einem oder anderem Sinne gewinnen, ist vom Regelfall auszugehen, dass der Erblasser noch lesen konnte.[10]

---

6   OLG Hamm ZEV 2013, 42.
7   BGH NJW 1981, 1900.
8   BGH ZEV 2022, 19.
9   BGH ZEV 2022, 19; OLG Düsseldorf OLGR 2000, 240; OLG Hamburg ZEV 2016, 289 (LS).
10 OLG Neustadt FamRZ 1961, 541; OLG Düsseldorf ZEV 2000, 316.

c) Bestimmtheit der Erbeinsetzung

39a Der Erbe (oder Vermächtnisnehmer) muss im Testament bestimmt angegeben sein, also z. B. mit den Namen oder mit einer passenden eindeutig identifizierenden Bezeichnung („mein Sohn", wenn er nur einen Sohn hat);[11] vgl. § 2065 BGB. Unwirksam ist das Testament, wenn die Bezeichnung unbestimmt ist, z. B. Erbeinsetzung der Person, die „mir beisteht",[12] „sich um mich kümmert",[13] „die Grabpflege übernimmt",[14] „die mich pflegt".[15] Das Testament „wer mir in den letzten Stunden beisteht, dem übergebe ich Alles" ist ebenfalls unwirksam.[16]

Ist die Person des Erben im Testament nicht konkret bezeichnet, sondern wird insoweit auf eine nicht der Testamentsform entsprechende Anlage (Computer-Ausdruck) verwiesen (sog. testamentum mysticum), ist dies nur dann formgültig, wenn für einen mit den Verhältnissen vertrauten Dritten aus dem Text des Testamens selbst erkennbar ist, wer Erbe sein soll.[17] „Fünf befreundete Familien" waren als Erben bezeichnet, das genügte nicht.

Beispiel:

Text des Testaments des E: „Derjenige, der mich zuletzt begleitet und gepflegt hat, soll mein Alleinerbe sein".[18] Nach dem Tod behaupten sowohl A wie auch B und C, sie hätten den E gepflegt.

Erforderlich ist zumindest, dass die Person des Bedachten anhand des Inhalts der Verfügung, gegebenenfalls unter Berücksichtigung von außerhalb der Urkunde liegenden Umständen zuverlässig festgestellt werden kann. Sie muss im Testament so bestimmt sein, dass jede Willkür eines Dritten ausgeschlossen ist.[19] Im Beispiel ist unklar, was mit „Pflege" und „Begleitung" genau gemeint ist (auch Krankenhauspflege?); unklar ist, welche Zeitspanne mit „zuletzt" gemeint ist (Pflege über einige Tage kann nicht gemeint sein). Somit tritt gesetzliche Erbfolge ein.

39b Für die Zuwendung von **Vermächtnissen** gelten Erleichterungen, §§ 2151, 2152, 2156 BGB. Beispielsweise kann der Erblasser den X zum

---

11 Vgl. *Keim* FamRZ 2003, 137.

12 OLG Köln NJW-RR 2015, 7; BayObLG FamRZ 1991, 610.

13 OLG München NJW 2013, 2977; dazu *Keim* ZEV 2014, 72.

14 BayObLG FamRZ 1992, 987.

15 Kritisch zur h. M. *Keim* ZEV 2014, 72.

16 OLG Köln ZEV 2014, 570 = FamRZ 2015, 442 (ein Nachbar hielt der Erblasserin in den letzten zwei Stunden die Hand; Nachlasswert 300.000 Euro).

17 BGH NJW 2022, 474; OLG Frankfurt ZEV 2021, 443.

18 OLG Köln ZEV 2017, 114 (LS) = BeckRS 2016, 112474. Die Erbschaft belief sich auf 126.000 Euro.

19 BayObLG FamRZ 2002, 200; OLG Köln ZEV 2017, 114 (LS).

Erben einsetzen sowie ein Vermächtnis in Höhe von … Euro für seine „letzten" Pflegerinnen (genaue Angaben sind notwendig) anordnen und bestimmen, dass Y die berechtigten Pflegerinnen bestimmen soll (§ 2156 BGB).

d) Dreizeugentestament

Es kommt in verschiedenen Formen vor, vgl. §§ 2249 ff. BGB. Im Bereich **40** des Betreuungsrechts ist vor allem § 2250 II BGB einschlägig: „Wer sich **in so naher Todesgefahr** befindet, dass voraussichtlich auch die Errichtung eines Testaments nach § 2249 BGB (d. h. vor einem Notar oder Bürgermeister) nicht mehr möglich ist, kann das Testament durch mündliche Erklärung vor drei Zeugen errichten." Die nahe Gefahr des Todes oder der Testierunfähigkeit muss dabei entweder objektiv vorliegen oder subjektiv nach der Überzeugung aller drei Testamentszeugen bestehen. Die Besorgnis muss nach dem pflichtgemäßen Ermessen der Zeugen auch angesichts der objektiven Sachlage als gerechtfertigt angesehen werden können.[20]

Dazu regelt § 2250 III BGB zahlreiche Formalien, an denen oft die **41** Wirksamkeit von Nottestamenten scheitert. Folgende Phasen sind dazu zu unterscheiden:[21]

* Mündliche Erklärung des letzten Willens durch den Erblasser. Sie hat vor den drei Zeugen zu erfolgen. Diese Personen dürfen nicht nur zufällig anwesend sein, sondern müssen sich bewusst sein, an einer Testamentserrichtung mitzuwirken.[22]

* Es ist noch **zu Lebzeiten des Erblassers eine Niederschrift** über die Verhandlung aufzunehmen.

* Die Niederschrift ist dem Erblasser **vorzulesen** und von diesem zu genehmigen, zumindest indem er z. B. „ja" sagt.

Abschließend ist die Niederschrift vom Erblasser und den drei Zeugen zu unterschreiben. Kann der Erblasser nicht mehr unterschreiben muss die Niederschrift einen entsprechenden Vermerk enthalten (§§ 2250 III 2, 2240 I 6 BGB).

Beispiel einer Niederschrift: **42**

Niederschrift. Wir, der Betreuer X, die Altenpflegerin A und Frau B (genaue Angaben) haben heute, den 5.4. … um 23.00 Uhr Frau Y (genaue

---

20 BGH NJW 1952, 181.
21 *J. Mayer* ZEV 2002, 140.
22 MünchKomm/*Sticherling* § 2250 Rn. 11.

Bezeichnung der Erblasserin) in ihrer Wohnung in München, ... Straße Nr. ... aufgesucht. Der Zustand von Frau ... lässt vermuten, dass sie diese Nacht nicht überleben wird. Sie erklärt, dass sie ein Testament errichten will. Sie selbst kann nicht mehr schreiben. Ein Notar konnte telefonisch nicht erreicht werden.

Im Gespräch mit ihr war sie bewusstseinsklar und unseres Erachtens testierfähig. Frau Y erklärte, dass sie ihr Testament ändern will und dass nun ihre Tochter (genaue Angaben) ihre Alleinerbin sein soll.

Sodann hat der Betreuer diese Niederschrift aufgenommen. Sie wurde von Frau B vorgelesen. Frau Y erklärte: das ist mein letzter Wille, das genehmige ich. Abschließend wurde die Niederschrift von Frau Y und den drei Zeugen unterschrieben. München, den 5.4 ... .

gez. Y, X, A, B.

43   • **Als Zeugen ausgeschlossene Personen:**
Nach § 2250 III 2 BGB, § 6 I Nr. 1 bis 3 BeurkG sind von der Mitwirkung als Zeuge bei Errichtung eines Dreizeugentestaments ausgeschlossen: der Ehegatte des Erblassers, sein Lebenspartner, Eltern und Großeltern des Erblassers, Kinder, Enkel, Urenkel des Erblassers. Wirkt eine solche Person als Zeuge mit, ist das Nottestament nichtig. Wirken z. B. vier Zeugen mit, nämlich eine ausgeschlossene Person und drei andere Personen, ist das Testament dagegen gültig.[23] Der Betreuer des Erblassers, der nicht unter den genannten Personenkreis fällt, ist als Zeuge nicht ausgeschlossen.

44   • **Teilweise Unwirksamkeit des Dreizeugentestaments:**
Die Beurkundung von letztwilligen Verfügungen ist auch insoweit, also nicht vollständig, unwirksam, als diese darauf gerichtet sind, einem Zeugen, seinem Ehegatten, früheren Ehegatten, seinem Lebenspartner oder früheren Lebenspartner oder einer Person, die mit ihm in gerader Linie verwandt oder verschwägert oder in der Seitenlinie bis zum dritten Grad verwandt oder bis zum zweiten Grad verschwägert ist oder war, einen **rechtlichen Vorteil** zu verschaffen (§ 2250 III 2 BGB, § 7 BeurkG). Der Betreuer als solcher ist nicht ausgeschlossen.

45   Wenn einer der drei **Zeugen** also im Testament **zum Erben** oder Vermächtnisnehmer eingesetzt werden, ist dieser Teil des Testaments unwirksam. Auch dem Ehegatten/Lebenspartner eines Zeugen darf kein solcher rechtlicher Vorteil entstehen, auch er darf nicht zum Erben bzw. Vermächtnisnehmer bestellt werden. Dasselbe gilt für die nahen Verwandten der Zeugen. Keine dieser Personen darf ferner im Nottestament zum

---

23   BGHZ 115, 169 = FamRZ 1991, 1427.

Testamentsvollstrecker ernannt werden, weil dies wegen des Vergütungsanspruchs (§ 2221 BGB) ein rechtlicher Vorteil wäre.

Ein solches Dreizeugentestament hat nur eine **beschränkte Gültigkeitsdauer**; es gilt als nicht errichtet, wenn seit der Errichtung **drei Monate** verstrichen sind und der Erblasser noch lebt (§ 2252 I BGB).   46

In Hinblick auf die formalen Probleme sollte nach Errichtung eines Nottestaments sofort ein Notar gerufen werden, damit, falls der Erblasser inzwischen nicht gestorben ist, ein zweifelsfrei formgerechtes Testament erstellt werden kann.   47

e) Testierfähigkeit

Testierfähigkeit liegt vor, wenn der Erblasser die Vorstellung hat, dass er überhaupt ein Testament errichtet und welchen Inhalt die darin enthaltenen einzelnen letztwilligen Verfügungen aufweisen. Sie setzt weiter voraus, dass er sich ein klares Urteil über die Tragweite seiner Anordnungen zu bilden, insbesondere die Auswirkungen auf die persönlichen und wirtschaftlichen Verhältnisse der Betroffenen und die sittliche Berechtigung einer Zuwendung zu überblicken, und nach diesem Urteil frei von den Einflüssen Dritter zu handeln vermag.[24] Vgl. § 2229 IV BGB.   48

Eine **relative Testierunfähigkeit** (bei einfachem Testamentsinhalt Testierfähigkeit, bei komplizierten Regelungen in anwaltlichen oder notariellen Testamenten, die der Erblasser wohl nicht verstanden hat, Testierunfähigkeit) wird von der Praxis[25] nicht anerkannt,[26] weil sie die Abgrenzung schwierig/weniger schwierig fürchtet. Die Lebenserfahrung zeigt aber, dass viele Erblasser ihr von einem Berater fabriziertes Testament (bei befreiter Vorerbschaft, Zweckvermächtnis, Testamentsvollstreckung usw.) nicht verstanden haben. „X soll alles erben" wird verstanden, aber die enorme Rechtsmacht eines Testamentsvollstreckers und sonstige Klauseln nicht.

Eine Betreuung wird angeordnet, wenn ein Volljähriger auf Grund einer Krankheit[27] oder einer Behinderung seine Angelegenheiten ganz oder teilweise nicht besorgen kann (§ 1814 I BGB). Durch die Anordnung der Betreuung geht eine vorhandene Geschäftsfähigkeit nicht verloren. Es gibt also testierfähige Betreute und solche, die testierunfähig sind.   49

---

24   OLG Jena NJW-RR 2005, 1247; BayObLG FamRZ 2000, 701 und NJW-RR 2005, 1025; OLG Hamm ErbR 2021, 558; *Reinert* ErbR 2021, 487; MünchKomm/*Sticherling* § 2229 Rn. 3.
25   BGH NJW 1959, 1822.
26   Für relative Testierfähigkeit *Humm* ZEV 2022, 253; *Baumann* ZEV 2020, 193.
27   „Psychische" Krankheit wurde bei der Reform 2023 gestrichen.

50   Wer im Sinne von § 2229 IV BGB testierfähig ist verliert diese Fähigkeit nicht dadurch, dass ihm ein Betreuer beigeordnet wird.[28] Das Gesetz kennt keine konstitutive Feststellung der Testierfähigkeit; auch die Geschäftsunfähigkeit kann nicht durch Beschluss des Betreuungsgerichts oder eines anderen Gerichts verbindlich festgestellt werden.

f) Zweifel an der Testierfähigkeit, Beweisverfahren, Akteneinsicht

51   Liegt im Erbscheinsverfahren ein von einem Betreuten errichtetes Testament vor und bestehen Zweifel an der Testierfähigkeit, dann haben das Amtsgericht und ggf. das OLG (als Beschwerdegericht) Zeugen über die Anknüpfungstatsachen (d. h. das Verhalten, die Reaktionen und Äußerungen des Erblassers zur Zeit der Testamentserrichtung) zu vernehmen (z. B. den Notar, das Notariatspersonal, behandelnder Arzt, Freunde) und das Gutachten eines Sachverständigen (Facharzt für Psychiatrie und Psychotherapie) einzuholen.[29]

Es gibt zahlreiche Entscheidungen zur Frage, inwieweit Krankheiten des Erblassers seine Testierfähigkeit beeinträchtigte haben können, z. B. Demenz,[30] Schlaganfall,[31] Verfolgungswahn.[32]

Das im **Betreuungsverfahren eingeholte Gutachten** (§ 280 FamFG) kann helfen. Allerdings befasst sich das Betreuungsgutachten nur mit der Betreuungsbedürftigkeit; mit der Geschäftsfähigkeit befasst es sich allenfalls dann, wenn es um die Gültigkeit einer vom Betroffenen erteilten Vorsorgevollmacht geht. Jedoch kann das Gericht den Gutachter, der den Erblasser im früheren Betreuungsverfahren untersuchte, nun im Nachlassverfahren mit dem Gutachten über die Testierfähigkeit beauftragen.

Bestand beim Erblasser eine Betreuung haben die gesetzlichen Erben eine Recht auf **Einsicht in die Betreuungsakte** des Amtsgerichts;[33] § 13 FamFG. Dagegen kann der Testamentserbe Beschwerde zum LG einlegen,[34] aber nur, solange die Einsicht nicht erfolgt ist. Der gesetzliche Erbe will auf diese Weise z. B. durch Einsicht in das Gutachten klären, ob das Testament wegen Testierunfähigkeit unwirksam ist, was der Testamentserbe (der vom Gericht zum Einsichtsantrag angehört wird) natürlich verhindern will.

---

28 OLG Frankfurt FamRZ 1996, 635; OLG Celle NJW 2021, 1681 = FamRZ 2021, 1153.
29 Vgl. *Cording* ZEV 2010, 23 und 115; *Cording/Nedopil*, Psychiatrische Begutachtung im Zivilrecht, 2014.
30 OLG Bamberg ZErb 2015, 314; BayObLG FamRZ 1997, 1511; 1996, 566; OLG Düsseldorf FamRZ 2015, 2088; *Cording* ZEV 2010, 115.
31 BayObLG NJW-RR 2005, 1025.
32 BayObLG FamRZ 2005, 658.
33 LG Stendal ErbR 2019, 121; LG Mainz ZEV 2018, 417.
34 BayObLG NJW-RR 2020, 771 (Einsichtsgewährung kein Justizverwaltungsakt nach § 23 EGGVG).

Fall:[35] 52

Der Sachverständige hatte die bei der Erblasserin vorliegende Demenz als „leicht" eingestuft. Im Rahmen des Betreuungsverfahrens hatte er bei der Erblasserin vorübergehende wahnhafte Zustände festgestellt. Jedoch hätte der Notar, obwohl Laie, einen solchen Zustand bei Testamentserrichtung erkennen können, ebenso die demenztypisch hohe Beeinflussbarkeit der Erblasserin, weil es sich um situationsgebundene Phänomene gehandelt habe. Testierunfähigkeit war somit nicht erwiesen.

Testierfähigkeit wird zunächst vermutet.[36] Sie kann widerlegt wer- 53
den, wenn das Nachlassgericht die *sichere* Überzeugung gewinnt, dass Testierunfähigkeit vorlag. Bei Zweifeln hinsichtlich der Testierunfähigkeit bleibt die Feststellungslast bei dem, der sich auf die Testierunfähigkeit beruft;[37] der Erblasser wird also dann als testierfähig betrachtet. Da im Nachlassverfahren der Amtsermittlungsgrundsatz herrscht (§ 26 FamFG), gelten die Grundsätze der ZPO-Beweislast nicht.

Beispiel: 54

Der Betreute E ist gestorben. Ein Testament zugunsten X liegt vor. Die gesetzlichen Erben des E behaupten, E sei testierunfähig gewesen. Ist trotz vorhandener Zweifel unaufklärbar, ob E bei Errichtung testierfähig war, dann geht das zu Lasten der gesetzlichen Erben, weil grundsätzlich von Testierfähigkeit auszugehen ist; dann erbt also X.

Ist der **Zeitpunkt der Testamentserrichtung unbekannt**, weil das 55
Testament nicht datiert und auch nicht auf Grund sonstiger Umstände datierbar ist, trifft die Feststellungslast denjenigen, der Rechte hieraus für sich in Anspruch nimmt, *wenn* feststeht, dass der Erblasser zu irgendeinem Zeitpunkt während des in Betracht kommenden Zeitraums der Testamentserrichtung testierunfähig war.[38]

Ist Testierunfähigkeit für die Zeit *vor* und *nach* Testamentserrichtung 56
nachgewiesen, spricht der Beweis des ersten Anscheins dafür, dass der Erblasser auch bei Testamentsverrichtung testierunfähig war. Denkbar ist aber in bestimmten Erkrankungsfällen, dass er einen lichten Moment der Testierfähigkeit hatte. Bei einer sog. chronisch-progredienten Demenz ist ein lichter Moment praktisch ausgeschlossen.[39] Die Feststellungslast für einen **lichten Augenblick** (lucidum intervallum) oder die ernsthafte Möglichkeit eines solchen Intervalls hat derjenige zu tragen, der Rechte aus einem

---

35 BayObLG NJW 1998, 2369.
36 BayObLG FamRZ 1998, 514; FamRZ 1997, 1511.
37 BayObLG NJW 1998, 2369; FamRZ 1996, 108; OLG Jena NJW-RR 2005, 1247.
38 OLG Jena NJW-RR 2005, 1247: § 2247 V BGB analog.
39 OLG München ZEV 2013, 504. Einzelheiten vgl. *Cording*, Die Beurteilung der Testier(un)fähigkeit, in: Fortschritte der Neurologie und Psychiatrie (Zeitschrift), 2004, 147.

Testament herleitet, das zu einem Zeitpunkt errichtet wurde, zu dem der Erblasser nach dem ersten Anschein testierunfähig war.[40]

57   Der frühere **Betreuer** des Erblassers hat **kein Zeugnisverweigerungsrecht nach** § 383 I Nr. 6 ZPO i. V. m. § 30 FamFG, wenn er Angaben zur Frage der Testierfähigkeit des verstorbenen Betreuten machen soll, weil er nicht unter den im Gesetz genannten Personenkreis fällt. Wird in einem Rechtsstreit über den in einem eigenhändigen Testament geäußerten wirklichen Willen des Betreuten gestritten, steht dem ehemaligen Betreuer insoweit kein Zeugnisverweigerungsrecht zu;[41] das gilt auch dann, wenn der Betreuer bei einer Betreuungsbehörde angestellt ist oder wenn er jetzt Rechtsanwalt ist. Ein Betreuer unterliegt keiner gesetzlichen Schweigepflicht. Ein Konflikt zwischen der Zeugenaussage und dem durch die Berufspflichten bedingten Vertrauenstatbestand besteht nicht, wenn das Beweisthema eine Tatsache betrifft, deren Offenlegung dem wirklichen oder – nach dem Tod der geschützten Person – mutmaßlichen Willen der geschützten Person entspricht.

Deshalb ist der bei Abfassung eines Testament **mitwirkende Notar oder Rechtsanwalt** (nach dem Tod des Erblassers) sowie **Steuerberater** auch ohne Ermächtigung über die Willensbildung des Testators aussagepflichtig.[42] Bei Fehlen einer ausdrücklichen oder stillschweigend erklärten Entbindung ist nach dem mutmaßlichen Willen des Verstorbenen zu fragen, der regelmäßig dahin geht, dass der wirkliche Wille des Erblassers durchgesetzt wird.

g) Klärung der Testierfähigkeit zu Lebzeiten des Erblassers

58   Es kommt vor, dass der potentielle Erbe ein Testament des künftigen Erblassers (also schon vor dessen Tod) findet und es wegen der bereits vorhandenen Testierunfähigkeit für unwirksam hält. Kann das jetzt schon geklärt werden? Die Testierfähigkeit kann grundsätzlich gerichtlich nicht isoliert festgestellt werden, weder durch eine Feststellungsklage des (potenziellen) Erben gegen den Erblasser zu Lebzeiten des Erblassers noch nach dessen Tod;[43] sie ist Vorfrage eines späteren Erbscheinsverfahrens oder eines Zivilprozesses. Evtl. kann ein Vertrag zwischen den Erben helfen (Rn. 644).

---

40 BayObLG FamRZ 1994, 1137; FamRZ 1999, 819; OLG Frankfurt 1996, 970; *Lange,* Erbrecht, Kap. 3 Rn. 30.
41 OLG Köln NJWE-FER 1999, 191.
42 OLG Köln OLGZ 1982, 1; OLG Köln NJWE-FER 1999, 191; BayObLG NJW 1987, 1492; MüKoZPO/*Weinland* § 383 Rn. 36.
43 Vgl. dazu *Krug,* Die Rechte des Erben vor dem Erbfall, 2021.

aa) Sicht des Erblassers. Der Erblasser, z. B. der Betreute, möchte   **59**
manchmal selbst sicherstellen, dass sein Testament nicht später mit der Behauptung, er sei bei Testamentserrichtung nicht mehr testierfähig gewesen,
angegriffen wird. Hier kann keine hundertprozentige Sicherheit erreicht
werden. Notare stellen in notariellen Testamenten zwar manchmal fest,
dass sie sich durch ein Gespräch (wieviel Minuten, worüber?) usw. von der
Testierfähigkeit des Erblassers überzeugt haben (§ 28 BeurkG); dies stellt
nur die Meinung eines erfahrenen Laien dar und hat nur den Wert eines
Indizes (im Zweifel muss später vom Gericht trotzdem ein Gutachten erholt werden, die Aussage des Notars ist dann nur eine Zeugenaussage).[44]
Beigefügte Atteste von Hausärzten helfen nicht, weil es sich hier nicht um
Sachverständige handelt. Es nützt auch nichts, wenn andere Bürger (Bürgermeister, Pfarrer, Bankpersonal usw.) dem Notar gegenüber versichern,
sie würden den Erblasser für testierfähig halten, weil dies eben nur Mutma-
ßungen von Laien sind. Vgl. Rn. 65a.

Denkbar ist ferner, dass der Erblasser ein **selbständiges Beweisver-**   **60**
fahren (§ 485 II ZPO) zur Klärung der eigenen Testierfähigkeit beantragt;[45] zuständig dafür wäre je nach Streitwert (d. h. Nachlass) das AG/
LG. Schwierigkeiten bereitet die Bezeichnung des Antragsgegners; in Frage
kommen die gesetzlichen Erben, welche erben würden, wenn der Antragsteller kein Testament errichten würde. Jedenfalls ist ein Beweisverfahren
nach § 485 II ZO nur statthaft, wenn die zu untersuchende Person bereit
ist, sich begutachten zu lassen.[46]

Zulässig ist ferner eine Klage des Erblassers gegen den Abkömmling   **61**
usw. auf Feststellung, dass der (noch lebende) Erblasser ein Pflichtteils*ent-*
*ziehungs*recht habe.[47]

Ist der Erblasser **jetzt testierunfähig**, kann er sein **früheres Testament**   **62**
nicht mehr widerrufen (§ 2254 BGB) und auch nicht mehr neu testieren.
Damit stellt sich die Frage, ob der Erblasser, vertreten durch einen Betreuer
mit ausreichendem Aufgabenkreis (§ 1823 BGB), auf Feststellung klagen
kann, dass das Testament wegen seinerzeit schon bestehender Testierunfähigkeit unwirksam sei; als Beklagter käme der im früheren Testament
Eingesetzte in Frage. Aber auch hier ist das fehlende gegenwärtige Rechtsverhältnis ein Hindernis für eine Feststellungsklage (§ 256 ZPO).

---

44 Zum geringen Beweiswert der Feststellung des Notars vgl. BayObLGZ 2004, 237;
    OLG Düsseldorf FamRZ 2019, 317.
45 *Müller-Engels* DNotZ 2021, 84; *Zimmer* ZEV 2013, 307; *Dodegge* FamRZ 2010, 1788,
    zur Klärung der Geschäftsfähigkeit bei Errichtung einer Vorsorgevollmacht.
46 OLG Karlsruhe ZEV 2022, 184.
47 BGH NJW 1990, 911; BGH FamRZ 1993, 689, BGH FamRZ 1974, 303; OLG Ham-
    burg FamRZ 1988, 106.

63   **bb) Sicht der potentiellen Erben.** Ob jemand vor Jahren noch testier-fähig war oder nicht mehr, lässt sich wegen des Zeitablaufs und fehlender Anknüpfungstatsachen im späteren Erbscheinsverfahren oft nicht mehr klären. Dann bleibt es beim Grundsatz, dass von Testierfähigkeit auszu-gehen ist.[48] Deshalb stellt sich die Frage, ob die gesetzlichen Erben oder Personen, die in früheren Testamenten bedacht wurden, schon zu Lebzeiten eine Klärung gegen den Erblasser betreiben können. Der gesetzliche Erbe (und ebenso ein in einem früheren Testament oder Erbvertrag eingesetzter Erbe; ein Vermächtnisbegünstigter) kann nach herrschender Meinung den (noch lebenden) **Erblasser nicht auf Feststellung der Unwirksamkeit des Testaments verklagen,**[49] weil er derzeit nur eine Erbchance hat, ein Rechtsverhältnis fehlt noch, auch dann, wenn die Aussicht, Erbe zu wer-den, der Lebenserfahrung entspricht.[50]

Fall:

Der Landwirt L hatte seinen „Knecht" als Alleinerben eingesetzt. das erfuhr der Neffe N, der gesetzlicher Erbe war. N suchte den L auf und brachte einen Freund mit, der in Wirklichkeit Psychiater war. L wurde in ein längeres Ge-spräche verwickelt. Nach einem Jahr starb L; gegen den Erbscheinsantrag des Knechts wandte N Testierunfähigkeit ein und benannte seinen Freund als sachverständigen Zeugen. Zulässiges oder unzulässiges Beweismittel? Wohl zulässig.

Ferner muss das Interesse des Erblassers bedacht werden, zu Lebzeiten nicht mit Prozessen über seinen Nachlass überzogen zu werden; das wird zu Recht als unsittlich angesehen; die Missbilligung ergibt sich beispielsweise aus § 311 IV 1 BGB („Ein Vertrag über den Nachlass eines noch lebenden Dritten ist nichtig"). Auch muss berücksichtigt werden, dass der Erblasser das Recht hat, seine letztwillige Verfügung geheim zu halten und ihm der Inhalt nicht gegen seinen Willen auf dem Umweg über eine Klage und ein Gutachten entlockt werden darf. Das Pflichtteilsrecht des gesetzlichen Erben ist ohnehin geschützt, soweit § 2303 BGB eingreift.

Wenn aber **der künftige Erblasser bereit ist,** sich medizinisch untersu-chen und begutachten zu lassen, kann auf Antrag eines gesetzlichen Erben gegen einen anderen gesetzlichen Erben durch ein selbständiges **Beweis-verfahren** (§ 485 BGB) die Frage der Testierfähigkeit zu einem bestimm-ten Zeitpunkt schon zu Lebzeiten geklärt werden.[51]

---

48 BGH ZEV 2022, 19; BayObLG FamRZ 2002, 62/64; ZEV 1996, 390; unstreitig.
49 MünchKomm/*Sticherling* § 2229 Rn. 66; Soergel/*Mayer* § 2229 Rn. 41; *Muscheler* Erb-recht, Rn. 701.
50 Vgl. *Lange* NJW 1963, 1571.
51 OLG Karlsruhe ErbR 2022, 629 (Streit der beiden Töchter um die Geschäftsfähigkeit der Mutter bei deren Überlassungsverträgen); das OLG lehnte den Antrag ab.

Aber wenn sich der Erblasser rühmt, ein **Pflichtteilsentziehungsrecht**   **64**
zu haben, kann der Abkömmling gegen den Erblasser klagen auf Feststellung, dass dieser wegen eines bestimmten Vorfalls (z. B. schwere Körperverletzung des Erblassers durch den betrunkenen Sohn) kein Pflichtteilsentziehungsrecht (§§ 2333 ff. BGB) habe.[52]

cc) Klagen aus dem Erbvertrag. Wenn der Erblasser z. B. von einem   **65**
Erbvertrag (aufgrund vorbehaltenen Rücktrittsrechts) zurücktritt, da der
Erbe seine Pflegepflichten nicht erfüllt habe, ist eine Klage des Erben gegen
den Erblasser, dass kein Recht zum Rücktritt bestanden habe, weil (z. B.)
die Mutter ausreichend gepflegt worden sei und der Erbvertrag daher nicht
wirksam widerrufen sei, zulässig.[53]

dd) Praxisratschlag. Eine gewisse Sicherheit kann *für den Erblasser*   **65a**
erreicht werden, wenn sich der Erblasser unmittelbar vor der Beurkundung
(also am Beurkundungstag) von einem Sachverständigen mit Kenntnissen
in Fragen der Testierfähigkeit (d. h. in der Regel einem Neurologen, Psychiater) gründlich untersuchen lässt und dieser darüber ein ausführliches
schriftliches Gutachten erstellt. Der Sachverständige sollte ferner während
der Testamentserrichtung beim Notar anwesend sein, damit er den Erblasser und seinen Reaktionen auf Fragen des Notars beobachten kann. Später, nach dem Tod des Erblassers, kann dann dieser Sachverständige im
Erbscheinsverfahren als sachverständiger Zeuge vernommen werden. Allerdings stehen dem Privat-Sachverständigen meist nur ungenügende und
einseitige Informationen zur Verfügung, anders als dem gerichtlichen Sachverständigen, der z. B. Betreuungsakten einsehen kann.

h) Bedeutung eines Einwilligungsvorbehalts

§ 1825 II BGB besagt, dass ein Betreuter selbst dann, wenn für ihn vom   **66**
Betreuungsgericht ein umfassender Einwilligungsvorbehalt angeordnet
wurde, für einen Erbvertrag, ein Testament oder den Widerruf eines Testaments keine Einwilligung seines Betreuers braucht. Er kann also nach
Belieben Testamente errichten und widerrufen. Fehlte dem Betreuen bei
der Errichtung bzw. dem Widerruf des Testaments die sog. Testierfähigkeit
(Rn. 48), ist das Testament unwirksam; das wird erst im Nachlassverfahren
geklärt (Rn. 649 ff.).

---

52 BGH FamRZ 2004, 944 (dazu *Kummer* ZEV 2004, 274); BGHZ 109, 306; OLG Saarbrücken NJW 1986, 1182.
53 OLG Düsseldorf FamRZ 1995, 58 („wenn ein berechtigter Anlass besteht").

i) Verloren gegangene Testamente

67   Ein *unfreiwillig* verlorenes oder vernichtetes Testament bleibt wirksam. Das Problem ist dann nur der Nachweis der formgerechten Testamentserrichtung und des Inhalts. Grundsätzlich muss das Original beim Nachlassgericht vorgelegt werden (§ 352 III 1 FamFG). Ist die Urkunde vom Erbanwärter nicht beschaffbar, genügt die Angabe anderer Beweismittel (§ 352 III 2 FamFG),[54] z. B. Vorlage von Fotokopien,[55] Abschriften,[56] Durchschriften, Blaupausen, Vernehmung von Zeugen (die das Original gesehen *und gelesen* haben[57]), Vernehmung des Antragstellers (obwohl er der angebliche Erbe ist) in Verbindung mit sonstigen Beweismitteln. Formgültigkeit und Inhalt sind zu beweisen. Der genaue Wortlaut muss nicht bewiesen werden, nur der gesamte Regelungsgehalt;[58] kann der Zeuge nur die erste Seite des Testaments wiedergeben, nicht die anderen zwei Seiten, genügt das nicht, weil dort weitere Regelungen usw. stehen konnten, die die Alleinerbschaft einschränken.

Das Problem war 1945/1950 sehr häufig. Flüchtlinge kamen ums Leben, die Erben versuchten, den Notar, der damals das Testament des Verstorbenen beurkundet hatte, ausfindig zu machen, damit er ihre Erbeinsetzung aus dem Gedächtnis bestätigte.

Ist das **Original eines Testaments nicht mehr auffindbar**, erfordert die Amtsermittlungspflicht angesichts des Fälschungsrisikos eine besonders gründliche Aufklärung der Übereinstimmung einer **Kopie** mit dem verschwundenen Original; dazu gehört regelmäßig eine förmliche Beweisaufnahme (Strengbeweis, § 30 FamFG),[59] Freibeweis genügt nur ausnahmsweise.[60]

68   Ist die Errichtung des Testaments **nicht nachweisbar**, geht das zu Lasten dessen, der aus dem Testament Rechte herleitet.[61] Durch bloßen Zeugenbeweis kann eine Erbeinsetzung kaum bewiesen werden.

---

54 OLG München NJW-RR 2010, 1664; OLG Köln FamRZ 1993, 1253; BayObLG FamRZ 2003, 1595; 2001, 1327; BayObLG FamRZ 2001, 771; BayObLG FamRZ 2001, 945; BayObLG FamRZ 1993, 117; BayObLG Rpfleger 1989, 457; OLG Düsseldorf FamRZ 1994, 1283; OLG Zweibrücken NJW-RR 1987, 1158.

55 OLG München NJW-RR 2021, 586; OLG Düsseldorf ErbR 2020, 59; OLG Düsseldorf BeckRS 2016, 110184 = ZEV 2017, 114 (LS); BayObLG FamRZ 2003, 1595; 2001, 1327/8; dabei ist die Manipulationsgefahr zu bedenken.

56 OLG Saarbrücken DNotZ 1950, 68.

57 Vgl. OLG München NJW-RR 2010, 1664.

58 BayObLGZ 1967, 197/206.

59 OLG Köln NJW-RR 1993, 970; BayObLG NJW-RR 2002, 726.

60 BayObLG FamRZ 2003, 1595 (eidesstattliche Versicherung des kanadischen Anwalts, der das Testament errichtet hatte und eine Fotokopie vorlegen konnte).

61 OLG Hamm NJW 1974, 1827; BayObLG Rpfleger 1980, 60; OLG Düsseldorf NJW-RR 1994, 142.

Nur die **Vernichtung des Testaments** durch eine testierfähige Person **69**
ist ein Widerruf. Es gibt keine Vermutung dahin, dass ein fehlendes Testament vom Erblasser *im Zustand der Testierfähigkeit* und in Widerrufsabsicht (§ 2255 BGB) vernichtet worden ist;[62] möglich ist auch Verlust durch
ein Versehen, durch Diebstahl, bei Wohnungsräumung, Wegwerfen durch
die Putzfrau, Zerreißen in Volltrunkenheit usw. (deshalb sollte der Papier-
korb des Verstorbenen durchsucht werden). An den Nachweis des Widerrufs
durch Vernichtung seitens des Erblassers dürfen aber keine übertriebenen
Anforderungen gestellt werden;[63] Indizien für eine Willensänderung können
genügen, die Beteiligten müssen dem Gericht Anhaltspunkte für weitere Ermittlungen in dieser Richtung unterbreiten, sonst wird nicht ermittelt.[64]–
Wenn jemand, der auf die Erbschaft hoffte, bei der Wohnungsdurchsuchung
ein ihm ungünstiges Testament findet und vernichtet (strafbar!), dann wird
zwar die Erbeinsetzung nicht widerrufen, aber die Beweislage ist schlecht.

j) Alttestamente entmündigter Personen

Besonderheiten gelten für bis 31.12.1991 errichtete Testamente Entmündig- **70**
ter, deren Entmündigung in eine Betreuung übergeleitet wurde.[65] Das frühere Recht knüpfte an jede Entmündigung den Verlust der Testierfähigkeit
(§ 2229 III a. F. BGB); bis 31.12.1991 errichtete Testamente Entmündigter
sind daher weiterhin unwirksam, auch wenn die Entmündigung in eine Betreuung übergeleitet wurde.[66] Die bis 31.12.1991 bestehende Gebrechlichkeitspflegschaft hatte dagegen keine Auswirkungen auf die Testierfähigkeit.

k) Einsicht des Betreuers in Testamente des Betreuten, in Nachlassakten, Grundbuch

aa) Einsicht vor dem Erbfall. Hatte der Erblasser ein eigenhändiges Tes- **71**
tament errichtet und es beim Amtsgericht in „besondere amtliche Verwahrung" gegeben (§ 2248 BGB), dann ist ihm auf Antrag jederzeit Einsicht
in sein eigenhändiges Testament zu gewähren, auch sind ihm Abschriften
zu erteilen;[67] dies folgt daraus, dass er statt dessen jederzeit die Rückgabe

---

62 OLG Düsseldorf ZEV 2019, 610; OLG Köln ZEV 2017, 115; BayObLG FamRZ 2003,
   1595/1600; 1996, 1110; 1993, 117 und Rpfleger 1992, 190; OLG Düsseldorf FamRZ
   1994, 1283; OLG Zweibrücken Rpfleger 2001, 350/2.
63 Vgl. OLG Düsseldorf BeckRS 2016, 110184 = ZEV 2017, 114 (LS).
64 BayObLG FamRZ 2003, 1595/1600.
65 Vgl. *Hahn* FamRZ 1991, 27.
66 *Hahn* FamRZ 1991, 27.
67 MünchKomm/*Sticherling* § 2248 Rn. 20.

verlangen könnte (§ 2256 II, III BGB). Hatte der Erblasser ein notarielles Testament errichtet, dann kann er jederzeit vom Notar eine Ausfertigung verlangen (§ 51 I Nr. 1 BeurkG). Wer Ausfertigungen verlangen kann, ist auch berechtigt, einfache oder beglaubigte Abschriften zu verlangen und die Urschrift einzusehen (§ 51 III BeurkG).

72   Ein **Betreuer** ist zwar gesetzlicher Vertreter des Betreuten (§ 1902 BGB); es gibt aber keinen Aufgabenkreis, der ihn berechtigen würde, Einsicht in ein Testament des Betreuten zu nehmen oder die Erteilung einer Abschrift des vom Betreuten errichteten notariellen Testaments gem. § 51 I Nr. 1 BeurkG zu verlangen. Hat der Betreute keine natürliche Einsichtsfähigkeit mehr, könnte eine Abschrift des Testaments nur nach der Befreiung des Notars von der Verschwiegenheitspflicht durch die Aufsichtsbehörde gem. § 18 II BNotO erteilt werden.[68]

72a   Der Betreuer als gesetzlicher Vertreter ist, wenn er einen ausreichenden Aufgabenkreis (z. B. Vermögenssorge) hat, berechtigt, zu Lebzeiten des Betreuten das **Grundbuch** und die Grundakten betreffend den Betreuten einzusehen; § 13 GBO.[69] **Angehörige** des Betreuten wollen sich manchmal schon vor dessen Tod über seinen Grundbesitz informieren und wenden sich an das Grundbuchamt. Auch hier regelt § 12 GBO, ob ein Einsichtsrecht besteht (Rn. 78a). Die Einsicht ist zu gewähren, wenn ein verständiges, durch die Sachlage gerechtfertigtes Interesse des Antragstellers in glaubhafter Weise dargelegt ist. Auch ein bloß tatsächliches, insbesondere wirtschaftliches Interesse kann das Recht auf Grundbucheinsicht begründen. Das berechtigte Interesse an der Einsicht von Grundbuch und Grundakten kann nicht mit persönlichen Motiven, etwa dem gedeihlichen Zusammenleben innerhalb einer Familie, begründet werden.[70] Eine Angehörige (Tochter), die geltend macht, zukünftig voraussichtlich für die 88-jährige Mutter zum Ersatz von Pflegekosten herangezogen zu werden, hat keinen Anspruch auf Einsichtnahme in die das Grundstück der Mutter betreffende Grundbucheintragungen.[71] Etwaige Pflichtteils- und Pflichtteilsergänzungsansprüche geben dem Beteiligten zu Lebzeiten des Erblassers kein Recht zur Einsicht des zwischen seinen Eltern und einem Geschwister geschlossenen, bei den Grundakten befindlichen Grundstücksüberlassungsvertrags.[72] **Künftige mögliche Erben** oder Pflichtteilsberechtigte haben vor dem Erbfall kein Recht zur Grundbuchensicht.[73]

---

68 LG Passau MittBayNot 2006, 167.
69 Dazu *Sarres* ZEV 2012, 294.
70 BayObLG NJW-RR 1998, 1241 = FamRZ 1998, 1306.
71 OLG Karlsruhe ZEV 2009, 42 = FamRZ 2009, 1773 (die Tochter wollte wissen, ob die Mutter ihr Haus bereits veräußert hatte).
72 BayObLG NJW-RR 1998, 1241 = FamRZ 1998, 1306.
73 OLG München NJW-RR 2018, 1353.

bb) Nach dem Erbfall. Ist der Betreute gestorben und das Testament   **73**
vom Nachlassgericht eröffnet worden, hat das Nachlassgericht den „Beteiligten" (z. B. Erbe, Vermächtnisnehmer, Testamentsvollstrecker) den sie
betreffenden Inhalt der Verfügung von Todes wegen schriftlich bekannt zu
geben, § 348 III FamFG. Der Vermächtnisnehmer wird also informiert,
wenn seine Adresse dem Nachlassgericht bekannt ist.

Wer ein rechtliches Interesse glaubhaft macht, ist berechtigt, eine eröff-   **74**
nete Verfügung von Todes wegen einzusehen (§ 357 I FamFG); das gilt auch
für Nichterben, auch für **Betreuer** von Personen, die möglicherweise aufgrund des Todesfalls Ansprüche haben; etwa einen **Pflichtteilsanspruch**.[74]
Wer ein rechtliches Interesse glaubhaft macht, kann verlangen, dass ihm
von dem Gericht eine **Ausfertigung des bereits erteilten Erbscheins** erteilt
wird (§ 357 II FamFG). § 357 FamFG erfasst nicht die vollständige Akte.

cc) Nachlassakten. Nach § 13 I FamFG können die „**Beteiligten**" (vgl.   **75**
§§ 7, 345 FamFG) die Nachlassakten auf der Geschäftsstelle des Nachlassgerichts einsehen (und daraus Kopien anfertigen lassen), sofern nicht schwer-
wiegende Interessen eines (anderen) Beteiligten oder eines Dritten entgegenstehen. Nach dieser Vorschrift kann die gesamte Nachlassakte eingesehen
werden kann, einschließlich darin befindlicher Protokolle, Gutachten, sonstigem Schriftwechsel. Das Einsichtsrecht der Beteiligten nach § 13 I FamFG
erstreckt sich auf die vom Gericht selbst geführten Akten sowie die beigezo-
genen Akten und Unterlagen, soweit diese zur Grundlage der Entscheidung
gemacht werden sollen oder gemacht worden sind.[75] Inwieweit der **Betreuer**
als gesetzlicher Vertreter eines Erben Einsicht in die Nachlassakte erhalten
kann richtet sich nach § 13 I FamFG. Der Erbe hat ein berechtigtes Interesse
an der Erlangung von Informationen über das Vermögen des Erblassers und
darüber, wo sich möglicherweise diesem noch zustehende Vermögenswerte
befinden könnten;[76] deshalb kann sein Betreuer die Akten einsehen.

Nach § 13 II 1 FamFG kann **Nicht-Beteiligten** die Einsicht (in die   **76**
vollständige Gerichtsakte oder in einen Teil davon) gestattet werden, soweit sie ein *berechtigtes* Interesse glaubhaft machen und schutzwürdige Interessen eines Beteiligten oder eines Dritten nicht entgegen stehen. Ein von
einem Nachlasspfleger bevollmächtigter gewerblicher Erbenermittler hat
deshalb ein Einsichtsrecht.[77]

Spezielle Einsichtsrechte gewähren z. B. § 1953 III 2 BGB (Einsicht   **77**
in eine Ausschlagungserklärung), § 1957 II 2 BGB (Einsicht in die Anfechtung einer Ausschlagungserklärung), § 2228 BGB (Einsicht in die Erklä-

74 OLG Frankfurt ErbR 2021, 138.
75 BT-Drucks. 16/6308 S. 181; Keidel/*Zimmermann,* FamFG, § 357 Rn. 2.
76 OLG Frankfurt FGPrax 2010, 70.
77 KG FamRZ 2011, 920 und 1145; Keidel/*Sternal,* FamFG, § 13 Rn. 41.

rung des Testamentsvollstreckers, dass er das Amt annimmt oder ablehnt oder kündigt).

78   **dd) Betreuungsakten.** Jedenfalls den zum Kreis der gesetzlichen Erben zählenden Personen ist gemäß § 13 II FamFG Einsicht in Betreuungsakten betreffend den Verstorbenen zu gewähren.[78] Das bezieht sich zumindest auf alle Aktenteile, die Angaben zur Vermögensverwaltung enthalten (wie Jahresabrechnungen, Genehmigung von Vermögensgeschäften), kann sich aber auch auf ein Sachverständigengutachten beziehen, wenn seine Kenntnis notwendig ist, damit die Erben Ansprüche des Erblassers weiterverfolgen können.

78a   **ee) Grundbuch.** Die Einsicht regelt § 12 GBO i. V. m. § 46 Grundbuchverfügung (GBV). „Die Einsicht des Grundbuchs ist jedem gestattet, der ein berechtigtes Interesse darlegt" (§ 12 I 1 GBO). Daneben führt das Grundbuchamt **Grundakten**, in denen die Grundlagen der Eintragung, z. B. notarielle Urkunden mit Kaufpreisangaben, Erbscheine usw, verwahrt sind. Das Grundbuch ist in Deutschland kein „öffentliches Register", wie z. B. das Handelsregister. Wegen des „informellen Selbstbestimmungsrechts" des Eigentümers wird die Einsicht nur zurückhaltend gewährt. Beispielsweise hat ein **Erbe/Miterbe**[79] ein Einsichtsrecht, ebenso ein **Pflichtteilsberechtigter**,[80] ein Vermächtnisnehmer;[81] desgleichen hat ein pflichtteilsberechtigter Angehöriger, der Miterbe ist, ein Einsichtsrecht zur Feststellung etwaiger Pflichtteilsergänzungsansprüche.[82] Wer als möglicher Erbe prüfen will, ob er die **Erbschaft ausschlagen** soll, hat ein Einsichtsrecht.[83] Kosten der Ausdrucke aus dem Grundbuch: Nr. 17000 ff. KV GNotKG. Vgl. Rn. 72a.

2. Betreuer, Altenheim, Krankenschwester, Arzt als Erbe

a) Sittenwidrigkeit des Testaments im Allgemeinen

79   Ist das vom Betreuten errichtete Testament nach allgemeinen Gesichtspunkten (z. B. handschriftlich geschrieben, eigenhändig unterschrieben) wirksam, fragt sich, ob die jeweilige Erbeinsetzung zulässig ist. Das kann

---

78 OLG Stuttgart BWNotZ 1993, 173.
79 OLG Braunschweig FamRZ 2020, 639 = ZEV 2019, 581 (Klärung von Ausgleichspflichten, §§ 2050 ff. BGB).
80 OLG Frankfurt FamRZ 2021, 1667.
81 *Sarres* ZEV 2012, 294.
82 OLG Zweibrücken NJW-RR 2020, 1341; OLG München FamRZ 2013, 1070 = ZEV 2013, 621 (LS).
83 OLG München NJW-RR 2018, 335 (verlangt Nachweis der Nichtannahme und des Fristendes).

an einem gesetzlichen Verbot (**§ 134 BGB**) scheitern oder an Sittenwidrigkeit (**§ 138 BGB**). Ob Sittenwidrigkeit vorliegt hängt vom Einzelfall ab. Dabei kommt es meines Erachtens auch auf die Höhe des Nachlasses an, anders die h. M. Die Frage der Sittenwidrigkeit[84] ist grundsätzlich nach den Anschauungen und Verhältnissen **zur Zeit der Errichtung** der letztwilligen Verfügung zu beurteilen,[85] nicht zur Zeit des Erbfalls. Sittenwidrig ist das Testament, wenn es gegen das Anstandsgefühl aller billig und gerecht Denkenden verstößt. Dabei kann sich die Sittenwidrigkeit sowohl aus dem Inhalt des Rechtsgeschäfts als auch aus dessen Gesamtcharakter ergeben.

Wenn der Erblasser seine **Abkömmlinge, Eltern, Ehegatten „enterbt"** macht das allein ein Testament noch nicht sittenwidrig;[86] denn die nächsten Angehörigen sind durch ihr Pflichtteilsrecht jedenfalls teilweise geschützt. „§ 138 BGB berechtigt den Richter aber nicht, die Auswirkungen einer vom Erblasser getroffenen Verfügung von Todes wegen an seinen eigenen Gerechtigkeitsvorstellungen zu messen und den Willen des Erblassers danach zu korrigieren; Sittenwidrigkeit und damit Nichtigkeit der Verfügung von Todes wegen kann nur in besonders schwerwiegenden Ausnahmefällen angenommen werden."[87] Selbst wenn ein Testament dazu führt, dass die Prostituierte des Mannes und seine Ehefrau Miteigentümer des von der Frau bewohnten Hauses werden soll das nicht sittenwidrig sein.[88]

b) Betreuer als Erbe

aa) Ehrenamtliche Betreuer

Der Betreute kann auch seinen jetzigen oder früheren ehrenamtlichen Betreuer zum Erben (oder Nacherben, Ersatzerben, Vermächtnisnehmer, Testamentsvollstrecker) einsetzen; das Verbot des § 14 HeimG sowie den Landes-Nachfolgegesetzen (mit § 134 BGB; Rn. 90) ist nicht analog anwendbar;[89] denn dadurch würde die Testierfreiheit (Art. 14 I GG) beeinträchtigt.   **80**

Rechtsprechung: Im Einzelfall kann ein Testament, in dem der Betreuer oder dessen Angehörige als Erben eingesetzt werden, wegen Sittenwidrigkeit nach § 138 BGB nichtig sein.[90] **(1)** Wenn der Betreuer auf die Entscheidung des Erblassers Einfluss genommen hat, mit der Folge, dass der Erblasser

---

84 Eingehend OLG Celle NJW 2021, 1681 („Seniorenbetreuer").
85 BGH NJW 1956, 865.
86 OLG Düsseldorf NJW-RR 1993, 249; str.
87 BGH NJW 1999, 566 („Kronprinz Wilhelm").
88 OLG Düsseldorf FamRZ 2009, 545.
89 BayObLG NJW 1998, 2369; *G. Müller* ZEV 1998, 219.
90 Vgl. OLG Braunschweig ZEV 2000, 448 (LS) = BeckRS 1999, 30843645; OLG Celle NJW 2021, 1681.

ein Kind des Betreuers zum Erben einsetzt, dann führt das nicht zwingend zur Sittenwidrigkeit, vielmehr ist eine Einzelfallbetrachtung erforderlich.[91] **(2)** Ein Testament, das eine betreute Person zugunsten eines Betreuers errichtet, ist sittenwidrig, wenn der Betreuer seinen Einfluss auf den Betreuten dazu benutzt hat, dass dieser ohne reifliche Überlegung über erhebliches Vermögen zugunsten des Betreuten oder seiner Angehörigen verfügt hat.[92] **(3)** Ein notarielles Testament zugunsten einer Berufsbetreuerin kann sittenwidrig sein, wenn die Berufsbetreuerin ihre gerichtlich verliehene Stellung und ihren Einfluss auf einen älteren, kranken und alleinstehenden Erblasser dazu benutzt, gezielt auf den leicht beeinflussbaren Erblasser einzuwirken und ihn dazu zu bewegen, vor einer von ihr herangezogenen Notarin in ihrem Sinne letztwillig zu verfügen.[93] **(4) Veranlasst ein Betreuer einen Testierunfähigen**, durch eine letztwillige Verfügung sich selbst oder einen Dritten als Begünstigten einzusetzen, kann hierin eine **Untreue** bzw. eine Teilnahme hieran begründet sein, wenn der Testierende als undoloses Werkzeug gegen sich selbst benutzt wird,[94] § 266 StGB.[95] Es liegt Untreue in mittelbarer Täterschaft vor.

Eine Privatperson, die vom Gericht zum Betreuer bestellt wurde, fällt nicht unter den „öffentlichen Dienst" (Rn. 84, 87); anders wird es bei einem Behördenbetreuer oder dem Mitarbeiter einer Betreuungsbehörde sein.

bb) Berufsbetreuer

80a　　Ab **1.1.2023** gilt für Berufsbetreuer eine Neuregelung.[96] Für ehrenamtliche Betreuer gilt diese Regelung nicht.

> **§ 30 BtOG – Leistungen an berufliche Betreuer**
>
> (1) Einem beruflichen Betreuer ist es untersagt, von dem von ihm Betreuten Geld oder geldwerte Leistungen anzunehmen. **Dies gilt auch für Zuwendungen im Rahmen einer Verfügung von Todes wegen.** Die gesetzliche Betreuervergütung bleibt hiervon unberührt.
>
> (2) Absatz 1 Satz 1 und 2 gilt nicht, wenn

91　BayObLG NJW 1998, 2369.

92　OLG Braunschweig FamRZ 2000, 1189.

93　OLG Celle NJW 2021, 1681 = BeckRS 2021, 2415; dazu *Leipold* ZEV 2021, 485.

94　OLG Celle ZEV 2013, 344; die Betreuer wurden beschuldigt, zusammen mit einem Notar, betreute und testierunfähige Senioren veranlasst zu haben, sie als Erben einzusetzen. Es ging um ca. 787.000 Euro. Weitere Fälle des § 266 StGB: BGH ZEV 2018, 605; OLG Saarbrücken ZEV 2019, 29.

95　Hierzu *Krüger* ZEV 2019, 669 (Erbschleicherei); *Bonefeld* ZErb 2014, 241; *Brand/Fett* JA 2000, 211; *Wetterling* ErbR 2017, 125; *Potthast/Frieser* ErbR 2017, 114.

96　Dazu *Leipold* ZEV 2021, 485; *Schönenberg-Wessel/Kaufmann* BtPrax 2021, 99; *Zimmermann* ZErb 2021, 418.

1. andere als die mit der Betreuervergütung abgegoltenen Leistungen vergütet werden, insbesondere durch die Zahlung von Aufwendungsersatz nach § 1877 Absatz 3 des Bürgerlichen Gesetzbuchs, oder

2. geringwertige Aufmerksamkeiten versprochen oder gewährt werden.

(3) Das Betreuungsgericht kann auf Antrag des Betreuers im Einzelfall Ausnahmen von dem Verbot des Absatzes 1 Satz 1 und 2 zulassen, soweit der Schutz des Betreuten dem nicht entgegensteht. Entscheidungen nach Satz 1 sind der für den beruflichen Betreuer zuständigen Stammbehörde mitzuteilen.

(1) Die **Erbschaft** fällt im deutschen Recht dem Erben automatisch zu **80b** (§ 1922 BGB), eine Annahme ist unnötig. Es liegt kein gesetzliches Verbot (§ 134 BGB) und keine Nichtigkeit der Annahme vor. Eine „Annahme" trotz § 30 BtOG ist wirksam, sie ist nur *berufsrechtlich* untersagt. Folge einer Annahme der Erbschaft, die nicht vor dem Erbfall vom Betreuungsgericht genehmigt wurde, ist aber u.U., dass die Stammbehörde des Betreuers (d.h. die örtliche Betreuungsbehörde) die Registrierung als Berufsbetreuer widerruft (§ 27 Abs. 1 Nr. 1 BtOG), so dass er nicht mehr als Berufsbetreuer bestellt wird. Wenn die Erbschaft hoch ist, dann schmerzt die künftige Nichtbestellung finanziell kaum; es ist eine Frage der Kalkulation: der ehemalige Berufsbetreuer sucht sich einfach eine andere Beschäftigung und behält die große Erbschaft.

Wurde dem Berufsbetreuer etwas vermacht, z.B. ein Geldbetrag, dann erfolgt die Ausschlagung des **Vermächtnisses** gebührenfrei und unbefristet gegenüber dem Erben, § 2180 Abs. 2 BGB. Ist kein Ersatzvermächtnisnehmer bestimmt, verbleibt der Geldbetrag dem Erben,

Wurde der Berufsbetreuer vom testierfähigen Betreuten zum **Testamentsvollstrecker** ernannt, und lehnt er das Amt folgsam ab (§ 2202 Abs. 1 BGB) und ist vom Erblasser keine Ersatzperson bestellt worden, dann stellt sich für das Nachlassgericht die Frage, ob ein stillschweigendes Ersuchen vorliegt, einen Testamentsvollstrecker zu bestellen (§ 2200 BGB); der vom Erblasser ungenehmigt Ernannte könnte jetzt vom Gericht ernannt werden.

(2) Betroffen sind nur **Berufsbetreuer**. Auch auf Vereinsbetreuer und **80c** Behördenbetreuer ist die Regelung anwendbar. Das Annahmeverbot ist nicht einschlägig, wenn der Betreute testierte, als der Bedachte sein Berufsbetreuer war, zur Zeit des Todes des Betreuten aber nur noch dessen ehrenamtlicher Betreuer. **Frühere Berufsbetreuer** des Erblassers fallen nicht darunter, eine „Fernwirkung" ist abzulehnen.[97] Für **Ehegatten/Partner** und

---

97 Anders BVerwG 1996, 2319.

Kinder des Berufsbetreuers sowie die **Mitarbeiter** des Berufsbetreuers gilt das Annahmeverbot nicht; ebenso nicht für Testamente der Angehörigen des Betreuten zugunsten des Berufsbetreuers (die Schwester des Betreuten kann dem Berufsbetreuer also ein Vermächtnis zuwenden).

80d   (3) Erfasst ist die Annahme der Einsetzung als **Erbe**, sei es Allein-erbe, **Miterbe**, Ersatzerbe, Nacherbe; Erbvertragserbe; **Vermächtnis**; bei der **Auflage** kommt es darauf an, ob der Berufsbetreuer unmittelbar be-günstigt wird;[98] die Einsetzung als **Testamentsvollstrecker** hat Geldwert, weil der Testamentsvollstrecker für seine Tätigkeit einen Vergütungsan-spruch hat (§ 2221 BGB); nicht anders ist es, wenn der Erblasser ange-ordnet hat, dass der Testamentsvollstrecker nur Auslagenersatz, aber keine Vergütung, erhält, weil die starke Rechtstellung des Testamentsvollstre-ckers (vgl. § 2205 BGB) Geldwert hat; er kann z. B. bei der Veräußerung des Nachlasses weitgehend nach Gutdünken handeln und einem Erwerber Vorteile gewähren.

80e   (4) Die **Kenntnis des Berufsbetreuers** von der Erbeinsetzung: sie spielt keine Rolle,[99] meint jedenfalls die Gesetzesbegründung. Wenn der Betreute sein Testament errichtet, ohne dem Betreuer davon etwas zu sagen („Stilles Tes-tament") dann bestehe trotzdem ein Annahmeverbot; das dürfte verfassungs-rechtlich (Art. 14 GG) kaum haltbar sein. Denn der Berufsbetreuer (= Erbe) kann mangels Kenntnis keine Genehmigung der Annahme beantragen.

80f   (5) **Zeitlicher Anwendungsbereich**: Wurde das Testament vor dem 1.1.2023 errichtet, stirbt der Betreute aber erst nach dem 1.1.2023, dann gilt dafür schon die Neuregelung, weil es nach dem Wortlaut des § 30 BtOG auf den Zufluss der Zuwendung ankommt. Bei der ähnlichen Problematik des § 14 HeimG hatte allerdings das OLG Stuttgart[100] angenommen, dass das Verbot des § 14 nur für Testamente etc gilt, die ab Inkrafttreten des HeimG (1.1.1975) errichtet worden sind.

80g   (6) **Überlegungen des Berufsbetreuers**: Wenn sich der vom testier-fähigen Betreuten zum Erben eingesetzte Berufsbetreuer die Erbschaft si-chern will kann er um Entlassung bitten (vgl. § 1868 III BGB) oder die Löschung seiner Registrierung als Berufsbetreuer bei der Stammbehörde beantragen (§ 27 Abs. 3 BtOG). Möglich ist auch, dass der Berufsbetreuer mit dem (geschäftsfähigen) Betreuten eine Vorsorgevollmacht bespricht; falls es dazu kommt; dann muss i. d. R. die Betreuung aufgehoben werden.

80h   (7) **Unanwendbarkeit der Regelung**: § 30 I 2 BtOG gilt nicht bei geringwertigen Aufmerksamkeiten (Schachtel Pralinen?).

---

98 BayObLG NJW 2000, 1959 = ZEV 2000, 284.
99 BT-Drucks. 19/24445 S. 386/387.
100 OLG Stuttgart NJW-RR 2011, 85.

(8) Ausnahmegenehmigung: Der Berufsbetreuer kann *vor* der Tes-   **80i**
tamentserrichtung beim Betreuungsgericht eine Genehmigung der Erbeinsetzung beantragen (§ 30 III BtOG). Die Genehmigung muss, um
wirksam zu sein, noch vor dem Tod des Erblassers *erteilt* sein. Um richtig
entscheiden zu können, muss das Betreuungsgericht i. d. R. den Erblasser
(= Betreuten) anhören, der jetzt Einzelheiten aus seinem Testament offen-
baren muss, was nicht zulässig ist.

Eine **nachträgliche Ausnahmegenehmigung** (d. h. nach dem Tod des
Erblassers) scheidet nach Ansicht der Gesetzesbegründung[101] aus und soll unwirksam sein. Die Genehmigung bestätigt nicht, dass der betreute Erblasser
zur Zeit der Testamentsverrichtung testierfähig war; sie bestätigt nicht, dass
das Testament nicht sittenwidrig ist, denn diese Frage gehört nicht in die
Kompetenz des Betreuungsgerichts, sondern des Nachlassgerichts bzw des
Prozessgerichts. Das Betreuungsgericht hat sich nur mit der Frage der berufs-
rechtlichen Statthaftigkeit zum Zeitpunkt seiner Entscheidung zu befassen.

Gegen die Ablehnung der Ausnahmegenehmigung kann der Betreuer
Beschwerde zum Landgericht einlegen (§§ 58, 59 Abs. 2 FamFG). Die Ausnahmegenehmigung (nicht deren Ablehnung) ist der Stammbehörde des Berufsbetreuers mitzuteilen, damit dort festgestellt werden kann, bei welchem
Betreuer sich Erbeinsetzungen häufen und künftig negative Stellungnahmen
zur Eignung abgegeben werden können.

cc) Vorsorgebevollmächtigter

Ein **Vorsorgebevollmächtigter** kann als Erbe etc. eingesetzt werden.[102]   **81**

c) Mitarbeiter eines ambulanten Pflegedienstes

Eine analoge Anwendung von § 14 HeimG (Rn. 90) auf den Mitarbeiter   **82**
eines ambulanten Pflegedienstes, der den Erblasser in seiner Wohnung gepflegt und versorgt hat, wird überwiegend abgelehnt.[103] Einige neue Nachfolgegesetze z. B. in Hessen, Hamburg, Nordrhein-Westfalen erstrecken das
Verbot aber auch auf ambulante Dienste. Nach dem NRW-Heimgesetz ist
die Verbotsnorm des § 7 NRW-WTG auf ambulante Dienste nur anwendbar, wenn diese ihre Leistungen in Angeboten gem. § 24 I NRW-WTG erbringen; das ist bei Leistungen für einen Erblasser, der allein in seinem
eigenen Haushalt und nicht in einer Wohngemeinschaft mit älteren oder

---

101 BT-Drucks. 19/24445 S. 386.
102 BayObLG Rpfleger 2003, 130; *Burandt/Rojahn/G. Müller,* § 14 HeimG Rn. 30.
103 OLG Düsseldorf ZEV 2001, 366; BayObLG ZEV 1998, 234; LG Bonn ZEV 2000,
106; a. A. *Niemann* ZEV 1998, 419. Vgl. dazu *Ludyga* ZEV 2014, 177.

pflegebedürftigen Menschen oder mit Menschen mit Behinderungen gelebt hat und betreut worden ist, nicht der Fall.[104]

d) Behandelnder Arzt, Pflegepersonal

83   Diese Personen können als Erben bzw. Vermächtnisnehmer eingesetzt werden. Grenze ist nur die Sittenwidrigkeit (§ 138 BGB); Rn. 79. In der Einsetzung des Hausarztes (anstelle des Bruders, welcher sonst gesetzlicher Erbe
geworden wäre) hat das BayObLG[105] keine Sittenwidrigkeit angenommen.

e) Personen im öffentlichen Dienst als Erben

84   Handelt es sich beim Begünstigten um Personen im öffentlichen Dienst
(z. B. Personal eines Städtischen Klinikums) ist es zwar nach den Beamten-
gesetzen (§ 43 BRRG sowie die Beamtengesetze des Bundes, der Länder,
Soldatengesetz) bzw. § 10 I des BAT bzw. § 3 II TVöD und entsprechenden
kirchlichen Vorschriften (z. B. § 3 III AVR-K) diesen Bediensteten untersagt, Belohnungen oder Geschenke in Bezug auf ihr Amt ohne Zustimmung des Dienstherrn anzunehmen. § 10 I BAT lautet: „Der Angestellte
darf Belohnungen oder Geschenke in bezug auf seine dienstliche Tätigkeit
nur mit Zustimmung des Arbeitgebers annehmen." Der Tarifvertrag für
den öffentlichen Dienst (TVöD) bestimmt in § 3 II: „Die Beschäftigten
dürfen von Dritten Belohnungen, Geschenke, Provisionen oder sonstige
Vergünstigungen in Bezug auf ihre Tätigkeit nicht annehmen. Ausnahmen
sind nur mit Zustimmung des Arbeitgebers möglich. Werden den Beschäftigten derartige Vergünstigungen angeboten, haben sie dies dem Arbeit-
geber unverzüglich anzuzeigen."

85   **Grund dieser Regelungen** ist das Erfordernis der Unbestechlichkeit
und Uneigennützigkeit des öffentlich-rechtlichen Dienst- und Treuever-
hältnisses.[106] Der Pflegeperson im öffentlichen Dienst muss jeder finanzielle Anreiz genommen werden, wohlhabende Patienten besser zu behan-
deln als arme Personen.

86   **aa) Beamte:** Ob die beamtenrechtlichen Regelungen als Verbotsge-
setze zu bewerten sind mit der Folge, dass eine derartige Einsetzung als
Erbe bzw. Vermächtnisnehmer nichtig ist (§ 134 BGB), ist umstritten.[107]

---

104 OLG Köln Rpfleger 2020, 28 = ErbR 2020, 62.
105 BayObLG FamRZ 1985, 1082.
106 BVerwGE 73, 194.
107 Vgl. *Beckmann* JZ 2001, 150; *Koos* ZEV 2000, 235; *Stach* NJW 1988, 943.

bb) Öffentliche Angestellte:[108] Die tarifvertraglichen Bestimmungen wie § 10 I BAT hat der BGH[109] nicht als Verbotsgesetz gewertet. Dasselbe wird für Arbeitsverträge mit entsprechendem Inhalt gelten. Die im Städtischen Klinikum angestellte Krankenschwester kann daher grundsätzlich wirksam vom Pflegebedürftigen zum Erben, Vermächtnisnehmer oder vergütungsberechtigten Testamentsvollstrecker eingesetzt werden. Allerdings muss die Bedienstete dies dem Dienstherrn anzeigen.

87

Fraglich ist ferner, ob die Erbeinsetzung etc. überhaupt unter § 10 BAT fällt. Das BayObLG[110] meinte, dass das nur dann der Fall sei, wenn die Zuwendung ihre Grundlage im dienstlichen Bereich hat, d. h. wenn für sie nach den Umständen des Falles kein anderer Grund gefunden werden kann als der, dass dem Zuwendungsempfänger bestimmte Dienstleistungen obliegen. Das BAG[111] stimmte dieser engen Sicht nicht zu: Eine dienstliche Mitverursachung der Erbeinsetzung etc. genügt; nur wenn sie ausschließlich privat veranlasst ist fällt sie nicht unter § 10 BAT. Dabei kommt es auf objektive Kriterien an. Es spielt keine Rolle, ob der Angestellte von seiner Erbeinsetzung etc. Kenntnis hatte (m. E. zweifelhaft).

88

Hat der öffentliche Angestellte seinen Dienstherrn informiert, dann entscheidet dieser nach seinem Ermessen, ob er der Annahme der Erbschaft bzw. des Vermächtnisses **zustimmt**; lehnte der Dienstherr die Zustimmung ab, kann vor dem Arbeitsgericht auf Zustimmung geklagt werden. Die Ablehnung der Zustimmung hält das BAG[112] im Regelfall nicht für ermessensfehlerhaft. Allerdings ist der Angestellte **trotz Ablehnung der Zustimmung Erbe** bzw. Vermächtnisnehmer geworden; er könnte eventuell noch ausschlagen bzw. die Erbschaft an die anderweitigen Erben übertragen. Weigert sich der Angestellte, das zu tun, kann ihm der Dienstherr aus verhaltensbedingten Gründen **kündigen**.[113] Im Ergebnis bedeutet das freilich nur: Wenn die Krankenschwester eine Million erbt, wird sie nicht ausschlagen, sondern sich kündigen lassen und einen anderen Arbeitsplatz suchen. Daraus wird ersichtlich, dass § 10 BAT besser als gesetzliches Verbot (§ 134 BGB) eingestuft werden sollte,[114] was freilich schwer begründbar ist.

89

---

108 Ebenso Zivildienstleistende, BVerwG ZEV 1996, 343. Dazu *Koos* ZEV 1997, 435.

109 BGH NJW 2000, 1186 mit abl. Anm. *Koos* ZEV 2000, 235; MünchKomm/*Armbrüster* § 134 Rn. 31.

110 BayObLG NJW 1995, 3260; BayObLG FamRZ 1990, 301.

111 BAG ZEV 2004, 71; zustimmend *G. Müller* (Anm.).

112 BAG NVwZ 1985, 142. Die Heiminsassin E hatte in einem notariellen Testament für die Pflegerinnen, die sie in den letzten sechs Monaten ihres Lebens versorgen und pflegen sollten, ein Vermächtnis in Höhe von je 1.200 Euro bestimmt; die Zustimmung wurde abgelehnt.

113 BAG ZEV 2004, 71 (Krankenschwester im Dienst eines Vereins, der karitative Dienste erbringt; Einsetzung zur Alleinerbin, obwohl drei Kinder vorhanden waren).

114 Ebenso *Stach* NJW 1988, 943.

f) Altenheim, Pflegeheim als Erbe

Die einschlägige Vorschrift des § 14 HeimG lautet:

90

> **§ 14 HeimG: Leistungen an Träger und Beschäftigte**
>
> (1) Dem Träger ist es untersagt, sich von oder zugunsten von Bewohnerinnen und Bewohnern oder den Bewerberinnen und Bewerbern um einen Heimplatz Geld- oder geldwerte Leistungen über das nach § 5 vereinbarte Entgelt hinaus versprechen oder gewähren zu lassen.
>
> (2) bis (4)...
>
> (5) Der Leitung, den Beschäftigten oder sonstigen Mitarbeiterinnen oder Mitarbeitern des Heims ist es untersagt, sich von oder zugunsten von Bewohnerinnen und Bewohnern neben der vom Träger erbrachten Vergütung Geld- oder geldwerte Leistungen für die Erfüllung der Pflichten aus dem Heimvertrag versprechen oder gewähren zu lassen. Dies gilt nicht, soweit es sich um geringwertige Aufmerksamkeiten handelt.
>
> (6) Die zuständige Behörde kann in Einzelfällen Ausnahmen von den Verboten der Absätze 1 und 5 zulassen, soweit der Schutz der Bewohnerinnen und Bewohner die Aufrechterhaltung der Verbote nicht erfordert und die Leistungen noch nicht versprochen oder gewährt worden sind.

91   § 14 HeimG[115] (zur Geltung vgl. Rz. 95) verbietet den Heimbewohnern, dem Heimträger, dem Heimleiter sowie den Beschäftigten oder sonstigen Mitarbeitern durch Testament oder Erbvertrag Zuwendungen zu machen; darunter fallen Einsetzung als Alleinerbe, Miterbe, Nacherbe, Vermächtnis, Auflage mit Geldvorteil, Einsetzung als vergütungsberechtigter Testamentsvollstrecker.[116] **Solche Einsetzungen** sind **nichtig** (§ 134 BGB), es tritt dann ggf. Ersatzerbfolge ein, hilfsweise gesetzliche Erbfolge. Die Vorschrift soll alte Menschen davor bewahren, dass ihr Recht auf freie Verfügung von Todes wegen durch offenen oder versteckten Druck faktisch gefährdet wird.[117] Eine Einrichtung ist ein **Heim** im Sinne des § 14 HeimG, wenn es die Voraussetzungen des § 1 HeimG bzw. des Landesrechts erfüllt.

Umgehungen helfen meist nicht: Setzt der Erblasser einen nahen Angehörigen eines Heimbediensteten zum Erben ein, ist die Erbeinsetzung trotzdem nichtig.[118] Wird das Heim in der Rechtsform einer GmbH betrie-

---

115 Dazu: *Hollstein,* Die Nichtigkeit letztwilliger Verfügungen wegen Verstoßes gegen das gesetzliche Verbot aus § 14 HeimG..., 2011.

116 *Rossak* MittBayNot 1998, 40; *Everts* ZEV 2006, 544; *Burandt/Rojahn/G. Müller,* § 14 HeimG Rn. 11.

117 BVerfG NJW 1998, 2964.

118 OLG Frankfurt NJW 2001, 1504.

ben und ein Familienangehöriger der Gesellschafter, der Geschäftsführer oder des Heimleiters von einem Heimbewohner zum Erben eingesetzt, ist die letztwillige Verfügung unwirksam.[119] Andererseits: Das Testament des Angehörigen (E) eines Heimbewohners, mit dem der behinderte Sohn (S) als Vorerbe, der Heimträger als Nacherbe eingesetzt wird und von dem dieser erst nach dem Tod des Erblassers E erfährt, soll nicht unwirksam sein.[120] Die Regelung erfasst nur Fälle, in denen das Testament nach Inkrafttreten des HeimG (1.1.1975) errichtet wurde.[121] Für Vermächtnisse kommt es dagegen auf den Zeitpunkt des Erbfalls an.

Von § 14 HeimG erfasste Personen. Das sind nicht nur die Heim-   **92**
bewohner, sondern auch Personen, die sich um einen Heimplatz bewerben; ferner bestimmte Dritte, wie aus der Formulierung „von oder zugunsten" in § 14 I HeimG folgt. Setzen Eltern eines Heimbewohners das Heim etc. als Erben ein, ist diese Einsetzung somit nichtig. Ebenso ist es, wenn Verwandte des Heimbewohners den Heimbewohner zum Vorerben und das Heim zum Nacherben einsetzen oder wenn die Kinder des Heimleiters als Nacherben eingesetzt werden.[122] Für die Erbeinsetzung der Geschäftsführerin eines ambulanten Pflegedienstes durch eine zu pflegende Person in einem Erbvertrag gilt bis zum Beweis des Gegenteils die Vermutung, dass diese Erbeinsetzung im Zusammenhang mit den Pflegeleistungen steht.[123]

Kenntnis des Begünstigten notwendig. Nach h. M. tritt Nichtigkeit   **93**
nur dann ein, wenn der begünstigten Person die Einsetzung zu Lebzeiten bekannt war;[124] das wird der Formulierung „gewähren lassen" entnommen. Weiß der „Erbe" nichts von der Erbeinsetzung, sondern wird gewissermaßen von der Erbschaft freudig überrascht, ist sie wirksam (bei § 10 BAT dagegen spielt die Kenntnis des Begünstigten keine Rolle). Deshalb ist wichtig, auf wessen Kenntnis es ankommt: Genügt die Kenntnis der Köchin, wenn „das Heim" (also die juristische Person) eingesetzt wird? Wenn das kirchliche Heim in Köln einem Orden gehört, dessen Leitung in Rom/Italien sitzt, wessen Kenntnis ist entscheidend? Die Kenntnis der Mutter Oberin in Rom? Das BayObLG[125] meinte: Kenntnis liege grundsätzlich dann vor, wenn ein Mitarbeiter des Heimträgers, den dieser als Ansprechpartner für die Heimbewohner in den wesentlichen Heimangelegenheiten bestellt hat, und der aus

---

119 BayObLG ZEV 2001, 121; *Everts* ZEV 2006, 544.

120 BGH ZEV 2012, 39 mit abl. Anm. *Sagmeister* S. 99. Die Betreuerin des S beantragte nach dem Tod des E einen Erbschein, wonach S Vollerbe war, also ohne Nacherbenvermerk; der BGH erachtete S als Vorerben, den Heimträger als Nacherben.

121 OLG Stuttgart FGPrax 2010, 302; a. A. MünchKomm/*Leipold* vor § 2064 Rn. 64; *Bartels* ZEV 2011, 79.

122 OLG Düsseldorf FamRZ 1998, 162.

123 OLG Frankfurt NJW 2015, 2531.

124 BayObLG NJW 1992, 55; KG NJW-RR 1999, 2; *Lange*, Erbrecht, Kap. 3, Rn 39.

125 BayObLG NJW 1993, 1143; OLG Karlsruhe ZEV 1996, 146, KG ZEV 1998, 437.

der Sicht des Heimbewohners wegen seiner Stellung im Heim **wesentlichen Einfluss auf dessen konkrete Lebenssituation** ausüben kann, mit Wissen des Heimbewohners zu dessen Lebzeiten von der letztwilligen Zuwendung an den Heimträger Kenntnis erhält. Durch das Erfordernis der Kenntnis ist manchmal im Erbscheinsverfahren eine Beweisaufnahme notwendig.

94   Wenn eine Ausnahmegenehmigung erteilt wurde, ist die Erbeinsetzung wirksam, § 14 VI HeimG. Den Antrag kann das Heim stellen, aber auch der Erblasser.[126] Es handelt sich um keine Ermessensentscheidung der Behörde; vielmehr besteht ein Rechtsanspruch, wenn die Voraussetzungen erfüllt sind. Entscheidendes Kriterium ist u. a. der Schutz des Heimfriedens. Die zuständige Stelle (z. B. Regierungspräsidium) ist je nach Landesrecht verschieden. Gegen die **Ablehnung der Genehmigung** (= Verwaltungsakt) kann das Verwaltungsgericht angerufen werden.[127] Eine nachträgliche Einholung der Ausnahmegenehmigung, d. h. nach dem Tod des Erblassers, ist nicht möglich.[128] Es ist zwar zulässig, zuerst das Testament zu errichten und dann die Genehmigung zu beantragen; nach Erteilung der Genehmigung muss das Testament aber mit neuem Errichtungsdatum (und zweckmäßig unter Aufhebung des früheren Testaments) nochmals geschrieben werden.[129]

95   Mit der Föderalismusreform ist 2006 die Gesetzgebungskompetenz für das Heimrecht auf die Länder übergangen. In allen Bundesländern sind inzwischen **Nachfolgegesetze zum HeimG erlassen worden,**[130] nämlich

Baden-Württemberg: Gesetz für unterstützende Wohnformen, Teilhabe und Pflege von 2014 (zuvor LandesheimG 2008),

Bayern: Pflege- und Wohnqualitätsgesetz 2008

Berlin: Wohnteilhabegesetz 2010

Brandenburg: Pflege und Betreuungswohngesetz 2009

Bremen: Wohn- und Betreuungsgesetz 2010

Hamburg: Wohn- und Betreuungsqualitätsgesetz 2009

Hessen: G. über Betreuungs- und Pflegeleistungen, 2012

Mecklenburg-Vorpommern: EinrichtungenqualitätsG 2010

Niedersachsen: Heimgesetz, 2011

Nordrhein-Westfalen: Wohn- und Teilhabegesetz 2014

---

126 BVerfG NJW 1998, 2964; VG Würzburg ZEV 2008, 601.
127 VG Würzburg ZEV 2008, 601.
128 VGH Mannheim NJW 2004, 3792.
129 Vgl. BVerfG NJW 1998, 2964.
130 Zusammengestellt bei MünchKomm/*Leipold* Rn. 33 vor § 2064; *Burandt/Rojahn/G. Müller,* Anhang zu § 14 HeimG; *Ludyga* ZEV 2014, 177.

Rheinland-Pfalz: Landesges. über Wohnformen und Teilhabe 2009

Saarland: Landesheimgesetz 2009

Sachsen: Betreuungs- und Wohnqualitätsgesetz 2012

Sachsen-Anhalt: Wohn- und Teilhabegesetz 2011

Schleswig-Holstein: Selbstbestimmungsstärkungsgesetz 2009

Thüringen: Wohn- und Teilhabegesetz 2014.

Für seitdem errichtete Testamente sind diese Landesrechte[131] anzuwenden. Sie bringen unterschiedliche Deutungen, welche Wohnform ein „Heim" ist und inwieweit Ausnahmegenehmigungen möglich sind. Die bisherige Rechtsprechung zu § 14 HeimG ist insoweit weiterhin von Bedeutung.

> Art. 8 des Bay. Pflege- und WohnqualitätsG[132] lautet: (1) Dem Träger ist es untersagt, sich von oder zugunsten von Bewohnerinnen und Bewohnern oder Bewerberinnen und Bewerbern um einen Platz in der stationären Einrichtung Geld oder geldwerte Leistungen über das vereinbarte Entgelt hinaus versprechen oder gewähren zu lassen.
>
> (2) Dies gilt nicht, wenn ....
>
> (3) ...
>
> (4) Der Leitung, **den Beschäftigten** oder sonstigen Mitarbeiterinnen oder Mitarbeitern der stationären Einrichtung ist es untersagt, sich von oder zugunsten von Bewohnerinnen und Bewohnern neben der vom Träger erbrachten Vergütung Geld oder geldwerte Leistungen für die Erfüllung der Pflichten aus den zwischen dem Träger und den Bewohnerinnen oder Bewohnern geschlossenen Verträgen versprechen oder gewähren zu lassen. Dies gilt nicht, soweit es sich um geringwertige Aufmerksamkeiten handelt.
>
> (5) Die zuständige Behörde kann in Einzelfällen Ausnahmen von den Verboten der Abs. 1 und 4 zulassen, soweit der Schutz der Bewohnerinnen und Bewohner die Aufrechterhaltung der Verbote nicht erfordert und die Leistungen noch nicht versprochen oder gewährt worden sind.

g) Die Kirche als Erbin

Die „Kirche" als Erbin einzusetzen ist zulässig; allerdings ist wichtig, dass im Testament genau bezeichnet ist, wer erben soll:[133] welche Konfession,   **95a**

---

131 Dazu *Karl* ZEV 2009, 544; *Spall* MittBayNot 2010, 9.
132 Dazu *Ludyga* ZEV 2014, 177.
133 Vgl. den Fall BFH ZEV 2020, 116.

der Pfarrer/Pastor X oder seine Kirchengemeinde, der Bischof oder die katholische Diözese oder das Domkapitel? Ein als Erbe eingesetzter Pfarrer der evangelischen Kirche braucht nach § 32 I Pfarrdienstgesetz EKD zur Annahme einer Erbschaft, die dort „erbrechtliche Begünstigung" heißt, die Genehmigung seiner vorgesetzten Kirchenbehörde.

h) Pflegende Abkömmlinge als Erben

95b   Ein Abkömmling, der durch Mitarbeit im Haushalt, Beruf oder Geschäft des Erblassers während längerer Zeit, durch erhebliche Geldleistungen oder in anderer Weise in besonderem Maße dazu beigetragen hat, dass das Vermögen des Erblassers erhalten oder vermehrt wurde, kann **bei der Auseinandersetzung eine Ausgleichung** unter den Abkömmlingen verlangen, die mit ihm als *gesetzliche* Erben zur Erbfolge gelangen (§ 2057a I 1 BGB). Verteilt die Mutter im Testament den Nachlass (z. B. 40% die Tochter, je 30% die beiden Söhne) gilt das also nicht. Hinterlässt die Mutter kein Testament und wurde sie von der Tochter einige Zeit vor dem Tod gepflegt,[134] ohne dass sie dafür bezahlt wurde, kann ihr bei der Erbteilung ein Ausgleichsanspruch zustehen (§ 2057a BGB).[135]

Beispiel:

Die Tochter hat ihren Halbtagsjob aufgegeben, um ihre Mutter 3 Jahre zu pflegen. Dadurch sind ihr 36×750 Euro = 27.000 Einkommen entgangen. Sie kann bei gesetzlicher Erbfolge einen Ausgleich verlangen. Das gilt auch, wenn die Tochter keinen Einkommensverlust hatte.

3. Testamentswiderruf

a) Übersicht

96   Der (testierfähige) Erblasser hat **vier Möglichkeiten**, um ein Testament zu widerrufen:

- durch ein isoliertes Widerrufstestament (§ 2254 BGB), oder
- durch Vernichtung des Testaments (§ 2255 BGB)
- durch Rücknahme aus der amtlichen Verwahrung (§ 2256 BGB)
- durch ein späteres widersprechendes Testament (§ 2258 BGB).

---

134 Zur Berechnung des Wertes von Pflegeleistungen vgl. OLG Schleswig ZEV 2017, 400.
135 Einzelheiten *Bredemeyer/Sutter* ZEV 2022, 61; *Schneider* ZEV 2020, 334; *Kollmeyer* NJW 2017, 1849.

Der Widerruf eines Testaments kann nicht durch Vertrag etc. ausge- **97**
schlossen werden (§ 2302 BGB). Für den Widerruf eines gemeinschaftlichen Testaments von Ehegatten gelten Sondervorschriften (§§ 2271, 2296
BGB), soweit es sich um wechselbezügliche Verfügungen handelt. Ein
notarielles Testament kann durch ein privatschriftliches Testament widerrufen werden und umgekehrt. Der Widerruf kann nicht durch einen Einwilligungsvorbehalt ausgeschlossen werden (§ 1825 II BGB).

b) Bloßer Widerruf durch Testament

Der Erblasser kann ein Testament ganz oder nur in einzelnen Teilen jeder- **98**
zeit widerrufen (§ 2253 BGB) und zwar dadurch, dass er ein neues Testament errichtet (§ 2254 BGB), das keinen weiteren Inhalt als den Widerruf
hat. Das Widerrufstestament kann natürlich ein anderes Testament nur
durch ein gültiges Testament (Form usw.) widerrufen, insbesondere, wenn
beim Widerruf **Testierfähigkeit**[136] vorliegt.

Der Erblasser kann sein **Widerrufstestament widerrufen** (§ 2257 **99**
BGB), dann wird (im Zweifel) die ursprüngliche Verfügung wieder wirksam. Auf einen Widerruf nach §§ 2255, 2256 BGB (Rn. 104) ist § 2257
BGB dagegen nicht anwendbar, wie der Wortlaut zeigt. Ein widerrufenes
privatschriftliches Testament kann durch ergänzende Zusätze nur dann
wieder in Kraft gesetzt werden, wenn diese Zusätze neu unterschrieben werden.[137] Über den Widerruf eines Testaments durch einen Entmündigten bis
31.12.1991 (das Rechtsinstitut der Entmündigung wurde ab 1.1.1992 aufgehoben) vgl. § 2253 II a. F. BGB (Rn. 70).

Das Widerrufstestament ist nach § 2078 BGB anfechtbar. **100**

c) Widerruf eines Testaments durch Vernichtung

Der Erblasser kann ein Testament ganz oder nur in einzelnen Teilen da- **101**
durch widerrufen, dass er in **Aufhebungsabsicht** die Testamentsurkunde
vernichtet oder an ihr Veränderungen vornimmt (wie z. B. Durchstreichun-
gen), durch die der Wille, eine schriftliche Willenserklärung aufzuheben,
ausgedrückt zu werden pflegt (§ 2255 S. 1 BGB); dieser Wille wird im
Zweifel vermutet (§ 2255 S. 2 BGB). **Vernichten**: Verbrennen, zerreißen.[138]
Veränderungen: Durchstreichen des ganzen Testaments oder einzelner
Teile, Wegschneiden eines Teils des Testaments. Erforderlich ist also ein

---

136 Dazu *A. Helms* DNotZ 2003, 104.
137 BayObLG NJW-RR 1992, 1225.
138 Zum erforderlichen Umfang der Finrisse vgl. BayObLG FamRZ 1996, 1110.

objektiver und ein subjektiver Tatbestand. Die Vermutung des Aufhe-
bungswillens kann als widerlegt angesehen werden, wenn feststeht, dass die
Streichungen lediglich der Vorbereitung eines neuen Testaments dienten,
in dem inhaltlich gleiche Verfügungen wieder getroffen werden sollten.[139]
Zwar muss der Erblasser grundsätzlich selbst handeln (zerreißen); es genügt
aber, wenn er sich eines Dritten als unselbstständigem Werkzeug bedient,
der in seinem Auftrag und mit seinem Willen die Urkunde zu Lebzeiten des
Erblassers vernichtet; dem Dritten darf dabei kein Entschluss- und Hand-
lungsspielraum verbleiben.[140]

102   Da der Widerruf als letztwillige Verfügung anzusehen ist, muss derjenige,
der das Testament zerreißt oder durchstreicht, **testierfähig** sein, sonst hat
das Zerreißen keine rechtlichen Folgen. Wenn der verwirrte (testierunfähige)
Betreute ein in gesunden Tagen errichtetes Testament zerreißt, führt das
nicht zum Widerruf. Dass der Erblasser bei Vornahme der Widerrufshand-
lung testierfähig war, wird nicht vermutet, § 2255 S. 2 BGB gilt dafür nicht.
Es ist nach §§ 26, 352e I FamFG zu ermitteln, was schwierig ist, wenn man
nicht einmal feststellen kann, *wann* der Erblasser sein Testament zerrissen
hat bzw. wer das Testament zerrissen hat. Die Feststellungslast trägt, wer die
Aufhebung des Testaments behauptet.[141] Wenn der Erblasser sein Testament
in Widerrufsabsicht zerrissen hat und dann selbst wieder zusammenklebt,
wird es nicht mehr gültig;[142] er muss das Testament neu schreiben.

103   Die Widerrufsabsicht fehlt ferner, wenn z. B. das Testament vom Erblasser **versehentlich vernichtet** wird;[143] oder wenn Pflegepersonal, Putzfrau usw. beim Aufräumen alle Unterlagen zerstören. Auch hier besteht das
Beweisproblem.

d) Widerruf eines notariellen Testaments durch Rücknahme aus der amtlichen Verwahrung

104   Errichtet ein Erblasser zur **Niederschrift des Notars** ein Testament („öffentliches Testament") und wird es dann in besondere[144] amtliche Verwahrung des Amtsgerichts gegeben (§ 34 BeurkG; ein Hinterlegungsschein
wird ausgestellt), dann kann der Erblasser jederzeit die Rückgabe des Testa-

---

139 BayObLG FamRZ 1998, 258.
140 OLG München NJW-RR 2011, 945.
141 BayObLG FamRZ 1996, 1110.
142 BayObLG FamRZ 1996, 1113.
143 Weitere Fälle: OLG Hamm FamRZ 2002, 769.
144 D. h. mit Sicherheitsvorkehrungen (Panzerschrank etc.). Nach § 2259 BGB abgelieferte
     te Testamente werden dagegen in einfache Verwahrung genommen, also einfach in die
     Erbscheinsakte eingeordnet.

ments verlangen (§ 2256 II BGB). Dies hat zur Folge, dass das Testament als widerrufen gilt (unabhängig vom Willen des Erblassers[145]), sobald die formgerechte Rückgabe an den Erblasser *persönlich* (§ 2256 II 2 BGB) erfolgt; eine unzulässige **Rücksendung** durch die Post[146] oder Rückgabe an Bevollmächtigte[147] oder **an Betreuer** hat keine solche Widerrufswirkung. Da ein *geschäftsunfähiger* Erblasser (Betreuter) keinen wirksamen Rückgabeantrag stellen kann[148], darf ihm das Testament bei offensichtlicher Testierunfähigkeit nicht ausgehändigt werden, aber auch seinem Betreuer nicht. Man muss zwischen dem Antrag und dem Aushändigungsakt unterscheiden. Die Rücknahme gilt als Verfügung von Todes wegen,[149] so dass der Erblasser bei Aushändigung[150] testierfähig sein muss;[151] bei Antragstellung muss er geschäftsfähig sein, was faktisch keinen Unterschied macht.

Wird dagegen ein **privatschriftliches Testament** in *besondere* amtliche   **105**
Verwahrung des Amtsgerichts gegeben und dann aus der Verwahrung zurückgeholt, dann hat das auf die Wirksamkeit keinen Einfluss (§ 2256 III BGB).

e) Widerruf eines Testaments durch ein späteres widersprechendes Testament

Durch die Errichtung eines Testaments wird ein früheres Testament *inso-*   **106**
weit (also u. U. nur teilweise[152]) widerrufen, als das spätere Testament mit dem früheren in Widerspruch steht (§ 2258 I BGB). Ein Widerrufswille ist nicht erforderlich, aber Testierfähigkeit. Ob ein Widerspruch vorliegt, ist eine Frage der Auslegung; manchmal ergänzen sich die Testamente lediglich, dann bilden die Testamente in ihrer Gesamtheit die Erklärung des Willens des Erblassers.[153]

Mehrere Testamente mit gleichem Datum gelten als gleichzeitig errich-   **107**
tet, wenn sich die zeitliche Abfolge durch Auslegung bzw. Beweisaufnahme nicht klären lässt; enthalten sie inhaltlich widersprüchliche Anordnungen, heben sie sich gegenseitig auf.[154]

---

145 BayObLG FGPrax 2005, 72.
146 KG JW 1935, 3559; *Lange/Kuchinke* § 23 II 3.
147 OLG Saarbrücken NJW-RR 1992, 586.
148 OLG Köln FamRZ 2014, 973; BayObLG Rpfleger 2005, 541; *Lange,* Erbrecht, Kap. 8, Rn. 26 („testierfähig").
149 BGHZ 23, 207/211; MünchKomm/*Sticherling* § 2256 Rn. 6.
150 *Lange/Kuchinke* § 23 II 3a; *Lange,* Erbrecht, Kap. 8, Rn. 23; MünchKomm/*Sticherling* § 2256 Rn. 6.
151 *Dittmann/Bengel/Dietz,* Testament und Erbvertrag, § 2256 Rn. 6.
152 BGH NJW 1985, 969.
153 BayObLG FamRZ 1997, 247.
154 BayObLG FamRZ 2003, 711; BayObLG FamRZ 2000, 1538.

4. Testamentsanfechtung durch den Betreuer?

a) Voraussetzungen und Wirkung der Testamentsanfechtung

108   Eine letztwillige Verfügung kann angefochten werden, soweit der Erblasser über den Inhalt seiner Erklärung im Irrtum war oder eine **Erklärung dieses Inhalts** überhaupt nicht abgeben wollte *und* anzunehmen ist, dass er die Erklärung bei Kenntnis der Sachlage nicht abgegeben haben würde; das Gleiche gilt, soweit der Erblasser zu der Verfügung durch die irrige Annahme oder Erwartung des Eintritts oder Nichteintritts eines Umstands oder widerrechtlich durch Drohung bestimmt worden ist (§ 2078 I, II BGB). Solche Fälle sind sehr selten. Das Problem ist ferner, dass der Anfechtende das **beweisen** muss. – Anfechtbarkeit besteht ferner, wenn der Erblasser einen zur Zeit des Erbfalls vorhandenen Pflichtteilsberechtigten übergangen hat, dessen Vorhandensein ihm bei der Errichtung der Verfügung nicht bekannt war oder der erst nach der Errichtung geboren oder pflichtteilsberechtigt geworden ist (§ 2079 BGB).

109   Allerdings kann nicht jeder ein Testament anfechten. Denn nach § 2080 BGB ist zur Anfechtung nur derjenige (und erst nach dem Tod des Erblassers) berechtigt, welchem die Aufhebung der letztwilligen Verfügung unmittelbar zustatten kommen würde (§ 2080 I BGB); bei **Übergehung eines Pflichtteilsberechtigten** steht das Anfechtungsrecht nur dem Pflichtteilsberechtigten zu (§ 2080 III BGB) zu und kann *in diesem Falle* vom **Betreuer**[155] als gesetzlichen Vertreter des Pflichtteilsberechtigen ausgeübt werden (Frist: ein Jahr, § 2082 BGB). Für die Anfechtung braucht der Betreuer keine Genehmigung des Betreuungsgerichts; vgl. § 1851 BGB, der diesen Fall nicht nennt.

Die Anfechtung einer Erbeinsetzung erfolgt durch Erklärung gegenüber dem Nachlassgericht (§ 2081 I BGB); sie wird einfach zu den Akten genommen. Erst wenn ein Erbschein beantragt wird, wird vom Nachlassgericht nachgeprüft, ob die Anfechtung berechtigt war. Eine erfolgreiche Anfechtung hat zur Folge, dass die letztwillige Verfügung als von Anfang an als nichtig angesehen wird und gesetzliche Erbfolge eintritt, falls nicht eine andere letztwillige Verfügung zum Zuge kommt. – Die Anfechtung eines Vermächtnisses erfolgt gegenüber dem Begünstigten.[156]

110   **Beispiele:**

(1) Am Krankenbett sagt die Schwester zum körperbehinderten Bruder: sie werde ihn nicht weiterpflegen, wenn sie von ihm nicht als Erbin seines Vermö-

---

155 MünchKomm/*Leipold* § 2080 Rn. 15.
156 Grüneberg/*Weidlich* § 2081 Rn. 5.

gens eingesetzt werde. Das ist eine widerrechtliche Drohung, weil der Bruder durch den Wegfall der Pflege in eine körperliche Notsituation kommen kann.

(2) Pfarrer P sagt zur sterbenden Erblasserin, sie werde nicht in den Himmel kommen, wenn sie nicht Frau F als Erbin einsetzte. Nach Ansicht des KG[157] liegt keine widerrechtliche Drohung vor, da es sich hierbei nicht um die Ankündigung eines vom Willen des Pfarrers abhängigen künftigen Übels handelt, weil P nicht darüber zu befinden hat, ob jemand in den Himmel kommt.

(3) E hat seine drei Kinder zu Erben zu je ⅓ eingesetzt. Nach dem Tod des E im Jahre 2020 taucht T auf und behauptet, eine 1990 geborene nichteheliche Tochter des E zu sein, was sie nach Exhumierung des E und Durchführung von Genproben auch beweisen kann (§§ 169 ff. FamFG). T kann das Testament anfechten, möglicherweise mit Erfolg. Dann würde sie gesetzliche Miterbin zu ¼; andernfalls steht ihr jedenfalls der Pflichtteil zu.

b) Anfechtung durch den Erblasser

Der Erblasser selbst hat nach allgemeiner Auffassung[158] kein Anfechtungs-   **111**
recht, weil er das Testament ja widerrufen kann, z. B. indem er es zerreißt oder ein neues Testament (mit Widerruf) errichtet. Ist der Erblasser aber inzwischen testierunfähig, ist ihm diese Möglichkeit verschlossen.

c) Anfechtung durch den Betreuer des Erblassers

Wenn der Erblasser selbst wegen inzwischen eingetretener Testierunfähig-   **112**
keit sein Testament nicht mehr widerrufen kann, dann soll der Betreuer nach Stimmen in der Literatur[159] für den Erblasser anfechten können. Zur Begründung wird eine analoge Anwendung von § 2282 II BGB vorgeschlagen: denn für einen geschäftsunfähigen Erblasser könne der Betreuer einen *Erbvertrag* anfechten. Die Anfechtung bedürfe der notariellen Form (entgegen § 2081 BGB) sowie (zum Schutze des Erblassers) der Genehmigung des Betreuungsgerichts.[160] Da der Gesetzestext eindeutig ist und keine Lücke vorhanden ist, kann jedoch **keine Anfechtung** eines *Testaments* durch den Betreuer erfolgen.[161] Es gibt keine Bestimmung, wonach das Betreuungs-

---

157 KG NJW 2001, 903 = FamRZ 2000, 912.

158 Grüneberg/*Weidlich* § 2080 Rn. 3; *Harke* JZ 2004, 180.

159 *Zimmer* NJW 2007, 1713; *Lange* ZEV 2008, 313; *A. Helms* DNotZ 2003, 104.

160 *Lange* ZEV 2008, 313.

161 Ebenso *Roth* S. 68. Andererseits bejaht MünchKomm/*Leipold* § 2080 Rn. 15 eine Anfechtung durch einen gesetzlichen Vertreter und nennt den Vormund, bezugnehmend auf KG FamRZ 1977, 271.

gericht in einem solchen Fall eine Genehmigungskompetenz hätte; „Schutz des Erblassers" genügt nicht.

5. Ansprüche bei enttäuschter Erberwartung

112a Wenn jemand jahrelang für einen anderen (den Erblasser) Dienstleistungen,[162] z. b. **Pflegeleistungen,** für kein oder nur ein geringes Entgelt erbrachte in der Erwartung, als Erbe (oder Vermächtnisnehmer) eingesetzt zu werden, und diese **Erwartung enttäuscht** wurde, dann will der Dienstleitende manchmal wenigstens seine Arbeit bezahlt bekommen.

Beispiel:[163]

B hat für seine Tante T jahrelang im Haus und Garten gearbeitet sowie Besorgungen, Einkäufe, Begleitung bei Arztbesuchen durchgeführt. T hatte den B in einem Testament als Erben eingesetzt. Bei einem Streit zerriss die T das Testament. B verlangt nun von T Vergütung für 345 Stunden zu je 15 Euro.

Die Verpflichtung, ein Testament zu errichten oder nicht zu errichten oder ein Testament zu widerrufen, ist nichtig (§ 2302 BGB). Ein **Testament** kann deshalb aus freien Stücken jederzeit widerrufen werden, z. B. durch Zerreißen, Durchstreichen (§ 2255 BGB). Durch einen **Erbvertrag** wäre der Dienstleistende besser geschützt.

Als Anspruchsgrundlage (zu Lebzeiten gegen den künftigen Erblasser bzw. später gegen dessen Erben, § 1967 BGB) kommt ein **faktisches Arbeitsverhältnis** (§ 612 BGB) in Frage,[164] nicht Bereicherung wegen Zweckverfehlung nach § 812 I 2 Alt. 2 BGB.[165] Für einen Zahlungsanspruch kommt es zunächst darauf an, ob der künftige Erblasser die Erberwartung gebilligt oder sogar zugesagt hat, ob Einigkeit über die **atypische Vergütung** durch Erbeinsetzung bestanden hat und ob die Dienstleistung den Umständen nach nur gegen eine Vergütung zu erwarten war. Die einseitige subjektive Vorstellung des Dienstleistenden, „die T wird mich schon als Erbe einsetzen, weil ich ihr immer helfe", genügt nicht.

Der Vergütungsanspruch wird als gestundet angesehen, bis sich zeigt, dass die versprochene Erbeinsetzung nicht erfolgt ist, also bis zum Tod bzw. Kenntnis des Dienstleistenden von der fehlenden Erbeinsetzung, im Beispiel ab Zerreißen des Testaments in Anwesenheit des B. Dann beginnt die

---

162 *Nieder/Kössinger,* Handbuch der Testamentsgestaltung, 2015, Rn. 134, 135.
163 LAG Rheinland-Pfalz ZEV 2013, 101 (es erfolgte Klageabweisung).
164 BAG NZA 2011, 1335; BGH NJW 1965, 1224; LAG Rheinland-Pfalz ZEV 2013, 101; LAG Hessen BeckRS 2010, 71883 = ZEV 2011, 551; *Trappe/Renners* ZEV 2012, 301.
165 Dazu *Haas/Holla* ZEV 2002, 169.

Verjährung nach §§ 195, 199 I BGB. Die Höhe der Vergütung bestimmt sich nach § 612 II BGB (übliche Vergütung). Der Dienstleistende trägt die **Beweislast für die Vereinbarung der Erbeinsetzung**, der potentielle Erblasser bzw. dessen Erben müssen die Vereinbarung der Unentgeltlichkeit beweisen; sie können ferner einwenden, dass wegen Pflicht zur familienrechtlichen Mitarbeit gem. §§ 1353, 1360, 1619 keine Vergütungspflicht bestand bzw. dass die Hilfe aus sozialer Motivation und nicht in Erwartung der Erbeinsetzung erfolgte.

Wenn die **Erblasserin allerdings gestorben** ist gewährt § 2057a BGB bei der Auseinandersetzung unter Abkömmlingen dem Kind, das im Haushalt mitgearbeitet hatte usw, einen Ausgleichsanspruch im Verhältnis zu anderen Abkömmlingen, die nicht geholfen haben. vgl. Rz. 95b.

6. Bestattungsvorsorgeverträge, Dauergrabpflegeverträge

Bei einem Bestattungsvorsorgevertrag vereinbart jemand zu Lebzeiten mit einem Bestattungsunternehmen, wie die Bestattung beim künftigen Todesfall im Einzelnen erfolgen soll. Der Betrag wird in der Regel vorausbezahlt oder ist durch eine abgetretene Sterbegeldversicherung gedeckt. Einen solchen Vertrag kann der *geschäftsunfähige* Betreute selbst nicht abschließen. Der Betreuer könnte den Vertrag als Vertreter schließen, es ist aber zweifelhaft, ob er einen entsprechenden Aufgabenkreis haben kann; denn zur Vermögenssorge gehört der Vertrag wohl nicht und zur Personensorge wohl ebenfalls nicht. Der *geschäftsfähige* Betreute kann einen Bestattungsvorsorgevertrag schließen; ist für ihn ein Einwilligungsvorbehalt in vermögensrechtlichen Angelegenheiten angeordnet (§ 1825 I BGB), braucht er die Genehmigung seines Betreuers. **113**

Manchmal hat jemand früher, als er noch nicht unter Betreuung stand, einen (wirksamen) Bestattungsvorsorgevertrag geschlossen; und jetzt steht er unter Betreuung und ist mittellos (§ 1880 BGB). Dann fragt sich, ob von ihm verlangt werden kann, dass er den Vertrag kündigt, um so über die **Rückzahlung** eines Teils der Vertragssumme Mittel zu erlangen, die entweder zur Bezahlung der Betreuervergütung oder zur Rückzahlung von Sozialhilfe an die Sozialhilfeverwaltung verwendet werden könnten. **114**

Die Bestattungsunternehmer gestalten den Vertrag (gemischter Vertrag, überwiegend Werkvertragsrecht) meist (in Abweichung von § 649 BGB) als **für den Kunden unkündbar** aus, um sich vor Rückzahlungen zu schützen. Sollte der Vertrag kündbar sein, dann ist die erste Frage, wie hoch der Rückzahlungsbetrag ist, weil ja der Gewinnanteil des Unternehmers diesem in der Regel verbleibt; verbliebe dem Betreuten nach Auflösung des **115**

Vertrages nur insgesamt das Schonvermögen ist die Rückabwicklung ohne Sinn. Sollte sich ein höherer Betrag ergeben ist umstritten, ob der **Betreuer zur Kündigung verpflichtet** ist.

In einem vom OLG Frankfurt[166] entschiedenen Fall überwies die Betroffene einen Betrag von (umgerechnet) über 2.500 Euro aufgrund eines gleichzeitig geschlossenen Vertrages an einen Bestattungsunternehmer, so dass sie anschließend nur noch über das Schonvermögen verfügte: sodann wurde die Betreuung angeordnet. Die Frage war dann, ob der Staat (oder die Betreute) die Betreuervergütung zahlen muss. Das OLG Frankfurt meinte, der Betreute sei auch dann mittellos, wenn er früher vorhandenes Vermögen in einer seinen Lebensverhältnissen angemessenen Höhe für einen Bestattungsvorsorgevertrag aufgewendet habe und deshalb nicht mehr über einsetzbares Vermögen verfügt; der aufgewandte Betrag könne nicht als fiktives Vermögen betrachte werden. Ähnlich das Sozialgericht Karlsruhe:[167] Vermögen aus einem angemessenen Bestattungsvorsorgevertrag sei bei der Gewährung von Sozialhilfe nicht zu berücksichtigen. Seine Verwertung stelle für den Hilfesuchenden grundsätzlich eine Härte dar. Eine auf Aufforderung des Hilfeträgers dennoch erfolgte Kündigung und der Einsatz des hieraus erzielten Geldbetrages zur Bedarfsdeckung im Wege der Selbsthilfe könne dem Hilfesuchenden deshalb nicht anspruchsvernichtend entgegengehalten werden.

116   Das Bundessozialgericht[168] stuft einen abgeschlossenen und bezahlten Bestattungsvorsorgevertrag zwar als Vermögen des Hilfeempfängers ein, meint aber, die Verwertung der Vorsorge für eine angemessene Bestattung und Grabpflege könne einen unwirtschaftlichen Härtefall bedeuten und damit zu einer Verschonung des dafür einzusetzenden Vermögens führen.

---

166 OLG Frankfurt FGPrax 2011, 115.
167 SG Karlsruhe FamRZ 2010, 236.
168 BSG ZEV 2008, 539.

C. Das Behindertentestament der Eltern des Betreuten

1. Grundstruktur

Die Eltern eines behinderten „Kindes" (das ab Volljährigkeit meist unter   **117**
Betreuung steht) wollen einerseits die Lebenssituation des Behinderten
verbessern; andererseits soll der Sozialhilfeträger die Leistungen für den
Behinderten weiterhin erbringen und dabei nicht auf den künftigen (elterlichen) Nachlass zugreifen können.[1] Würde das behinderte Kind uneingeschränkt Erbe, dann müsste sein Vermögen, wozu auch die Erbschaft zählt,
bis zur Höhe des Schonvermögens[2] für die Pflege und ggf. notwendige
Heimunterbringung verwendet werden, ohne dass dies dem Behinderten
einen Zugewinn an Lebensqualität erbringen würde. Das soll durch eine
trickreiche Gestaltung vermieden werden.

Das Behindertentestament enthält als Grundstruktur folgende Ele-   **118**
mente:[3]

* Der behinderte Erbe, der meist unter Betreuung steht, wird nur zum
  (*nicht* befreiten) **Vorerben** eingesetzt; ein gesunder Angehöriger (z. B.
  Bruder des Behinderten) wird zum Nacherben bestimmt; Rn. 373.

* **Testamentsvollstreckung** über den Erbteil des Behinderten auf dessen
  Lebenszeit wird angeordnet (Dauervollstreckung); ein Testamentsvollstrecker und Ersatztestamentsvollstrecker wird bestimmt; höchst hilfsweise wird das Nachlassgericht gebeten, einen Testamentsvollstrecker
  zu bestellen (§ 2200 BGB); Rn. 119, 421, 447. Die Ernennung von Be-
  rufsträgern, z. B. Rechtsanwälten, Steuerberatern kostet jährliche Gebühren, ein Verwandter könnte mit dem Zusatz berufen werden: «Der

---

1 *Roglmeier* ZErb 2021, 424; *Ruby/Schindler*, Das Behindertentestament, 2018; *Nieder/Kös-
  singer*, Handbuch der Testamentsgestaltung, § 21 Rn. 68.
2 Derzeit 5.000 Euro sowie angemessenes Hausgrundstück, Einzelheiten vgl. § 90 SGB XII.
3 Zahlreiche Varianten werden diskutiert, vgl. *Manthey/Trilsch* ZEV 2015, 618; *Dreher/
  Görner*, NJW 2011, 1761 (nicht sittenwidrig); *Nieder/Kössinger* Handbuch der Testamentsgestaltung, § 21 Rn. 71 ff.; *Reimann/Bengel/J. Mayer*, Testament und Erbvertrag,
  Teil A Rn. 530 ff.; *Hartmann* ZEV 2001, 89; *Golpayegani/Boger* ZEV 2005, 377; *Ruby*
  ZEV 2006, 66. Ob solche Testamente sittenwidrig sind, ist nicht abschließend geklärt:
  BGH NJW-RR 1994, 323 (im konkreten Fall nicht sittenwidrig); BGH NJW 1990, 2055
  (bescheidenes Vermögen; nicht sittenwidrig); BGH NJW 2011, 1586 (Erbverzicht, nicht
  sittenwidrig); OLG Hamm BeckRS 2016, 110649 (Höhe des Nachlasses belanglos).

Testamentsvollstrecker erhält keine Vergütung, nur Auslagenersatz». Aber dann nimmt er vielleicht das Amt später nicht an oder kündigt es (§ 2226 BGB).

• Im Testament wird dem Testamentsvollstrecker eine **Verwaltungsanordnung** erteilt (§ 2216 II 1 BGB); unten Rn. 120.

119   Die **Anordnung der Testamentsvollstreckung** hat zur Folge, dass Gläubiger des Erben, die nicht Nachlassgläubiger sind, während der Dauer der Testamentsvollstreckung keine Zugriffsmöglichkeit auf die der Verwaltung des Testamentsvollstreckers unterliegenden Nachlassgegenstände nebst **Erträgen** haben (§ 2214 BGB). Außerdem erfasst die Testamentsvollstreckung auch die Nachlasserträge, während bei einer bloßen Vorerbschaft/Nacherbschaft der Vorerbe Anspruch auf die Erträge hat (§ 2112 BGB), so dass sie pfändbar sind.

2. Verwaltungsanordnungen

120   Wird der Testamentsvollstrecker vom Erblasser durch eine Verwaltungsanordnung ausdrücklich angewiesen, die jährlichen Reinerträge der Vorerbschaft an den Behinderten in solchen Formen auszuschütten, dass der Sozialhilfeträger darauf nicht Zugriff nehmen kann, dann ist das nach § 2216 II 1 BGB für den Testamentsvollstrecker bindend.[4] Auch das BSG[5] stellt auf die Verwaltungsanordnung ab und meint, dass eine Dauertestamentsvollstreckung der Verwertbarkeit von Nachlassvermögen als „bereite Mittel" i. S. d. Sozialleistungsrechts entgegenstehen kann.

Jedoch bestehen Einschränkungen: **(1)** Zum einen kann der Testamentsvollstrecker beantragen, dass die Anordnung vom Nachlassgericht **außer Kraft gesetzt** wird (§ 2216 II 2 BGB), was geschieht, wenn ihre Befolgung den „Nachlass erheblich gefährden würde". Wenn z. B. die Mieteinnahme benötigt wird, um die Dachrinne zu reparieren, dann kann an den Behinderten keine Zahlung erfolgen. Der Sozialhilfeträger kann keinen solchen Antrag auf Außerkraftsetzung stellen. **(2) Im Verhältnis zum Erben** besteht für den Testamentsvollstrecker keine Befolgungspflicht.[6] Der Erbe kann ihn daher nicht auf Erfüllung verklagen, aber auf Schadensersatz, er kann ferner die Entlassung durch das Nachlassgericht wegen Nichtbefolgung (§ 2227 BGB) beantragen.[7] **(3)** Die **Sittenwidrigkeit** solcher Anordnungen ist umstritten, wenn sie deutlich zum Ausdruck brin-

---

4 *Nieder/Kössinger,* Handbuch der Testamentsgestaltung, § 21 Rn. 97.
5 BSG ZEV 2015, 484.
6 Grüneberg/*Weidlich* § 2216 Rn. 1; Staudinger/*Reimann* (2016) § 2216 Rn. 37; umstritten.
7 OLG Zweibrücken FamRZ 1989, 788.

gen, dass die Sozialhilfeverwaltung ausgebeutet werden soll. Der BGH[8] hält sie für grds. nicht sittenwidrig, sondern vielmehr Ausdruck der sittlich anzuerkennenden Sorge für das Wohl des Kindes über den Tod der Eltern hinaus.[9] Ein Behindertentestament ist nach Ansicht des BGH[10] aber nicht allein deshalb sittenwidrig, weil in der letztwilligen Verfügung konkrete Verwaltungsanweisungen an den Testamentsvollstrecker fehlen, aus denen sich ergibt, in welchem Umfang und zu welchen Zwecken der Betroffene Vorteile aus dem Nachlass erhalten soll.

Als **Verwaltungsanordnung** wird z. B. vorgeschlagen: Der Testa- **121** mentsvollstrecker wird angewiesen, aus den Reinerträgen des Erbteils des B dem B nach billigem Ermessen diejenigen Zuwendungen zu leisten, die zur Verbesserung der Lebensqualität beitragen, aber nach dem Sozialhilferecht nicht dem Zugriff des Sozialhilfeträgers unterliegen und nicht auf gewährte Hilfeleistungen anzurechnen sind,[11] z. b. angemessene Geschenke zum Geburtstag und zu Weihnachten, Zuschüsse zur Finanzierung eines Urlaubes; zur Freizeitgestaltung. Keinesfalls sollte die Anweisung erfolgen, Getränke, Kleidung, Taschengeld usw. zu leisten, weil damit Grundbedarf gedeckt wird,[12] also die Sozialleistung sinkt.

Steht der geistig behinderte Erbe unter Testamentsvollstreckung und **122** hat er kein sonstiges Eigenvermögen, fragt sich, ob der Testamentsvollstrecker die **Betreuervergütung** aus dem Nachlass zu zahlen hat oder ob die Staatskasse dafür einspringen muss.

Der BGH[13] hat ausgeführt, dass ein Nachlass, der der Testamentsvollstreckung unterliegt, nur dann für Vergütungsansprüche eines Betreuers des Erben zur Verfügung steht, wenn dies mit den vom Erblasser im Testament getroffenen Verwaltungsanordnungen, die vom Testamentsvollstrecker vollzogen werden müssen, zu vereinbaren ist (§§ 2211, 2214 BGB). Daher ist durch Auslegung der an den Testamentsvollstrecker adressierten Verwaltungsanordnungen (§ 2216 BGB) zu ermitteln, ob der Erblasser auch Vergütungsansprüche des Betreuers ausschließen wollte. Stehen die im Testament getroffenen Verwaltungsanordnungen an den Testamentsvollstrecker einer Entnahme der Betreuervergütung aus dem Nachlass ent-

---

8   BGHZ 188, 96 = BGH NJW 2011, 1586; BGHZ 111, 36 = BGH NJW 1990, 2055; BGHZ 123, 368 = BGH NJW 1994, 248; BGH NJW-RR 2005, 369; NJW-RR 2006, 223.
9   BGH NJW 2013, 1879 = FamRZ 2013, 874.
10 BGH NJW 2020, 58.
11 In BGH NJW 2011, 1586 nicht beanstandet.
12 BSG ZEV 2015, 484; *Doering-Striening* ErbR 2016, 10.
13 BGH ZEV 2017, 407; BGH FamRZ 2015, 1019 = ZEV 2015, 414; ähnlich LG Wuppertal ZEV 2015, 643. Über den Anspruch auf Leistungen der Jugendhilfe in einem solchen Fall vgl. BVerwG NJW 2016, 584.

gegen, ist **der Erbe mittellos** und der Betreuer kann seine Vergütung nur aus der Staatskasse verlangen.

In einer anderen Entscheidung hat der BGH[14] ausgeführt, die durch ein Behindertentestament auf den Betroffenen übertragene (Vor-)Erbschaft führe auch bei gleichzeitiger Anordnung der Testamentsvollstreckung *nicht zwingend* zur Mittellosigkeit des Betroffenen. Die Zahlung von Aufwendungsersatz an den Ergänzungsbetreuer wurde gebilligt.

Der Erblasser, der einen Betreuten zum Erben bzw. Vorerben einsetzt und zugleich Testamentsvollstreckung anordnet, sollte also ins Testament den Satz schreiben: „ Eine Betreuervergütung, Verfahrenspflegervergütung oder ähnliche Zahlung darf aus dem verwalteten Vermögen nicht beglichen werden".[15]

Die **Jahresgebühr der Gerichtskasse für die Betreuung** (Nr. 11101 KV GNotKG), die bei Vermögen des Betreuten anfällt, kann dagegen gegen den Betreuten angesetzt werden, auch wenn der Nachlass unter Dauer-Testamentsvollstreckung steht oder/und der Betreute nur Vorerbe ist,[16] weil Gebührenrecht formal ist; nach anderer Ansicht[17] darf eine solche belastete Erbschaft nicht als Vermögen gerechnet werden. – Verweigert der Testamentsvollstrecker die Übernahme der Zahlung, kann die Justizkasse den Anspruch des Betreuten gegen den Testamentsvollstrecker pfänden (§§ 829, 835 ZPO) und sich zur Einziehung überweisen lassen, im Einziehungsprozess kann dann das Testament ausgelegt werden, wobei das Ergebnis sein kann, dass die Staatskasse die Gebühr nicht verlangen darf.

Für die **Dauer-Testamentsvollstreckung** wird von der Gerichtskasse **keine Jahresgebühr** berechnet (wohl aber eventuell vom Testamentsvollstrecker!).

---

14 BGH NJW 2013, 1879 = FamRZ 2013, 874.

15 Vgl. *Enzensberger* ZErb 2021, 422.

16 OLG Karlsruhe ZEV 2021, 186 = ZErb 2021, 192; OLG Nürnberg FGPrax 2021, 284; OLG Hamm ErbR 2021, 68 = ZEV 2021, 122; OLG Celle FamRZ 2020, 949; OLG Stuttgart ZEV 2020, 563; OLG Rostock ZEV 2021, 543.

17 OLG Zweibrücken FGPrax 2021, 45; OLG München MDR 2019, 353; OLG Köln FGPrax 2019, 235 = ZErb 2020, 73; OLG Bamberg FamRZ 2020, 947; *Manthey/Tritsch* ZEV 2015, 618.

Beispiel eines Behindertentestaments:

Testament

Im Falle meines Todes ordne ich, XY, geb. am ... in ..., wohnhaft ..., Folgendes an:

1) Bisher errichtete Testamente widerrufe ich hiermit.

2) Zur Alleinerbin setze ich meine Tochter ZZ , geb. am ... wohnhaft ..., ein. Sie ist aber nur nicht befreite Vorerbin.

3) Ersatzerbin und zugleich Nacherbin ist die Tochter meines Bruders, A. A., geb. am ..., wohnhaft ... Der Nacherbfall tritt mit dem Tod der Vorerbin ein.

4) Für die Zeit des Vorerbfalls (also während meine Tochter Erbin ist) ordne ich Dauer-Testamentsvollstreckung an. Zur Testamentsvollstreckerin bestelle ich Frau BB in ...; ersatzweise ... Hilfsweise soll das Nachlassgericht einen Testamentsvollstrecker ernennen. Die Testamentsvollstreckerin erhält eine Vergütung in Höhe von ... sowie Auslagenersatz und Umsatzsteuer.

Die Testamentsvollstreckerin soll insbesondere meine Eigentumswohnung in ... räumen und die Einrichtung meiner Tochter geben. Dann soll sie die Wohnung vermieten. Die Testamentsvollstreckung erstreckt sich auch auf die Mieteinnahmen und sonstigen Einnahmen.

Die Testamentsvollstreckerin wird angewiesen, aus den Reinerträgen des Nachlasses meiner Tochter nach billigem Ermessen diejenigen Zuwendungen zu leisten, die zur Verbesserung ihrer Lebensqualität beitragen, aber nach dem Sozialhilferecht nicht dem Zugriff des Sozialhilfeträgers unterliegen und nicht auf gewährte Hilfeleistungen anzurechnen sind, z. B. angemessene Geschenke zum Geburtstag und zu Weihnachten, Zuschüsse für Urlaube; zur Freizeitgestaltung. Eine eventuelle Betreuervergütung, Aufwandsentschädigung für den Betreuer, Pflegervergütung jeglicher Art, Jahresgebühren oder einmalige Gebühren an die Gerichtskasse oder eine ähnliche Zahlung darf aus dem verwalteten Vermögen und dessen Erträgen nicht erfolgen.

Durch diese Anweisungen entsteht kein Rechtsanspruch meiner Tochter gegen die Testamentsvollstreckerin.

gez ...

D. Das gemeinschaftliche Testament mit Beteiligung eines Betreuten

1. Testierfähige Ehegatten

Haben Ehegatten (bzw. eingetragene Lebenspartner nach früherem Recht; **123** § 10 IV LPartG) ein gemeinschaftliches Testament in der Form des § 2267 BGB errichtet, dann können beide Ehegatten dieses Testament gemeinsam widerrufen (vgl. Rn. 96), wenn beide beim Widerruf testierfähig sind (§ 2253 BGB); sie können es z. B. zerreißen. Ein notarielles Testament kann notariell oder privatschriftlich widerrufen werden. Ein testierfähiger Ehegatte allein kann die *wechselbezüglichen* Verfügungen des Testaments ebenfalls zu Lebzeiten des anderen Ehegatten widerrufen, auch gegen den Widerspruch des anderen Ehegatten, allerdings nur in der erschwerten Form der §§ 2271, 2296 BGB, also notariell (unten Rn. 127). Seine einseitigen, also *nicht wechselbezüglichen* Verfügungen, kann ein Ehegatte zu Lebzeiten ohne weiteres widerrufen.[1] Das wirft **schwierige Abgrenzungsfragen** auf (wann ist eine Verfügung wechselbezüglich, wann nicht?).

Wechselbezüglichkeit liegt z. B. vor, wenn der Mann seine Frau und die Frau ihren Mann als Erben einsetzen; der Mann trifft seine Verfügung nur deswegen, weil auch die Frau ihre Verfügung zu seinen Gunsten getroffen hat, und umgekehrt. Oder: wenn beide die Anwendung deutschen Rechts wählen (§ 2270 II, III BGB). Einzelheiten: Rn. 127.

Ein Widerruf erfolgt in der Regel, weil sich die Verhältnisse bei einem **124** oder bei beiden Ehegatten grundlegend geändert haben; der eine Ehegatte will den anderen Ehegatten nicht mehr zum Alleinerben einsetzen (sondern seine Freundin X), oder er will den Schlusserben ändern und der andere Ehegatte ist damit nicht einverstanden, so dass einseitig gehandelt werden muss. Nach dem Widerruf kann jeder Ehegatte neu testieren. Ist aber ein Ehegatte inzwischen testierunfähig geworden, kann er nicht mehr neu testieren; nach seinem Tod gilt dann grundsätzlich die gesetzliche Erbfolge, während der testierfähige widerrufende Ehegatte neu frei testieren kann und nur durch Pflichtteilsrechte eingeschränkt ist.

---

1 Grüneberg/*Weidlich* § 2271 Rn. 1, 2.

2. Widerruf des Testierfähigen gegenüber einem Geschäftsunfähigen

125   In dieser Fallgruppe ist der Absender des Widerrufs (M) testierfähig, die Empfängerin des Widerrufs (F) ist nicht mehr geschäftsfähig, steht aber unter Betreuung. Da der Widerruf eine letztwillige Verfügung ist,[2] kommt es bei M auf die Testierfähigkeit an; die Empfängerin dagegen testiert nicht, bei ihr muss daher Geschäftsfähigkeit vorliegen. Beweggründe für M können z. B. sein, dass er sich einer anderen Partnerin zugewandt hat; oder dass beim eigenen Vorversterben der im Heim lebende Ehegatte (F) Alleinerbe würde, also der Nachlass durch die Heimkosten im Laufe der Jahre vollständig aufgebraucht würde.

126   Die **Wirksamkeit** eines gegenüber dem Betreuer als Vertreter des geschäftsunfähigen Ehegatten (F) erklärten **Widerrufs** wird von der h. M. bejaht,[3] weil sich aus dem BGB keine andere Regelung herleiten lässt. Schon bei der Gebrechlichkeitspflegschaft (Vorläufer der Betreuung bis 31.12.1991; § 1910 a. F. BGB) nahm das BayObLG[4] die Wirksamkeit eines gegenüber dem Pfleger erklärten Widerrufs an.

Andere Stimmen[5] lehnen generell eine Möglichkeit des Widerrufs gegenüber dem geschäftsunfähigen Ehegatten ab, weil durch einen Widerruf der andere Ehegatte in die Lage versetzt werden solle, selbst neue Verfügungen zu treffen, ihm dies aber wegen seiner Testierunfähigkeit nicht mehr möglich sei.

127   Wenn ein Ehegatte eine von ihm getroffene *wechselbezügliche* Verfügung einseitig, also ohne Mitwirkung des anderen Ehegatten, zu dessen Lebzeiten widerrufen will, so kann er dies nur in der **Form** tun, die für den Rücktritt von einem Erbvertrag vorgesehen ist (§§ 2271 I 1, 2296 BGB), also durch eine

- persönliche, notariell beurkundete Erklärung, die

- gegenüber dem anderen Ehegatten abzugeben ist.

128   *Nicht wechselbezügliche* Verfügungen dagegen kann jeder Ehegatte einseitig, also ohne Mitwirkung des anderen Ehegatten, zu dessen Lebzeiten

---

2 *Staudinger/Kanzleiter,* § 2271 Rn. 9.

3 OLG Karlsruhe NJW-RR 2015, 1031 = ZEV 2015, 491 (LS); OLG Nürnberg NJW 2013, 2909; OLG Hamm FamRZ 2014, 1484; AG München NJW 2011, 618; LG Hamburg Beschl. v. 17.3.2000 – 301 T 264/99; *Keim* ErbR 2014, 118; *Vollmer* ZErb 2007, 235; *Arne Helms* DNotZ 2003, 104; *Zimmer* ZEV 2007, 159; MünchKomm/*Musielak* § 2271 Rn. 8; Grüneberg/*Weidlich* § 2271 Rn. 6.

4 BayObLG FamRZ 1993, 736.

5 *Grunsky* ErbR 2014, 120; *Damrau/Bittler* ZErb 2004, 77.

(oder nach dessen Tod) ändern oder widerrufen, ohne dass der Weg des §§ 2271, 2296 BGB eingehalten werden muss.[6]

Das gemeinschaftliche Testament kann, muss aber nicht, **wechselbe-**   129
zügliche Verfügungen enthalten. Das sind Verfügungen der Ehegatten, die jeweils mit Rücksicht auf die andere getroffen sind und die miteinander stehen und fallen sollen.[7] Diese Verfügungen müssen nicht gegenseitig sein. Wechselbezüglich können nur Erbeinsetzungen, Vermächtnisse, Auflagen und Rechtswahl angeordnet werden (§ 2270 III BGB), nicht z. B. Testamentsvollstreckung,[8] Enterbung.[9] Die Wechselbezüglichkeit kann auch nur bezüglich eines Teils der Verfügungen bestehen; sie kann auch nur als *einseitige* Abhängigkeit ausgestaltet sein (M verfügt so, weil F in bestimmter Weise verfügt; F will aber diese Abhängigkeit nicht).

Ob Wechselbezüglichkeit vorliegt, ergibt die Auslegung des Testaments.   130
Letztlich geht es darum, ob (nach Art des gegenseitigen Vertrages) der eine dem anderen einen Vorteil gewährte, *weil* er selbst einen Vorteil erhielt. Ist die Auslegung ohne Erfolg, greift die **Auslegungsregel** des § 2270 II BGB ein: Wechselbezüglichkeit ist *im Zweifel* anzunehmen:

*   Wenn sich die **Ehegatten gegenseitig bedenken** (als Erben oder Vermächtnisnehmer); oder

*   Wenn der andere Ehegatte bedacht wird, der seinerseits eine mit dem zuwendenden Ehegatten **verwandte Person** (§ 1589 BGB) bedenkt.

*   Wenn der andere Ehegatte bedacht wird, der seinerseits eine dem zuwendenden Ehegatten nahe stehende Person bedenkt. Darunter versteht man ein Verhältnis, das enge persönliche und innere Bindungen beinhaltet, wie es bei engsten Freunden, Pflegekindern, eventuell noch bei verschwägerten Personen, vorstellbar ist.

a) Erklärung des Widerrufs

Der Widerruf bedarf der **notariellen Beurkundung** (§ 2296 II 2 BGB);   131
eine notarielle Beglaubigung der Unterschrift genügt nicht.[10] Auch wenn eine wechselbezügliche Verfügung widerrufen werden soll, die in einem privaten gemeinschaftlichen Testament getroffen ist, das die Ehegatten selbst verwahren, genügt es nicht, wenn ein Ehegatte seine Verfügung mit

---

6   Grüneberg/*Weidlich* § 2271 Rn. 1; unstreitig.
7   RGZ 116, 149; BayObLG FamRZ 2001, 1734.
8   Grüneberg/*Weidlich* § 2270 Rn. 13.
9   BayObLG FamRZ 1993, 240.
10 BGH DNotZ 1968, 360.

Zustimmung des anderen Ehegatten in einem neuen eigenhändigen einseitigen Testament widerruft oder wenn er einen solchen Widerruf dem anderen Ehegatten mündlich mitteilt.[11]

b) Vertreter des geschäftsunfähigen Ehegatten

132   Ist der Ehegatte, demgegenüber der Widerruf zu erklären ist, geschäftsfähig, muss der Widerruf *ihm* zugehen (§ 130 BGB). Ist er geschäftsunfähig (§§ 104 ff. BGB), so muss der Widerruf, um wirksam zu werden, dem gesetzlichen Vertreter zugehen (§ 131 BGB).[12] Wegen dieser Unklarheit (liegt noch Geschäftsfähigkeit vor oder nicht?) sollte der Widerruf sowohl dem Ehegatten wie dem Betreuer zugestellt werden. Beschränkt geschäftsfähige Betreute gibt es nicht, weil Betreute immer volljährig sind (§ 1896 BGB).

133   Ist dem anderen Ehegatten **noch kein Betreuer bestellt**, kann der widerrufswillige Ehegatte die **Bestellung eines Betreuers** beim Betreuungsgericht anregen (§§ 1814 ff. BGB; §§ 271 ff. FamFG) und bei Ablehnung versuchen, dies mit Beschwerde (§§ 58 ff. FamFG) durchzusetzen. Wird beim „Antrag" der Anlass der Anregung angegeben, können Probleme auftreten.

Denn die abweichende Meinung sagt: die Anordnung einer Betreuung setzt voraus, dass der Betreute *seine* Angelegenheiten nicht besorgen kann (§ 1814 BGB); es soll aber keine Angelegenheit des Betreuten besorgt werden, sondern eine Angelegenheit des widerrufenden Ehegatten. Da der Empfänger des Widerrufs selbst wegen seiner Testierfähigkeit nicht mehr neu testieren könne, widerspreche eine entsprechende Betreuerbestellung zum Zwecke der Entgegennahme des Widerrufs den Interessen des geschäftsunfähigen Ehegatten, so dass sie nicht erfolgen dürfe.[13] Dagegen spricht: Es ist anerkannt, dass auch bloße Drittinteressen die Anordnung einer Betreuung rechtfertigen können;[14] z. B. muss ein Antrag auf Scheidung gegen einen Geschäftsunfähigen möglich sein (vgl. § 125 II FamFG), ebenso ein Wohnungskündigung und Räumungsklage, eine Zahlungsklage. Derartige Prüfungspflichten können naturgemäß bei der bloß passiven Entgegennahme einer einseitigen Willenserklärung niemals notwendig sein.

Der andere Ehegatte bzw sein Betreuer hat keinen Entscheidungsspielraum, ob er den Widerruf entgegennehmen will oder nicht. Gegen die Ablehnung der Betreuerbestellung sollte daher Beschwerde eingelegt werden.

---

11 MünchKomm/*Musielak* § 2271 Rn. 7.
12 BeckOGK BGB/*Braun* 2271 Rn. 45.
13 *Damrau/Bittler* ZErb 2004, 77.
14 BGH NJW 1985, 433 zur Gebrechlichkeitspflegschaft; *Arne Helms* DNotZ 2003, 104.

Aufgabenkreis des Betreuers. Ein Betreuer ist nur in dem Aufgaben-   **134**
kreis, der im Bestellungsbeschluss angegeben ist (§ 290 S. 2 Nr.
3 FamFG), gesetzlicher Vertreter des Betreuten (§ 1823 BGB). Der frühere Aufgabenkreis „alle Angelegenheiten" (der jetzt unzulässig ist) genügte möglicherweise, desgleichen (seit 2023) wohl „Vermögenssorge", „Vermögensangelegenheiten".[15] Besteht sonst kein Betreuungsbedarf oder ist eine Klarstellung
angebracht wird der Aufgabenkreis „erbrechtliche Angelegenheiten, insbesondere Empfangnahme eines Testamentswiderrufs" angeordnet.[16] Andere
Aufgabenkreise sind problematisch. Ungenügend ist der Aufgabenkreis
„Postvollmacht einschließlich der Entgegennahme, des Öffnens und An-
haltens der Post".[17]

(1) Ergänzungsbetreuer als gesetzlicher Vertreter   **135**

Beispiel: **136**

M und F sind seit Jahrzehnten verheiratet. Vor 20 Jahren haben sie ein gemeinschaftliches Testament errichtet, mit dem die Ehepartner sich wechselseitig
als Erben einsetzen und als Schlusserben die gemeinsamen Kinder. Frau F ist
seit einiger Zeit dement; ihr Ehemann M wurde zu ihrem Betreuer bestellt.
M möchte sich jetzt von dem gemeinschaftlichen Testament lösen, um seine
Freundin testamentarisch zu bedenken.

Ist der **Betreuer identisch mit dem widerrufswilligen Ehegatten** ist   **137**
er nach §§ 1824, 181 BGB von der gesetzlichen Vertretung des anderen
Ehegatten ausgeschlossen; desgleichen sind möglicherweise[18] Abkömmlinge des widerrufenden Ehegatten ausgeschlossen. Dann muss der widerrufswillige Betreuer-Ehegatte beim Betreuungsgericht anregen, dass seine
Vertretung eingeschränkt wird und ein **Ergänzungsbetreuer** (nicht: Ergänzungspfleger) mit dem Aufgabenkreis „Empfang des Zugangs eines
Testamentswiderrufs" bestellt wird (§ 1817 V BGB).[19] Die Vergütung des
berufsmäßigen Ergänzungsbetreuers richtet sich nach § 12 I VBVG, also
nach Zeitaufwand, wobei sich der Stundensatz aus § 3 VBVG ergibt; als
Anwalt kann er u. U. nach dem RVG abrechnen.

(2) Vorsorgebevollmächtigter als rechtsgeschäftlicher Vertreter.   **138**
Wenn der jetzt geschäftsunfähige Ehegatte in geschäftsfähigem Zustand
eine Vollmacht mit dem Umfang „erbrechtliche Angelegenheiten" errichtet

---

15   OLG Hamm FamRZ 2014, 1484; OLG Nürnberg NJW 2013, 2909; *Scherer/Siegmann*
    § 9 Rn. 33; *Arne Helms* DNotZ 2003, 104.
16   AG München NJW 2011, 618.
17   OLG Karlsruhe NJW-RR 2015, 1031 = ZEV 2015, 491.
18   Zur Streitfrage vgl. OLG Nürnberg NJW 2013, 2909; BayObLG FamRZ 1977, 141;
    MünchKomm/*Spickhoff* § 1795 Rn. 25 ff.; Soergel/*Zimmermann* § 1795 Rn. 26.
19   OLG Nürnberg NJW 2013, 2909 (Abkömmling des Erblassers kann Ergänzungsbe-
    treuer sein); AG München NJW 2011, 618; *Keim* ZEV 2010, 358.

hat, genügt die Zustellung des Widerrufs an diesem Bevollmächtigten; der BGH[20] hat die frühere Streitfrage jetzt in diesem Sinne geklärt.

c) Zugang des Widerrufs

139   Erforderlich ist der Zugang einer Ausfertigung an den Betreuer; die Erklärung muss an den Ehegatten, gesetzlich vertreten durch den Betreuer, gerichtet werden und an den Betreuer gesandt werden. Es genügt nicht, wenn die Erklärung an den Ehegatten gerichtet ist und zufällig an den Betreuer gelangt. Aus Beweisgründen wird in der Praxis die **Zustellung durch den Gerichtsvollzieher** gewählt (§ 132 BGB; §§ 166 ff. ZPO). Ist der Betreute vor Zugang gestorben, dann wird der Widerruf nicht mehr wirksam.[21]

140   Teils wird empfohlen,[22] aus Vorsicht sowohl dem Ehegatten als auch dem Betreuer als dessen Vertreter eine Ausfertigung der Widerrufserklärung zustellen zu lassen; das kann bei unklarer Geschäftsfähigkeit ratsam sein.

3. Widerruf des Testierunfähigen gegenüber einem Geschäftsfähigen

141   In dieser Fallgruppe ist der Absender des Widerrufs (M) testierunfähig und steht unter Betreuung, der Empfänger des Widerrufs (F) ist noch geschäftsfähig. Obwohl der Widerruf der notariellen Beurkundung bedarf (Rn. 131), ist denkbar, dass dem Notar die Testierunfähigkeit des Mandanten nicht auffällt.

142   Der testierfähige Erblasser kann sein Einzeltestament nach Belieben widerrufen (Rn. 96); ist er aber testierunfähig geworden, ist ihm dies versagt. Der testierunfähige Ehegatte hat keine Möglichkeit mehr, sich von den wechselbezüglichen oder nichtwechselbezüglichen Bestimmungen in einem gemeinschaftlichen Testament durch Widerruf zu lösen.[23]

143   Nach einer nur im Schrifttum vertretenen Auffassung[24] soll dem gesetzlichen Vertreter eines Geschäftsunfähigen in Analogie zu § 2282 II BGB das Recht zur Anfechtung wechselbezüglicher Verfügungen dann zugebilligt werden, wenn ein Anfechtungsgrund bestehe; eine Genehmigung des Betreuungsgerichts sei notwendig. Ein Erbvertrag zwischen Ehegatten

---

20   BGH NJW 2021, 1455 = FamRZ 2021, 708 m. Anm. *Zimmermann.*
21   RGZ 65, 270.
22   Grüneberg/*Weidlich* § 2271 Rn. 6; *Arne Helms* DNotZ 2003, 104.
23   MünchKomm/*Musielak* § 2271 Rn. 6.
24   *Arne Helms* DNotZ 2003, 104; *Lange* ZEV 2008, 313; *Zimmer* NJW 2007, 1713.

kann bei entsprechender Gestaltung denselben Inhalt haben wie ein gemeinschaftliches Testament; beim Erbvertrag ist eine Anfechtung bei Irrtum oder Drohung oder Übergehung eines Pflichtteilsberechtigten möglich. Das soll für eine Analogie sprechen. Aber die Unterschiede zwischen Widerruf und Anfechtung und der klare Gesetzestext sprechen dagegen.

E. Annahme der Erbschaft, Anfechtung der Annahme

1. Die Zeitspanne zwischen Erbfall und Annahme der Erbschaft

a) Wenn es nicht zur Annahme kommt

Der Erbe ist *vor* Annahme der Erbschaft zur Fürsorge für den Nachlass 144
nicht verpflichtet, allenfalls berechtigt. Während dieses Zeitraums braucht
er sich um den Nachlass grundsätzlich nicht zu kümmern.[1] Hat ein vor-
läufiger Erbe gleichwohl freiwillig (ohne Annahmewillen!) für die Erbschaft Tätigkeiten entfaltet (z. B. die Heizung abgeschaltet), aber die Erbschaft dann nicht angenommen, sondern ausgeschlagen, haftet er nicht den
Nachlassgläubigern nach § 1978 BGB, sondern dem endgültigen Erben
nach § 1959 I BGB; das bedeutet, dass er aus **Geschäftsführung ohne
Auftrag** (§§ 677 ff. BGB) haftet, wenn ihn ein Vorwurf trifft. Nur wenn
ein Eigengläubiger des vorläufigen Erben in den Nachlass vollstreckt, dann
soll der vorläufige Erbe nach h. M.[2] verpflichtet sein, dies nach § 783 ZPO
abzuwehren.

Umgekehrt hat der vorläufige Erbe einen Aufwendungsersatzanspruch 145
gegen den endgültigen Erben (§§ 683, 684 BGB), der Nachlassverbindlichkeit ist (§ 1967 II BGB). Für seine Tätigkeit kann er aber keine Verwalter-
vergütung verlangen.[3]

Beispiele: 146

(1) E hat eine Obsthandlung (vorläufig) geerbt; er verkauft die verderbliche
Ware sofort und schlägt dann aus. Zur Veräußerung war E berechtigt (§ 1959
II BGB), haftet also nicht. **(2)** E hat seinen Onkel beerbt; er beauftragt und
zahlt die Beerdigung und schlägt dann aus. In der Veranlassung der Bestattung
liegt noch keine Annahme der Erbschaft (zweifelhaft). Vom endgültigen Erben
kann E die Erstattung der Beerdigungskosten verlangen, aber nur als Nachlassverbindlichkeit (§ 1968 BGB). Ist der Nachlass mittellos bleibt E auf seinen
Auslagen sitzen.

---

1 BGH ZEV 2005, 109; BeckOGK BGB/*Herzog* § 1978 Rn. 7.
2 BeckOGK BGB/*Herzog* § 1978 Rn. 57.1.
3 BGH NJW 1993, 1851.

147   Wenn der vorläufige Erbe in Bezug auf den Nachlass selbst „Aufträge" erteilt, z. B. einem Handwerker zur dringenden Reparatur am Nachlasshaus oder einen Bestattungsunternehmer für die Beerdigung, dann schuldet er diesem aus dem mit ihm geschlossenen Vertrag Zahlung aus seinem Eigenvermögen. Da sein Ersatzanspruch gegen den endgültigen Erben unter dem Vorbehalt steht, dass der Nachlass leistungsfähig ist, könnte der vorläufige Erbe mit dem Auftragsnehmer eine Haftungsbeschränkung vereinbaren; freilich ist das theoretisch, weil sich kein Handwerker darauf einlassen wird.

b) Wenn es zur Annahme kommt, anschließend zum Insolvenzverfahren

148   **aa)** Kommt es nach Annahme der Erbschaft zur Eröffnung des Nachlassinsolvenzverfahrens oder wird vom Gericht die Nachlassverwaltung angeordnet (§ 1981 BGB), dann ist der Erbe den Nachlassgläubigern für die Zeit *bis zur Annahme* der Erbschaft nach den Vorschriften über die **Geschäftsführung ohne Auftrag** (§§ 677 ff. BGB) verantwortlich (§ 1978 I 2 BGB), wenn der Erbe die Erbschaft tatsächlich angenommen hatte.[4] Der Erbe wird also wie ein Geschäftsführer behandelt, die Nachlassgläubiger sind seine Geschäftsherren.

149   Ist der Geschäftsführer geschäftsunfähig, so ist er nur nach den Vorschriften über den Schadensersatz wegen unerlaubter Handlungen (§§ 823 ff. BGB) und über die Herausgabe einer ungerechtfertigten Bereicherung (§§ 812 ff. BGB) verantwortlich.

150   **bb)** Für die Zeitspanne von der Annahme der Erbschaft bis zur Insolvenzeröffnung haftet der Erbe wie ein **Beauftragter** der Gläubiger für die ordnungsgemäße Verwaltung und Nutzung des Nachlasses (§§ 1978 I 1, 670 BGB). Der betreute Erbe haftet dabei für seinen Betreuer, weil dieser sein Erfüllungsgehilfe ist (§§ 664 I 3, 278 BGB); Rn. 19. Demzufolge hat der Erbe den Nachlass herauszugeben, Auskunft über den Stand des Nachlasses zu erteilen und Rechenschaft abzulegen.

151   Umgekehrt kann der Erbe vom Nachlassinsolvenzverwalter bzw. Nachlassverwalter Aufwendungsersatz verlangen (§ 1978 III BGB), z. B. Erstattung der bezahlten Bestattungskosten. Der Anspruch beinhaltet auch die Befreiung von Verbindlichkeiten, die der Erbe zum Zwecke der Verwaltung des Nachlasses eingegangen ist (§§ 670, 257 BGB); das bedeutet: wenn der Erbe eine diesbezügliche Rechnung noch nicht bezahlt hat, kann er Bezahlung durch den Nachlassinsolvenzverwalter verlangen und muss nicht

---

4 BeckOGK BGB/*Herzog* § 1978 Rn. 54.

zuerst die Rechnung selbst bezahlen. Im Nachlassinsolvenzverfahren ist der Ersatzanspruch eine Masseverbindlichkeit (§ 324 I Nr. 1 InsO), also nicht zur Insolvenztabelle anzumelden, sondern gegenüber dem Verwalter geltend zu machen (der Erbe erhält darauf volle Zahlung, nicht nur die Insolvenzquote, soweit Mittel vorhanden sind). Ersatzansprüche für Aufwendungen zur Berichtigung einer Nachlassverbindlichkeit sind in § 1979 BGB gesondert geregelt.

cc) Mit der Eröffnung des Nachlassinsolvenzverfahrens bzw. der An- **152** ordnung der Nachlassverwaltung verliert der Erbe die Befugnis, den Nachlass zu verwalten und über ihn zu verfügen (vgl. § 80 InsO; § 1984 I 1 BGB; Besonderheiten in §§ 21, 22, 270 ff. InsO).

c) Wenn die Erbschaft angenommen wird, anschließend Dürftigkeitseinrede

Auch in einem solchen Fall (§§ 1990 bis 1992 BGB) ist der Erbe berechtigt, **153** seine Ansprüche auf Aufwendungsersatz vor Preisgabe des Nachlasses an die Nachlassgläubiger (§ 1990 I 2 BGB) selbst zu befriedigen.[5]

2. Annahme der Erbschaft

Mit dem Tod des Erblassers geht die Erbschaft auf den Erben über **154** (§ 1922 BGB); er hat das befristete Recht der (rückwirkenden) Ausschlagung (§ 1942 I BGB). Entgegen der Meinung von Laien bedarf es also keiner „Annahme der Erbschaft". Wenn der Erbe die Erbschaft ausdrücklich oder fingiert angenommen hat, kann er sie nicht mehr ausschlagen (§ 1943 BGB), sondern sich allenfalls noch durch Anfechtung der Annahme davon befreien (Rn. 165). Eine der unerfreulichen Folgen der Annahme ist, dass nun Nachlassgläubiger ihre Ansprüche gegen den Erben gerichtlich geltend machen können (§ 1958 BGB). Wer die Erbschaft alsbald annimmt, nimmt sich unnötig die Ausschlagungsmöglichkeit, wenn er anschließend, aber noch innerhalb der Ausschlagungsfrist, erkennt, dass die Erbschaft überschuldet oder sonst unerwünscht ist.

---

5 BeckOGK BGB/*Herzog* § 1978 Rn. 23.

a) Annahme durch Annahmeerklärung

155   Die Annahme ist eine nicht empfangsbedürftige Willenserklärung;[6] sie ist erst nach dem Erbfall möglich (§ 1946 BGB), also nicht schon vorher (das wäre wirkungslos). Sie steht im Belieben des Erben, auch wenn über sein Vermögen ein Insolvenzverfahren eröffnet wurde (§ 83 I 1 InsO). Sie kann **nicht unter einer Bedingung** (z. B. Annahme der Erbschaft nur **wenn keine Überschuldung** vorliegt[7]) erfolgen (§ 1947 BGB); andernfalls ist die Annahmeerklärung zwar unwirksam, doch wird meist das spätere Verhalten als schlüssige Annahme zu deuten sein.

156   Die Annahme bedarf **keiner Form**, auch keiner notariellen Beglaubigung der Unterschrift, muss nicht gegenüber dem Nachlassgericht erklärt werden,[8] es genügen Erklärungen gegenüber einem Nachlassgläubiger, dem Nachlasspfleger, der Bank[9] usw. Wenn der Erbe bei der Testamentseröffnung erklärt, er nehme die Erbschaft an, dann ist das natürlich eine Annahme; ebenso, wenn ein Erbscheinsantrag gestellt wird.

157   Die Annahme ist (als Willenserklärung) nur wirksam, wenn der Annehmende voll **geschäftsfähig** ist. Der *geschäftsfähige* Betreute kann die Erbschaft daher selbst annehmen; ein Einwilligungsvorbehalt (§ 1825 BGB) hindert ihn nicht, ebenso wenig kann ihn der Betreuer davon abhalten. Der *geschäftsunfähige* Betreute dagegen kann die Erbschaft selbst nicht annehmen. Für ihn kann sein gesetzlicher Vertreter (Betreuer) handeln, falls er einen ausreichenden Aufgabenkreis hat (§§ 1814 ff., 1823 BGB). Als ausreichend ist anzusehen „Vermögenssorge";[10] oder „Erbrechtliche Angelegenheiten" (s. o. Rn. 10). Genügt der vorhandene Aufgabenkreis nicht, kommt eine Erweiterung durch einstweilige Anordnung in Betracht (§§ 300, 301 FamFG).

158   **Widersprüchliches Verhalten:** Wenn ein Betreuter die Erbschaft sogleich annimmt, der Betreuer sie aber dann innerhalb der Frist ausschlägt, kommt es darauf an, ob der Betreute bei Annahme geschäftsfähig war (dann ist die spätere Ausschlagung gegenstandslos) oder nicht, was notfalls durch Gutachten zu klären ist. Ein Bedarf für eine Klärung besteht aber erst, wenn vom „Erben" bzw. bei Ausschlagung vom Nächstberufenen (§ 1953 II BGB) ein Erbscheinsantrag gestellt wird oder wenn ein Nach-

---

6   *Grüneberg/Weidlich* § 1943 Rn. 1; MünchKomm/*Leipold* § 1943 Rn. 9; h. M.

7   MünchKomm/*Leipold* § 1847 Rn. 1.

8   MünchKomm/*Leipold* § 1943 Rn. 3 verlangt eine Erklärung gegenüber einem Nachlassbeteiligten, z. B. Gläubiger.

9   Vgl. auch OLG München FGPrax 2022, 83 = FamRZ 2022, 563 (Erklärung ggü. Bank ungenügend).

10 *Bamberger/Roth/G. Müller* § 1902 Rn. 6.

lassgläubiger seinen Anspruch gegen den „Erben" gerichtlich geltend macht
(§ 1958 BGB). Denn ein Nachlassgericht ermittelt nicht von Amts wegen,
wer der Erbe ist (Ausnahmen: wenn ein Grundstück zum Nachlass gehört,
§§ 82, 82a GBO; Landesrecht in Bayern).

Der Betreuer braucht **zu einer wirksamen Annahme keine Geneh-** 159
migung des Betreuungsgerichts (Umkehrschluss aus § 1851 Nr. 1 BGB).

b) Annahme durch schlüssiges Annahmeverhalten

Eine Annahme ist auch durch schlüssige Handlungen denkbar, die nach 160
außen hin zeigt, dass sich der Erbe zur Übernahme des Nachlasses ent-
schlossen hat, z.B. durch Verkauf unverderblicher Nachlassgegenstände,[11]
durch Räumung und Entmüllung der Wohnung, durch Stellen des Erbscheinsantrags (hier muss jetzt die Annahme ausdrücklich erklärt werden,
§ 352 I Nr. 7 FamFG). **Nicht genügen** hingegen nur sichernde Maßnahmen, wie Besorgung der Beerdigung und Bezahlung der Kosten hierfür,
Sorge für das Haustier, Ablieferung eines Testaments, Antrag auf Testamentseröffnung, Einreichen eines Nachlassverzeichnisses. Auch hier gilt,
dass der *geschäftsunfähige* Betreute die Erbschaft durch schlüssiges Verhalten nicht annehmen kann, wohl aber der Betreuer.[12]

c) Fiktive Annahme durch Fristablauf

Durch Ablauf der Annahmefrist (in der Regel **sechs Wochen**, § 1944 I 161
BGB), ohne dass wirksam ausgeschlagen worden ist, wird die Annahme
fingiert (§ 1943 BGB). Die Rechtsnatur der Versäumung der Ausschlagungsfrist ist seit langer Zeit streitig.[13] Aus § 1956 BGB wird man fol-
gern müssen, dass es sich beim Verstreichenlassen der Frist um keine echte
Willenserklärung handelt. Missverständlich ist aber die Behauptung, dass
die „objektive Tatsache des Fristablaufs" genüge,[14] um die Fiktion der Annahme eintreten zu lassen. Denn § 1944 II BGB sagt, dass die Frist erst
beginnt, wenn der Erbe von dem Anfall der Erbschaft Kenntnis erlangt hat,
wovon z.B. bei einer schwer dementen Person keine Rede sein kann. Man
muss daher differenzieren:

- Nur bei einem *geschäftsfähigen* Erben, sei er betreut oder nicht betreut,
  beginnt mit Kenntniserlangung die Ausschlagungsfrist zu laufen.

---

11 Vgl. BayObLG FamRZ 1988, 213.
12 MünchKomm/*Leipold* § 1943 Rn. 7.
13 Vgl. *Planck* Erbrecht (1908) § 1943 Anm. 6: Rechtsgeschäft oder nicht?
14 So *Muscheler* Erbrecht Rn. 2916.

- Bei einem *geschäftsunfähigen* Erben, dem ein Betreuer mit einem ausreichenden Aufgabenkreis (s. o. Rn. 10) bestellt ist, beginnt die Frist mit
  Kenntnis des Betreuers.[15]

- Bei einem geschäftsunfähigen Erben, der *keinen* Betreuer hat, bestimmt
  § 1944 II 3 BGB, dass auf den Lauf der Frist die §§ 206, 210 BGB entsprechend anwendbar sind; im Ergebnis beginnt somit die Frist frühestens mit Kenntnis des neu bestellten Betreuers; vgl. Rn. 709, 716.

162   Vor allem bei geistig behinderten Personen erfolgt meist keine ausdrückliche Annahme durch Erklärung gegenüber dem Nachlassgericht, sondern
es verstreicht einfach die Ausschlagungsfrist. War der Erbe bei Fristablauf
geschäftsfähig, kann er sich nur noch durch **Anfechtung der Annahme**
(§ 1954 BGB) von der Erbschaft befreien, was mangels Anfechtungsgrund
meist nicht einfach ist. Anfechtungsgründe:[16] s. u. Rn. 166. War der Erbe
geschäftsunfähig ist die Ausschlagung noch möglich. Die entscheidende
Frage ist daher, ob im späteren Erbscheinsverfahren der **Beweis** gelingt.

3. Annahme, wenn ein Miterbe Betreuer eines anderen Miterben ist

163   **Beispiel:**

E wird von seinen drei (volljährigen) Kindern A, B und C beerbt. A steht unter
Betreuung, Betreuer ist sein Bruder B.

164   Der Betreuer kann als gesetzlicher Vertreter auch in einem solchen
Fall die Erbschaft annehmen, etwa, indem er die Ausschlagungsfrist einfach verstreichen lässt. Fraglich kann nur sein, ob gesetzliche Vertretungs-
verbote (§§ 1824, 181 BGB) bestehen. Eine ausdrückliche Annahme der
Erbschaft ist eine einseitige Willenserklärung, sie ist allerdings nicht empfangsbedürftig.[17] Deshalb ergibt sich kein Vertretungsverbot.[18] Die bloße
Annahme der Erbschaft allein bringt keinen Interessenkonflikt mit sich.
Anders wird es sein, wenn später die Erbschaft auseinandergesetzt werden
soll (Rn. 356 ff.).

---

15   Grüneberg/*Weidlich* § 1943 Rn. 3.
16   MünchKomm/*Leipold* § 1954 Rn. 6.
17   Einschränkend MünchKomm/*Leipold* § 1943 Rn. 4.
18   Vgl. DNotI-Report 6/2010, 47.

4. Anfechtung der Annahme

Die ausdrückliche oder schlüssige Annahme kann, da sie eine Willenserklä- **165**
rung ist, vom Erben, d. h. vom Betreuer als dessen Vertreter, angefochten
werden. Bei der durch Fristablauf erfolgten Annahme (§ 1943 BGB) liegt
zwar keine Willenserklärung vor; aus Billigkeitsgründen wird sie in § 1956
BGB aber ebenfalls für anfechtbar erklärt. Die Anfechtung der Annahme
gilt als Ausschlagung (§ 1957 I BGB), weshalb sie wegen § 1851 Nr. 1 BGB
der **Genehmigung des Betreuungsgerichts** bedarf.[19]

Anfechtungsgründe können sich aus §§ 119, 123 BGB ergeben (nicht: **166**
§ 2078 BGB). Kausalität zwischen dem Irrtum des Erben bzw seines Betreuers und der Willenserklärung ist erforderlich. Die Abgrenzung zwischen
den beachtlichen Irrtum (z. B. über verkehrswesentliche Eigenschaften; Irrtum über Umfang und Zusammensetzung des Nachlasses, unter bestimmten Umständen Überschuldung[20]) und dem unbeachtlichen Irrtum (z. B.
Motivirrtum; Irrtum über den Wert des Nachlasses oder über den Wert
der bekannten Nachlassgegenstände[21]) ist nicht leicht nachvollziehbar. Der
Irrtum über das Bestehen oder die Bedeutung der Ausschlagungsfrist kann
ein beachtlicher Irrtum im Sinne von § 119 I BGB sein.[22] Das Hauptpro-
blem in der Praxis ist, dass der Erbe erst nach Fristablauf von der **Überschuldung der Erbschaft** Kenntnis erlangt.

Inhalt der Anfechtung: eine Begründung der Anfechtung ist zwar **167**
nicht vorgeschrieben, aber zumindest deshalb wenigstens nachzuholen,
weil sonst nicht geprüft werden kann, ob ein ausreichender Anfechtungsgrund besteht. Eine Bedingung oder Befristung macht die Anfechtung unwirksam (vgl. § 1947 BGB).

Form: Die Anfechtung muss zu Protokoll des Nachlassgerichts oder **168**
durch ein dort einzureichendes Schriftstück, bei dem die **Unterschrift** des
Betreuers als des Vertreters des Erben **notariell beglaubigt** ist, erfolgen
(§§ 1955 S. 2, 1945 BGB).[23] Der schlichte Brief des Betreuers an das Nachlassgericht genügt also nicht, auch kein Einschreibebrief. Die Unkenntnis
der Formbedürftigkeit kann aber einen zur Anfechtung berechtigenden Irrtum zur Folge haben.[24]

Die **Gerichtsgebühr für die Anfechtung** richtet sich nach Nr. 21200, **169**
21201 Nr. 7 KV GNotKG (0,5 nach Tabelle B, mindestens 30 Euro). Wert:

---

19 Grüneberg/*Weidlich* § 1943 Rn. 4.
20 BGHZ 106, 359/363; OLG Düsseldorf ZEV 2000, 64 und ZErb 2021, 236.
21 BayObLG FamRZ 1996, 59/60.
22 OLG Hamm FamRZ 1985, 1185; BayObLG NJW-RR 1993, 780.
23 Anwaltsschriftsätze genügen nicht, LG München I FamRZ 2000, 1328.
24 BayObLG DNotZ 1994, 402.

§ 103 GNotKG (Wert des betroffenen Vermögens nach Abzug der Verbindlichkeiten).

170 Die **Anfechtungsfrist** beträgt in der Regel sechs Wochen (§ 1954 I BGB).

171 Sie beträgt aber sechs Monate, wenn

- der Erblasser seinen letzten Wohnsitz (nicht: Aufenthalt) *nur* im Ausland gehabt hat oder wenn

- der gesetzliche Vertreter[25] des *geschäftsunfähigen* Erben (d.h. der Betreuer) sich beim Beginn der Anfechtungsfrist im Ausland aufhält (§ 1954 III BGB), wobei eine eintägige Urlaubsreise nicht genügt.[26] Ist der Erbe *geschäftsfähig*, kommt es auf seine eigene Kenntnis an, auch wenn er unter Betreuung steht (wegen § 166 BGB umstritten, Rn. 15 ff.). Erlangt der Betreuer des *geschäftsfähigen* Erben früher Kenntnis als der Erbe ist die frühere Kenntnis maßgebend.

172 **Fristbeginn:** Bei der Irrtumsanfechtung beginnt die Anfechtungsfrist mit dem Zeitpunkt, in welchem der Anfechtungsberechtigte bzw. sein gesetzlicher Vertreter (Betreuer) von dem Anfechtungsgrund Kenntnis erlangt (§ 1954 II 1 BGB). Wenn der *geschäftsunfähige* Erbe ohne gesetzlichen Vertreter (d.h. Betreuer mit einem ausreichenden Aufgabenkreis; Rn. 10) ist, wird der Fristablauf nach §§ 1954 II 2, 210 I 2 BGB gehemmt: Sobald die Bestellung eines Betreuers wirksam geworden ist und dieser von dem Anfechtungsgrund Kenntnis erlangt hat laufen also noch sechs Wochen. Beträgt aber die Anfechtungsfrist ausnahmsweise sechs Monate (Rn. 171) läuft auch hier noch eine Frist von sechs Monaten.

Die **Versäumung der Ausschlagungsfrist** ist anfechtbar (§ 1956 BGB).

173 Bei der ebenfalls durch § 1954 II 2 BGB angeordneten entsprechenden Anwendung des § 211 BGB tritt das Anfechtungsrecht an die Stelle des dort genannten zum Nachlass gehörenden Anspruchs. Es geht also um den Fall, dass der Anfechtungsberechtigte vor Ablauf der Anfechtungsfrist verstirbt. Das Anfechtungsrecht geht dann auf den Erbeserben über und die Frist endet frühestens sechs Wochen (soweit § 1954 I BGB gilt) bzw. sechs Monate (im Fall des § 1954 III BGB) nach der Annahme der (zweiten) Erbschaft durch den Erbeserben.

174 **Anfechtungsgegner:** Die Erklärung ist gegenüber dem Nachlassgericht abzugeben (§ 1955 S. 1 BGB); § 143 BGB gilt also hier nicht, die Erklärung gegenüber sonstigen Personen genügt nicht.

---

25 MünchKomm/*Leipold* § 1954 Rn. 22.
26 BGH NJW 2019, 1071.

Wirkung: Die Anfechtung der Annahme gilt als Ausschlagung der 175
Erbschaft (§ 1957 I BGB). Sie bedarf daher der Genehmigung des Betreuungsgerichts (§ 1851 Nr. 1 BGB).

5. Vorsorgebevollmächtigte

Auch ein rechtsgeschäftlicher Vertreter mit einem entsprechenden Voll- 176
machtsumfang, z. B. ein Vorsorgebevollmächtigter, kann die Erbschaft
annehmen.[27] Das Problem ist, ob der Umfang der Vollmacht tatsächlich
ausreicht.

---

27 Grüneberg/*Weidlich* § 1943 Rn. 4; MünchKomm/*Leipold* § 1943 Rn. 7.

F. Die Ausschlagung der Erbschaft, Anfechtung der Ausschlagung

1. Allgemeines

Mit dem Erbfall geht die Erbschaft (einschließlich der Schulden, § 1967 BGB) auf den berufenen (gesetzlichen oder testamentarischen) Erben über; §§ 1922, 1942 BGB. Man wird „zwangsweise" Erbe. Weil dies unzumutbar sein kann, kann man sich von der Erbenstellung **rückwirkend durch Ausschlagung befreien.** Wird form- und fristgerecht ausgeschlagen, fällt die Erbschaft dem Nächstberufenen an (§ 1953 II BGB), der bei Überschuldung meist ebenfalls ausschlägt. So geht es dann weiter (Kettenausschlagung). Irgendwann bereitet die Suche nach dem Nächst-Nächstberufenen dem Nachlassgericht Schwierigkeiten, dann wird durch Beschluss der **Fiskus als Erbe** festgestellt (§§ 1936, 1964, 1965 BGB); der Fiskus (d. h. der Staat, i. d. R. das Bundesland) kann die Erbschaft nicht ausschlagen (§ 1942 II BGB), die Schulden zahlt er aber (bei Überschuldung) trotzdem nicht. Ist genügend Masse vorhanden, stellt der Fiskus den Antrag auf Nachlassverwaltung bzw. den Insolvenzantrag (§ 317 I InsO); andernfalls wendet er den Gläubigern gegenüber Dürftigkeit des Nachlasses ein (§ 1990 BGB). 177

Die Ausschlagung ist für Betreuer wegen der Formalitäten gefährlich. Die Frist muss gewahrt sein (Rn. 193), die Genehmigung muss rechtskräftig sein. Über die Wirksamkeit einer Ausschlagung darf das Nachlassgericht nur im Rahmen eines Erbscheinsverfahrens entscheiden, nicht isoliert.[1]

2. Zweckmäßigkeit der Ausschlagung

a) Vermeidung von Schuldenzahlung, Ärger

Die Erbschaft wird meist ausgeschlagen, weil sie **überschuldet** ist. Aber **auch werthaltige Erbschaften** können für den Erben uninteressant sein, etwa weil damit Ärger verbunden ist (vor allem, wenn Erbengemeinschaf- 178

---

1 OLG Nürnberg ZEV 2022, 185.

ten entstehen) und der Erbe auf das Geld nicht angewiesen ist; oder weil man die Erbschaft einer anderen Person zukommen lassen will.

179   Ob eine **Erbschaft werthaltig** ist, kann vor Annahme selten zuverlässig festgestellt werden. Wer mit dem Erblasser im selben Haushalt lebte hat immerhin den faktischen Zugriff auf Kontoauszüge und sonstige Unterlagen. Ist das nicht der Fall, weigern sich Banken, Versicherungen und Grundbuchämter, ohne Erbscheinsvorlage Auskünfte zu erteilen. Den Erbschein aber erhält man erst, wenn man die Erbschaft angenommen hat. Auch ein durchgeführtes **Aufgebotsverfahren** (§§ 1973 ff. BGB) führt nicht zum Erlöschen der nicht angemeldeten Forderungen. Letztlich erlangt der Erbe erst Sicherheit, wenn alle Verjährungsfristen (§§ 195 ff. BGB) abgelaufen sind; dann aber ist die Ausschlagungsfrist längst vorbei. Nach dem BGB **kann aber der Erbe sein Eigenvermögen schützen**, indem er den Gläubigern gegenüber Dürftigkeit des Nachlasses einwendet (§ 1990 BGB), oder Nachlassverwaltung beantragt oder einen Nachlassinsolvenzantrag stellt. Vgl. Rn. 230.

b) Ausschlagung und Bestattungskosten

180   **aa) Bestattungsgesetze.** Die Verpflichtung, die Kosten einer Bestattung zu tragen, kann sich aus Erbrecht (§ 1968 BGB), Unterhaltsrecht (z. B. § 1615 II BGB) oder Übergabeverträgen ergeben.[2] Daneben enthalten die Bestattungsrechte der einzelnen Bundesländer[3] **Bestattungspflichten** für Ehegatten, Lebenspartner, volljährige Kinder, Eltern, volljährige Geschwister, Großeltern und volljährige Enkelkinder (z. B. § 8 NWBestattG).

Selbst wenn die Erbschaft ausgeschlagen wird bleiben diese **öffentlich-rechtlichen Pflichten** bestehen,[4] zum Erstaunen der (u. U. wohlhabenden) Angehörigen. Kümmert sich der Angehörige nicht um die Bestattung, dann wird sie vom **Ordnungsamt** veranlasst, die Kosten werden hierauf nach verwaltungsrechtlichen Vorschriften gegen den Bestattungspflichtigen festgesetzt (dagegen kann er vor dem Verwaltungsgericht klagen). Welchen von mehreren Zahlungspflichtigen (X, Y, Z) die Behörde auswählt, steht in ihrem Ermessen;[5] muss daher X zahlen, kann er versu-

---

2 BSG NJW 2021, 1424 = BeckRS 2020, 38042.

3 Zusammengestellt bei *Deinert/Neuser/Bisping*, Todesfall und Bestattungsrecht, 6. Aufl. 2021.

4 BVerwG NVwZ-RR 1995, 283; BSG BeckRS 2020, 29836; SG Karlsruhe ZEV 2016, 55; OVG Münster BeckRS 2021, 2033; OVG Hamburg BeckRS 2010, 49855; VG Gießen NVwZ-RR 2000, 795; VG Chemnitz BeckRS 2011, 48952, eingehend dazu *Kurze* ErbR 2016, 299.

5 OVG Saarlouis BeckRS 2015, 56264; LSG Baden-Württemberg FamRZ 2022, 1148.

chen, von seinen Geschwistern Y und Z einen Ausgleich nach § 426 BGB zu erlangen. Ein nachrangiger Angehöriger kann herangezogen werden, wenn der vorrangige Angehörige im Ausland wohnt und im Inland kein pfändbares Vermögen hat.[6]

Bereits im Festsetzungsverfahren ist, wenn dies eingewandt wird, von der Behörde zu prüfen, ob eine **unbillige Härte** vorliegt, wenn der Angehörige die Kosten erstatten muss.

Der bloße Umstand, dass sich Familienmitglieder räumlich und emotional voneinander entfernt haben und die traditionellen Beziehungen nicht (mehr) unterhalten worden sind, führt nicht bereits zur Anerkennung einer besonderen Härte. Eine unbillige Härte kommt nur dann in Betracht, wenn die Umstände der persönlichen Beziehung derart schwer wiegen, dass die rechtliche Nähebeziehung dahinter vollständig zurücktritt. Dies setzt voraus, dass ein schweres vorwerfbares Fehlverhalten des Verstorbenen gegenüber dem Pflichtigen vorliegt.[7] In der Regel muss eine Verurteilung des Verstorbenen wegen schwerer Straftaten zu Lasten des Bestattungspflichtigen oder der Entzug der elterlichen Sorge vorliegen.[8] Dass die verstorbene Mutter erhebliche Alkoholprobleme gehabt habe, sich nicht um die Kinder gekümmert habe, der Sohn mit ihr seit Jahren keinen Kontakt hatte, genügte dem OVG Schleswig nicht zur Annahme einer sittenwidrigen Härte. Auch gestörte Familienverhältnisse oder Gewalttätigkeit des Erblassers genügen nicht.[9]

bb) Sozialrecht. Ist der Ehegatte bzw. sonstige Bestattungspflichtige **mittellos**, dann gibt § 74 SGB XII einen Anspruch gegen den **Sozialhilfeträger** auf Übernahme der Bestattungskosten. Danach werden die erforderlichen Kosten einer Bestattung übernommen, soweit den hierzu Verpflichteten nicht *zugemutet* werden kann, die Kosten zu tragen.[10] § 74 SGB XII knüpft den Anspruch auf Kostenübernahme nicht zwingend an die Bedürftigkeit des zur Bestattung Verpflichteten, sondern verwendet die eigenständige Leistungsvoraussetzung der *Unzumutbarkeit*.[11]

---

6 VGH München ZEV 2016, 723.
7 OVG Schleswig FamRZ 2016, 851.
8 VG Hannover BeckRS 2020, 2911 = FamRZ 2020, 1127; VG Augsburg BeckRS 2020, 6373 FamRZ 2020, 1316.
9 OVG Weimar BeckRS 2015, 54032 zum Thüringer BestattungsG.
10 BSG FamRZ 2020, 63; BSG NVwZ-RR 2010, 527; LSG Baden-Württemberg ZEV 2022, 491 = FamRZ 2022, 1395 (kein Grabstein, Holzkreuz).
11 BVerwG NJW 1998, 1329.

c) Ausschlagung zwecks Erlangung des Pflichtteils

181   Ist ein als Erbe berufener Pflichtteilsberechtigter durch die Einsetzung eines Nacherben, die Ernennung eines Testamentsvollstreckers oder eine Teilungsanordnung beschränkt oder ist er mit einem Vermächtnis oder einer Auflage beschwert, so kann er den Pflichtteil verlangen, wenn er den Erbteil ausschlägt; die Ausschlagungsfrist beginnt erst, wenn der Pflichtteilsberechtigte von der Beschränkung oder der Beschwerung Kenntnis erlangt (§ 2306 I BGB).[12] Einer Beschränkung der Erbeinsetzung steht es gleich, wenn der Pflichtteilsberechtigte nur als Nacherbe eingesetzt ist (§ 2306 II BGB). Diese Fassung des Gesetzes gilt für Erbfälle ab 1.1.2010.

182   **Beispiele:**

(1) Der verwitwete Erblasser hinterlässt zwei volljährige Kinder: den unter Betreuung stehenden S und die Nichtbetreute T. Er setzt S als Erben zu ¼ ein, die T zu ¾ und bestimmt, dass die T Testamentsvollstreckerin über den Erbteil des S ist. Wenn der Betreuer des S für S ausschlägt, kann er den Pflichtteil von ¼ verlangen, aber nicht belastet mit Testamentsvollstreckung. (2) Wie vor, der Betreute S wird zu ¼ eingesetzt, aber nur als nicht befreiter Vorerbe. Wenn der Betreuer X des S für S ausschlägt, kann er den Pflichtteil von ¼ vom Erben verlangen.

183   Die Ausschlagung bedarf auch in diesen Fällen der **Genehmigung des Betreuungsgerichts** (§ 1851 Nr. 1 BGB), welche sich am Wohl des Betreuten (vgl. § 1821 BGB) zu orientieren hat. Im obigen Fall (2) hat das OLG Köln[13] die Ansicht vertreten, die Genehmigung der Erbausschlagung sei zu versagen, wenn auf diese Weise dem Betreuten als nicht befreitem Vorerben der Stamm des Vermögens erhalten bleibt und aus seinem Ertrag die in der letztwilligen Verfügung vorgesehenen Zuwendungen bestritten werden können. Für den Betreuten ergebe sich keine objektive finanzielle Besserstellung, wenn er aus dem Pflichtteil die Kosten der Heimunterbringung für etwa zwei Jahre selbst aufbringen könne, während sie sonst durch den Träger der Sozialhilfe getragen werden. Öffentliche Belange seien bei der Ausschlagung nicht zu berücksichtigen. Bei der Abwägung der Vor- und Nachteile einer Genehmigung zur Ausschlagung komme es allein auf die Interessen der Betreuten an.

---

12 Einzelheiten vgl. *K. W. Lange* ZEV 2022, 313.
13 OLG Köln FGPrax 2007, 266.

d) Ausschlagung durch das Sozialamt?

Nach h. M.[14] kann der Sozialhilfeträger nicht das Ausschlagungsrecht nach **184** § 93 SGB XII auf sich überleiten und ausüben, um den Pflichtteilsanspruch nach § 2306 I BGB geltend zu machen. Andernfalls könnte der Sozialhilfeträger auf die Erbfolge Einfluss zu nehmen, was nach dem BGB nur dem Erblasser und dem Bedachten zusteht. Anders sehen das zum Teil die Sozialgerichte: Die Ausschlagung eines Hilfebedürftigen zulasten der Allgemeinheit sei nicht in jedem Fall hinzunehmen.[15]

3. Ausschlagung durch Ausschlagungserklärung

a) Geschäftsfähigkeit des Erben unklar

Die Ausschlagung ist eine **Willenserklärung.** Sie kann daher nur von einer **185** geschäftsfähigen Person abgegeben werden (§ 9 FamFG), sonst durch den gesetzlichen Vertreter; das ist bei volljährigen Erben der **Betreuer** (§ 1823 BGB), falls er einen ausreichenden **Aufgabenkreis** hat (z. B. Vermögenssorge, erbrechtliche Angelegenheiten; nicht: z. B. Gesundheitssorge, Postempfang; Rn. 10, 202). Beim *geschäftsfähigen* Betreuten kann somit der Betreute selbst ausschlagen, aber auch der Betreuer als sein gesetzlicher Vertreter (Doppelzuständigkeit); beim *geschäftsunfähigen* Betreuten kann nur der Betreuer wirksam handeln. Es kommt vor, dass der Betreute durch schlüssiges Verhalten oder durch ein Schreiben an das Nachlassgericht die Erbschaft annimmt und anschließend der Betreuer die Erbschaft form- und fristgerecht ausschlägt. Die Annahme der Erbschaft ist wirksam, wenn der Betreute bei der Erklärung geschäftsfähig war; war die Annahme wirksam, kann der Betreuer die Erbschaft nicht mehr ausschlagen (§ 1943 BGB), sie geht dann ins Leere (Anfechtung der Annahme ist aber denkbar, § 1755 BGB). War dagegen der Betreute geschäftsunfähig, war seine Annahmeerklärung rechtlich bedeutungslos; eine Ausschlagung durch den Betreuer ist noch möglich. Spätestens, wenn der Erbe oder der Nächstberufene (§ 1953 II BGB) einen **Erbscheinsantrag** stellt, muss deshalb das Nachlassgericht durch Einholung eines Sachverständigengutachtens klären, ob der Betreute seinerzeit geschäftsfähig war oder nicht (vgl. Rn. 162).

---

14 BGH ZEV 2011, 258; OLG Frankfurt ZEV 2004, 24; MünchKomm/*Leipold* § 1945 Rn. 3; *Litzenburger* ZEV 2009, 278.
15 LSG Bayern FamRZ 2016, 260 = ZEV 2015, 601 (1 S).

b) Zeitpunkt, Bedingung, Teilausschlagung

186 Möglich ist die Ausschlagung frühestens ab dem Erbfall (§ 1946 BGB), nicht schon vorher (dann wäre sie wirkungslos). Der Schlusserbe eines Berliner Testaments (§ 2269 BGB) kann daher die Erbschaft erst ausschlagen, wenn er Erbe geworden ist; das wird er erst beim Tod des längerlebenden Ehegatten.[16] Das Ausschlagungsrecht ist vererblich (§ 1952 I BGB) und splittet sich bei Erbeserben auf (§ 1952 III BGB).

187 Eine **Bedingung** ist unzulässig (§ 1947 BGB), z.B. „ich schlage aus, falls die **Erbschaft überschuldet** ist"; die Ausschlagung ist dann unwirksam und durch Verstreichenlassen der Ausschlagungsfrist erfolgt eine Annahme. Man kann aber zu einem bestimmten Berufungsgrund ausschlagen, zu einem anderen annehmen („Ich nehme die Erbschaft als gesetzlicher Erbe an, als testamentarischer Erbe schlage ich sie aus"); § 1948 I BGB. Man kann nicht zugunsten eines bestimmten Dritten dergestalt ausschlagen, dass die Ausschlagung nur wirksam sein soll, wenn diese Person Erbe wird. Ausnahmen gelten, wenn diese Person sowieso der Nächstberufene ist (vgl. § 1953 II BGB), weil dann in Wahrheit ein Motiv, keine Bedingung vorliegt.[17]

188 Ob die **Ausschlagung „unter Vorbehalt des Pflichtteils"** wegen Verstoß gegen § 1950 BGB unwirksam ist, ist teilweise umstritten. Es kommt darauf an, wie die Formulierung lautet und was gewollt ist. Die Ausschlagung kann dazu führen, dass der Ausschlagende den Pflichtteil erhält (§§ 1371 III, 2305, 2306 I 2 BGB); eine Ausschlagung, die dies als *Motiv* angibt, ist als wirksam anzusehen.[18] Eine Ausschlagung hingegen, die dies als *Bedingung* meint, ist unwirksam (§ 1947 BGB).

189 **Teilausschlagung?**[19] Die Ausschlagung erstreckt sich, wenn der Erbe nichts anderes angeben hat, auf alle Berufungsgründe (Testament, Erbvertrag, Gesetz), die dem Erben zur Zeit der Ausschlagungserklärung bekannt sind (§ 1949 II BGB). Die Ausschlagung kann nicht auf einzelne Nachlassgegenstände (z.B. das Geschäft des Erblassers) beschränkt werden (Ausnahme: bei Sondererbfolge, z.B. § 11 I HöfeO); auch nicht auf eine bestimmte Erbquote (der Alleinerbe kann nicht zu 2/3 annehmen, zu 1/3 ausschlagen), § 1950 BGB.

---

16 BGH NJW 1998, 543; anders OLG Düsseldorf FamRZ 1996, 1567.

17 LG München I FamRZ 2000, 1328; differenzierend OLG Frankfurt ZEV 2021, 507 = FamRZ 2021, 1751; OLG Düsseldorf ZEV 2019, 469 = FamRZ 2021, 466; MünchKomm/ *Leipold* § 1947 Rn. 5.

18 Grüneberg/*Weidlich* § 1950 Rn. 1; Soergel/*Stein* 13. Aufl. § 1950 Rn. 1; MünchKomm/ *Leipold* § 1950 Rn. 5.

19 Dazu *Ivo* ZEV 2002, 145.

4. Form der Ausschlagung, zuständiges Nachlassgericht, Gebühren

Die Ausschlagung erfolgt durch **Erklärung gegenüber dem Nachlassge-** **190** **richt** (§ 1945 BGB); entweder der Erbe bzw. der Betreuer des Erben geht (mit Personalausweis und Betreuerbestellungsbeschluss) zum Nachlassgericht und erklärt die Ausschlagung zu Protokoll; oder er verfasst ein diesbezügliches Schriftstück, wobei ein Notar die **Unterschrift des Erben beglaubigen** muss; diese Erklärung ist dann (im Original oder in Ausfertigung,[20] eine gewöhnliche Fotokopie genügt nicht) binnen der Frist (Rn. 193 ff.) beim Nachlassgericht einzureichen. Häufig schlagen in der Praxis Erben aus, indem sie dies mit Einschreibebrief dem Nachlassgericht mitteilen; das ist wegen mangelnder Unterschriftsbeglaubigung unwirksam.

Örtlich zuständiges Nachlassgericht ist das Gericht des letzten ge- **191** wöhnlichen Aufenthalts (i. d. R. Wohnsitz) des Erblassers (§ 343 FamFG), also dort wo das Nachlassverfahren geführt wird. Ausgeschlagen werden kann auch bei dem Nachlassgericht, in dessen Bezirk die die Ausschlagung erklärende Person (d. h. der Erbe) ihren gewöhnlichen Aufenthalt hat (§ 344 VII FamFG); bei Vertretung durch einen Betreuer kommt es auf den Aufenthalt des Betreuers an, weil er die erklärende Person ist. Ausgeschlagen werden kann ferner bei einem anderen vom örtlich zuständigen Nachlassgericht um Rechtshilfe ersuchten Nachlassgericht.

Die Ausschlagung verursacht **Gerichtskosten**, nämlich 0,5 Gebühren **192** nach Tabelle B zum GNotKG (Nr. 21201 Nr. 7 KV GNotKG),[21] abhängig vom Wert des Nachlasses. Die Gebühr ist beim Notar zwar ebenso hoch wie beim Gericht, aber beim Notar erhöht sie sich um 19 % Umsatzsteuer.

5. Frist der Ausschlagung

a) Dauer der Ausschlagungsfrist

Sie beträgt in der Regel **sechs Wochen** (die Frist kann vom Gericht nicht **193** verlängert werden); § 1944 I BGB. Die Frist beträgt aber **sechs Monate,** wenn der Erblasser seinen letzten Wohnsitz *nur* im Ausland gehabt hat oder wenn sich der Erbe (und bei Vertretung durch einen Betreuer: der Betreuer)

---

20 OLG Saarbrücken BeckRS 2011, 18369 = Rpfleger 2011, 607.
21 Bei einem überschuldeten Nachlass fällt die Mindestgebühr von 30 Euro an; OLG Saarbrücken ZEV 2011, 657 (noch zur KostO) = FamRZ 2011, 1326.

bei dem Beginn der Frist im Ausland aufhält (§ 1944 III BGB), wofür eine eintägige Urlaubsreise ins Ausland nicht genügt.[22]

Das bloße **Verstreichenlassen der Ausschlagungsfrist** (mit der Folge der Annahme der Erbschaft) bedarf keiner Genehmigung des Betreuungsgerichts.[23]

b) Fristbeginn

194   Bei **gesetzlicher Erbfolge** beginnt die Frist ab dem Zeitpunkt, in dem der Erbe vom Anfall der Erbschaft und dem Berufungsgrund Kenntnis erlangt (also nicht zwingend schon mit dem Erbfall); § 1944 II BGB. **Kenntnis** setzt ein zuverlässiges Erfahren der maßgeblichen Umstände voraus, aufgrund dessen ein Handeln erwartet werden kann.[24] Gesetz, Testament und Erbvertrag sind drei verschiedene Berufungsgründe.[25] Besonderheiten gelten im Falle des § 2306 BGB (Rn. 181).

195   Bei Berufung aufgrund **Testaments oder Erbvertrag** beginnt die Frist zusätzlich frühestens mit einer auf den Todesfall folgenden „Bekanntgabe" der Verfügung durch das Nachlassgericht (§ 1944 BGB). Sie erfolgt, indem z. B. der Betreuer im Termin zur Eröffnung des Testaments anwesend ist und so vom Inhalt Kenntnis erlangt (§ 348 II FamFG). In der Praxis wird vom Nachlassgericht häufig zum Eröffnungstermin niemand geladen, es wird lediglich ein Protokoll über die Eröffnung erstellt und dann werden Kopien des Testaments an die Beteiligten versandt (§ 348 III FamFG); jedoch muss auch eine Kopie der Eröffnungsniederschrift übersandt werden, damit die Frist beginnt.[26] Auch auf diese Weise kann der Betreuer des Betreuten Kenntnis erlangen.

196   Ist der Betreute *geschäftsunfähig,* kommt es für den Beginn der Ausschlagungsfrist auf die Kenntnis des gesetzlichen Vertreters, d. h. des Betreuers, an;[27] § 166 I BGB. Ist der Betreute *geschäftsfähig,* kommt es auf den früheren Zeitpunkt (Kenntnis des Betreuten, Kenntnis des Betreuers) an (Rn. 15).[28] Hat der Erbe einen **Vorsorgebevollmächtigten** oder Prozess-

---

22 BGH NJW 2019, 1071 = FamRZ 2019, 558.
23 OLG Hamm ZEV 2018, 136.
24 BGH FamRZ 2000, 1504.
25 BGH FamRZ 2000, 1504.
26 BayObLG NJW-RR 2005, 232.
27 OLG Hamm ZEV 2018, 136; BayObLG FamRZ 1998, 642; OLG Brandenburg ZEV 2014, 540; *Horn* ZEV 2016, 20; *Lange* Erbrecht, Kap. 10 Rn. 27.
28 Grüneberg/*Weidlich* § 1944 Rn. 6; Damrau/*Masloff* § 1944 Rn. 3. Nach a. A. (Staudinger/*Otte* § 1944 Rn. 15): die Kenntnis des Erben.

bevollmächtigten bestellt ist umstritten, welche Kenntnis maßgebend ist; § 166 BGB ist nicht einschlägig, es kommt wohl auf den Erben an.[29]

c) Hemmung des Fristlaufs durch Genehmigungsverfahren

Der betreute „Erbe", d. h. sein Betreuer, muss beim Nachlassgericht form- **197** und fristgerecht ausschlagen (was mangels Genehmigung an sich unwirksam ist, § 1858 I BGB) und die Nachreichung der Genehmigung ankündigen. *Bis Ende 2022 galt:* Dann musste der Betreuer (noch innerhalb der Ausschlagungsfrist[30]) beim Betreuungsgericht die Genehmigung beantragen[31] und nach Empfang die rechtskräftige Genehmigung wiederum beim Nachlassgericht einreichen[32] sowie dort vorsichtshalber nochmals die Ausschlagung erklären. Die Ausschlagung ist eine einseitige amtsempfangsbedürftige Willenserklärung.

Es war in der Praxis nicht möglich, den rechtskräftigen Genehmigungsbeschluss des Betreuungsgerichts innerhalb der Sechswochenfrist beizubringen und zusammen mit der formgerechten Ausschlagung dem Nachlassgericht zu übergeben, was an sich nach § 1831 a. F. BGB notwendig war. Das hat zu zahlreichen Streitfragen[33] geführt.

Seit 2023 ist das Problem gesetzlich in § 1858 III geregelt: Wenn der Betreuer die Ausschlagung gegenüber dem Nachgericht ohne Vorlage der Genehmigung des Betreuungsgerichts vornimmt, so hängt die Wirksamkeit der Ausschlagung von der nachträglichen Genehmigung des Betreuungsgerichts ab (die Ausschlagung ist also schwebend unwirksam). Die Ausschlagung wird mit Rechtskraft der Genehmigung wirksam. Der **Ablauf der Ausschlagungsfrist** wird während des Genehmigungsverfahrens **gehemmt**. Die Hemmung endet mit Rechtskraft des Beschlusses über die Erteilung der Genehmigung. Das Betreuungsgericht teilt dem Nachlassgericht nach Rechtskraft des Beschlusses die Erteilung oder Versagung der Genehmigung mit.

Die Ausschlagung ohne Genehmigung ist unwirksam, so dass es keinen Sinn zu haben scheint, wenn der Betreuer beim Nachlassgericht zwar form- und fristgerecht ausschlägt, aber noch keine Genehmigung hat. Es ist daher an sich ausreichend, wenn der Betreuer innerhalb der Frist nur die **198**

---

29 *Lange,* Erbrecht, Kap. 10 Rn. 27; a. A. OLG Rostock RNotZ 2010, 474 = BeckRS 2010, 09127 = FamRZ 2010, 1597.

30 BT-Drucks. 19/24445 S. 292.

31 Genauer: anzuregen.

32 *Horn* ZEV 2016, 20; *J. Mayer* Rpfleger 2013, 657.

33 Dazu MünchKomm/*Leipold* § 1944 Rn. 23; Grüneberg/*Weidlich* § 1944 Rn. 7; *Sonnenfeld/Zorn* Rpfleger 2004, 533.

Genehmigung beim Betreuungsgericht beantragt, ohne dass das Nachlassgericht innerhalb der Frist Kenntnis von der beabsichtigten Ausschlagung erlangt. Das führt aber zu dem Ablauf, dass das Nachlassgericht von einer Annahme der Erbschaft ausgeht, weil die Ausschlagungsfrist ohne Ausschlagung abgelaufen ist. Es ist deshalb zweckmäßiger, wenn der Betreuer innerhalb der Frist die formgerechte Ausschlagung beim *Nachlassgericht* erklärt (obwohl sie unwirksam ist) und Nachreichung der Genehmigung ankündigt sowie innerhalb der Frist beim *Betreuungsgericht* die Genehmigung beantragt.

199   **Rechtskraft der Genehmigung:** § 40 II FamFG. Mit Bekanntgabe des Beschlusses an den Betreuer ist der Beschluss wirksam geworden ist (§ 40 I FamFG). Der Betreuer hat den Beschluss mit Rechtskraftvermerk nicht mehr selbst beim Nachlassgericht einzureichen, wenn er davon Gebrauch machen will;[34] sondern die Mitteilung erfolgt von Gericht zu Gericht, der Betreuer hat keine weitere Überlegungsfrist (wie früher).

200   **Beispiel:**

E, der unter Betreuung (§ 1814 BGB) steht, ist Erbe geworden. Sein Betreuer (B) will die überschuldete Erbschaft ausschlagen, geht 5 Wochen nach Fristbeginn zwecks Ausschlagung zum Nachlassgericht und beantragt gleichzeitig (also innerhalb der Sechswochenfrist) beim Betreuungsgericht die Genehmigung hierfür. Das Gericht genehmigt erst nach acht Monaten. Die Ausschlagung ist rechtzeitig.

200a   Bei **Betreuerwechsel** erfolgt ebenfalls eine Hemmung.

Beispiel:

E ist kraft Gesetzes am 1.1. Erbe des EL geworden. E ist geschäftsunfähig und hat einen Betreuer. Am 20.1. stirbt der Betreuer. Erst am 9.4. wird ein neuer Betreuer bestellt), der am 18.5. ausschlägt. Das ist rechtzeitig, weil der Lauf der Frist gemäß §§ 1944 II 3, 210 BGB gehemmt war, bis ein neuer Betreuer bestellt war. Wäre E am 1.1. ohne Betreuer gewesen hätte die Ausschlagungsfrist damals nicht zu laufen begonnen, sondern erst mit Bestellung und Kenntnis des Betreuers von der Erbsache im Sinne von § 1944 II BGB.

200b   Ein weiterer Fall der Hemmung der Ausschlagungsfrist liegt vor, wenn der **rechtsunkundige Betreuer** innerhalb der Frist beantragt, einen anderen Betreuer für das Nachlassverfahren zu bestellen, weil er sich überfordert fühlt.

---

34 Der Betreuer konnte früher noch frei entscheiden, ob er von der Genehmigung Gebrauch macht, OLG Frankfurt OLGZ 1966, 337; BayObLG FamRZ 1996, 1161. Anders jetzt.

BayObLG:[35] Wurde für einen geschäftsunfähigen Betreuten ein **rechtsunkundiger Betreuer** zur Vertretung im Nachlassverfahren des Vaters des Betreuten bestellt und regt dieser an, nachdem er von der Höhe des hinterlassenen Erbteils und der Anordnung einer Testamentsvollstreckung im Testament des Erblassers erfahren hat, wegen der Schwierigkeit der im Zusammenhang mit der Frage der Ausschlagung zu entscheidenden Probleme einen anderen zum Betreuer für das Nachlassverfahren zu bestellen, so ist der Lauf der Ausschlagungsfrist gehemmt, bis das Betreuungsgericht eine Entscheidung über diese Anregung getroffen hat. „Höhere Gewalt" und damit Fristhemmung kann auch bei sonstiger **fehlerhafter amtlicher Sachbehandlung** vorliegen.[36]

6. Genehmigung der Ausschlagung bei Betreuung des Erben

Die Ausschlagung einer Erbschaft (Vorerbschaft, Nacherbschaft; eines Miterbenanteils) ist eine einseitige, amtsempfangsbedürftige Willenserklärung, weil sie gegenüber dem Nachlassgericht abzugeben ist (§ 1945 I BGB). Ein Betreuer braucht die Genehmigung des Betreuungsgerichts, damit seine als Vertreter vorgenommene Ausschlagung wirksam ist (§ 1851 Nr. 1 BGB). Das gilt auch dann, wenn der Betreute *geschäftsfähig* ist und der Betreuer als Vertreter ausschlägt. Dagegen kann der geschäftsfähige Betreute selbst ausschlagen, ohne dass er eine Genehmigung bräuchte. Ist die **Geschäftsfähigkeit zweifelhaft** tauchen daher erhebliche **Beweisprobleme** bezüglich der Wirksamkeit einer Ausschlagung auf. Die Frage, ob eine Ausschlagung wirksam ist, kann nur im Rahmen eines Erbscheinsverfahrens behandelt werden, nicht isoliert.[37]

201

Die Anfechtung der Annahme gilt als Ausschlagung (§§ 1954, 1957 I BGB) und ist daher ebenfalls genehmigungspflichtig.[38] Ist übersehen worden, dass die Ausschlagung zu genehmigen war, ist die Ausschlagung unwirksam, durch Fristsäumnis ist eine Annahme eingetreten, die anfechtbar ist.[39]

---

35 BayObLG FamRZ 1998, 642.
36 BayObLG FamRZ 1993, 1367 = NJW-RR 1993, 780.
37 OLG Nürnberg ZEV 2022, 185 = Rpfleger 2022, 259 (mit Gründen).
38 MünchKomm/*Kroll-Ludwigs* § 1822 Rn. 1.
39 BayObLG Rpfleger 1983, 152; *Klüsener* Rpfleger 1993, 133.

a) Aufgabenkreis des Betreuers

202   Der ausschlagende Betreuer braucht dem Aufgabenkreis „Vermögenssorge",[40] oder (besser) „erbrechtliche Angelegenheiten". Der Aufgabenkreis „alle Angelegenheiten" ist seit 2023 nicht mehr statthaft (Art. 229 EGBGB § 54 III). Es ist nicht notwendig, aber zweckmäßig, eine Vermögensbetreuung ausdrücklich auf „Ausschlagung der Erbschaft nach X" zu erweitern.

b) Interessenkonflikte des Betreuers

aa) Der Betreuer ist Nacherbe, Betreuter ist Vorerbe

203   **Beispiel:**

> Mutter E ist gestorben; nach ihrem Testament ist der geistig behinderte und unter Betreuung stehende Sohn S Vorerbe (ein Ersatzerbe ist nicht eingesetzt), Nacherbin und Betreuerin ist dessen Schwester T. Wenn S, vertreten durch seine Betreuerin, die Erbschaft wirksam ausschlägt, fällt sein Anteil jetzt schon an die Betreuerin T (§ 1953 II BGB).

204   Die Schwester hat im Beispiel eine **Doppelstellung**; einerseits ist sie Betreuerin des Vorerben, andererseits Nacherbin. Damit besteht ein erheblicher Interessenkonflikt.[41] In einem solchen Fall muss das Betreuungsgericht dem Betreuer insoweit die Vertretungsmacht entziehen (d. h. den Aufgabenkreis beschränken), soweit nicht ohnehin wegen § 181 BGB keine Vertretungsmacht besteht) und einen Ergänzungsbetreuer (§ 1817 V BGB) mit dem Aufgabenkreis „Ausschlagung" bestellen.

bb) Der Betreuer ist Vorerbe, der Betreute Nacherbe

205   **Beispiel:**

> E setzt die gesunde Tochter T als Vorerbin ein, den behinderten S zum Nacherben (die T ist Betreuerin des S). Wenn die Betreuerin als Vertreterin des Nacherben die Nacherbschaft ausschlägt, wird sie sogleich Vollerbin (§ 2142 II BGB).

206   Hier stellt sich die Frage, ob die Ausschlagung nicht gegen § 181 BGB verstößt (unten Rn. 207, 209); auf jeden Fall besteht ein erheblicher Interessengegensatz, so dass der Betreuerin insoweit die Vertretungsmacht zu

---

40 OLG Brandenburg FamRZ 2015, 696 = ZEV 2014, 540; OLG Saarbrücken BeckRS 2011, 18369; OLG Hamm ZEV 2009, 471; DNotI-Report 2004, 1; *Horn* ZEV 2016, 20; offengelassen in BayObLG FamRZ 1998, 642.
41 Weiteres Beispiel: OLG Hamm ZEV 2018, 136.

entziehen ist, indem der Aufgebenkreis beschränkt wird, und ein Ergänzungsbetreuer (§ 1817 V BGB) zu bestellen ist.

cc) Nahe Angehörige als Beteiligte

Die verstorbene Mutter des Betreuten setzte in einem „Behindertentestament" den Betreuten zum Vorerben und eine **Tochter der ehrenamtlichen Vermögensbetreuerin zur Nacherbin** und Testamentsvollstreckerin ein. Dieser Umstand rechtfertigt die Annahme eines bei der Betreuerin deshalb bestehenden erheblichen Interessengegensatzes.[42] Jedoch besteht in solchen Fällen kein Ausschluss der Vertretung kraft Gesetzes nach § 1824 oder § 181 BGB. Entzieht das Betreuungsgericht nicht die Vertretung (durch Beschränkung des Aufgabenkreises) ist die Ausschlagung nicht schon wegen des Interessengegensatzes unwirksam.[43] Die Vertretungsmacht endet nicht automatisch mit dem Auftreten des Interessengegensatzes.[44] Erst die Bekanntgabe des Entziehungsbeschlusses an den Betreuer (§ 15 FamFG) beseitigt seine Vertretungsmacht.

207

c) Prüfung der Genehmigungsfähigkeit durch das Nachlassgericht

Zuständig für das Genehmigungsverfahren ist der **Rechtspfleger** (§§ 3 Nr. 2b, 15 RPflG). Er soll den Betreuten hierzu persönlich anhören (§ 299 S. 2 FamFG mit § 1851 BGB). In der Regel muss ferner ein Verfahrenspfleger bzw. Ergänzungsbetreuer bestellt werden. Eine Gesamtbetrachtung ist erforderlich, bei der es nicht nur auf vermögensrechtliche Aspekte ankommt,[45] sondern auch das allgemeine Wohl des Betreuten zu bedenken ist. Die Genehmigung löst keine zusätzliche Gerichtsgebühr aus; sie ist in der Jahresgebühr enthalten.

208

aa) Eine Genehmigung ist nicht möglich und ginge ins Leere, wenn die Ausschlagung wegen Verstoß gegen §§ 1824 II, 181 BGB (**Insichgeschäft**) nichtig ist, weil **der Betreuer infolge der Ausschlagung selbst Erbe wird.** Die Rechtsprechung lehnt die Anwendung des § 181 BGB allerdings ab,[46] weil der gesetzliche Vertreter nicht im Namen des Vertretenen die Erklärung *an sich selbst* als Erklärungsgegner richtet, sondern ausschließlicher Erklärungsadressat das Nachlassgericht sei (§ 1945 I BGB). Der Nächst-

209

---

42 OLG Zweibrücken FGPrax 2004, 30; ähnlich BayObLG, Rpfleger 1983, 482.
43 BayObLG Rpfleger 1983, 482.
44 BGH NJW 2007, 1677 = BGHZ 170, 161 = FamRZ 2007, 538.
45 OLG Saarbrücken NJW-RR 2015, 1099 = FamRZ 2016, 260; OLG Bremen FamRZ 1962, 209.
46 BayObLG Rpfleger 1983, 482; OLG Frankfurt FamRZ 1964, 154; OLG Köln FamRZ 2011, 231; *Coing* NJW 1985, 6/9.

berufene erwerbe nicht aufgrund der Ausschlagungserklärung, sondern kraft Gesetzes. Eine derart förmliche Auslegung widerspricht dem Sinn des § 181 BGB, für dessen Anwendung der eindeutige Interessenkonflikt spricht. Folgt man dem, kann das Betreuungsgericht die Ausschlagung nicht gemäß § 1851 Nr. 1 BGB genehmigen, weil sie wegen Verstoß gegen § 181 BGB nichtig ist.[47]

210   **bb)** Auch bei Ausschlagung deshalb, weil die Erbschaft **angeblich überschuldet** sei, muss das Nachlassgericht näher ermitteln, etwa ob tatsächlich Überschuldung vorliegt.[48] Die Ausschlagung einer **(nicht überschuldeten) Erbschaft** durch den Betreuer ist **in der Regel nicht genehmigungsfähig;**[49] das gilt nicht nur, wenn der Nachlass dadurch dem Zugriff des Sozialhilfeträgers entzogen werden soll, sondern auch, wenn der Betreute vermögend ist. Auch wenn die Erbschaft durch die Ausschlagung einem Bruder des Betreuten oder sonstigem Verwandten des Betreuten anwächst, entspricht es nicht ordentlicher Vermögenssorge, sie auszuschlagen (§ 83 I InsO ist nicht analog anwendbar).[50] Bei einem Behindertentestament ist die Genehmigung der Ausschlagung abzulehnen, wenn der Betreuer die Erbausschlagung und Geltendmachung des Pflichtteilsanspruchs für den Betreuten betreibt, um damit für einige Zeit die Kosten der Heimunterbringung aus eigenen Mitteln des Betreuten zu bestreiten, während ihm ohne Ausschlagung laufend geringe Mittel zufließen.[51] Bei Zweifeln über den **Ablauf der Ausschlagungsfrist** kann die Genehmigung vom Betreuungsgericht nicht mit der Begründung abgelehnt werden, die Frist sei abgelaufen,[52] weil diese Prüfung in die Kompetenz des Nachlassgerichts gehört.

211   Der Beschluss wird erst mit **Rechtskraft** wirksam (§ 40 II FamFG), weshalb er zuzustellen ist; er muss auch dem Betreuten bekanntgegeben werden (§ 41 III FamFG). Er erhält einen Rechtskraftvermerk; dann wird er dem Nachlassgericht mitgeteilt (§ 1858 III 5 BGB).

d) Sittenwidrigkeit der Ausschlagung?

212   Macht ein **vermögensloser Sozialhilfeempfänger** eine größere Erbschaft, fällt die Bedürftigkeit weg und damit die Sozialhilfe.[53] Schlägt er aus, bleibt

---

47 *Buchholz* NJW 1993, 1161; zweifelnd MünchKomm/*Spickhoff* § 1795 Rn. 6.
48 OLG Saarbrücken NJW-RR 2015, 1099 = FamRZ 2016, 260 (minderj. Kind als Erbe).
49 OLG Hamm ZEV 2009, 471; OLG Stuttgart NJW 2001, 3484 = ZEV 2002, 367 mit abl. Anm. *Mayer*.
50 OLG Stuttgart ZEV 2002, 367.
51 OLG Köln ZEV 2008, 196.
52 BayObLG FamRZ 1969, 434; KG OLGE 41, 76.
53 Dazu *Ivo* FamRZ 2003, 6.

er bedürftig und belastet die Staatskasse; seine Angehörigen dagegen freuen sich, weil die Erbschaft ihnen zufällt (§ 1953 II BGB). Deshalb ist fraglich, ob die Ausschlagung einer werthaltigen Erbschaft durch den Betreuer einer mittellosen Person genehmigt werden darf oder die Genehmigung vom Betreuungsgericht wegen Sittenwidrigkeit abzulehnen ist (§ 138 BGB). Das ist umstritten. Der BGH[54] hat in den von ihm entschiedenen speziellen Fällen Sittenwidrigkeit verneint. Das Landessozialgericht Bayern[55] andererseits meint, die Ausschlagung als zivilrechtlich eröffnetes Gestaltungsmittel eines Hilfebedürftigen zulasten der Allgemeinheit sei nicht in jedem Fall hinzunehmen, stellt also auf den Einzelfall ab.

Andere, vom BGH abgelehnte, Meinungen: OLG Stuttgart:[56] Fällt **213** einem Betreuten eine nicht überschuldete Erbschaft an, kann in der Regel die Ausschlagung durch den Betreuer nicht durch das Betreuungsgericht genehmigt werden, erst recht nicht, wenn dadurch der Zugriff des Sozialhilfeträgers verhindert werden soll. OLG Hamm:[57] Die Ausschlagung einer werthaltigen Erbschaft, die dazu führt, dass die Sozialhilfebedürftigkeit des vorläufigen Erben fortbesteht, verstößt gegen die **guten Sitten**, es sei denn die Ausschlagung kann ausnahmsweise durch ein überwiegendes Interesse des Erben motiviert werden. Erfolgt die Ausschlagung durch den Betreuer des Sozialhilfeempfängers, so kann diesem die notwendige betreuungsgerichtliche Genehmigung nicht erteilt werden. Denn mit dem Erbfall wird der Mittellose Eigentümer des Nachlasses; der Betreuer darf nicht dabei mitwirken, dass die Staatskasse, d. h. die Allgemeinheit, private Lasten finanzieren muss. Andere Stimmen[58] nehmen dagegen an, die Ausschlagung sei zu genehmigen; die Ausschlagung sei höchstpersönlich; eine **Überleitung des Ausschlagungsrechts** auf den Sozialhilfeträger sei im SGB nicht vorgesehen. Der BGH habe es gebilligt, dass Eltern behinderter Kinder letztwillige Verfügungen errichten, die den Sozialhilfeträger am Zugriff auf das hinterlassene Vermögen hindern.[59] Meines Erachtens liegt Sittenwidrigkeit vor, weil Grundsatz des Sozialhilferechts ist, dass nur dem mit staatlichen Mitteln geholfen werden darf, der selbst mittellos ist.

---

54 BGHZ 188, 96 = FamRZ 2011, 472 = ZEV 2011, 258 (beiläufig); BGHZ 111, 36 = FamRZ 1990, 730 = NJW 1990, 2055.
55 LSG Bayern FamRZ 2016, 260 = ZEV 2016, 43 (LS); SG Karlsruhe ZEV 2016, 55.
56 OLG Stuttgart NJW 2001, 3484 = ZEV 2002, 367; ebenso Grüneberg/*Ellenberger* § 138 Rn. 45a.
57 OLG Hamm ZEV 2009, 471 (Behindertenklauseln; Sozialhilfe leistet; Nachlasswert 50.000 Euro).
58 LG Aachen NJW-RR 2005, 307; *J. Mayer* ZEV 2002, 369; *Ivo* FamRZ 2003, 6; zweifelnd *Wendt* ZErb 2010, 48; kritisch *Leipold* ZEV 2009, 72.
59 BGH ZEV 2011, 258; BGH NJW 1990, 2055.

e) Anfechtung der Erteilung bzw. Versagung der Genehmigung

214   Die **Erteilung der Genehmigung** kann der Betreute und der für den Betreuten bestellte Verfahrenspfleger mit Beschwerde anfechten, mit der Begründung, die Ausschlagung entspreche nicht dem Wohl des Betreuten. Der Betreuer kann keine Beschwerde einlegen, weil er selbst nicht beschwert ist; der Betreuer hat seit 2023 kein Wahlrecht mehr (§ 1858 III 2 BGB).[60] Die **Versagung der Genehmigung** kann der Betreuer nur als Vertreter des Betreuten, d. h. in dessen Namen, mit Beschwerde (§§ 58 ff. FamFG) befristet (§ 63 II Nr. 2 FamFG: zwei Wochen) anfechten, weil der Betreute in seinem Ausschlagungsrecht beeinträchtigt ist. In seinen *eigenen* Rechten dagegen ist der Betreuer nicht betroffen, kann insoweit also keine Beschwerde einlegen.[61]

Fall:

Der verwitwete E ist gestorben, seine drei Kinder schlagen die Erbschaft wegen Überschuldung aus. Nächstberufen sind die minderjährigen Kinder seines verstorbenen Bruders. Deren Mutter wird vom Nachlassgericht informiert, reagiert aber nicht. Damit die kleinen Kinder nicht die Schulden erben, wird der Mutter das Personensorgerecht beschränkt entzogen, ein Pfleger wird bestellt, der die Versäumung der Ausschlagungsfrist anficht (§ 1956 BGB) und dann ausschlägt. – Letztlich erbt der Fiskus.

f) Keine neue Prüfung durch den Betreuer

214a   Der Betreuer musste früher von der Genehmigung keinen Gebrauch machen, etwa deswegen, weil sich inzwischen ein günstigeres Bild ergab. Seit 2023 macht die **rechtskräftige Genehmigung** die Ausschlagung allerdings wirksam, wenn die Ausschlagung zuvor ohne Genehmigung erfolgte (§ 1858 III BGB). Nach Erhalt der betreuungsgerichtlichen Genehmigung mit Rechtskraftvermerk kann der Betreuer nicht mehr in eigener Kompetenz (nochmals) prüfen, ob eine Ausschlagung der Erbschaft (immer noch) dem Wohl des Betreuten entspricht.

7. Prüfung der Wirksamkeit der Ausschlagung

215   Das Nachlassgericht nimmt die Ausschlagungserklärung entgegen bzw. beurkundet sie; dafür wird eine Gebühr von 0,5 nach Tabelle B des GNotKG

---

60 Bis 2022 hatte der Betreuer ein Wahlrecht, ob er von der Genehmigung Gebrauch machte; OLG Koblenz NJW-RR 2014, 902.

61 OLG Stuttgart ZEV 2002, 367.

(Nr. 21201 Nr. 7) berechnet. Dann informiert das Nachlassgericht den Nächstberufenen (§ 1953 II, III BGB). Auch verspätete Ausschlagungen werden zur Akte genommen und es ergeht kein Beschluss, dass die Ausschlagung „zurückgewiesen" wird. Ob die Ausschlagung wirksam war, d. h. form- und fristgerecht, wird erst als Vorfrage geprüft, wenn jemand einen Erbscheinsantrag stellt.

Beispiel: 216

Erbe E weiß seit 1.2, dass er der gesetzliche Erbe seines verstorbenen Vaters ist. Im Mai schlägt er die Erbschaft aus, weil er den Nachlass für überschuldet hält. Dann findet er wertvolle Nachlassgegenstände und beantragt im Dezember einen Erbschein. Mit Erfolg, denn die ursprüngliche Ausschlagung war verspätet.

8. Folgen der Ausschlagung

Wird die Erbschaft ausgeschlagen, so gilt der Anfall an den Ausschlagen- 217 den *rückwirkend* als nicht erfolgt (§ 1953 I BGB). Die Erbschaft fällt rückwirkend dem Nächstberufenen an (§ 1953 II BGB), d. h. dem, der berufen wäre, wenn der Ausschlagende zur Zeit des Erbfalls nicht gelebt hätte. In der Praxis wird fast nur wegen Überschuldung ausgeschlagen; Folge ist, dass meist auch die Nächstberufenen ausschlagen und letztlich der Fiskus erbt, der kein Ausschlagungsrecht hat (Rn. 177), aber die Schulden nicht bezahlt.

9. Anfechtung der Ausschlagungserklärung

Die Ausschlagung der Erbschaft ist anfechtbar (§ 1954 BGB). **Anfech-** 218 **tungsgründe** können sich aus §§ 119, 123 BGB (beachtlicher Inhaltsirrtum,[62] Täuschung, Drohung) ergeben. Der Anfechtungsgrund muss bei Betreuung in der Person des Betreuers vorliegen (§ 166 I BGB),[63] jedenfalls dann, wenn der Betreute geschäftsunfähig ist. Vgl. Rn. 15.

Beispiel: 219

Der Betreuer des Erben nahm an, im Nachlass gäbe es noch bestimmte Schulden (z. B. bei der X-Bank), er schlug deshalb aus; später stellte sich heraus, dass diese Schulden längst getilgt waren.[64]

---

62 OLG Düsseldorf ZErb 2021, 236 = FamRZ 2021, 901.
63 Vgl. MünchKomm/*Leipold* § 1954 Rn. 20.
64 Vgl. KG ErbR 2018, 711.

220   Fehlerhafte Vorstellungen über den Wert des Nachlasses oder einzelner Nachlassgegenstände genügen nicht.[65] Wenn der Erblasser meint, nach Ausschlagung falle der Nachlass bestimmten Personen an, während in Wahrheit andere Personen Nächstberufen sind, wird das grundsätzlich als unbeachtlicher Motivirrtum angesehen, der nicht zur Anfechtung berechtigt.[66] Irrtümer darüber, ob der Nachlass überschuldet ist, sollen dann nicht zur Anfechtung berechtigten, wenn es sich um Bewertungsirrtümer handelt.[67]

221   **Form:** Die Anfechtung[68] muss zu Protokoll des Nachlassgerichts oder durch ein dort einzureichendes Schriftstück, bei dem die Unterschrift des Erben (bzw. des Betreuers als des gesetzlichen Vertreters) notariell beglaubigt ist, erfolgen (§§ 1955 S. 2, 1945 BGB).[69] Die **Anfechtungsfrist** beträgt in der Regel sechs Wochen (§ 1954 I BGB), sechs Monate in den Auslandsfällen (§ 1954 III BGB). **Anfechtungsgegner:** die Erklärung ist gegenüber dem Nachlassgericht abzugeben (§ 1955 S. 1 BGB). **Wirkung:** Die Anfechtung der Ausschlagung gilt als Annahme der Erbschaft (§ 1957 I BGB). **Genehmigung:** Da die Anfechtung der Ausschlagung als Annahme gilt und die Annahme nicht genehmigungsbedürftig ist bedarf auch die Anfechtung der Ausschlagung keiner Genehmigung des Betreuungsgerichts.

222   Bei einem geschäftsunfähigen Erben, der **keinen Betreuer hat**, bestimmt § 1944 II 3 BGB, dass auf den Lauf der Frist die §§ 206, 210 BGB entsprechend anwendbar sind. § 210 BGB besagt, dass die Ausschlagungsfrist nicht vor dem Ablauf von sechs Wochen nach dem Zeitpunkt abgelaufen ist, ab dem „der Mangel der Vertretung behoben" ist, d. h. ab dem die Bestellung eines Betreuers mit einem ausreichenden Aufgabenkreis wirksam geworden ist. Wegen § 210 S. 2 BGB gilt nicht die Sechsmonatsfrist,[70] weil die reguläre Ausschlagungsfrist nur 6 Wochen beträgt (§ 1944 I BGB).

10. Ausschlagung durch Vorsorgebevollmächtigte

223   Ein Bevollmächtigter kann eine Ausschlagung erklären, falls die Vollmacht dies umfasst. Eine Genehmigung des Betreuungsgerichts ist weder möglich noch erforderlich. Vgl. Rn. 196.

---

65 BayObLG FamRZ 1999, 117 = FGPrax 1998, 146; OLG Düsseldorf FamRZ 2009, 153 = ZEV 2009, 137; OLG Stuttgart FamRZ 2009, 1182.

66 OLG Düsseldorf FamRZ 1997, 905; MünchKomm/*Leipold* § 1954 Rn. 7.

67 MünchKomm/*Leipold* § 1954 Rn. 13.

68 Kostenpflichtig, Nr. 21201 Nr. 7 KV GNotKG.

69 Anwaltsschriftsätze genügen nicht, LG München I FamRZ 2000, 1328. Zur Form vgl. OLG Bamberg NJW-RR 2022, 727 = FamRZ 2022, 1062.

70 MünchKomm/*Leipold* § 1944 Rn. 24.

G. Aufgebot, Antrag auf Nachlassinsolvenz, Dürftigkeitseinrede

1. Übersicht

Wenn der Betreuer die **Ausschlagungsfrist schuldhaft versäumt** hat   224
und dadurch dem Betreuten ein Schaden entsteht, **haftet** er dem Betreuten (§ 1826 BGB). Wenn der Betreuer nicht ausgeschlagen hat und sich
um nichts kümmert kann das Betreuungsgericht den Betreuer **entlassen**
(§ 1868 I BGB) und insoweit einen neuen Betreuer bestellen. Dieser kann
versuchen, die Versäumung der Ausschlagungsfrist anzufechten (§ 1956
BGB), was als Ausschlagung gilt (§ 1957 BGB).

Wenn der Betreuer die Ausschlagungsfrist versäumt hat und dies auch   225
nicht mehr mit Anfechtung retten kann, haftet der Betreute nicht zwingend mit seinem Eigenvermögen für die Schulden des Erblassers. Wenn
im Nachlass ein paar tausend Euro sind, kann er einen Antrag auf Nachlassverwaltung bzw. Nachlassinsolvenz stellen (§ 1975 BGB) und so das
Eigenvermögen retten. Ist nicht einmal dieser Betrag im Nachlass, kann er
sich auf dessen Dürftigkeit berufen (§ 1990 BGB) und haftet dann ebenfalls nicht.

2. Aufgebot der Nachlassgläubiger

Dem Erben bzw. dem Betreuer des Erben ist oft der Schuldenstand des   226
Nachlasses nicht bekannt; hier kann ein Aufgebotsverfahren helfen. Es
soll die Entscheidung ermöglichen, ob die Erbenhaftung durch Antrag auf
Nachlassverwaltung oder Antrag auf Insolvenzeröffnung auf den Nachlass
beschränkt werden soll oder die Dürftigkeitseinrede (§ 1990 BGB) erhoben
wird. Es besteht u. U. mittelbar eine Obliegenheit, beim Amtsgericht das
Aufgebot zu beantragen (§ 1980 II BGB; § 454 FamFG), weil es als Fahrlässigkeit gilt, wenn der Erbe das **Aufgebot** der Nachlassgläubiger nicht
beantragt, obwohl er Grund hat, das Vorhandensein unbekannter Nachlassverbindlichkeiten anzunehmen (Rn. 232); das Aufgebot ist nicht erforderlich, wenn die Kosten des Verfahrens dem Bestand des Nachlasses
gegenüber unverhältnismäßig groß sind.[1]

---

1 Vgl. dazu OLG Hamm ZEV 2020, 445 = FamRZ 2020, 1596.

227   Beispiel eines Aufgebotsantrags:

An das Amtsgericht ...

Antrag auf Aufgebot der Nachlassgläubiger zwecks Ausschließung (§ 1970 BGB)

Ich bin vom AG Betreuungsgericht (Datum, Aktenzeichen) zum Betreuer für E ... bestellt worden; zu meinem Aufgabenkreis gehört die Vermögenssorge.

Als Vertreter des Erben E beantrage ich

– das Aufgebot der Nachlassgläubiger

– anschließend den Erlass des Ausschließungsbeschlusses.

E ist Alleinerbe des am ... in ... verstorbenen X (Aktenzeichen des Nachlassgerichts ...). Ich beantrage den Erlass des Aufgebots nach § 1970 BGB. Der Erbe haftet noch nicht unbeschränkt für die Nachlassverbindlichkeiten (§ 455 I FamFG). Ein Verzeichnis der mir bekannten Nachlassgläubiger mit Angabe der jeweiligen genauen Anschrift }ist beigefügt (§ 456 FamFG). Der Nachlass ist unübersichtlich, mit weiteren Schulden ist zu rechnen, weil ... Ein Nachlassinsolvenzverfahren ist nicht beantragt (§ 457 I FamFG). Der Wert des Aktivnachlasses beträgt ... Euro.

gez. ...

Anlage ...

---

228   Gerichtskosten des Aufgebots: Gebühr nach Nr. 15212 KV GNotKG (0,5 nach Tabelle A; der Verfahrenswert beträgt ca. 10 % bis 30 % des Aktivvermögens;[2] § 103 GNotKG). Dazu kommen die Kosten der Veröffentlichung im Internet (Nr. 31004 KV GNotKG, Höhe nachzulesen im Gebührenverzeichnis des Verlages Bundesanzeiger, im Internet unter eBundesanzeiger).

229   Die Veröffentlichung erfolgt im Internet (elektronischer Bundesanzeiger). Melden sich ein Gläubiger, dann wird der Erbe informiert. Meist meldet sich niemand. In beiden Fällen wird auf Antrag des Erben später ein Beschluss erlassen, dass die Gläubiger, die sich nicht gemeldet haben, ausgeschlossen werden (§§ 434, 441 FamFG). Nun kann der Erbe die ihm bekannten Gläubiger und die Pflichtteilsrechte, Vermächtnisse und Auflagen befriedigen, ohne dass ihn insoweit noch eine Haftung trifft, wenn später weitere Gläubiger auftauchen; allerdings **erlöschen Forderungen nicht** dadurch, dass sich ein Gläubiger im Aufgebot nicht meldet (das Wort „Ausschließung" ist also missverständlich).

---

2 Nach OLG Hamm ZEV 2013, 263 dagegen: 5 % der bekannt gewordenen Nachlassverbindlichkeiten.

3. Pflicht zum Insolvenzantrag bei Überschuldung und kostendeckender Masse

a) Kenntnis des Betreuers des Erben von der Überschuldung

Es kommt vor, dass der Betreuer des Erben erst *nach* Erbschaftsannahme **230** feststellt, dass der Nachlass überschuldet oder zahlungsunfähig ist (§ 320 InsO). Nach Erlangung dieser Kenntnis hat der Betreuer in seiner Eigenschaft als gesetzlicher Vertreter des Erben unverzüglich (d. h. ohne schuldhaftes Zögern) beim Amtsgericht, Abt. Insolvenzgericht, die Eröffnung des **Nachlassinsolvenzverfahrens** zu beantragen (§ 1980 I BGB), falls eine kostendeckende Masse vorhanden ist, § 26 InsO (das sind in der Regel mindestens 2.000 bis 4.000 Euro; GKG KV 2310 ff., Wert § 58 GKG). Örtlich zuständig ist das Insolvenzgericht, in dessen Bezirk der Erblasser zur Zeit seines Todes seinen Wohnsitz hatte (§ 315 InsO). Eine Frist besteht nicht (anders beim Antrag eines Nachlassgläubigers, § 319 InsO). Steht nur ein Miterbe unter Betreuung ist der Betreuer dieses Miterben ebenfalls antragsberechtigt (§ 317 I InsO); allerdings muss der Betreuer dann den Insolvenzgrund glaubhaft machen (§ 317 II InsO), d. h. Unterlagen für die Überschuldung vorlegen. Eine Genehmigung des Betreuungsgerichts braucht der Betreuer nicht, doch sollte er den Insolvenzantrag dem Betreuungsgericht im Rahmen eines Berichts mitteilen.

Hinsichtlich der vorgenannten **Kenntnis** kommt es nicht auf den be- **231** treuten Erben an, sondern auf den Betreuer (§ 166 I BGB). Der Kenntnis der Zahlungsunfähigkeit oder der Überschuldung steht die auf Fahrlässigkeit beruhende Unkenntnis gleich (§ 1980 II BGB). Wenn also der Betreuer aufgrund der beim Erblasser aufgefundenen Unterlagen (Rechnungen, Vollstreckungsbescheide, Mahnschreiben usw.) einen **Verdacht auf Überschuldung** schöpfen musste, dann muss er weiterermitteln, sonst handelt er fahrlässig. Dem Betreuer sind Zahlungen an Nachlassgläubiger aus dem Nachlass nur dann gestattet, wenn er „den Umständen nach annehmen" darf, dass der Nachlass zur Berichtigung *aller* Nachlassverbindlichkeiten ausreicht. Ihn trifft daher die Pflicht, vor einer Zahlung an Nachlassgläubiger sorgfältig zu prüfen, einerseits welche Nachlassverbindlichkeiten vorhanden sind und in Zukunft noch entstehen können, sowie andererseits, welche Nachlassaktiva zum Nachlass gehören und welchen Erlös er aus der Verwertung der Aktiva erlangen wird. Hierzu wird es in aller Regel einer möglichst vollständigen Sichtung des Nachlasses, eingehender Durcharbeitung der Unterlagen des Erblassers, Rückfragen z. B. bei Angehörigen und möglichen Vertragspartnern und auch sonstiger Ermittlungen bedürfen.[3]

---

3 So wörtlich BGH NJW 1985, 140 = FamRZ 1984, 1004.

232   Als zur Haftung führende Fahrlässigkeit gilt es insbesondere, wenn der Erbe das **Aufgebot** der Nachlassgläubiger nicht beantragt, *obwohl* er Grund hat, das Vorhandensein unbekannter Nachlassverbindlichkeiten anzunehmen; das Aufgebot ist nicht erforderlich, wenn die Kosten des Aufgebotsverfahrens (Rn. 228) dem Bestand des Nachlasses gegenüber unverhältnismäßig groß sind (§ 1980 II BGB).

233   Neben dem Betreuer ist der Betreute, falls verfahrensfähig (d. h. geschäftsfähig) zum Stellen des Insolvenzantrags berechtigt bzw. verpflichtet.

234   **Muster:**

An das Amtsgericht X, Insolvenzgericht

Insolvenzantrag

Das Amtsgericht A hat mich mit Beschluss vom … zum Betreuer für Y … bestellt; zum Aufgabenkreis gehört die Vermögenssorge (der Beschluss liegt in Kopie bei).

Y ist Alleinerbe des am … in … verstorbenen Z (der Erbschein liegt in Kopie bei).

Der Nachlass ist überschuldet, jedoch ist eine kostendeckende Masse vorhanden.

Aktivnachlass: laut beiliegendem Verzeichnis … 8.200 Euro.

Passiva: laut beiliegender Gläubigerliste ca. 40.000 Euro.

Namens des Erben beantrage ich daher, das Insolvenzverfahren zu eröffnen.

(Unterschrift)

---

b) Folgen der Unterlassung des Insolvenzantrags

235   Verletzt der Betreuer die Pflicht, einen Insolvenzantrag zu stellen (d. h. er stellt keinen Antrag oder stellt den Antrag erst verspätet), ist der Erbe aus seinem Eigenvermögen den Gläubigern für den daraus entstehenden Schaden verantwortlich (§ 1980 I 2 BGB). Der Schaden besteht in der Differenz zwischen demjenigen Betrag, den der Gläubiger tatsächlich erhalten hat, und dem, was er erhalten hätte, wenn der Antrag rechtzeitig gestellt worden wäre.[4]

236   **Beispiel:**

Der Betreuer B zahlt an die Nachlassgläubiger G 1 bis G 3 aus, obwohl er vermuten musste, dass es weitere Gläubiger gibt. Schließlich stellt B die Zah-

---

4 BGH NJW 1985, 140.

lungen ein, ein Gläubiger G 4 (Forderung: 10.000 Euro) stellt Insolvenzantrag. Wenn B nichts bezahlt hätte, sondern sofort den Insolvenzantrag gestellt hätte, hätte G 4 eine Quote von 5 % erhalten (= 500 Euro), jetzt bekommt er nichts mehr. Schaden: 500 Euro.

Im Nachlassinsolvenzverfahren gehört der Schadensersatzanspruch **237** zur Insolvenzmasse und wird vom Nachlassinsolvenzverwalter gegen den Erben, vertreten durch den Betreuer, geltend gemacht. Der Erbe wiederum hat einen Anspruch auf Ersatz dieses Schadens durch den nachlässigen Betreuer (§ 1826 BGB); insofern wird der Erbe durch einen Ergänzungsbetreuer oder nach Entlassung des bisherigen Betreuers durch einen neuen Betreuer vertreten.

c) Folgen der Insolvenzeröffnung für die Betreuung

Durch Eröffnung des Insolvenzverfahrens geht die Befugnis, das Vermögen **238** des Schuldners (d. h. des betreuten Erben) zu verwalten und darüber zu verfügen, auf den Insolvenzverwalter über (§ 80 InsO); dem Betreuer steht dieses Recht also nicht mehr zu. **Unberührt** von der Insolvenzeröffnung bleiben die **sonstigen Aufgabenkreise des Betreuers**, z. B. die Gesundheitssorge. Eine Änderung des Beschlusses des Betreuungsgerichts über den Aufgabenkreis ist aber nicht nötig und auch unzweckmäßig, weil beim Betreuer als früherem Vermögensverwalter noch Pflichten im Insolvenzverfahren bleiben. Der Betreuer ist in der Regel hinzuziehen, wenn der Insolvenzverwalter das Verzeichnis der Massegegenstände aufstellt (§ 151 I 2 InsO), ebenso bei der Erstellung des Gläubigerverzeichnisses (§ 152 InsO). Nach Aufstellung der Vermögensübersicht durch den Insolvenzverwalter kann das Insolvenzgericht dem Betreuer als gesetzlichem Vertreter des Schuldners aufgeben, die Vollständigkeit der Vermögensübersicht eidesstattlich zu versichern (§ 153 II InsO). Als Vertreter des Schuldners kann der Betreuer im Berichtstermin Stellung nehmen (§ 156 II InsO).

Vergütung des Betreuers. Die für die Betreuertätigkeit abrechenbare **239** Stundenzahl sinkt nicht, weil pauschal abgerechnet wird (§§ 8-10 VBVG). Allerdings wird nun **Zahlung aus der Staatskasse** verlangt, weil der Betreuer keinen Zugriff mehr auf das noch vorhandene Aktivvermögen hat, so dass der Betreute als mittellos gilt. Eine Anmeldung der rückständigen Betreuervergütung zur Insolvenztabelle entfällt daher; die Betreuervergütung ist auch keine Masseverbindlichkeit im Sinne von § 324 InsO.

d) Kein Insolvenzantrag, weil eine kostendeckende Masse fehlt

240   Deckt der vorhandene Nachlass nicht die Kosten einer Nachlassverwaltung oder eines Nachlassinsolvenzverfahrens, verlangt das BGB vom Erben nicht, dass er aus seinem Privatvermögen das Insolvenzverfahren finanziert, um die Beschränkung der Haftung auf den Nachlass zu erreichen. „Ist die Anordnung der Nachlassverwaltung oder die Eröffnung des Nachlassinsolvenzverfahrens wegen Mangels einer den Kosten entsprechenden Masse nicht tunlich oder wird aus diesem Grunde die Nachlassverwaltung aufgehoben oder das Insolvenzverfahren eingestellt, so kann der Erbe die Befriedigung eines Nachlassgläubigers insoweit verweigern, als der Nachlass nicht ausreicht" (§ 1990 I 2 BGB). Dogmatisch wird unterschieden: Der Nachlass ist **dürftig,** wenn er die Verfahrenskosten nicht deckt; **unzulänglich,** wenn er nicht ausreicht, alle Nachlassgläubiger zu befriedigen; **erschöpft,** wenn keinerlei Nachlassgegenstände mehr vorhanden sind; **überbeschwert,** wenn die Überschuldung allein auf Vermächtnissen und Auflagen beruht (§ 1992 BGB).

241   Stellt der Erbe (d. h. sein Betreuer) einen Insolvenzantrag, der mangels Masse abgewiesen wird (§ 26 InsO), dann fallen zwar Gerichtskosten an (GKG KV 2310 ff.), doch ist der Beschluss ein unwiderlegbarer Beweis der Dürftigkeit.

242   Klagt der Nachlassgläubiger und wendet der **im Prozess** durch seinen Betreuer vertretende Erbe die Dürftigkeit des Nachlasses ein, dann muss er den Antrag stellen, dass ihm die Beschränkung der Haftung auf den Nachlass vorbehalten bleibt (§ 780 ZPO). Wird das vergessen, kann der Beklagte Berufung einlegen und den **Vorbehalt der beschränkten Erbenhaftung** in der Berufungsinstanz noch erheben.[5] Voraussetzung der Einrede ist nur, dass der Erbe als solcher in Anspruch genommen wird und sich auf sie beruft. Nur wenn der Vorbehalt im Urteil enthalten ist, kann der Erbe gemäß §§ 781, 785, 767 ZPO Vollstreckungsgegenklage erheben, wenn der Gläubiger später in das Eigenvermögen des Erben vollstreckt.

---

5 BGH FamRZ 2010, 636 = NJW-RR 2010, 664; OLG Celle FamRZ 2010, 1273 = ZEV 2010, 409.

H. Der Betreute als Alleinerbe

1. Erbschein, Grundbuch, Umschreibungen, Erbschaftsteuer

Ein **Erbschein** (Kosten: 2,0 nach Tabelle B[1] gemäß Nr. 12210, 23300 KV **243**
GNotKG; Wert: § 40 GNotKG; vgl. Rn. 650) ist in der Regel erforderlich.
Der Erbschein ist u. a. entbehrlich, wenn der Betreuer aufgrund einer wirksamen **Vollmacht**, die nach ihrem Wortlaut über den Tod hinaus gilt, über
den Nachlass verfügen kann. Zur Umschreibung im **Grundbuch** ist praktisch immer ein Erbschein erforderlich (§ 35 I GBO), es sei denn, es liegt
ein notarielles Testament über die Erbeinsetzung vor; der Grundbuchbe-
richtigungsantrag kann beim Nachlassgericht in der Nachlassverhandlung
oder beim Grundbuchamt gestellt werden.

Ist der Betreute Alleinerbe verschmelzen Eigenvermögen und geerbtes **244**
Vermögen zu einer Einheit. Einige **Bankkonten** sind dann überflüssig; zur
Löschung braucht der Betreuer die Genehmigung des Betreuungsgerichts
(„Verfügung" nach § 1849 I Nr. 1 BGB). Keine Genehmigung braucht der
Betreuer, wenn ein Girokonto gekündigt werden soll oder auf dem zu kün-
digenden Sparkonto weniger als 3.000 Euro sind (§ 1849 II Nr. 1a, b BGB).

Der Betreuer hat die **Erbschaftsteuererklärung** für den erbenden Be- **245**
treuten abzugeben (Rn. 760 ff.), falls eine solche Steuerpflicht besteht; da er
hierfür nicht zusätzlich bezahlt wird (außer im Falle des § 1877 III BGB,
wenn er z. B. selbst Steuerberater oder Rechtsanwalt ist) und bei Fehlern
Haftungsgefahr besteht (vgl. Rn. 556 ff.) sollte er den Auftrag als Vertreter
des Betreuten an einen Steuerberater geben; die Gebühren des Steuerberaters können dem Nachlasskonto entnommen werden.

2. Feststellung des Nachlassbestandes

Steht die Alleinerbschaft des Betreuten fest muss der Betreuer den Umfang **246**
des Nachlasses klären, indem er unter Vorlage des Erbscheins und der Betreuerbestellung z. B. die örtlichen **Banken** anschreibt. Ist möglich, dass
der Erblasser auch bei anderen Banken Konten und Depots unterhalten hat
und ergeben sich aus den Unterlagen keine Einzelheiten, kann der Betreuer

---

1 Das sind bei 20.000 Euro Nachlass mindestens 214 Euro, bei 100.000 Euro Nachlass
mindestens 546 Euro.

die Bankenverbände[2] anschreiben. Ist der Erblasser Inhaber eines **Schließ-fachs** bei der Bank gewesen, bedarf der Zutritt zum Fach (oder die gewaltsame Öffnung, wenn der Schlüssel fehlt) keiner Genehmigung des Betreuungsgerichts, weil keine „Verfügung" im Sinne von § 1849 BGB vorliegt. Die Zuziehung von Zeugen ist aber zweckmäßig, vgl. auch § 1835 IV BGB. Dasselbe gilt, wenn der Betreuer den Inhalt des Schließfachs entnimmt.

246a   **Sozialleistungsansprüche.**[3] Hatte der Erblasser Sozialleistungen beantragt, aber nicht mehr ausbezahlt erhalten, ist denkbar, dass der Erbe solche Ansprüche erbt, wenn die Ansprüche zum Todeszeitpunkt bereits festgestellt waren oder ein Verwaltungsverfahren über sie anhängig gewesen ist. Für Ansprüche auf (einmalige) Geldleistungen gilt § 58 I SGB I: „Soweit fällige Ansprüche auf Geldleistungen nicht nach den §§ 56 SGB I und 57 SGB I einem Sonderrechtsnachfolger zustehen, werden sie nach den Vorschriften des Bürgerlichen Gesetzbuchs vererbt." Vgl. ferner § 59 I SGB I. Sonderrechtsnachfolger sind z. B. Ehegatten bzw. Lebenspartner, Kinder, Eltern, Haushaltsführer. Bei Ansprüchen aus dem SGB II oder SGB XII ist eine Vererbung nicht möglich. Nicht vererbt werden ferner Ansprüche auf Sach- oder Dienstleistungen. Beamte haben einen **Beihilfeanspruch** gegen ihren Dienstherrn; er wird vererbt.[4]

247   Die **Grundbuchämter** führen Namensverzeichnisse, so dass geklärt werden kann, welcher Grundstücksbesitz im Bezirk des Grundbuchamts vorhanden ist; allerdings sind in Deutschland die Grundbuchämter dezentral, so dass sich Grundbesitz in anderen Grundbuchbezirken u. U. nur daraus ergibt, dass irgendwann Grundsteuer vom Konto abgebucht wurde oder wird. Der Betreuer sollte beim Grundbuchamt eine *unbeglaubigte* Abschrift des Grundbuchblatts (Gebühr: 10 Euro, Nr. 17000 KV GNotKG) beantragen, damit er Einblick in die genauen Grundstücksverhältnisse und die eingetragenen Belastungen erhält.

Fragt man beim Nachlassgericht oder Grundbuchamt an, ob es dort eine Akte über einen bestimmten Vorgang gibt, ist die Negativauskunft („es ist nichts da") gebührenfrei.[5]

247a   **Barauszahlungen an den geschäftsunfähigen Erblasser.** Hat die Bank zu Lebzeiten des Erblassers das Guthaben an den *geschäftsunfähigen* Erblasser (Beweisproblem!) ausbezahlt, dann ist die Bank nicht geschützt; eine Erfüllungswirkung tritt nicht ein (vgl. § 104 BGB), der Erbe kann die

---

2 Die Adressen findet man über Suchmaschinen unter „Bankenverband" im Internet. Zur Aufdeckung von Konten in der Schweiz vgl. *Zimmermann* ErbR 2021, 828.
3 *Horstmann* ZEV 2013, 598.
4 VG Saarlouis ZEV 2016, 603 (LS) = BeckRS 2016, 51495.
5 OLG Koblenz FamRZ 2017, 470 = NJW-RR 2016, 1277; die a. A. verlangt wegen Nr. 1401 JVKostG 15 Euro; vgl. *N. Schneider* ErbR 2017, 24.

Wiedergutschrift verlangen. Allerdings ist der Erbe um den abgehobenen Betrag u. U. ungerechtfertigt bereichert, so dass die Bank den Betrag nur wieder gutschreiben muss, wenn die Bereicherung beim Erblasser weggefallen ist (§ 818 BGB), was eine Beweisfrage ist.[6]

3. Verwaltung, Umschichtung des Nachlasses

Eine Privatperson kann ihr Vermögen im Rahmen der Gesetze nach Belieben anlegen; für den Betreuer gelten Einschränkungen in §§ 1838 ff. BGB. Da auch Geld, das der Betreute später, z. B. durch Erbschaft, erwirbt, diesen Vorschriften unterliegt,[7] bedeutet das, dass die Anlegungsbeschränkungen in § 1841 II BGB gelten (der Begriff „mündelsichere Geldanlage" ist gestrichen worden) und Genehmigungen des Betreuungsgerichts erforderlich sind, wenn z. B. vorhandene Guthaben in Aktien oder Investmentanteile investiert werden sollen (§ 1848 BGB). Aus §§ 1841 II, 1842 BGB folgt, dass das „Anlagegeld" auf einem zur Verzinsung geeigneten Konto des Betreuten, das also auch auf den Namen des Betreuten lautet, bei einem (deutschen) Kreditinstitut (Bank, Sparkasse), das der Sicherungseinrichtung angehört, anzulegen ist (Sparkonto, Festgeldkonto). Gesichert sind nur Einlagen bis 100.000 Euro, so dass größere Beträge auf verschiedene Banken/Sparkassen zu verteilen sind. Mit der Bank/Sparkasse hat der Betreuer eine **Sperrvereinbarung** zu treffen, dass er über die Anlage nur mit Genehmigung des Betreuungsgerichts verfügen kann (§ 1845 BGB); das ist dem Gericht nachzuweisen (vgl. § 1846 II Nr. 5 BGB). Auch die Kontoeröffnung ist dem Gericht anzuzeigen, mit Kontostand und Verzinsung (§ 1846 I Nr. 2, II Nr. 2 BGB). **248**

Befreite Betreuer müssen keine Sperrvereinbarung abschliessen, § 1859 I Nr. 1 BGB (Rn. 11a, 503).

Aus §§ 1838 ff. BGB ergibt keine Pflicht des Betreuers, im Nachlass vorgefundene Anlagen in Aktien, Investmentanteilen, Goldmünzen etc. in verzinsliche Anlagen im Sinne von § 1841 II BGB umzuschichten;[8] das kann sich nur aus allgemeinen Grundsätzen der Vermögensanlage ergeben. Es gibt auch keine Pflicht, solche schon vorhandenen Anlagen vom Betreuungsgericht genehmigen zu lassen. **249**

Wenn der Betreuer im Nachlass befindliche Aktien, Investmentanteile, Anleihen und andere **Wertpapiere** veräußern will, bedarf das nach § 1849 **250**

---

6 KG FamRZ 2020, 285 = BeckRS 2019, 3338 (wegen Treu und Glauben Klage abgewiesen).
7 Grüneberg/*Götz* § 1806 Rn. 3; *Gleißner* Rpfleger 1985, 482.
8 OLG Schleswig Rpfleger 2021, 29.

I Nr. 2 BGB grds. der Genehmigung des Betreuungsgerichts. Eine Bank (Sparkasse)[9] muss nicht zum Schutz des Betreuten die Einhaltung betreuungsrechtlicher Vorschriften überprüfen. Die Pflichten aus §§ 1838 ff. BGB betreffen grundsätzlich nicht die beteiligten Kreditinstitute, sondern allein die Betreuer und das Betreuungsgericht.[10]

250a   **Wohnung, Haus.** War der Erblasser Eigentümer eines Hauses, dann braucht der Betreuer des Erben zur Veräußerung des Hauses die Genehmigung des Betreuungsgerichts (§ 1850 Nr. 1 BGB). Wenn der betreute Alleinerbe das Haus bewohnte (und jetzt in ein Pflegeheim umziehen soll), verliert er dadurch seine selbstgenutzte Wohnung, so dass eine Genehmigung nach § 1833 III Nr. 4 BGB erforderlich ist. Wenn eine Wohnung im Haus, das der Betreute geerbt hat, anderweit zwecks Erzielung von Mieteinnahmen vermieten will, etwa weil der bisherige Mieter ausgezogen ist, dann braucht der Betreuer für die Neuvermietung die Genehmigung des Betreuungsgerichts, wenn das Vertragsverhältnis länger als vier Jahre dauern soll (§ 1853 S. 1 Nr. 1 BGB); das entfällt, wenn im Mietvertrag eine Mietdauer von längstens vier Jahren vereinbart ist.

250b   **Abrechnung mit einem Bevollmächtigten des Erblassers.** Zur Vermögensverwaltung gehört auch, Ansprüche des Erben geltend zu machen; die aus einem Auftragsverhältnis folgende Rechnungslegungspflicht des Bevollmächtigten gegenüber dem **Vollmachtgeber** wird vererbt.[11] Der Bevollmächtigte muss dann gegenüber dem Erben des Vollmachtgebers abrechnen, oft über viele Jahre, wenn er solange aufgrund der Vollmacht tätig war. Wenn z. B. der Erblasser eine **Vorsorgevollmacht** ausstellte und sich der Bevollmächtigte *nach* dem Tod die Bankguthaben des Erblassers unberechtigt auszahlen lassen hat, dann *kann* eine Klage gegen den Bevollmächtigten auf Rückzahlung aus Bereicherung in Frage kommen.[12] Die Abrechnungspflicht kann bei einem engen Verwandtschaftsverhältnis zwischen Vollmachtgeber und Bevollmächtigtem, z. B. zwischen Ehegatten, stillschweigend erlassen worden sein etwa wenn zu Lebzeiten auch nicht abgerechnet wurde. Eventuell liegt ohnehin nur ein Gefälligkeitsverhältnis vor.[13]

---

9 Vgl. *Platz*, Bankgeschäfte mit Betreuten, 2005.
10 BGH NJW 2006, 430.
11 OLG Brandenburg FamRZ 2021, 1582 = ZEV 2021, 474 = NJW-Spezial 2021, 327; OLG Braunschweig FamRZ 2011, 1562 = ZErb 2021, 316.
12 OLG Brandenburg ErbR 2019, 774.
13 OLG Schleswig FamRZ 2014, 1397 = ErbR 2014, 347.

4. Vermögensverzeichnis, Rechnungslegung

Aus § 1835 BGB ergibt sich: **251**

(1) Der Betreuer hat auch **das Vermögen**, das später dem Betreuten z. B. infolge Erbschaft zufällt, **zu verzeichnen** und das **mit Belegen** (z. B. Depotauszug, Grundbuchblattkopie) versehene Verzeichnis, nachdem er es mit der Versicherung der Richtigkeit und Vollständigkeit versehen hat, dem Betreuungsgericht einzureichen (§ 1835 I 3 BGB).

(2) Der Betreuer kann sich, falls erforderlich und angemessen, bei der Aufnahme des Verzeichnisses der Hilfe der Betreuungsbehörde, eines zuständigen Beamten, eines **Notars oder eines Sachverständigen** bedienen (§ 1835 III BGB). Dadurch entstehen natürlich Kosten.

(3) Wenn Anhaltspunkte für die Notwendigkeit bestehen (z. B. Inhalt des Tresors) kann *das Betreuungsgericht* eine „**dritte Person**" als Zeugen bei der Erstellung des Verzeichnisses hinzuziehen (§ 1835 IV BGB); dieser Zeuge wird nach dem JVEG bezahlt. Aber auch ohne gerichtliche Anordnung kann sich der Betreuer von einem Mitarbeiter begleiten lassen, der dann bei Streit als Zeuge zur Verfügung steht.

(4) Ist das eingereichte Verzeichnis ungenügend, so kann das Betreuungsgericht anordnen, dass das Verzeichnis durch die zuständige Betreuungsbehörde oder durch einen **Notar** aufgenommen wird (§ 1835 V BGB).

(5) Dieses vom Betreuer eingereichte Vermögensverzeichnis sendet das Betreuungsgericht i. d. R. an den Betreuten zur Information (§ 1835 VI BGB); das erübrigt sich z. B., wenn er dement ist.

Der Betreuer hat somit beim Betreuungsgericht ein **Nachtragsver-**   **252**
zeichnis einzureichen, das denselben Regeln folgt, wie das bei Anordnung der Betreuung ursprünglich errichtete Vermögensverzeichnis. *Wann* das zu geschehen ist, ist gesetzlich nicht bestimmt; es hängt vom Umfang und der Struktur des Nachlasses ab. Durch Zwangsgeld kann letztlich die Einreichung des Verzeichnisses erzwungen werden (§ 35 FamFG).

Das Verzeichnis bezweckt den **Schutz des Vermögens** des Betreuten, dient u. a. ferner zur Klärung, ob der Betreute (noch) **mittellos** ist, so dass weiterhin die Staatskasse die Betreuervergütung zu zahlen hat oder der Betreute selbst (§ 1875 BGB; §§ 7 ff. VBVG). Die **Vergütung des Berufsbetreuers steigt** um 30 Euro monatlich, wenn der Betreute nun ein Geldvermögen von mindestens 150.000 Euro hat, oder eine nicht selbst genutzte Wohnimmobilie oder ein Erwerbsgeschäft (§ 10 I VBVG) besitzt. Auch kann dadurch der Betreute in die Gruppe derjenigen Betreuten aufrücken, bei denen **jährliche Gerichtsgebühren aus dem Vermögen** erhoben werden (Nr. 11101 KV GNotKG: bei einem Vermögen von mehr als 25.000 Euro beträgt die jährliche Gebühr je 5.000 Euro Vermögen 10 Euro, bei 100.000 Euro Vermögen also 200 Euro). Berechnungsmodell:

253   **Beispiel:**

Erbt der Betreute im Juli 2022, fällt die erhöhte Gebühr erst ab 1.1.2023 an. Stirbt der Betreute im Februar 2023 ist trotzdem für 2023 die volle Gebühr (von den Erben) zu zahlen und nicht nur 2/12.

253a   Wenn der Betreute nur **Vorerbe ist und unter Dauertestamentsvoll-streckung** steht, dann hat er keinen Zugriff auf das geerbte Vermögen (§§ 2205, 2211 BGB), nominell ist er aber Eigentümer. Deshalb ist streitig, ob ein solches Vermögen bei der Berechnung der Jahresgebühr berücksichtigt werden darf. Das wird teils bejaht,[14] teils verneint.[15]

254   Grundbuchmäßige Bezeichnungen für **geerbte Grundstücke** sind im Verzeichnis jedenfalls dann notwendig, wenn die nur straßenmäßige Bezeichnung zu Unklarheiten über Lage und Größe des Grundstücks führen würde. Die Grundstücke und sonstigen Nachlassgegenstände sind vom Betreuer grundsätzlich zu bewerten, notfalls durch Schätzung.[16] Hausrat, Wäsche, Kleidung und Bücher können zusammenfassend angegeben werden, wenn der Wert verhältnismäßig gering ist.[17]

255   In das Nachtragsverzeichnis ist die Erbschaft auch dann aufzunehmen, wenn sie der Verwaltung eines **Testamentsvollstreckers** unterliegt (mit entspr. Hinweis); zu diesem Zweck kann der Betreuer des Erben vom Testamentsvollstrecker des Betreuten ein Nachlassverzeichnis verlangen (§ 2215 BGB).

256   Ist der Betreute nur **Nacherbe**, hat er zunächst nur eine Chance geerbt, die aber nicht wertlos ist (vgl. Rn. 398 ff.). Deshalb hat der Betreuer eines Nacherben ebenfalls dem Betreuungsgericht ein Nachlassverzeichnis einzureichen;[18] zu diesem Zweck hat der Betreuer vom Vorerben ein Nachlassverzeichnis zu verlangen (§ 2121 BGB). Die Bewertung der Chance (z. B. wegen der Jahresgebühren für die Betreuung) ist allerdings höchst schwierig, weil sie davon abhängt, wie wahrscheinlich es ist, dass der Betreute vom Nacherben zum Vollerben aufrückt; im Zweifel ist eine Bewertung mit Null angebracht.

257   Zur Bewertung des Anteils an einer **Erbengemeinschaft** vgl. Rn. 301.

---

14   OLG Celle FamRZ 2020, 949; OLG Hamm ErbR 2021, 68.
15   OLG München MDR 2019, 353; OLG Köln FGPrax 2019, 235; OLG Bamberg FamRZ 2020, 947.
16   Zur Schätzung von Grundstücken vgl. Damrau/*Zimmermann* § 1802 Rn. 10.
17   OLG Schleswig FGPrax 2004, 238.
18   MünchKomm/*Kroll-Ludwigs* § 1802 Rn. 4.

Rechnungslegung: Die Einnahmen und Ausgaben aus dem Nachlass   **258** des Alleinerben sind in die **jährliche Rechnungslegung** einzustellen (vgl. § 1865 BGB), der Nachlass wird also nicht gesondert abgerechnet.

„Befreite" Betreuer müssen keine laufende Rechnungslegung machen, § 1859 I Nr. 3 BGB (Rn. 11a, 503).

5. Spezielle Verwaltungsanordnungen des Erblassers

Wer einem Betreuten etwas vererbt oder vermacht, kann im Testament be-   **259** stimmen, dass ein Betreuer des Erben das zugewendete Vermögen nicht verwalten darf (§ 1837 I BGB), so dass hierfür ein Ergänzungsbetreuer zu bestellen ist (§ 1817 V BGB).

Beispiel:

Erblasser E hat zwei Söhne, A und B. B steht unter Betreuung, Betreuer ist sein Bruder A. E hält den A für einen Verschwender und will nicht, dass er die künftige Erbschaft des B verwaltet.

Will der Erblasser die Verwaltung durch einen bestimmten Betreuer verhindern, kann er ferner Testamentsvollstreckung anordnen (Rn. 421 ff.) und eine andere Person als den Betreuer zum Testamentsvollstrecker bestellen.

Ferner kann der Erblasser im Testament (oder einem Testamentsnachtrag, Erbvertrag) spezielle **Verwaltungsanordnungen** für den Betreuer bezüglich des Nachlasses treffen: Was der Betreute von Todes wegen erwirbt (z. B. durch Erbschaft, Vermächtnis) hat der Betreuer nach den **Anordnungen des Erblassers** zu verwalten, wenn die Anordnungen von dem Erblasser durch letztwillige Verfügung getroffen worden sind (§ 1837 I BGB; ähnlich § 2216 I BGB).

Zulässige Anordnungen: Beschränkungen, z. B. dass ein Grundstück   **260** nicht unter einem bestimmten Preis verkauft werden darf; Befreiung von Vorschriften über die Anlegung von Geld („niemals in Aktien"). Bei Verstößen bleibt das Handeln des Betreuers wirksam, jedoch kann er schadensersatzpflichtig werden (§ 1826 BGB). Der *geschäftsfähige* betreute Erbe kann aber durch § 1837 BGB nicht betroffen werden,[19] er kann also selbst handeln und könnte nur durch Testamentsvollstreckung oder Anordnung der Nacherbschaft (usw.) in seiner Handlungsfreiheit beschränkt werden. Im Übrigen kann der Betreuer mit **Genehmigung des Betreuungsge-**

---

19 MünchKomm/*Kroll-Ludwigs* § 1803 Rn. 6

richts von den Anordnungen des Erblassers abweichen, wenn ihre Befolgung das Interesse des Betreuten gefährden würde (§ 1837 II BGB).

Steht der geistig behinderte Erbe unter Betreuung und hatte der Erblasser für das Erbe **Testamentsvollstreckung** angeordnet, dann hat der (nicht mittellose) Betreute die **Betreuervergütung** selbst zu zahlen, der Betrag ist also vom Testamentsvollstrecker aus dem verwalteten Nachlass zu entnehmen, wenn sonstiges Eigenvermögen nicht vorhanden ist und der Erblasser dies nicht in einer Verwaltungsanordnung untersagt hat (vgl. Rn. 253a). Gegen die Vergütungsfestsetzung ist der Testamentsvollstrecker nach Ansicht des BGH[20] nicht beschwerdeberechtigt, weil er nicht in *eigenen* Rechten unmittelbar betroffen sei. Vgl. Rn. 122.

261   **Unzulässige Anordnungen:**[21] Die gesetzlichen Schranken der Vertretungsmacht des Betreuers (§§ 1823, 1824, 181 BGB) können nicht verändert werden, der Kreis der genehmigungsbedürftigen Geschäfte nach §§ 1849-1854 BGB kann weder erweitert noch beschränkt werden. Die Überwachungsaufgaben des Betreuungsgerichts können vom Erblasser nicht geschmälert werden.

6. Setzen einer Inventarfrist durch das Nachlassgericht

262   **Jeder Nachlassgläubiger** kann (ohne zeitliche Begrenzung) beim Nachlassgericht den Antrag stellen, dass dem Erben eine Frist zur Errichtung eines Inventars gesetzt wird (§ 1994 BGB); Zweck: Rn. 264; in der Praxis kommt das sehr selten vor. Der Antragsteller hat seine Gläubigerstellung glaubhaft zu machen (§ 1994 II 1 BGB), z. B. durch Vorlage von Rechnungen, Vollstreckungstiteln.[22] Dem Antrag *muss* (nach Anhörung des Erben) entsprochen werden (kein Ermessen). Durch Beschluss des Rechtspflegers (§ 3 Nr. 2c RPflG) wird dem Erben zur Errichtung eine Frist gesetzt (§ 1995 I BGB), die verlängerbar ist[23] (§ 1995 III BGB), und deren Lauf bei einem geschäftsunfähigen Erben gehemmt ist (§§ 1997, 210 BGB; Rn. 716). Die Fristsetzung ist dem Betreuer zuzustellen. Das Nachlassgericht soll das Betreuungsgericht von der Fristbestimmung informieren (§ 1999 S. 2 BGB), damit es ihn zur Fristeinhaltung anhalten kann (§ 1862 I BGB).

263   Der Betreuer als Vertreter des Erben **errichtet** hierauf **fristgerecht ein Inventar** und reicht es ein, wobei die Mitwirkung eines **Notars** nötig ist (§§ 2202 ff. BGB); Notarkosten: Nr. 23500 KV GNotKG, Wert: § 115

20 BGH FamRZ 2015, 1019 = ZEV 2015, 414.
21 Grüneberg/*Götz* § 1803 Rn. 1; MünchKomm/*Kroll-Ludwigs* § 1803 Rn. 4.
22 Zu den Anforderungen vgl. BayObLG NJW-RR 1992, 1159.
23 OLG Düsseldorf FamRZ 1997, 846; KG Rpfleger 1985, 193.

GNotKG. Die Kosten der Errichtung, z.B. Hilfspersonal, Notarkosten, trägt der Nachlass (§ 24 Nr. 4 GNotKG). **Folge der Inventarrichtung** ist *nicht*, dass damit die Haftung auf den Nachlass beschränkt wird. Folge ist nur die Vermutung des § 2009 BGB und (wichtig) dass jedenfalls die Folge des § 1994 I 2 BGB nicht eintritt (Rn. 264).

Falls der Betreuer kein Inventar errichtet, oder zu spät oder absicht-   **264** lich falsch (§ 2005 BGB; sog. Inventaruntreue), ist die **Folge: der Erbe haftet nun mit dem Erbteil und auch mit seinem Privatvermögen** (§ 1994 I 2 BGB). Die Einreden nach §§ 1990, 1992 kann der Erbe nicht mehr erheben. Eine Nachlassverwaltung (§ 1975 BGB) kann er nicht mehr beantragen (§ 2013 I 1 BGB). Weitere Folge ist u.U., dass der Betreuer dem Betreuten auf Schadensersatz haftet (§ 1826 BGB).

7. Erbschaft im Sozialrecht: Einkommen oder Vermögen?

Hat der Betreute etwas geerbt, bezieht aber Sozialleistungen, ist fraglich   **264a** (und wegen der unterschiedlichen Schonbeträge wichtig), ob es sich um Einkommen oder neues Vermögen des Betreuten handelt. Das BSG[24] wendet die sog. **modifizierte Zuflusstheorie** an: Einkommen (§ 11 I 1 SGB II) ist alles, was jemand nach Antragstellung für Sozialleistungen dazu erhält, Vermögen (§ 12 I SGB II) ist, was jemand vor Antragstellung bereits hatte. Mit dem Tod des Erblassers wird man Erbe (§ 1922 BGB), erlangt also neues Vermögen (die vorher bestehende Erbaussicht ist ohne Wert). Dieser Zuwachs ist aber erst dann auf den Bedarf anzurechnen, wenn das Nachlassgeld zugeflossen ist, z.B. der Erlös aus dem Verkauf von 1/16 Miterbenanteil am Nachlassgrundstück beim Miterben angekommen ist.

---

24 BSG ZEV 2019, 602.

I. Der Betreute als Erbvertragspartei

1. Abschluss des Erbvertrags

a) Der Erblasser

Beim *einseitigen* **Erbvertrag** ist nur ein Teil Erblasser (z. B. E setzt den X **265** zum Alleinerben ein), beim *zweiseitigen* **Erbvertrag** sind beide Vertragsparteien Erblasser (z. B. die Eheleute M und F setzen sich gegenseitig zu Alleinerben ein). Der Erblasser kann einen Erbvertrag nur persönlich schließen (§ 2274 BGB); er kann also **nicht durch einen Betreuer vertreten** werden. Ein solcher Erbvertrag wäre nichtig. Der Vertragspartner, der selbst nicht testiert, kann sich dagegen vertreten lassen. Ein Erbvertrag kann nur vor einem **Notar** geschlossen werden (§ 2276 BGB).

Der Erblasser muss ferner **geschäftsfähig** sein (§ 2275 I BGB mit nicht **266** relevanten Ausnahmen in Abs. II und III BGB). War der Betreute (als Erblasser) bei Abschluss des Erbvertrags geschäftsfähig, ist der Vertrag wirksam. War der Betreute geschäftsfähig, bestand aber ein Einwilligungsvorbehalt, ändert das nichts an der Fähigkeit zur Errichtung eines Erbvertrages (§ 1825 II BGB). War der Erblasser nicht geschäftsfähig, ist der Erbvertrag nichtig. Es kommt also ausschließlich darauf an, ob sich der Erblasser in einem die freie Willensbestimmung ausschließenden Zustand krankhafter Störung seiner Geistestätigkeit befindet (§§ 104 Nr. 2, 105 II BGB). Nach § 28 BeurkG soll der Notar, der den Erbvertrag beurkundet, seine Wahrnehmungen über die erforderliche Geschäftsfähigkeit des Erblassers in der Niederschrift vermerken; die Geschäftsfähigkeit wird dadurch *nicht bewiesen*, weil der Notar kein Sachverständiger ist. In einem späteren Erbscheinsverfahren oder Zivilprozess kann das Gericht nach Einholung von Sachverständigengutachten zu einer anderen Meinung als der Notar kommen.

b) Vertragspartei, die nicht selbst testiert

Der andere Vertragschließende, der nicht als Erblasser verfügt, sondern **267** empfängt, kann **vertreten** werden.[1] Er muss ebenfalls geschäftsfähig sein; ist er *geschäftsunfähig* und steht er unter Betreuung, kann nur sein Betreuer als gesetzlicher Vertreter für ihn handeln, falls sein Aufgabenkreis ausreicht.

---

1 Grüneberg/*Weidlich* § 2274 Rn. 2.

Ist er *geschäftsfähig* und steht unter Betreuung, kann er entweder selbst handeln oder vertreten durch einen Betreuer. Ein Einwilligungsvorbehalt hindert nach h. M. nicht, da der Erbvertrag für ihn nur rechtlich vorteilhaft ist (§ 1825 III BGB), solange keine Gegenleistung versprochen wird; wegen der Notwendigkeit, ggf fristgemäß (!) auszuschlagen, ist das zweifelhaft.

2. Anfechtung des Erbvertrags

a) Allgemeines

268　　Der Erbvertrag kann auf Grund der §§ 2078, 2079 BGB auch vom Erblasser angefochten werden, nämlich wenn der Erblasser über den Inhalt seiner Erklärung im Irrtum war oder eine Erklärung dieses Inhalts überhaupt nicht abgeben wollte *und* anzunehmen ist, dass er die Erklärung bei Kenntnis der Sachlage nicht abgegeben haben würde; das Gleiche gilt, soweit der Erblasser zu der Verfügung durch die irrige Annahme oder Erwartung des Eintritts oder Nichteintritts eines Umstands oder widerrechtlich durch Drohung bestimmt worden ist (§ 2078 I, II BGB). Solche Fälle sind höchst selten nachweisbar.

269　　Anfechtbarkeit besteht ferner, wenn der Erblasser einen zur Zeit des Erbfalls vorhandenen **Pflichtteilsberechtigten übergangen** hat, dessen Vorhandensein ihm bei der Errichtung des Erbvertrags nicht bekannt war (z. B. ein nichteheliches Kind) oder der erst nach der Errichtung geboren oder pflichtteilsberechtigt geworden ist (§ 2079 BGB). Zur Anfechtung eines Erbvertrags auf Grund des § 2079 ist erforderlich, dass der Pflichtteilsberechtigte zur Zeit der Anfechtung vorhanden ist (§ 2281 I BGB).

b) Geschäftsfähigkeit, Geschäftsunfähigkeit

270　　Ist der Erblasser *geschäftsfähig*, kann er nur selbst anfechten, selbst wenn er unter Betreuung steht; die Anfechtung kann nicht durch einen Vertreter des Erblassers erfolgen (§ 2282 BGB). Ist der Erblasser *geschäftsunfähig*, kann sein gesetzlicher Vertreter (Betreuer) für ihn den Erbvertrag anfechten; hierzu ist die **Genehmigung** des Betreuungsgerichts erforderlich (§§ 2282 II; 1851 Nr. 4 BGB). Die Anfechtungserklärung bedarf der **notariellen Beurkundung** (§ 2282 III BGB).

c) Anfechtungsfrist

Die Anfechtung durch den Erblasser kann nur binnen **Jahresfrist** er- **271** folgen (§ 2283 I BGB). Die Frist gilt auch für den Betreuer und beginnt im Falle der Anfechtbarkeit wegen Drohung mit dem Zeitpunkt, in welchem die Zwangslage aufhört, in den übrigen Fällen mit dem Zeitpunkt, in welchem der Erblasser von dem Anfechtungsgrund (z. B. der Existenz eines nichtehelichen Kindes, d. h. Pflichtteilsberechtigten) Kenntnis erlangt; bei einem geschäftsunfähigen Erblasser ist auf die Kenntniserlangung durch den Betreuer abzustellen (Rn. 15). Auf den Lauf der Frist finden die für die Verjährung geltenden Vorschriften der §§ 206, 210 BGB betreffend Verjährungshemmung (Rn. 709, 716) entsprechende Anwendung (§ 2283 II BGB).

Hat im Falle des § 2282 II BGB der Betreuer den Erbvertrag nicht rechtzeitig **272** angefochten, so kann nach dem Wegfall der Geschäftsunfähigkeit der Erblasser selbst den Erbvertrag in gleicher Weise anfechten, wie wenn er ohne gesetzlichen Vertreter gewesen wäre; d. h. die Anfechtungsfrist läuft auch in diesem Fall erst sechs Monate nach dem Wegfall der Geschäftsunfähigkeit ab. Das betrifft den höchst seltenen Fall, dass ein Erblasser bei Vertragsschluss geschäftsfähig ist, zum Zeitpunkt der erforderlichen Anfechtung geschäftsunfähig ist und einen Betreuer hat, welcher die Jahresfrist versäumt, und der „Betreute" dann wieder geschäftsfähig ist.

3. Aushöhlung des Erbvertrags

Auch wer einen Erbvertrag geschlossen hat **kann zu Lebzeiten über sein** **272a** **Vermögen verfügen**, sein Grundstück verkaufen oder verschenken. Nach dem Tod ist dann kein Grundstück mehr vorhanden, der Erbvertrag hat anscheinend seinen Wert verloren. Einen kleinen Schutz bietet hier § 2287 BGB: „Hat der Erblasser in der **Absicht, den Vertragserben zu beeinträchtigen**, eine Schenkung gemacht, so kann der Vertragserbe, nachdem ihm die Erbschaft angefallen ist, **von dem Beschenkten die Herausgabe des Geschenks** nach den Vorschriften über die Herausgabe einer ungerechtfertigten Bereicherung fordern".

Eine **Schenkung** (bzw. gemischte Schenkung) muss vorliegen, sie liegt **272b** auch vor, wenn fiktive Eigenleistungen vereinbart werden. ferner wird eine objektive Beeinträchtigung der Erberwartung verlangt

Eine **Beeinträchtigungsabsicht** des Erblassers wird angenommen, wenn der Erblasser an der Schenkung kein **lebzeitiges Eigeninteresse** hatte.[2] Ein solches Interesse liegt vor (und die Beeinträchtigungsabsicht fehlt daher), wenn nach dem Urteil eines objektiven Beobachters die Beweggründe des Erblassers in Anbetracht der gegebenen Umstände so sind, dass der erbvertraglich Bedachte sie anerkennen und seine Benachteiligung hinnehmen muss.[3] Es wird also eine Missbrauchskorrektur im Wege einer Interessenbewertung vorgenommen.[4]

272c   **Beispiele:**

(1) Die Erblasserin hat ihr Haus verschenkt, um die Versorgung für ihr Alter sicherzustellen oder zu verbessern. Lebzeitiges Eigeninteresse bejaht.[5]

(2) Die Erblasserin war 25 Jahre lang von E gepflegt worden und hatte sie daher mit Erbvertrag als Erbin eingesetzt. Dann kam es zum Zerwürfnis mit E, die Erblasserin ließ sich von B pflegen, schenkte ihr das Vermögen und starb drei Monate danach. Der Sinneswandel genügt nicht, kein lebzeitiges Eigeninteresse.[6]

(3) Der Erblasser hat nach Vertragsschluss zu jemand persönliche Bindungen und Zuneigung entwickelt und beschenkt ihn: kein lebzeitiges Eigeninteresse.[7]

272d   **Beweisfragen:** Der Vertragserbe (Kläger) hat im Prozess gegen den Beschenkten die Benachteiligungsabsicht und das fehlende lebzeitige Eigeninteresse zu beweisen.[8] Ist kein Eigeninteresse des Erblassers erkennbar, so ist von seiner Benachteiligungsabsicht auszugehen. Der Beschenkte (Beklagte) muss dann die Umstände im Einzelnen darlegen, die nach seiner Meinung den Erblasser zu der Schenkung bewogen haben und die ein Eigeninteresse begründen könnten.[9]

272e   Eine weitere Möglichkeit der Aushöhlung bietet die **Vollmacht**, die über den Tod hinaus wirken soll (Rn. 29).

272f   Auf die wechselbezüglichen Verfügungen eines **gemeinschaftlichen Testaments** ist § 2287 BGB entsprechend anzuwenden.[10]

---

2   BGH FamRZ 2021, 983 = NJW-RR 2021, 521; BGH FamRZ 1998, 427; OLG Düsseldorf FamRZ 2017, 2073 = ZEV 2017, 328; OLG Koblenz NJW-RR 2005, 883; OLG Köln ZEV 2000, 106.

3   BGHZ 84, 44 = BGH NJW 1982, 1100 = FamRZ 1982, 370; OLG Düsseldorf ZEV 2017, 328: Schenkung einer Luxusyacht im Wert von 575.00 Euro als „lebzeitiges Eigeninteresse" (abwegig).

4   *Schindler* ZEV 2005, 334.

5   BGH NJW 1976, 740; BGHZ 77, 264 = NJW 1980, 2307; OLG München NJW-RR 1987, 1484; OLG Düsseldorf FamRZ 1999, 1621; OLG Köln ZEV 2000, 317.

6   OLG Koblenz NJW-RR 2005, 883.

7   OLG Köln FamRZ 1992, 607.

8   BGH NJW 1976, 749; NJW 1980, 2307; OLG Koblenz NJW-RR 2005, 883; *Horn* NJW 2019, 1123.

9   BGH NJW 1986, 1755; OLG Köln ZEV 2000, 106

10   Grüneberg/*Weidlich* § 2271 Rn. 10 mit Nachweisen.

4. Rücktritt vom Erbvertrag

Auch wenn der andere Vertragschließende geschäftsunfähig geworden ist,   **272g**
schließt das den *vertraglich* vorbehaltenen Rücktritt vom Erbvertrag oder
den Widerruf wechselbezüglicher Verfügungen nicht aus. Der Rücktritt/
Widerruf kann gegenüber einem Betreuer des Geschäftsunfähigen mit zu-
treffendem Aufgabenkreis erklärt werden, aber auch gegenüber einem Vorsorgebevollmächtigten.[11]

---

11   BGH NJW 2021, 1455 = FamRZ 2021, 708.

J. Der Betreute als Vermächtnisnehmer und Vermächtnisschuldner

1. Das Vermächtnis

Der Erblasser kann durch Testament bzw. Erbvertrag einem anderen, ohne ihn als Erben einzusetzen, einen „Vermögensvorteil" zuwenden (Vermächtnis); § 1939 BGB; damit ist alles gemeint, was Gegenstand eines Anspruchs sein kann (§§ 194, 241 BGB). In der Praxis wird meist ein Geldbetrag oder ein Einzelgegenstand „vermacht"; aber auch andere Ansprüche können zugewandt werden, z. B. der Nießbrauch an einem Grundstück oder am ganzen Nachlass. Das Vermächtnis kann durch Erklärung gegenüber dem Erben (nicht. dem Nachlassgericht) **ausgeschlagen** werden (§ 2180 BGB), aber es gibt **keine Frist** dafür (anders als bei der Erbschaft!).

Ob jemand in einem Testament als Vermächtnisnehmer oder als Erbe eingesetzt ist, ist häufig unklar und letztlich durch Auslegung zu entscheiden; vgl. § 2087 II BGB. Auch die Abgrenzung Vermächtnis – Auflage bereitet Schwierigkeiten. Wie das Nachlassgericht die Sache eingeordnet hat, ergibt sich aus dem Erbschein: er weist nur eine Erbenstellung aus (§ 2353 BGB), ein Vermächtnis nach deutschem Recht wird weder im **Erbschein** noch in einem sonstigen amtlichen Papier des Nachlassgerichts festgehalten.

Zeigt sich bei der Eröffnung eines Testaments durch das Nachlassgericht, dass Vermächtnisse angeordnet wurden, dann verständigt das Gericht den jeweiligen Vermächtnisnehmer (§ 348 III FamFG), der aber nichts über die anderen Vermächtnisse erfährt.[1] Das Vermächtnis unterliegt der Erbschaftsteuer (§ 1 I Nr. 1, § 3 I Nr. 1 ErbStG), soweit die Freibeträge (Rn. 777) überschritten sind. Der Betreuer des Vermächtnisnehmers ist verpflichtet, die Erbschaftsteuererklärung abzugeben, kann sich aber der Hilfe eines Steuerberaters bedienen; den Auftrag wird er als Vertreter des Betreuten erteilen, also nicht im eigenen Namen, so dass der Betreute dem Steuerberater die Vergütung des Steuerberaters schuldet.

---

1 OLG Frankfurt ZEV 2022, 82.

2. Der Berufsbetreuer als Vermächtnisnehmer

273a Berufsbetreuer können ab 2023 vom Betreuten im Testament kein Vermächtnis mehr erhalten (§ 30 I 2 BtOG), von anderen Personen natürlich weiterhin. Für ehrenamtliche Betreuer gilt § 30 I 2 BtOG nicht. Nimmt der Betreuer das Vermächtnis an, erhält er das Vermächtnis; Folge ist nur, dass der Berufsbetreuer berufsrechtliche Schwierigkeiten hat (Rn. 80a ff.).[2]

3. Der Betreute als Vermächtnisnehmer

a) Allgemeines

274 Nach dem BGB wird der Vermächtnisnehmer **nicht** bereits mit dem Erbfall **Eigentümer des vermachten Gegenstandes;** er hat nur einen schuldrechtlichen Anspruch gegen den Erben (§ 2174 BGB), welcher mit dem Erbfall Eigentum und Besitz am Nachlass erlangt, auch an den einem Dritten vermachten Gegenständen. Das BGB kennt das dingliche wirkende „Vindikationslegat" nicht, anders als zum Teil das Ausland. Der Erbe muss den vermachten Gegenstand dem Vermächtnisnehmer noch übereignen (z. B. nach §§ 398, 929 BGB), erst dann erlangt der Vermächtnisnehmer Eigentum. Erfolgt die Erfüllung des Vermächtnisses nicht freiwillig, muss vor dem Prozessgericht geklagt werden (das Nachlassgericht hat damit nichts zu tun); Anspruchsgrundlage ist § 2174 BGB. Verjährung: Rn. 288. Bei vermachten Guthaben und Wertpapieren sind die ab Erbfall gezogenen Zinsen, Dividenden als „Früchte" zusätzlich herauszugeben (§§ 2184, 99 BGB). Gerichtsstand §§ 12 ff. ZPO, § 27 ZPO. Vor dem Erbfall hat der Bedachte keinen sicherungsfähigen Anspruch, nur eine Aussicht.

275   Der Anspruch auf das Vermächtnis entsteht in der Regel mit dem Erbfall (§ 2176 BGB); fällig ist er grundsätzlich sofort.[3] Der Bedachte kann das **Vermächtnis annehmen** (§ 2180 BGB); dann ist sein Ausschlagungsrecht weggefallen. Die Annahme erfolgt durch formlose Erklärung (ausdrücklich oder durch schlüssiges Verhalten) **gegenüber dem Beschwerten** (z. B. gegenüber dem Erben), nicht gegenüber dem Nachlassgericht (doch genügt es, wenn dieses die Erklärung weiterleitet); es gibt dafür keine Frist. Sie ist empfangsbedürftig, bedingungsfeindlich und nach §§ 119 ff. BGB wegen rechtserheblichem Irrtum oder arglistiger Täuschung anfechtbar.

Für die **Annahme des Vermächtnisses** braucht der Betreuer des Vermächtnisnehmers **keine Genehmigung des Betreuungsgerichts,** wie der

2 Dazu *Leipold* ZEV 2021, 485; *Zimmermann* ZErb 2021, 418.
3 BGH FamRZ 1988, 614 = NJW-RR 1988, 710.

Umkehrschluss aus § 1851 Nr. 1 BGB zeigt; die Erfüllungshandlung (z. B. Grundstücksübertragung) kann aber nach §§ 1850 ff. BGB genehmigungsbedürftig sein. Der *geschäftsfähige* Betreute kann das Vermächtnis selbst annehmen oder hierbei durch seinen Betreuer vertreten werden; der *geschäftsunfähige* Betreute kann selbst nicht handeln, er muss durch seinen Betreuer vertreten werden. Eventuelle **Transportkosten** im Zusammenhang mit der Erfüllung des Vermächtnisses hat grundsätzlich der Beschwerte (d. h. in der Regel der Erbe) zu tragen,[4] was aber eine Frage der Auslegung des Testaments ist.

Der Bedachte kann das Vermächtnis durch Erklärung gegenüber dem Beschwerten (d. h. in der Regel: dem Erben) **ausschlagen** (§ 2180 BGB) und verhindert so, dass ihm etwas aufgedrängt wird. Ist ein Pflichtteilsberechtigter (nur) mit einem Vermächtnis bedacht, kann er es ausschlagen und dann den Pflichtteil fordern, oder das Vermächtnis behalten und eine Geldaufstockung bis zum Pflichtteil verlangen (§ 2307 BGB); setzt der Erbe eine Frist zur Erklärung gilt bei Fristversäumung das Vermächtnis als ausgeschlagen (§ 2307 II BGB). Eine gesetzliche **Ausschlagungsfrist für Vermächtnisse gibt es nicht** (anders als bei der Ausschlagung einer Erbschaft, vgl. § 1944 BGB); sobald aber das Vermächtnis angenommen wurde (ausdrücklich oder stillschweigend), ist keine Ausschlagung mehr möglich (§ 2180 I BGB). Schriftform oder eine notarielle Beglaubigung (wie bei der Ausschlagung der Erbschaft, § 1945 BGB) ist für die Ausschlagungserklärung nicht vorgeschrieben.

276

Bei Vermächtnisnehmern, die unter Betreuung stehen, ist für die **Ausschlagung** eine **Genehmigung des Betreuungsgerichts** erforderlich (§ 1851 Nr. 1 BGB; Rn. 673), ebenso für die Anfechtung der Annahme, weil sie als Ausschlagung gilt (§ 1957 I BGB). Der *geschäftsfähige* Betreute kann allerdings selbst ausschlagen und braucht dazu keine Genehmigung des Betreuungsgerichts; handelt der Betreuer als Betreuer für ihn ist die Genehmigung erforderlich, sowohl beim geschäftsfähigen wie beim geschäftsunfähigen Betreuten, Das Gericht prüft hierbei das Wohl des Betreuten nach denselben Grundsätzen, die für die Genehmigung der Ausschlagung einer Erbschaft gelten (Rn. 201 ff.). Folge der Ausschlagung ist nach §§ 2180 III, 1953 II BGB, dass Anwachsung erfolgt (§ 2158 BGB) bzw. ein Ersatzvermächtnisnehmer berufen ist; andernfalls ist das Vermächtnis hinfällig, der Verpflichtete (z. B. der Erbe) behält den vermachten Gegenstand.

277

---

4 Umstritten, vgl. *Grüneberg/Weidlich* § 2174 Rn. 4; *Soergel/Wolf* § 2174 Rn. 17; *MünchKomm/Rudy* § 2174 Rn. 9.

278   Es kommt vor, dass im Testament jemandem ein bestimmter Gegenstand vermacht ist, sich nach dem Tod aber im Nachlass der **vermachte Gegenstand nicht mehr auffinden** lässt.

279   **Beispiel:**

> E vermacht in seinem Testament dem B eine wertvolle Vase. Nach einiger Zeit lässt E die Vase fallen, so dass sie völlig zerstört ist. Dann stirbt E. Hier bekommt F nichts (§ 2169 I BGB), weil dem E keine Wertersatzanspruch zustand (§ 2169 III BGB).

b) Der Betreuer als Alleinerbe und Vermächtnisschuldner

280   Wurde der ehrenamtliche Betreuer als Alleinerbe eingesetzt, aber mit einem Vermächtnis zugunsten des Betreuten belastet, dann muss zwecks Erfüllung des Vermächtnisanspruchs kein Ergänzungsbetreuer bestellt werden, wenn der Betreuer *ausschließlich* in Erfüllung einer Verbindlichkeit (z. B. Zahlung eines bestimmten Geldbetrages) handelt (§§ 1824 II, 181 BGB).[5] Auch hier kann ein Interessengegensatz vorliegen, etwa wenn Einzelheiten des Anspruchs unklar sind, sodass dem Betreuer dann vom Betreuungsgericht insoweit die Vertretungsmacht (durch Beschränkung des Aufgabenbereichs, § 1871 I 2 BGB) zu entziehen und ein **Ergänzungsbetreuer** zu bestellen ist (§ 1817 V BGB).

c) Genehmigung der Erfüllung des Vermächtnisses

281   Durch das testamentarisch angeordnete Vermächtnis erlangt der Vermächtnisnehmer einen **Anspruch gegen den Erben** (bzw. gegen einen Obervermächtnisnehmer), welcher noch zu erfüllen ist (§ 2174 BGB). Es hängt vom Einzelfall ab, ob die Entgegennahme des Vermächtnisses einer Genehmigung des Betreuungsgerichts bedarf. Anders kann es sein, wenn das Vermächtnis mit Auflagen etc verbunden ist.

282   **aa) Geldbeträge.** Die Einziehung der vermachten Geldbetrages durch den Betreuer des Vermächtnisnehmers stellt eine Verfügung über ein Recht im Sinne von § 1849 I Nr. 1 BGB dar,[6] weshalb der Betreuer zum Geldempfang grundsätzlich die Genehmigung des Betreuungsgerichts braucht (§ 1849 BGB); der *geschäftsfähige* Betreute kann freilich den Betrag ohne

---

5 BayObLG DNotZ 1983, 176 (kein Selbstkontrahierungsverbot für einen Testamentsvollstrecker bei Auflassung eines Nachlassgrundstücks an sich selbst, wenn ihm vermächtnisweise die Möglichkeit des Erwerbs dieses Grundstücks zugewendet worden ist); Grüneberg/*Ellenberger,* § 181 Rn. 22.
6 Grüneberg/*Götz* § 1812 Rn. 10; BeckOK BGB/*Bettin* BGB § 1812 Rn. 6.

Genehmigung selbst vereinnahmen (Rn. 2). Der Schuldner (Erbe) wird durch die Leistung an den mangels Genehmigung nicht empfangsberechtigten Betreuer nicht frei.[7] Das bedeutet konkret: Überweist der Erbe die vermachten 30.000 Euro auf Verlangen des Betreuers auf das mitgeteilte Konto, obwohl der Betreuer keine Annahmegenehmigung des Betreuungsgerichts vorlegt, und unterschlägt dann der Betreuer das Geld, muss der Erbe nochmals zahlen. Die Genehmigung der Annahme kann vom Betreuungsgericht nicht versagt werden, sie ist in der Form zu erteilen, dass die Zahlung auf ein bestimmtes Konto, das vorher zu sperren ist (§ 1845 BGB), zu erfolgen hat, damit Unterschlagungen verhindert werden. – **Keine Genehmigung erforderlich:** Wenn ein **Geldbetrag bis 3.000 Euro** vermacht wurde, ist zur Annahme des Vermächtnisses keine Genehmigung des Betreuungsgerichts erforderlich (§ 1849 II Nr. 1a BGB).

bb) Vermachte Grundstücke. Wird dem Betreuten ein Grundstück **283** vermacht, ist notwendig, dass der Erbe vor dem Notar die Auflassung (§§ 873, 925 BGB) an den durch den Betreuer vertretenen Betreuten erklärt. Die Annahme durch den Betreuer des Vermächtnisnehmers bedarf nicht nach § 1850 Nr. 1 BGB der Genehmigung des Betreuungsgerichts,[8] weil nicht über ein Recht *an* einem Grundstück verfügt wird, sondern ein Recht (§ 2174 BGB) *auf* ein Grundstück durch Erfüllung. Ein Erbteilungsvertrag (§ 1851 Nr. 3 BGB) liegt nicht vor, ein Vermächtnisnehmer hat keinen Anteil an einer Erbschaft. Man kann aber aus § 1851 Nr. 1 BGB (Verzicht auf Vermächtnis ist genehmigungspflichtig) den Umkehrschluss ziehen, dass die Annahme eines Vermächtnisses genehmigungsfrei ist. Wenn der Erblasser einen Betreuten als *Erben* einsetzt und zum Nachlass ein Grundstück gehört, fällt es dem Betreuten ebenfalls ohne Genehmigung an, allerdings ohne besonderen Übertragungsakt (vgl. § 35 GBO), ohne dass eine Genehmigung notwendig oder möglich wäre. – Bei einer **Eigentumswohnung** ist denkbar, dass die Zustimmung der anderen Wohnungseigentümer (vertreten durch den WEG-Verwalter) nach § 12 WEG erforderlich ist.[9] – Bei **land- und forstwirtschaftlichen Grundstücken** kann eine Genehmigung nach dem Grundstücksverkehrsgesetz erforderlich sein.[10]

Wer muss die **Kosten von Notar und Grundbuchamt zahlen,** wenn der Erbe dem Vermächtnisnehmer die vermächtnisweise zugewandte Eigentumswohnung überträgt? Nach § 2174 BGB kann der Vermächtnisnehmer die „Leistung" fordern, weshalb grundsätzlich der Erbe als Beschwerter die

---

7   BGH NJW 2006, 430; RGZ 79, 9; MünchKomm/*Kroll-Ludwigs* § 1812 Rn. 43.
8   Vgl. *Brüggemann* FamRZ 1990, 124 zu § 1821 a. F.
9   BayObLG Rpfleger 1982, 117; Grüneberg/*Weidlich* § 2174 Rn. 4; *Hügel* ZWE 2006, 174.
10 Vgl. BGH MDR 1953, 669; MünchKomm/*Rudy* § 2174 Rn. 17.

Kosten der Grundbuchumschreibung zu tragen hat,[11] wenn der Erblasser nichts anderes angeordnet hatte. Schwierigkeiten bereitet die Haftung für Schulden, die auf dem vermachten Grundstück ruhen.

284   Beispiel:

E hat X zum Erben eingesetzt und seinem Sohn B, welcher unter Betreuung steht, eine Eigentumswohnung im Wert von 80.000 Euro vermacht, die mit einer Grundschuld für die Bausparkasse belastet ist, welche noch mit 20.000 Euro valutiert ist. Wer muss das Bauspardarlehen zurückzahlen? Es kommt darauf an, was der Erblasser angeordnet hat. Andernfalls: Der Vermächtnisnehmer B kann im Zweifel vom Erben nicht die Beseitigung der Belastung verlangen, also nicht, dass dieser die Schuld sofort zurückzahlt, damit die Grundschuld gelöscht werden kann (§ 2165 I BGB); dem B wird die Wohnung also mit grundbuchmäßiger Belastung übertragen. Der Erbe (und nicht der Vermächtnisnehmer) hat aber die Darlehensschuld des E gegenüber der Bausparkasse geerbt (§§ 1922, 1967 BGB). Der B ist daher (wenn vom Erblasser nichts anderes angeordnet wurde) dem Erben gegenüber zur rechtzeitigen Rückzahlung der Schuld an die Bausparkasse verpflichtet, allerdings nur bis zur Höhe des Grundstückswerts (sonst würde B „draufzahlen"); § 2166 I 1 BGB (gilt wegen § 2168 BGB analog für die Grundschuld[12]).

285   cc) Sonstige Vermächtnisse. Werden sonstige Gegenstände vermacht kann die Erfüllung der Genehmigung des Betreuungsgerichts bedürfen, wenn die Voraussetzungen der §§ 1849 ff. BGB vorliegen. Die Annahme eines Vermächtnisses, das eine bewegliche Sache betrifft (z. B. Schmuck, Geschirr, Möbel; Einigung und Übergabe, § 929 BGB), bedarf keiner Genehmigung.

4. Der betreute Erbe als Schuldner des Vermächtnisses

286   Wer laut Testament ein Vermächtnis erhalten soll, ist nicht immer erfreut („Meine von mir gemalten 2.500 Bilder vermache ich der Uni-Bibliothek X"); er kann die Annahme ablehnen, d. h. das Vermächtnis ausschlagen (§ 2180 BGB). Dann bleibt der Gegenstand grds. beim Erben. Äußert sich der Vermächtnisnehmer nicht, sollte er Fristsetzung zur Erklärung, ob er annimmt oder ausschlägt, aufgefordert werden.

Hat der Erblasser einen Betreuten zum Erben eingesetzt, aber ein Vermächtnis angeordnet, *das der Vermächtnisnehmer angenommen hat* (§ 2180 II BGB), dann ist grundsätzlich der Erbe, vertreten durch den Betreuer, verpflichtet, das Vermächtnis zu erfüllen (§ 2147 BGB); der Erblasser kann

---

11   BGH NJW 1963, 1602; Grüneberg/*Weidlich* § 2174 Rn. 5.
12   BGHZ 37, 233/245 = NJW 1962, 1715; MünchKomm/*Rudy* § 2166 Rn. 4.

aber auch einen Vermächtnisnehmer belasten (**Untervermächtnis**), z. B. dass er einen Teil an einen Dritten abgeben muss. Natürlich kann ein Ersatzerbe nicht mit Leistungen belastet werden, bevor er Erbe wird; der Nacherbe ebenfalls nicht, solange er nicht Erbe wurde. Der Testamentsvollstrecker als solcher und der Pflichtteilsberechtigte können nicht mit Vermächtnissen belastet werden (vgl. § 2306 BGB; Sonderfall § 2338 BGB). Sind mehrere Erben mit demselben Vermächtnis beschwert, so sind (wenn der Erblasser nichts anderes angeordnet hat) die Erben im Innenverhältnis nach dem Verhältnis ihrer Erbquoten beschwert; § 2148 BGB.

Hat der Erbe das Vermächtnis einer **beweglichen Sache** (z. B. Möbel) zu erfüllen, also durch Einigung und Übergabe (§ 929 BGB), braucht der Betreuer des Erben dazu keine Genehmigung des Betreuungsgerichts.[13] – Die Erfüllung eines **Geldvermächtnisses** durch den betreuten Erben bedarf keiner Genehmigung, wenn sich das Geld (Höhe gleichgültig) auf einem Girokonto befindet (§ 1849 II Nr. 1b BGB); Genehmigungspflicht besteht aber, wenn das Geld auf einem Sparkonto liegt und es sich um mehr als 3.000 Euro handelt (§ 1849 II Nr. 1a, III BGB). – Wenn der Betreuer als Vertreter des Erben ein **Grundstücksvermächtnis** erfüllen will, braucht er dazu ebenfalls die Genehmigung des Betreuungsgerichts (§ 1850 Nr. 1 BGB), weil der Erbe zunächst Eigentümer des Grundstücks wird und sodann darüber verfügt, indem er es dem Vermächtnisnehmer übereignet. Da Rechtsgrund die Erfüllung der testamentarischen Verpflichtung ist liegt *keine* Schenkung vor. Eine Genehmigungsbedürftigkeit besteht auch, wenn **Wertpapiere** (z. B. Aktien, Anleihen, Investmentanteile) vermacht wurden (1849 I Nr. 2 BGB); durch den Erbfall erlangt der betreute Erbe daran zunächst Eigentum, muss es aber dann dem Vermächtnisnehmer übertragen.

In allen Fällen ist keine Genehmigung notwendig, wenn der Betreute *geschäftsfähig* ist und selbst handelt.

Verjährung: Der Anspruch des Vermächtnisnehmers verjährte früher in 30 Jahren (§ 197 I Nr. 2 BGB alte Fassung; Übergangsrecht Art. 229 § 23 EGBGB); bei Erbfällen ab 1.1.2010 gilt jetzt: die Regelfrist beträgt drei Jahre (§ 195 BGB), bei vermachten Grundstücken 10 Jahre[14] (§ 196 BGB). Die Verjährung beginnt mit Kenntniserlangung, § 199 BGB (Rn. 700 ff.) und endet am 31.12. des dann maßgebenden Jahres. Hemmung der Verjährung: § 207 I Nr. 2 BGB (Rn. 713).

287

288

---

13 BeckOK BGB/*Bettin* § 1812 Rn. 7.
14 OLG München FamRZ 2021, 1158 = NZM 2021, 407 (Vermächtnis einer Eigentumswohnung).

289   **Beispiel:**

E hat den B zum Erben eingesetzt und dem V 10.000 Euro vermacht. E stirbt am 9.4.2020, V erlangt Kenntnis vom Vermächtnis im August 2020. Mit Ablauf des 31.12.2023 ist sein Anspruch verjährt. Die Hemmung der Verjährung durch Verhandlungen ist zu beachten (§ 203 BGB). Wenn B unter Betreuung steht gehört es zu den Pflichten des Betreuers, sich auf die Verjährung zu berufen, es sei denn, es entspricht dem Wunsch und Wohl des Betreuten (§ 1821 BGB), dies nicht zu tun.

5. Die Auflage

290   Der Erblasser kann durch Testament bzw. Erbvertrag „den Erben oder einen Vermächtnisnehmer zu einer Leistung verpflichten, ohne einem anderen ein Recht auf die Leistung zuzuwenden (Auflage[15])"; § 1940 BGB. Dafür gelten §§ 2192 ff. BGB. Die Auflage betrifft häufig die **Grabpflege** oder ein **Haustier** des Verstorbenen. Die Abgrenzung der Auflage zum Vermächtnis kann im Einzelfall schwierig sein; auch von der gegenständlich beschränkten Testamentsvollstreckung ist die Auflage abzugrenzen.

291   **Beispiel:**

E hat seinen Sohn S, der unter Betreuung steht, zum Alleinerben bestimmt und im Testament ferner angeordnet: „Mein Grab muss 30 Jahre lang gepflegt werden." Der Betreuer des S lässt das Grab verkommen. – Die nächsten gesetzlichen Erben des E können die Vollziehung verlangen (§ 2194 S. 1 BGB). E hätte besser zu Lebzeiten einen **Dauergrabpflegevertrag** mit einem Gärtner geschlossen und vorausbezahlt. Einen solchen Vertrag kann der Betreuer auch jetzt noch schließen, wofür die Genehmigung des Betreuungsgerichts notwendig ist (§ 1853 Nr. 1 BGB).

---

15 Vgl. *Vorwerk* ZEV 1998, 297.

K. Der Betreute als Mitglied einer Erbengemeinschaft

1. Die Entstehung der Erbengemeinschaft

a) Allgemeines

Die Erbengemeinschaft entsteht *kraft Gesetzes* mit dem Erbfall, wenn der **292** Erblasser mehrere Erben hinterlassen hat (§ 2032 I BGB), als gesetzliche Erben oder als durch Testament/Erbvertrag eingesetzte Erben. Steht ein **Miterbe unter Betreuung**, dann:

ist zu unterscheiden, ob er trotz Betreuung geschäftsfähig ist oder nicht. Ist er geschäftsfähig ist zu prüfen, ob für ihn ein Einwilligungsvorbehalt (§ 1825 BGB) besteht.

Die weitere Frage ist, wann Genehmigungen des Betreuungsgerichts erforderlich sind.

Ferner kommt es darauf an, ob der Betreuer zugleich Miterbe ist.

Auf den Aufgabenkreis des Betreuers kommt es weiterhin an.

Beispiel: **293**

E ist gestorben und von ihren drei volljährigen Kindern zu je ⅓ beerbt worden: A, B (der unter Betreuung steht) und C. Betreuer des B kann A oder C sein oder eine außenstehende Person. B kann geschäftsfähig sein oder geschäftsunfähig.

Der Nachlass geht ungeteilt auf die Erbengemeinschaft über. Gehört **294** zum Nachlass ein Bankguthaben von 10.000 Euro, dann erlangen z. B. vier Miterben (zu je ¼) nicht etwa je ein Guthaben von 2.500 Euro, sondern die gesamte Forderung von 10.000 Euro steht der Erbengemeinschaft zu und erst nach Auseinandersetzung erlangt jeder Miterbe 2.500 Euro.

Die **Erbengemeinschaft** ist **keine juristische Person** und auch nach **295** sonstigen Regeln **nicht** (teil-)**rechtsfähig**;[1] die neuere Rechtsprechung des BGH zur BGB-Gesellschaft[2] sowie die künftige Gesetzgebung (MoPeG

---

1 BGH FamRZ 2004, 1193/4; *Heil* ZEV 2002, 292; a.A. *Eberl-Borges* ZEV 2002, 125; *Grunewald* AcP Bd 197, 305. Dazu *Ann* MittBayNot 2003, 193.
2 BGHZ 146, 341 = NJW 2001, 1056.

2024) kann darauf nicht übertragen werden. Die Erbengemeinschaft ist auch nicht nach § 50 ZPO parteifähig. Auch wenn sie längere Zeit besteht und in dieser Zeit den Nachlass nutzt (z. B. Mieteinnahmen bezieht) wird sie nicht zur BGB-Gesellschaft. Klagen kann deshalb nicht „die Erbengemeinschaft", sondern nur die Miterben A, B, C können eine Klage erheben (wobei der Zusatz „als Miterbe" unzweckmäßig ist). Die „Erbengemeinschaft" ist nicht insolvenzfähig; das **Insolvenzverfahren** findet über den Nachlass statt (§ 315 InsO), wobei alle oder einzelne Miterben den Insolvenzantrag stellen können (§ 317 II InsO).

296   Gehört zum Nachlass ein Grundstück, werden die Miterben im **Grundbuch** eingetragen: „A, B, und C in Erbengemeinschaft" (vgl. § 47 GBO). Nicht eingetragen wird das Anteilsverhältnis (also nicht: „A, B und C ... als Miterben zu je ⅓").[3] Die Erbquote ergibt sich aus dem Erbschein.

297   Vertritt ein **Anwalt** eine „Erbengemeinschaft", vertritt er in Wirklichkeit die „Miterben" und erhält somit den Zuschlag für Vertretung mehrerer Auftraggeber (RVG VV 1008).[4]

b) Betreuer und Betreuter als Mitglieder derselben Erbengemeinschaft

297a   Wenn Betreuer und Betreuter Mitglieder derselben Erbengemeinschaft sind muss für bestimmte Handlungen im Rahmen der Auseinandersetzung dem Betreuten vom Betreuungsgericht ein **Ergänzungsbetreuer** bestellt werden (§§ 1817 V, 181 BGB);[5] Rn. 361.

c) Sonderrechtsnachfolgen

298   Ausnahmen vom Grundsatz der Gesamtnachfolge (§ 1922 BGB) gibt es bei den **Personengesellschaften** (OHG, KG, BGB-Gesellschaft); ist im Gesellschaftsvertrag bestimmt, dass die Gesellschaft mit den Erben des verstorbenen Gesellschafters fortgesetzt werden soll, fällt der Gesellschaftsanteil nicht an die Erbengemeinschaft, sondern splittet sich auf und fällt direkt an die Erben. Denn eine Erbengemeinschaft kann nicht Gesellschafterin einer OHG, KG, BGB-Gesellschaft sein.[6] – In dem Teil des Bundesgebiets, in dem die **Höfeordnung** gilt, fällt der Hof unmittelbar an den

---

3 BayObLG Rpfleger 1981, 21.
4 BGH FamRZ 2004, 1193.
5 OLG München NJW-RR 2015, 1222 = ZEV 2015, 530.
6 BGHZ 68, 225 = NJW 1977, 1339; NJW 1983, 2376; Nomos/*Kroiß* § 1922 Rn. 22: a. A. *Weipert* ZEV 2002, 300.

Hoferben. – Die Vertragsrechte bezüglich der **Mietwohnung** des Erblassers fallen unmittelbar an den eintrittsberechtigten Angehörigen (§ 563 BGB).

d) Ober- und Untererbengemeinschaften

Mehrere Erbengemeinschaften können ineinander verschachtelt sein.　　299

Beispiel:　　300

Nach E wurden Erben seine vier Kinder A, B, C D zu je ¼. Dies ist die Ober-Erbengemeinschaft. Dann stirbt D und wird von seinen Kindern X, Y beerbt. Diese Unter-Erbengemeinschaft verwaltet dann u. a. den ¼ – Miterbenanteil des D in der Obererbengemeinschaft, aber auch den sonstigen Nachlass des D; X und Y sind aber nicht Mitglieder der Erbengemeinschaft I zu je ⅛ geworden.[7] X kann dann über seinen Anteil an der Untererbengemeinschaft allein verfügen (§§ 2032, 2033 BGB), über den Anteil an der Obererbengemeinschaft aber nur gemeinsam mit Y (§ 2040 BGB).

2. Spezielle Pflichten des Betreuers gegenüber dem Betreuungsgericht bei Erbengemeinschaft

a) Vermögensverzeichnis

Der Betreuer hat das Vermögen, das dem Betreuten später als Erben zu-　　301
fällt, zu verzeichnen und das Verzeichnis dem Betreuungsgericht einzureichen (§ 1835 BGB); Rn. 252. Wird der Betreute nicht Alleinerbe, sondern nur Miterbe, und ist die Erbengemeinschaft noch ungeteilt, dann hat der Betreuer des Miterben **den gesamten Nachlass zu verzeichnen** und den Anteil des betreuten Miterben laut Erbschein (z. B. 1/3) anzugeben.[8] Das kann Schwierigkeiten bereiten, wenn sich die anderen Miterben weigern, dem Betreuer die erforderlichen Informationen zu geben; denn eine allgemeine Auskunftpflicht der Miterben untereinander besteht nicht.[9] Ausnahmsweise kann sich ein Anspruch aus Treu und Glauben (§ 242 BGB) ergeben.[10] Im Einzelfall kann sich ein Auskunftsanspruch gegen einen Miterben aus § 666 BGB ergeben, so z. B. wenn ein Miterbe zu Lebzeiten Kon-

---

7　Über Ober- und Untererbengemeinschaften vgl. *Rather,* Die Erbeserbengemeinschaft, 1978.
8　MünchKomm/*Kroll-Ludwigs* § 1802 Rn. 4 unter Bezug auf KG KGJ 36, 38.
9　BGH FamRZ 1989, 377 = NJW-RR 1989, 450.
10　BGH NJW 1954, 70; OLG Karlsruhe MDR 1972, 424 (Pflicht zur Mitwirkung bei der Erstellung eines Nachlassverzeichnisses).

tovollmacht des Erblassers hatte.[11] Der Betreuer muss andernfalls die erforderlichen Ermittlungen unter Umständen selbst durchführen; als Mitglied der Erbengemeinschaft (Gesamthänder) ist er dazu berechtigt;[12] er kann also z. B. von den Banken und dem Grundbuchamt Auskünfte verlangen.

b) Jährliche Rechnungslegung

302 Die Einnahmen und Ausgaben der ungeteilten „Erbengemeinschaft" sind solche einer Gesamthand; sie sind daher nicht aufgeteilt zu verzeichnen, sondern als Anteil: Einnahmen der Erbengemeinschaft insgesamt ...; davon entfallen ⅓ auf den betreuten Miterben, also ... Euro. Die Aufteilung der „Früchte" und des Reinertrags erfolgt nach § 2038 II BGB.

3. Vereinbarungen zwischen den Miterben[13]

303 Das Rechtsverhältnis zwischen den Miterben richtet sich nach §§ 2038, 2040 BGB. Die **Erbengemeinschaft hat** (anders als eine Handelsgesellschaft) **keinen Geschäftsführer,** was die Verwaltung und Abwicklung erschwert, wenn vom Erblasser kein Testamentsvollstrecker bestellt wurde. Die Miterben können das Rechtsverhältnis untereinander jedoch durch Vertrag abweichend von §§ 2038, 2040 BGB regeln. Sie können einem oder mehreren Miterben Vollmacht erteilen, den Nachlass (z. B. ein Miethaus, ein Wertpapierdepot) zu verwalten.

Der bloße Abschluss eines **Verwaltungsvertrages,** in dem die Miterben A, B (Betreuter) und C vereinbaren, dass C oder der Außenstehende D den Nachlass verwalten soll, bedarf keiner Genehmigung des Betreuungsgerichts, weil er keine Verfügung im Sinne von § 1849 BGB darstellt. Es kann auch vereinbart werden, dass der Betreuer den Nachlass verwaltet; soweit er dann die Erbteile derjenigen Miterben verwaltet, die nicht unter seiner Betreuung stehen, wird er nicht als Betreuer tätig, seine Vergütung dafür richtet sich insoweit weder nach dem VBVG noch nach § 1875 II BGB, sondern muss vereinbart werden. Die **Erteilung einer Vollmacht** ist auch dann noch nicht genehmigungsbedürftig, wenn sie zu einer genehmigungsbedürftigen Verfügung bevollmächtigt.[14] Macht der Bevollmächtigte

---

11 OLG Düsseldorf FamRZ 2016, 497 (Miterbin war Betreuerin der Erblasserin); *Sarres* ZEV 2008, 512.
12 Grüneberg/*Weidlich* § 2038 Rn. 14.
13 Vgl. *Welter* MittRhNotK 1986, 140.
14 KG NJW 2015, 1394; LG Frankfurt FamRZ 1975, 354; Grüneberg/*Götz* § 1812 Rn. 10.

von der Vollmacht Gebrauch, so bedarf jedoch die Verfügung ggf der Genehmigung des Gerichts gemäß §§ 1849 ff. BGB.

4. Rechtsverhältnisse der Miterben bis zur Auseinandersetzung

a) Veräußerung und Übertragung des Erbanteils

Ein Miterbe kann seinen Erbanteil an dritte Personen übertragen, verkau-   **304**
fen (Erbschaftsverkauf, der nach § 2371 BGB der notariellen Beurkundung bedarf); er kann ihn auch verschenken (wofür bezüglich der Form dasselbe gilt, § 2385 BGB). Die Erfüllung des Verpflichtungsvertrags, d. h. die Übertragung des Erbanteils an den Erwerber, ist eine Verfügung. Sie ist dem Miterben gestattet (§ 2033 I 1 BGB); bedarf aber ebenfalls der notariellen Beurkundung (§ 2033 I 2 BGB). Der Anteil wird mit seinen Belastungen, z. B. Vermächtnissen, Auflagen, i. d. R. auch Testamentsvollstreckung, übernommen. Verfügt der Betreuer als gesetzlicher Vertreter über den Erbteil, ist die **Genehmigung** des Betreuungsgerichts erforderlich (§ 1851 Nr. 3 BGB). **Verschenken** darf der Betreuer einen Erbanteil des Betreuten nur mit Genehmigung des Betreuungsgerichts (§ 1854 Nr. 8 BGB); vor 2023 waren solche Schenkungen nichtig und nicht genehmigungsfähig.

b) Ausscheiden aus der Erbengemeinschaft durch Abschichtung

Anstelle der Übertragung eines Erbanteils kann der Miterbe (in der Regel   **305**
gegen Zahlung einer Abfindung) mit *formfreier* Vereinbarung aus der Erbengemeinschaft ausscheiden, wodurch dann der Nachlass den anderen Miterben im Verhältnis ihrer Anteile anwächst (vgl. § 738 BGB).[15] Das hat Kostenvorteile, wenn ein Grundstück zum Nachlass gehört.[16] Der Unterschied zur Übertragung (§ 2033 BGB) ist, dass bei Abschichtung der Miterbe lediglich auf seine Rechte als Mitglied der Erbengemeinschaft verzichtet, während bei § 2033 BGB eine Übertragung auf bestimmte Rechtsnachfolger erfolgt. Es besteht Genehmigungsbedürftigkeit (§ 1851 Nr. 3 BGB).

---

15 BGH FGPrax 2018, 242; BGHZ 138, 8 = FamRZ 1998, 673 = NJW 1998, 1557; LG Köln NJW 2003, 2993; *Jünemann* ZEV 2012, 65; *Wesser/Saalfrank* NJW 2003, 2937; *Keim* RNotZ 2003, 375; *Reimann* MittBayNot 1998, 188. Dagegen *Keller* ZEV 1998, 281; *Rieger* DNotZ 1999, 64/69.
16 *Fest* JuS 2007, 1081.

c) Ausübung des Vorkaufsrechts der Miterben

306 Verkauft ein Miterbe seinen Anteil an einen Dritten, so sind die übrigen Miterben zum Vorkauf berechtigt (§ 2034 I BGB); gleichsteht der Verkauf durch Erben eines Miterben. Damit soll das unerwünschte Eindringen Außenstehender verhindert werden können.

307   Voraussetzung ist ein gültiger Kaufvertrag mit Angabe des Kaufpreises (nach § 2371 BGB notarieller Form bedürftig). Das Vorkaufsrecht besteht nicht, wenn der Miterbe seinen Anteil verschenkt, vertauscht (ausgenommen sind jeweils Umgehungsgeschäfte); wenn der Miterbe seinen Anteil an einen anderen Miterben verkauft; wenn der Miterbe seinen Anteil weitervererbt. Vorkaufsberechtigt sind alle restlichen Miterben gemeinschaftlich (§§ 2034 I, 472 BGB: „die übrigen"). Die Ausübungsfrist beträgt zwei Monate (§ 2034 II 1 BGB).

308   Zweifelhaft ist, ob **die Ausübung des Vorkaufsrechts** durch den Betreuer als Vertreter des betreuten Miterben, wodurch dieser Miterbe einen weiteren Erbanteil erwirbt, der **Genehmigung des Betreuungsgerichts** bedarf. Durch die Ausübung entsteht ein neuer Kaufvertrag und damit der Anspruch auf Übertragung des Erbanteils. Der Betreute hat ein Recht, nämlich ein Vorkaufsrecht, kraft dessen er eine Leistung verlangen kann. Durch Ausübung verfügt der Betreuer, weshalb § 1851 Nr. 3 BGB passen könnte, so dass Genehmigungsbedürftigkeit bestehen würde.[17] Man kann die Ausübung aber auch für genehmigungsfrei halten, weil auch der Erwerb einer Erbschaft genehmigungsfrei ist; mit zwei Ausnahmen:

• Wenn zum Erbanteil ein Grundstück gehört, wird Genehmigungsbedürftigkeit nach § 1850 Nr. 1 BGB angenommen,[18] obwohl kein Grundstück erworben wird, sondern ein Erbteil an einer Erbschaft, zu der ein Grundstück gehört.

• Wenn zum Erbanteil ein Erwerbsgeschäft gehört, wird bei Erwerb oder Veräußerung Genehmigungsbedürftigkeit nach § 1852 Nr. 1a BGB angenommen.

d) Auskunftspflichten der Miterben untereinander

308a Wenn der Erblasser mehrere Kinder hinterlassen hat, von denen eines sein Betreuer war, haben die anderen Miterben einen Anspruch gegen den ehe-

---

17 MünchKommBGB/*Kroll-Ludwigs* § 1821 Rn. 44.
18 OLG Köln Rpfleger 1996, 446.

maligen Betreuer auf Rechnungslegung und Auskunft.[19] über den Nachlass und dessen Verbleib.

e) Pflegende Abkömmlinge

Ein Abkömmling, der durch **Mitarbeit im Haushalt, Beruf oder Ge-** **308b**
schäft des Erblassers während längerer Zeit, durch erhebliche Geldleistungen oder in anderer Weise in besonderem Maße dazu beigetragen hat, dass das Vermögen des Erblassers erhalten oder vermehrt wurde (ohne dass er dafür vergütet wurde), kann bei der Auseinandersetzung eine Ausgleichung unter den Abkömmlingen verlangen, die mit ihm als gesetzliche Erben zur Erbfolge gelangen (§ 2057a BGB). Dies gilt auch für einen Abkömmling, der den Erblasser **während längerer Zeit gepflegt** hat. Wenn aber ein Testament vorliegt, in dem den «Kindern» bestimmte Erbteile zugewiesen wurden, wird vermutet, dass nach dem Willen des Erblassers die Hilfe bzw Pflege damit ausgeglichen ist.

5. Die Verwaltung des Nachlasses

a) Allgemeines

Haben die Miterben die Verwaltung nicht abweichend vom Gesetz durch **309**
Vertrag geregelt (oben Rn. 303) gilt die gesetzliche Regelung (§§ 2038 bis 2040 BGB) Eine Erbengemeinschaft hat keinen Geschäftsführer, so dass grundsätzlich **alle Miterben verwalten.** Verwaltung des Nachlasses (§ 2038 BGB) umfasst sowohl das **Innenverhältnis** (z. B. Beschluss, eine Reparatur durchzuführen, das Nachlassgrundstück zu veräußern) wie das **Außenverhältnis** (z. B. Durchführung des Beschlusses durch Auftrag an den Handwerker, durch Kaufvertrag und Übereignung; § 2040 BGB). Wenn Verfügungen zugleich Verwaltungsmaßnahmen sind, sind § 2038 *und* § 2040 BGB einschlägig: Für das Innenverhältnis der Miterben gilt dann die Kompetenzregelung in § 2038 BGB (Mehrheit, oder Einstimmigkeit oder ein Miterbe allein entscheidet); für das Außenverhältnis ist grundsätzlich § 2040 BGB (Einstimmigkeit) erforderlich (Rn. 321 ff.).

Das bedeutet, dass der **Betreuer eines Miterben** *selbst* nur in Notfällen (Rn. 334) etwas entscheiden kann, er übt sonst nur die Rechte seines Betreuten innerhalb der Erbengemeinschaft aus. Wenn dies auf die Dauer nicht praktikabel ist, sollte der Betreuer auf die Auseinandersetzung der Erbengemeinschaft (Rn. 356 ff.) dringen.

---

19 OLG Saarbrücken FamRZ 2022, 1141 = BeckRS 2021, 44933.

310

Maßnahmen der laufenden Verwaltung	Außerordentliche Verwaltungsmaßnahmen; Verfügungen	Notwendige Erhaltungsmaßnahmen (Notverwaltung); Einziehung einer Forderung
Mehrheitsentscheidung	Einstimmigkeit	Kann jeder Miterbe allein treffen
§§ 2038 II 1, 745 I BGB	§§ 2038 I 1; 2040 I BGB	§§ 2038 I 2 (2); 2039 BGB

311   **Verwaltungsrechte einzelner Miterben.** Solche Rechte kann der Erblasser durch Anordnung gemäß § 2209 BGB (Bestellung eines Miterben zum Testamentsvollstrecker) oder durch eine Auflage (§ 1940 BGB) begründen, ferner durch Anordnungen für die Auseinandersetzung (§ 2048 S. 1 BGB). Er kann weiterhin einen Miterben zum „Dritten" berufen,[20] und anordnen, dass dieser nach billigem Ermessen auseinandersetzen soll. Im Übrigen bestehen Verwaltungsrechte einzelner Miterben beim Notverwaltungsrecht (Rn. 335).

312   **Nachlassverwaltungsrechte anderer Personen.** Die Miterben können den Nachlass nicht verwalten, soweit ein Testamentsvollstrecker das Verwaltungsrecht hat (§ 2205 BGB); ähnliches gilt bei gerichtlich angeordneter Nachlassverwaltung (§ 1984 BGB), Insolvenzverwaltung (§ 80 InsO). Der Betreuer des Miterben ist in diesen Fällen also ohne eigenes Verwaltungsrecht und nimmt nur die Rechte des betreuten Miterben gegen den Verwalter wahr.

313   **Keine Verwaltungsmaßnahmen.** Das sind z. B. die Ausübung des Vorkaufsrechts (§ 2034 BGB), Auseinandersetzung des Nachlasses, Widerruf einer Vollmacht des Erblassers[21] (das kann jeder Miterbe für sich tun), Totenfürsorge (die Leiche fällt nicht in den Nachlass).

314   Das **Nachlassgericht** darf den Nachlass nicht verwalten. Nur wenn ein Nachlasspfleger bestellt ist (§§ 1960, 1961 BGB) und dieser verhindert ist, könnte das Nachlassgericht nach §§ 1885, 1888 I, 1867 BGB Maßregeln treffen.

b) Fälle, in denen die Mehrheit entscheidet

315   § 2038 II 1 BGGB verweist auf § 745 BGB, wonach innerhalb einer *ordnungsmäßigen* Verwaltung durch Mehrheit etwas beschlossen werden kann. Die „ordnungsmäßige" Verwaltung sollte man besser als laufende

---

20 RGZ 110, 274.
21 BGHZ 30, 391, 396 = NJW 1959, 2114; *Lange*, Erbrecht, Kap. 14 Rn. 45.

Verwaltung[22] bezeichnen; denn auch eine schlechte Verwaltung (z. B. Verpachtung zu einem dürftigen Preis; Bezahlung mangelhafter Reparaturen) ist eine „ordnungsmäßige" Verwaltung im Sinne des § 2038 BGB; der schlechte Verwalter haftet aber dem betreuten Miterben. Die ordnungsmäßige Verwaltung umfasst alles, was nicht außerordentliche Verwaltung (Rn. 332) oder Verfügung (Rn. 340) ist. **Beispiele für ordnungsmäßige Verwaltung:**[23] Begleichung von Nachlassschulden, Einziehung von Forderungen (vgl. § 2039 BGB; zur Kündigung § 2040 I BGB), Vermietung von Grundstücken,[24] Einziehung der Miete, Reparaturen, Fortführung eines Geschäfts, Kapitalanlagen, Einstellung von Arbeitnehmern, Übertragung der Verwaltung eines Nachlassgegenstandes auf einen Dritten, z. B. einen Hausverwalter.

aa) Abstimmungsverfahren, Mehrheit

Für das **Abstimmungsverfahren** sind die §§ 32 ff. BGB (Vereinsrecht) **316** nicht direkt anwendbar; gesetzliche Regelungen über Ladungsfristen und dergleichen gibt es nicht. Der Betreute wird bei der Abstimmung durch seinen Betreuer vertreten (§ 1823 BGB). Ist der Betreute noch *geschäftsfähig*, kann er selbst abstimmen und wird dabei vom Betreuer nicht verdrängt (anders, wenn insoweit ein Einwilligungsvorbehalt besteht, § 1825 BGB); stimmt der geschäftsfähige Betreute mit ja, der Betreuer mit nein, dann gilt das „ja". Für die Stimmabgabe als solche braucht der Betreuer **keine Genehmigung** des Betreuungsgerichts.[25]

Ist der **Betreuer zugleich Miterbe,** dann wirkt er in doppelter Eigen- **317** schaft an einer Abstimmung mit: als Miterbe und als Betreuer. Beispiel: Erben sind A, B (Betreuer des A), C, zu je 1/3. Dann hat B Stimmrechte zu 2/3. Nach Ansicht des BGH[26] ist das trotz §§ 1824, 181 BGB zulässig: „Denn es handelt sich nicht um einen Vertragsabschluss oder ein sonstiges Rechtsgeschäft der Gesellschafter untereinander, sondern um den Sozialakt der körperschaftlichen Willensbildung durch Mehrheitsentscheid." Allerdings ist die Gesellschaft mit der Erbengemeinschaft nicht vergleichbar, weil hier meist ganz unterschiedliche Interessen der Miterben vorliegen und nicht wie bei der Gesellschaft das einheitliche Ziel der Gewinnerzielung; jedoch sprechen praktische Gründe dafür. Auch eine **Genehmigung des Betreuungsgerichts** ist **für die Stimmabgabe** nicht notwendig (und auch nicht

---

22 *Grüneberg/Weidlich* § 2038 Rn. 4.
23 MünchKomm/*Gergen* § 2038 Rn. 16, 17.
24 Vertragspartei ist nicht „die Erbengemeinschaft", BGH FamRZ 2002, 1621 = NJW 2002, 3389.
25 *Rißmann/Damrau,* Die Erbengemeinschaft, § 11 Rn. 15.
26 BGHZ 52, 316 = NJW 1970, 33 (Beschluss über Auflösung einer GmbH, Mitwirkung im eigenen Namen und als Vertreter der minderjährigen Tochter).

möglich), weil kein Fall der §§ 1850 ff. BGB vorliegt.[27] Sollte der Betreuer bei der Abstimmung pflichtwidrig gehandelt haben, ist der Beschluss trotzdem gültig; allerdings haftet der Betreuer dem Betreuten (§ 1826 BGB).

318   Die **Mehrheit** wird nicht nach Köpfen berechnet, sondern nach den **Erbquoten** (§ 745 I BGB). Wie viel der einzelne Miterbe letztlich noch betragsmäßig zu bekommen hat, spielt keine Rolle; wer Miterbe zu 1/5 ist hat 20 % der Stimmen, selbst wenn er wegen Vorempfängen bei der Auseinandersetzung nichts mehr erhält.[28] Würde man anders rechnen, wäre die Berechnung der Stimmquote ein oft zunächst kaum lösbares Problem, die Verwaltung würde über Monate gelähmt, obwohl die Entrümpelung drängt. Verfahrensfehler führen nicht zwingend zur Nichtigkeit des Beschlusses. Selbst wenn die Mehrheit die Minderheit überhaupt nicht fragt, ist der Beschluss der Mehrheit[29] wirksam. Das bedeutet, dass der Miterbe mit **mehr als 50 %** Erbanteil faktisch Alleinherrscher ist; die Minderheit kann sich wehren, indem sie auf beschleunigte Auseinandersetzung dringt (vgl. § 2042 BGB). Das ist vor allem dann wichtig, wenn der Minderheitserbe unter Betreuung steht. Der Mehrheitsbeschluss kann gerichtlich nur beschränkt nachgeprüft werden, so z. B. dahin, ob die Verwaltung den äußersten Rahmen der Ordnungsgemäßheit eingehalten hat, nicht der Zweckmäßigkeit.

319   **Beispiel:**

Die Mehrheit beschließt, ein Büro im Nachlasshaus für 500 Euro monatlich zu vermieten. Die Minderheit hält 700 Euro für erzielbar. Die Minderheit ist auf eine Schadensersatzklage angewiesen (§ 280 BGB: zwischen den Miterben besteht ein gesetzliches Schuldverhältnis), in deren Rahmen dann die erzielbare Miete (z. B. durch Gutachten) geklärt wird.

320   **Kein Stimmrecht** hat ein Miterbe in den Fällen des § 34 BGB (z. B. ob eine zum Nachlass gehörende Forderung gegen diesen Miterben eingezogen werden soll).[30] Ein Interessenwiderstreit besteht auch, wenn einem Miterben eine Vergütung für seine Verwaltungstätigkeit bewilligt werden soll.

bb) Vertretung der Erbengemeinschaft im Außenverhältnis

321   Gibt es drei Miterben A, B und C (je ⅓ Erbanteil) und hat beispielsweise die **Mehrheit** (A, B) beschlossen, einen Pkw-Stellplatz an M zu vermieten, dann fragt sich, wer den Mietvertrag (= Verpflichtungsgeschäft) zu unterschreiben hat (vgl. § 550 BGB): Genügt die Unterschrift von A und B oder

---

27 BGHZ 52, 316 = NJW 1970, 33.
28 H. M., MünchKomm/*Gergen* § 2038 Rn. 35.
29 Zum Mehrheitsbeschluss vgl. *Muscheler* ZEV 1997, 169 und 222.
30 BGH/ 56, 47 = NJW 1971, 1265/7 = FamRZ 1971, 307; MünchKomm/*Gergen* § 2038 Rn. 37.

muss C aus § 2038 II 1 Halbs. 1 BGB auf Genehmigung verklagt werden (Vollstreckung: § 894 ZPO), so dass u. U. erst nach jahrelangem Prozessieren ein Vertrag zustande kommt, der Mietinteressent aber dann den Stellplatz nicht mehr braucht. Der BGH[31] bejaht die **gesetzliche Vertretungsmacht der Mehrheit** für das Verpflichtungsgeschäft (denn sonst sind Prozesse notwendig; die Erbengemeinschaft ist handlungsunfähig; Querulanten können stören; § 745 I 1 BGB); der gültige Mehrheitsbeschluss verleiht den im Außenverhältnis tätigen Gemeinschaftern die notwendige Vertretungsmacht, um den Beschluss zu vollziehen. Es genügt also, wenn A und B den Vertrag unterschreiben (hat B den A bevollmächtigt, genügt sogar die Unterschrift des A); Vermieter sind A, B und C (nicht: „die Erbengemeinschaft"[32]). Bei bloßen Verfügungen ist allerdings auch im Außenverhältnis das Handeln aller Miterben erforderlich (§ 2040 BGB).

cc) Genehmigungsbedürftigkeit der Verwaltungsmaßnahme der Mehrheit?

Beispiele: **322**

(1) A, B (Betreuter) und C, die zu je ⅓ Miterben sind, beschließen einstimmig, einen Kredit über 15.000 Euro aufzunehmen. Braucht B für den Abschluss des Kreditvertrags die Genehmigung des Betreuungsgerichts? (2) B, der mit ⅓ beteiligt ist, ist gegen eine Kreditaufnahme, wird aber von A und C überstimmt. (3) B (Betreuer) ist mit 80 % Miterbe, A und C mit je 10 %. B will den Kredit aufnehmen, A und C wollen nicht.

Wäre B Alleinerbe, bräuchte sein Betreuer für den Abschluss des Kreditvertrags wegen § 1854 Nr. 2 BGB die Genehmigung des Betreuungsgerichts. Ist der Betreute Miterbe und ist ohne ihn eine beschlussfähige Mehrheit vorhanden, dann ist eine Genehmigung des Betreuungsgerichts nicht erforderlich,[33] weil die Minderheit im Außenverhältnis überhaupt nicht handelt; so ist es in den Fällen (1) und (2). Im Fall (3) dagegen ist der Betreute **Mehrheitserbe.** *Damrau*[34] vertritt die Ansicht, dass Verwaltungsmaßnahmen der Erbengemeinschaft, der Betreute angehören, keiner betreuungsgerichtlichen Genehmigung bedürfen, weil eine gesetzliche Vertretungsmacht der Mehrheit vorliege, die §§ 1849 ff. BGB sich aber nur

323

---

31 BGH FamRZ 2015, 497; BGH FamRZ 2011, 95 = NJW 2011, 61; BGHZ 56, 47 = NJW 1971, 1265/66; *Lange* Erbrecht Kap. 14 Rn. 60; *Muscheler* ZEV 1997, 222/9.

32 BGH FamRZ 2002, 1621 = NJW 2002, 3389; denn die Erbengemeinschaft ist keine juristische Person, auch nicht wie die BGB-Gesellschaft teilrechtsfähig (vgl. dazu das MoPeG 2024).

33 LG Köln WuM 1959, 54 (Mietvertrag über Nachlassgrundstück ohne Mitwirkung des Pflegers).

34 *Damrau* ZEV 2006, 190; *Grüneberg/Weidlich* § 2038 Rn. 9. Über minderjährige Miterben vgl. *Mahlmann* ZEV 2009, 320.

auf Vertretung durch Betreuer beziehen würden. Dagegen spricht aber der Schutz des Betreuten, weshalb in dieser Fallgruppe Genehmigungsbedürftigkeit besteht.

324   Freilich führt dies dazu, dass bestimmte Maßnahmen faktisch unterbleiben müssen. Haben A, B (Betreuter) und C ein **Wertpapierdepot** geerbt und will der Mehrheitserbe B (vertreten durch den Betreuer) die Aktien aus Angst vor einem Kursverfall verkaufen, braucht er dazu die Genehmigung des Betreuungsgerichts (§ 1849 I Nr. 2 BGB), was einige Wochen dauert; bis dahin können sich die Kurse sehr geändert haben. Die nicht unter Betreuung stehenden Miterben können das Problem nur lösen, indem sie die Teilung des Nachlasses verlangen; dazu benötigt der betreute Miterbe wiederum die Genehmigung des Betreuungsgerichts (§ 1851 Nr. 3 BGB).

dd) Insbesondere: Vermietung und Kündigung eines Mietverhältnisses

325   War der Erblasser **Eigentümer eines Hauses**, dann braucht der Betreuer des Erben zur Veräußerung des Hauses die Genehmigung des Betreuungsgerichts (§ 1850 Nr. 1 BGB). Wenn der betreute Alleinerbe das Haus selbst bewohnte (und jetzt ins Heim umziehen soll), verliert er dadurch seine **selbstgenutzte Wohnung**, eine Genehmigung nach § 1833 III Nr. 4 BGB ist erforderlich.

Wenn eine Wohnung im Haus, das der Betreute geerbt hat, und in der **der Betreute** nicht **wohnte**, anderweit vermietet werden soll, dann braucht der Betreuer für die Neuvermietung die Genehmigung des Betreuungsgerichts, wenn das Vertragsverhältnis länger als vier Jahre dauern soll (§ 1853 S. 1 Nr. 1 BGB); dasselbe gilt bei Eigentumswohnungen, bei einem gewerblichen Raum (Büro, Laden) oder Pachtvertrag (z. B. über eine landwirtschaftliche Wiese), egal ob der Betreute Pächter oder Verpächter ist.

326   Wenn der **Miterbe** in Wahrnehmung seines Rechts zur (Mit-)nutzung (§§ 2038 II 1, 743 II BGB) eine Wohnung des Nachlasshauses bewohnen will ist das nicht genehmigungspflichtig,[35] weil der Schutz des Betreuten es nicht erforderlich macht. Aber der Nutzungswert ist anzurechnen.

Ist **der Betreute nur Miterbe** und hat er eine Wohnung selbst genutzt dann gilt derselbe Schutz wie beim Alleinerben (§ 1833 BGB unterscheidet nicht).

327   Eine **Kündigung durch den Vermieter** ist eine Verfügung und also grundsätzlich nur einstimmig möglich (§ 2040 I BGB). Richtigerweise

---

35 LG Münster FamRZ 1994, 531; MünchKomm/*Schneider* § 1907 Rn. 9; Grüneberg/ *Götz* § 1907 Rn. 7; a.A. LG Wuppertal FamRZ 2007, 1269.

muss man zwischen den verschiedenen Fällen von Verfügungen unterscheiden. Die Kündigung eines Pacht- oder Mietverhältnisses ist als Maßnahme einer ordnungsmäßigen Verwaltung anzusehen und kann also durch die Mehrheit der Erben beschlossen werden.[36] Auch Verfügungen, sofern sie Maßnahmen einer ordnungsgemäßen Verwaltung darstellen, können durch Mehrheitsentscheidungen getroffen werden.[37] Die Mehrheit der **Vermieter-Erbengemeinschaft** kann eine Kündigung aussprechen und vertritt dabei alle Miterben (Rn. 321). **Will der Mieter kündigen**, dann muss er gegenüber allen Miterben Vermieter-Erbengemeinschaft die Kündigung aussprechen,[38] für den betreuten Miterben gegenüber dessen Betreuer.

ee) Mitwirkungspflicht der Miterben

Die Miterben sind verpflichtet, zu Maßregeln mitzuwirken, die zur ordnungsmäßigen Verwaltung erforderlich sind (§ 2038 I S. 2 Halbs. 1 BGB). Das bedeutet: **Kommt für keine Maßnahme eine Mehrheit zustande** (z. B. wenn zwei Miterben mit je ½ beteiligt sind), dann ist die Verwaltung gelähmt. Jeder Miterbe kann die anderen Miterben auf Zustimmung zu einer bestimmten Maßnahme verklagen (z. B. Klage auf Zustimmung zur Bewilligung der Eintragung einer Grundschuld, damit ein notwendiger Kredit aufgenommen werden kann; Vollstreckung nach §§ 894, 887, 888 ZPO). Grenze ist, dass niemand durch Mehrheitsbeschluss gezwungen werden kann, sein Privatvermögen anzugreifen;[39] deshalb kann z. B. auch kein Minderheits-Miterbe durch Mehrheitsbeschluss gezwungen werden, in die Fortführung eines Handelsgeschäfts einzuwilligen, weil er dadurch persönlich haften würde (§§ 25, 27 HGB)[40] oder aus seinem Privatvermögen Kredite zu geben. Da der Betreuer der Aufsicht des Betreuungsgerichts unterliegt (§ 1862 BGB), kann sich auch derjenige Miterbe, der nicht unter Betreuung steht, an das Betreuungsgericht wenden und dieses bitten, dem Betreuer entsprechende Weisungen zu erteilen, was aber nur sinnvoll ist, wenn die Rechtmäßigkeit des Handelns des Betreuers (und nicht nur die Zweckmäßigkeit) zweifelhaft ist. In Extremfällen, wenn sich der Betreuer als ungeeignet erweist, kann auch seine Entlassung beim Betreuungsgericht angeregt werden (§ 1868 BGB).

Auskunftspflichten eines Miterben können sich auch daraus ergeben, dass der Miterbe der Betreuer des Erblassers war.[41]

328

---

36 BGH NJW-RR 2010, 1312; BGH NJW 2010, 765; umstritten.
37 BGH NJW 2010, 765; umstritten.
38 Grüneberg/*Weidlich* § 2040 Rn. 5.
39 OLG Celle JR 1963, 221/2.
40 BGHZ 30, 391/4 = NJW 1959, 2114; BGHZ 32, 60/67 = NJW 1960, 959.
41 OLG Saarbrücken FamRZ 2022, 1141 = ZEV 2022, 248.

ff) Kein Miterbe will den Nachlass verwalten

329   Wenn sich niemand um den Nachlass kümmern will, was häufig ist, wenn zahlreiche Miterben vorhanden sind und die jeweiligen Erbquoten klein sind, wird man den Betreuer eines Miterben als verpflichtet ansehen müssen, tätig zu werden. In Frage kommt eine Klage des betreuten Miterben gegen die unwilligen Miterben auf Zustimmung, dass ein Miterbe (z. B. der betreute Miterbe, vertreten durch den Betreuer) selbst als privater Nachlassverwalter tätig wird;[42] da aber berufsmäßige Betreuer nicht nach ihrem tatsächlichen Zeitaufwand bezahlt werden (vgl. §§ 7 ff. VBVG) ist das für den Betreuer nicht interessant. Die Verwaltung des Nachlasses durch einen Fremdverwalter (z. B. den Betreuer als bezahlte Privatperson) kann nur verlangt werden, wenn kein Miterbe selbst in der Lage oder nicht bereit ist, den Nachlass ordnungsgemäß zu verwalten.[43]

c) Fälle, in denen Einstimmigkeit erforderlich ist

330   • Verfügungen

• „nicht ordnungsmäßige" Verwaltung, besser als außerordentliche Verwaltung zu bezeichnen. Sie betrifft eine „wesentliche Veränderung des Gegenstandes."

331   Das Prinzip der einstimmigen Verwaltung gilt nicht für die „ordnungsmäßige" Verwaltung (hier entscheidet die Mehrheit), sondern nur für die „nicht ordnungsmäßige" Verwaltung. Dies wird der Verweisung des § 2038 II 1 auf § 745 BGB entnommen: § 745 I BGB spricht von der ordnungsmäßigen Verwaltung und lässt hier eine Mehrheitsentscheidung genügen. Für eine „wesentliche Veränderung des Gegenstandes" dagegen verlangt § 745 III BGB Einstimmigkeit. Eine solche wesentliche Veränderung muss den Nachlass als Ganzes (!) betreffen, nicht den Einzelgegenstand. Deshalb wird behauptet, die „Umgestaltung, Verarbeitung und Veräußerung von Einzelgegenständen" liege innerhalb ordnungsmäßiger Verwaltung, „solange der Nachlass als Ganzes nicht wesentlich verändert wird."[44] Unter die ordnungsmäßige Verwaltung sollen alle Maßnahmen fallen, die „der Beschaffenheit des Gegenstandes und dem Interesse aller Miterben nach billigem Ermessen entsprechen".[45]

332   **Beispiele für außerordentliche Verwaltung:** Fortführung eines Handelsgeschäfts durch die Erben wegen der nun eintretenden persönlichen

---

42 MünchKomm/*Gergen* § 2038 Rn. 43; *Lange/Kuchinke* § 43 II 5.
43 BGH FamRZ 1983, 691 = NJW 1983, 2142.
44 MünchKomm/*Gergen* § 2038 Rn. 30.
45 Grüneberg/*Weidlich* § 2038 Rn. 6.

Haftung (§§ 25, 27 HGB);[46] Wiederaufbau eines kriegszerstörten Hauses;[47] Grundstücksteilung;[48] Errichtung von Garagen auf einer als Kfz-Abstellplatz genutzten Fläche.[49]

Gemeinschaftlichkeit muss in den Fällen außerordentlicher Verwaltung im Innenverhältnis vorliegen, aber auch im Außenverhältnis, z. B. beim Vollzug mittels Eigentumsübertragung (Verfügung, § 2040 I BGB). Ein einzelner Miterbe kann handeln, wenn er von den anderen bevollmächtigt wurde; das ist auch stillschweigend möglich. Weigert sich ein Miterbe, im Außenverhältnis mitzuwirken, z. B. beim Notar den Vertrag zu unterschreiben, kann er auf Mitwirkung verklagt werden; mitwirken muss er nur, wenn es sich um ordnungsmäßige Verwaltung handelt, § 2038 I 2 Halbs. 1 BGB; bei außerordentlicher Verwaltung besteht keine Mitwirkungspflicht (zu entscheiden ist also vom Gericht die Vorfrage, um welche Art von Maßnahme es sich handelt).

333

d) Alleinentscheidungskompetenz eines Miterben

- Notverwaltungsrecht einzelner Miterben

334

- Geltendmachen von Ansprüchen.

aa) Notverwaltung

Wenn die Mehrheit noch keinen entsprechenden Beschluss gefasst hat, kann jeder Miterbe die zur Erhaltung des Nachlasses notwendigen Maßregeln allein treffen (§ 2038 I 2 Halbs. 2 BGB; vgl. § 744 II BGB); hierzu ist er berechtigt und im Verhältnis zu den Miterben auch verpflichtet. Es muss eine gewisse Dringlichkeit vorliegen, so dass die Zustimmung der anderen Miterben nicht mehr eingeholt werden kann. Die Maßregel muss notwendig, nicht nur nützlich sein; sie muss sich im Rahmen ordnungsmäßiger Verwaltung halten und aus Nachlassmitteln finanziert werden können.

335

Beispiele:

336

Notwendige Erhaltungsmaßnahmen sind dringende Reparaturen an Hausgrundstücken,[50] Einlegen von fristgebundenen Rechtsmitteln, Anfechtung des Beschlusses einer WEG-Versammlung;[51] im Einzelfall auch eine eilige Kün-

---

46 MünchKomm/*Gergen* § 2038 Rn. 33.
47 BGH LM § 1004 BGB Nr. 14.
48 RG Seufferts Archiv 81 Nr. 145.
49 *Grüneberg/Sprau* § 745 Rn. 3.
50 BGHZ 6, 76.
51 BayObLG FamRZ 1999, 187.

digung.[52] **Keine Eilfälle sind:** Abschluss eines mehrjährigen Mietvertrages,[53] Wiederaufbau eines zerstörten Hauses.

337   Ob die **Notverwaltungsmaßnahme des Betreuers eines Miterben** der Genehmigung des Betreuungsgerichts bedarf ist zweifelhaft. *Damrau*[54] vertritt die Ansicht, dass *die* Notverwaltungsmaßnahmen keiner betreuungsgerichtlichen Genehmigung bedürfe (Rn. 323). Vgl. Rn. 344.

bb) Geltendmachung von Nachlassansprüchen

338   Nachlassansprüche in diesem Sinne sind schuldrechtliche, dingliche und sonstige Ansprüche, die vom Erblasser auf die Erbengemeinschaft übergegangen sind oder nach dem Erbfall gemäß § 2041 BGB entstanden sind. Das sind z. B.: Anspruch auf Rückzahlung eines Darlehens (das der Erblasser gab), Mahnung, Klage bezüglich des Anspruchs, Rechtsmitteleinlegung; Herausgabeanspruch nach § 2018 BGB; Anspruch auf Schadensersatz wegen Nicht- oder Schlechterfüllung;[55] bestimmte Abfindungsansprüche.[56] Hier sind nicht §§ 2038, 2040 BGB anzuwenden, sondern die **Sonderregelung in § 2039 BGB.** Wenn die Ausübung eines Gestaltungsrechts (z. B. Anfechtung, Rücktritt) eine Verfügungswirkung hat, müssen alle Miterben handeln (§ 2040 BGB); der durch die Ausübung entstandene Anspruch, z. B. aus § 812 BGB nach Anfechtung, fällt hingegen unter § 2039 BGB.

339   Jeder Miterbe allein (also auch der betreute Miterbe, vertreten durch den Betreuer) kann die (ganze) Leistung fordern, aber nicht an sich, sondern nur **an alle Erben**[57] (oder eine von allen Miterben bevollmächtigte Person, auch einen bevollmächtigten Miterben; in der Praxis wird verlangt, auf das Konto der „Erbengemeinschaft" zu zahlen); § 2039 S. 1 BGB. Klagen kann er auch gegen den Widerspruch der anderen Miterben. Klagt der einzelne Miterbe auf Leistung *an sich*, ist theoretisch die Klage abzuweisen; in der Praxis wird aber der Kläger vom Gericht zuvor auf den Fehler hingewiesen (§ 139 ZPO) und behebt ihn dann.

---

52 MünchKomm/*Gergen* § 2038 Rn. 60, 61.
53 BGH NJW 1958, 2061.
54 *Damrau,* ZEV 2006, 190.
55 BGH NJW 1987, 434: Schadensersatzanspruch gegen Notar.
56 BVerwG ZEV 1998, 389.
57 MünchKomm/*Gergen* § 2039 Rn. 15. Ausnahmen: Die anderen Miterben haben A zur Klage auf Zahlung an sich ermächtigt oder es liegt eine (ausnahmsweise) zulässige vorweggenommene Teilauseinandersetzung vor; Grüneberg/*Weidlich* § 2039 Rn. 9.

e) Nutzungsentschädigung, wenn ein Miterbe das Haus allein bewohnen will

Häufig nutzt ein Miterbe nach dem Tod des Erblassers einen Nachlassgegen-   **339a**
stand (Haus, Eigentumswohnung, Auto usw.) allein weiter; das ist zulässig,
wenn die Mehrheit der Miterben damit einverstanden sind.[58] Jedoch können
dann die anderen Miterben eine Nutzungsentschädigung verlangen.[59]

Beispiel:

E ist gestorben, er war in 2. Ehe mit F verheiratet. E und F wohnten in einem
Einfamilienhaus, das E allein gehörte. E hinterlässt aus 1. Ehe zwei volljährige
Kinder A und B (der unter Betreuung steht). E wird kraft Gesetzes von F zu ½
und von A und B zu je ¼ beerbt (§§ 1924, 1931 BGB). F will das Haus weiterhin (nun allein) bewohnen. A und der Betreuer des B können eine angemessene
Nutzungsentschädigung von der F verlangen. Da der Betreuer nichts verschenken darf, wird er das für B tun müssen. Durch ein entsprechendes Testament
hätte E das verhindern können.

Rechtsgrundlage ist § 2038 II BGB mit § 745 BGB. Die tatsächliche
Nutzung des „gemeinsamen" Nachlasshauses durch die F allein, *ohne* dass
zuvor eine Regelung getroffen wurde, führt aber noch nicht zu einem Ent-
schädigungsanspruch.[60] Zuvor muss eine Regelung mit Mehrheit beschlossen werden, hilfsweise darauf geklagt werden. Obergrenze der Nutzungsentschädigung ist die ortsübliche Miete.

f) Verfügungen der Erbengemeinschaft

Verfügungen (im Gegensatz zu **Verpflichtungen**) sind Rechtsgeschäfte,   **340**
durch die bestehende Rechte mit unmittelbarer Wirkung aufgehoben,
übertragen, belastet oder inhaltlich verändert werden,[61] z. B. Kündigung
eines Miet- oder Pachtvertrages, Kündigung eines Darlehens, Abtretung
einer Forderung, Erlass einer Schuld, Übertragung von Eigentum, Belastung mit einer Grundschuld, Anfechtungserklärung nach §§ 119, 123
BGB, Annahme einer geschuldeten Leistung.[62]

Über einen Nachlassgegenstand können die Miterben **nur gemein-**   **341**
schaftlich verfügen (§ 2040 I BGB). Das heißt nicht, dass sie gleichzeitig

---

58 Zum Beschluss der Miterben vgl. *Muscheler* ZEV 1997, 169.
59 Zur Durchsetzung vgl. *Sachs* ZEV 2010, 512.
60 BGHZ 162, 342 = NJW-RR 2005, 1200; Grüneberg/*Sprau* § 745 Rn. 5.
61 BGHZ 1, 294/304.
62 Weitere Beispiele bei MünchKomm/*Gergen* § 2040 Rn. 9 ff.

handeln müssen;[63] auch kann einer als Stellvertreter der anderen handeln oder mit nachträglicher Genehmigung (§§ 167, 177, 182 ff., 185 BGB). Bei einseitigen Rechtsgeschäften eines Miterben (wie Kündigung) ist die vorherige Zustimmung der anderen Miterben erforderlich (§ 182 III BGB).

342   Wenn Verfügungen nicht zugleich Verwaltungsmaßnahmen sind (wie z. B. eine Schenkung, Nachlassauseinandersetzung), ist die Regelung in § 2040 ohne wesentliche Probleme. Fast alle Verwaltungsmaßnahmen verlangen aber zur Durchführung eine Verfügung; dann sind § 2038 BGB *und* § 2040 BGB einschlägig. Hier sind drei Stufen zu unterscheiden:

- Willensbildung bezüglich der Verpflichtung: Für das **Innenverhältnis** der Miterben gilt die Kompetenzregelung in § 2038 BGB.

- Abschluss des Verpflichtungsvertrags, z. B. des Kaufvertrags mit dem Käufer.

- Für das **Außenverhältnis** ist § 2040 BGB einschlägig, soweit es um die Verfügung geht.

343   Das führt zu unpraktikablen Ergebnissen: wirkt der überstimmte Miterbe im Außenverhältnis bei der Verfügung nicht mit, müsste er auf Mitwirkung verklagt werden (§ 2038 I 2 Halbs. 1 BGB); mit Urteilsrechtskraft gilt die Erklärung als abgegeben (§ 894 ZPO).

344   Bei **Notverwaltung** ist § 2038 I 2 Halbs. 2 BGB nach h. M. vorrangig gegenüber § 2040 BGB; hier kann jeder einzelne Miterbe im Innen- wie im Außenverhältnis handeln,[64] auch verfügen, weil sonst der Zweck der Vorschrift verfehlt würde.

345   **Beispiel:**

A, B und C sind Miterben zu je ⅓. Zum Nachlass gehört eine Landwirtschaft. Eine Kuh hat sich verletzt und muss notgeschlachtet werden. Hier kann C allein den Werkvertrag mit dem Metzger schließen, dann den Kaufvertrag und schließlich ihm das Fleisch übereignen, obwohl Letzteres eine Verfügung ist; andernfalls würde es verderben. C muss nicht zuerst die Zustimmung der Miterben einholen. Er handelt als gesetzlicher Vertreter der anderen Miterben.

---

63 BGHZ 157, 79 = FamRZ 2004, 450 = NJW 2004, 767/9.
64 H. M., MünchKomm/*Gergen* § 2040 Rn. 3; *Lange/Kuchinke* § 43 IV; jeweils mit Nachweisen der a. A.

6. Das Verhältnis der Miterben zu den Nachlassgläubigern

Die §§ 2058 ff. BGB regeln die Haftung im Außenverhältnis und ergänzen **346** die allgemeinen Regeln der §§ 1967 ff. BGB über die Haftung des Erben. Haftung im Innenverhältnis: § 2046 BGB.

Vor Annahme der Erbschaft kann weder der Erbe noch der Mit- **347** erbe von den Nachlassgläubigern in Anspruch genommen werden (§ 1958 BGB). Zieht sich die Annahme hin, bleibt dem Gläubiger nur, die Bestellung eines Nachlasspflegers zu beantragen (§ 1961 BGB) und dann „die unbekannten Erben des …", gesetzlich vertreten durch den Nachlasspfleger Y, zu verklagen.

Nach der Annahme der Erbschaft ist zu unterscheiden, ob der Nach- **348** lass schon geteilt ist oder noch nicht:[65]

Haftung der Miterben vor der Teilung	Haftung der Miterben nach der Teilung	
Zwei Vermögensmassen: • ungeteilter Nachlass • Eigenvermögen des Erben einschl. Miterbenanteil	Beim Miterben gibt es nur noch *eine* Vermögensmasse	**349**
Gesamthänderische Haftung nur mit dem Nachlass, § 2059 II	§ 2059 II ist nicht mehr anwendbar.	
Gesamtschuldnerische Haftung mit Nachlassanteil und Eigenvermögen, beschränkbar nach §§ 1973–1975, 1989, 1990 und § 2059 I 1 auf den Nachlassanteil	Gesamtschuldnerische Haftung mit Gesamtvermögen. Die allgemeinen Haftungsbeschränkungsmöglichkeiten gelten; eingeschränkt durch § 2062: keine Nachlassverwaltung mehr möglich. § 2059 I 1 gilt nicht mehr	
Falls gesamtschuldnerische Haftung unbeschränkbar geworden ist: • Haftung mit Erbanteil, § 2059 I 1 und • anteilig mit Privatvermögen, § 2059 I 2	Die gesamtschuldnerische Haftung, die unbeschränkbar geworden ist, bleibt bestehen. § 2059 I 2 ist nicht mehr anwendbar.	
	In den Fällen §§ 2060, 2061 Haftung nur in Höhe der Erbquote mit dem Privatvermögen	

---

[65] Vgl. MünchKomm/*Geigen* § 2058 Rn. 34, 35.

a) Haftung der Miterben vor der Teilung

350 Die Miterben haften für die gemeinschaftlichen Nachlassverbindlichkeiten als Gesamtschuldner (§ 2058 BGB); der Gläubiger kann also nach Gutdünken alle Miterben als Gesamtschuldner verklagen, er kann sich auch nur einen oder mehrere Miterben heraussuchen und diese auf den *vollen* Betrag verklagen (§ 421 BGB), also nicht nur auf einen der Erbquote entsprechenden Teilbetrag. Beim Miterben sind zwei Vermögensmassen zu unterscheiden: der ungeteilte Nachlass als **Gesamthandsvermögen** und das **Eigenvermögen** des Miterben (wozu auch der Miterbenanteil gehört). Will der Nachlassgläubiger Geld eintreiben, kann sowohl aus dem Nachlass wie aus dem Eigenvermögen erfüllt werden; dem Gläubiger ist dies gleichgültig. Er wird in der Regel alle Miterben als Gesamtschuldner auf Zahlung verklagen (§§ 2058, 421 S. 1 BGB), weil die Klage gegen nur einen Miterben nicht billiger ist; er kann bei einem Titel gegen *alle* Miterben in die einzelnen Nachlassgegenstände vollstrecken (§ 747 ZPO).[66] Außerdem hat er dann die Chance, auch in das Privatvermögen der Miterben vollstrecken zu können.

351 **Solange der Miterbe noch beschränkbar haftet** (also in der Regel) gilt: Bis zur Teilung hat jeder Miterbe ein besonderes Verweigerungsrecht. Er haftet nur mit seinem Anteil am Nachlass, nicht mit seinem Eigenvermögen (§ 2059 I 1 BGB). Das wird aber nicht von Amts wegen berücksichtigt; es handelt sich um eine **Einrede**, die vom verklagten Miterben im Prozess zu erheben ist und dann vom Gericht im Urteil vorzubehalten ist (§ 780 ZPO: „Der Beklagte wird verurteilt, an den Kläger ... zu zahlen. ... Dem Beklagten wird die Beschränkung seiner Haftung auf den Nachlass des ... vorbehalten"). Wenn der Gläubiger vernünftig ist, vollstreckt er dann nur in den Erbteil (§ 859 II ZPO). Er *kann* aber trotz des Vorbehalts in das gesamte Vermögen des Miterben vollstrecken. Tut er das, kann der Beklagte (Miterbe) durch eine neue Klage nach §§ 785, 781, 767 ZPO die beschränkte Haftung (nämlich nur mit dem Erbanteil) geltend machen.[67]

b) Haftung der Miterben nach der Teilung

352 Eine **Teilung** liegt vor, wenn die Erbengemeinschaft wirtschaftlich gesehen aufgelöst ist; wenn Grundstücke, Guthaben, Wertpapiere usw. aufgeteilt sind und nur noch einige Bücher ungeteilt auf dem Dachboden des Erblassers liegen, ist im Rechtssinne „geteilt". Nach Teilung gibt es beim Miterben

---

66 RGZ 71, 366/371; MünchKomm/*Gergen* § 2059 Rn. 19.
67 Soergel/*Wolf* § 2059 Rn. 5.

nur noch *eine* Vermögensmasse; § 2059 II BGB ist nach seinem Wortlaut nicht mehr anwendbar.

Volle Haftung. Die gesamtschuldnerische Haftung der Miterben bleibt auch nach der Teilung bestehen (§ 2058 BGB), beschränkbar nach den allgemeinen Regeln (§§ 1973–1974, 1989, 1990; § 2062 BGB); ein Insolvenzverfahren kann noch beantragt werden (§ 316 II InsO). § 2059 I 1 („bis zur Teilung …") ist nicht mehr einschlägig. **353**

Anteilige Haftung. Ausnahmsweise haftet ein Miterbe nur für den Teil der Schuld, der seiner Erbquote entspricht, wenn **354**

- ein Gläubiger im *gerichtlichen* Aufgebotsverfahren ausgeschlossen wurde (§ 2060 Nr. 1 BGB), wenn der Gläubiger bestimmte Fristen versäumt hat (§ 2060 Nr. 2 BGB) oder wenn das eröffnete Nachlassinsolvenzverfahren durch Verteilung der Masse etc. beendet wurde (§ 2060 Nr. 3 BGB; die Einstellung des Insolvenzverfahrens nach §§ 207, 213 InsO hat diese Wirkung nicht). Oder wenn

- der Miterbe in bestimmter Weise[68] die Gläubiger *privat* im Bundesanzeiger etc. aufgefordert hat und keine Anmeldung erfolgt (§ 2061 BGB).

Der Betreuer eines Miterben sollte deshalb darauf dringen, dass **vor Teilung alle bekannten Verbindlichkeiten beglichen** werden und bei Anlass (also wenn mit weiteren bisher unbekannten Schulden zu rechnen ist) vor Teilung ein Aufgebotsverfahren (Rn. 224) durchgeführt wird. **355**

7. Die Auseinandersetzung (Erbteilung)

Sie umfasst alle Vorgänge, die zur Gemeinschaftaufhebung gehören, also zunächst die Erfüllung der Nachlassverbindlichkeiten, die Abwicklung sonstiger Rechtsbeziehungen, der Verpflichtungsvertrag zwischen den Miterben (der meist stillschweigend geschlossen wird) und der Vollzug durch Verfügungen (Übertragung des Eigentums an einzelnen Stücken auf Miterben). Ist vom Erblasser ein **Testamentsvollstrecker** bestellt worden, führt i. d. R. dieser die Erbteilung durch (§ 2204 BGB). Wenn der Erblasser ferner im Testament anordnete, dass der Testamentssollstrecker die Teilung „nach billigem Ermessen" vornehmen kann, ist er dabei ziemlich frei. **356**

---

68 Vgl. *Zimmermann* ZErb 2011, 259.

a) Der Anspruch auf Auseinandersetzung

357 Jeder Miterbe kann *jederzeit* die Auseinandersetzung verlangen (§ 2042 I BGB). Doch kann ein anderer Miterbe entgegenhalten, dass zuvor die Nachlassverbindlichkeiten zu tilgen sind, § 2046 I BGB; ferner, dass der Nachlass noch nicht „teilungsreif" ist. Solange noch Aufgebotsverfahren nach §§ 1970, 2061 BGB laufen kann ein Miterbe den Aufschub der Auseinandersetzung verlangen (§ 2045 BGB). Vgl. Rn. 354. Solange Nachlassverwaltung (§ 1975 BGB) und Nachlassinsolvenzverfahren nicht abgeschlossen sind, kann die Auseinandersetzung nicht verlangt werden, weil den Miterben dann kein Verwaltungsrecht zusteht.

358 Der Erblasser kann im Testament die **Auseinandersetzung längere Zeit ausschließen** (§ 2044 BGB). Alle Miterben können sich einverständlich über das Verbot der Auseinandersetzung hinwegsetzen;[69] denn es liegt nur ein schuldrechtliches Verbot vor, kein dingliches, kein Fall des § 134 BGB. Im **Grundbuch** kann das Verbot nicht eingetragen werden (Sonderfall: § 1010 BGB). Die Verfügungen der Miterben (einstimmig, § 2040 BGB) sind daher wirksam.

b) Modalitäten der Auseinandersetzung; Genehmigungen

aa) Teilungsanordnung des Erblassers

358a Der Erblasser kann im Testament bzw. Erbvertrag eine bestimmte Teilung des Nachlasses vorschreiben (Teilungsanordnung, § 2048 BGB). Sie hat **keine dingliche Zuordnung** zur Folge, sondern gibt nur einen Anspruch bei der Auseinandersetzung.[70] Wenn der Erblasser nichts anderes angeordnet hat, erfolgt eine **wertmäßige Anrechnung** des zugewiesenen Gegenstandes bei der Auseinandersetzung,[71] die Teilungsanordnung bewirkt keine Wertverschiebung gegenüber der zuvor vom Erblasser festgelegten Erbquote (anders als das Vorausvermächtnis). Ist der Wert des zugewiesenen Gegenstandes größer als der vom Erblasser bestimmte Erbanteil (sog. **überquotale Teilungsanordnung**), kann – wenn der Erblasser nichts anderes angeordnet hat – die Auseinandersetzung nur vollzogen werden, wenn der begünstigte Miterbe den Mehrwert durch freiwillige Leistung aus

---

69 Vgl. hierzu *Kiethe* ZEV 2003, 225.
70 Grüneberg/*Weidlich* § 2048 Rn. 2.
71 OLG Braunschweig ZEV 1996, 69.

seinem eigenen Vermögen in den Nachlass vorab ausgleicht;[72] erzwingbar ist das nicht.[73]

Beispiele:

(1) E hat testiert: „S ist Erbe zu ⅓, T zu ⅔ Mein Sohn S soll den Bauplatz, meine Tochter T die Eigentumswohnung erhalten..." Der Nachlass ist 165.000 Euro wert (Bauplatz 50.000, Wohnung 100.000, Bankguthaben 15.000). Bei der Auseinandersetzung bekommt S ⅓, also den Bauplatz + 5.000 Euro, T ⅔, also die Wohnung + 10.000 Euro. (2) E testiert: „Erben sollen A und B zu je ½ sein; A soll bei der Teilung den Bauplatz erhalten." Nachlasswert 100.000 Euro, davon Wert des Bauplatzes 40.000 Euro. – Dann wird die Erbengemeinschaft zunächst Eigentümerin des Grundstücks; bei der Auseinandersetzung erhält A den Bauplatz + 10.000 Euro; B erhält 50.000 Euro.

bb) Erbteilungsvertrag

Die Erben können einstimmig vereinbaren, wie sie den Nachlass unter sich teilen;[74] dies ist der **schuldrechtliche Vertrag**, der Rechtsgrund (Vergleich, Erlass, Verzicht, Kauf usw.). Der Vertrag ist formfrei,[75] § 2371 BGB ist darauf nicht anwendbar.

359

Für einen Erbteilungsvertrag braucht der Betreuer eines Miterben die **Genehmigung des Betreuungsgerichts** (§ 1851 Nr. 1 BGB). Die Genehmigung ist sowohl für den verpflichtenden wie für den verfügenden Teil erforderlich, doch liegt in der Genehmigung der Verpflichtung auch die Genehmigung der Verfügung.[76] Bei der Genehmigung hat das Betreuungsgericht zu prüfen, ob die Werte, die auf den betreuten Miterben entfallen, etwa dem Wert seiner Erbquote entsprechen; notfalls sind vom Gericht Gutachten einzuholen[77] (da es sich um Amtsermittlung handelt, § 26 FamFG, können die Beteiligten nicht gezwungen werden, selbst Gutachten vorzulegen).

360

Die Veräußerung eines Einzelstücks aus dem Nachlass (z. B. eines Möbels) ist nicht genehmigungspflichtig, wenn der Erlös wieder in den Nachlass fällt, es sei denn, es liegt Genehmigungspflicht nach anderen Bestimmungen (wie z. B. bei einem Grundstück, § 1850 I BGB) vor.

---

72 BGH NJW-RR 1996, 577; MünchKomm/*Fest* § 2048 Rn. 2.
73 BGH FamRZ 1987, 475 meint, der Miterbe sei „im Allgemeinen" zur Zahlung des Mehrwerts aus seinem Vermögen verpflichtet.
74 Dazu *Sarres* ZEV 1999, 377.
75 BGH FamRZ 1970, 376.
76 MünchKomm/*Kroll-Ludwigs* § 1822 Rn. 10.
77 BGH FamRZ 1995, 151 (zu einem Erbverzichtsvertrag).

Die Genehmigung ist grundsätzlich auch für eine **Teilauseinanderset-zung** erforderlich, so etwa wenn nur der Schmuck unter die drei Töchter (von denen eine betreut wird) vorzeitig aufgeteilt werden soll.

361   **Interessenkonflikte.** Sind **sowohl der Betreute wie sein Betreuer Mitglieder der Erbengemeinschaft**, ist der Betreuer von der Vertretung des Betreuten ausgeschlossen (§§ 1824, 181 BGB); es ist vom Betreuungs-gericht ein Ergänzungsbetreuer zu bestellen (§ 1817 V BGB), etwa wenn die Erbengemeinschaft aufgelöst und der Erlös verteilt werden soll.[78]

Anders soll es sein, wenn Betreuer und Betreuter einem volljährigen Miterben den gesamten Nachlass übereignen und dieser Miterbe sich ver-pflichtet, den anderen Miterben jeweils eine bestimmte Abfindungssumme zu bezahlen, denn dies ist lediglich eine Zusammenfassung mehrerer ein-zelner von den Miterben mit dem Erwerber getroffenen Abmachungen, während vertragliche Vereinbarungen der übertragenden Miterben unter-einander nicht bestehen.[79]

Bei **zwei (oder mehr) Betreuten innerhalb der Erbengemeinschaft** bestehen untereinander Interessengegensätze, weshalb zwei Ergänzungsbe-treuer zu bestellen sind,[80] die ihrerseits Genehmigungen z. B. nach § 1851 BGB benötigen.

362   **Genehmigungsfreie Erbauseinandersetzungen.** Vereinzelt wird die Meinung vertreten, bei Teilung nach den gesetzlichen Regeln (§§ 2042 II, 752 ff. BGB) sei keine Genehmigung erforderlich, da nur Verbindlichkeiten erfüllt würden und keine Interessengegensätze vorliegen.[81]

363   **Beispiel:**

Es werden 30.000 Euro Barnachlass nach den Erbquoten aufgeteilt.

364   Jedenfalls dann, wenn ein Teil des Barnachlasses oder der Erlös aus dem Verkauf von Nachlassgegenständen (z. B. Möbel) nach Erbquoten aufge-teilt wird, also bei einer nur rechnerischen Teilauseinandersetzung ohne Bewertungsprobleme, ist nicht ersichtlich, was bei Genehmigung noch ge-prüft werden sollte; sie ist daher unnötig.

365   Keine Genehmigung ist erforderlich, wenn ein Betreuer ein ihm vom Erblasser **vermachtes Grundstück** (bzw. ein sonstiger Gegenstand) über-

---

78 OLG München NJW-RR 2015, 1222 = ZEV 2015, 530.
79 RGZ 93, 334; OLG München NJW-RR 2015, 1222.
80 „Falls die Auseinandersetzung von den gesetzlichen Regeln abweicht", BGH NJW 1956, 1433; MünchKomm/*Fest* § 2042 Rn. 40.
81 *Brüggemann* FamRZ 1990, 124; *Erman/Saar* § 1822 Rn. 4. A. A. MünchKomm/*Kroll-Ludwigs* § 1822 Rn. 10 (Fußnote).

eignet erhalten soll; ebenso nicht, wenn insoweit eine **Teilungsanordnung** des Erblassers erfüllt wird.

Für den **dinglichen Vollzug** gelten die gesetzlichen Regeln; ein Grund- **366** stück, das einem Erben zugeteilt wird, muss also von der Erbengemeinschaft an den Miterben aufgelassen werden (§§ 873, 925 BGB), anschließend ist die Eintragung im Grundbuch erforderlich. Forderungen werden nach § 398 BGB abgetreten, bewegliche Gegenstände nach § 929 BGB übereignet.

Zur **Fallgruppe „Vereinbarung"** (§ 1851 Nr. 1 BGB) gehört auch: **367**

- alle anderen Miterben verkaufen und übertragen ihre Anteile auf einen Miterben (§§ 2371, 2033 BGB), so dass die Erbengemeinschaft erlischt.

- alle anderen Miterben scheiden gegen Abfindung aus der Erbengemeinschaft aus (Abschichtung, § 1851 Nr. 3 BGB), so dass der eine verbleibende Erbe durch Anwachsung alle Erbanteile erlangt und Alleineigentümer des Nachlasses wird.

cc) Auseinandersetzung durch Testamentsvollstrecker

Hat der Erblasser Testamentsvollstreckung für alle Erbteile angeordnet, **368** nimmt der Testamentsvollstrecker die Auseinandersetzung nach den gesetzlichen Regeln vor (§ 2204 BGB), im Falle des § 2048 S. 2 BGB nach billigem Ermessen. Auch wenn ein Betreuter an der Erbengemeinschaft beteiligt ist entfällt eine Genehmigung des Betreuungsgerichts, weil für den Testamentsvollstrecker die §§ 1851 ff. BGB nicht gelten.

dd) Hilfe des Nachlassgerichts

Der Notar kann um Vermittlung ersucht werden, §§ 363 ff. FamFG;[82] frü- **369** her war das Nachlassgericht zuständig. Für die Einigung ist die Genehmigung des Betreuungsgerichts erforderlich.[83] Da schon der Widerspruch *eines* Beteiligten das Verfahren scheitern lässt, hat es in der Praxis keine Bedeutung.

ee) Gerichtliche Zuweisungsverfahren

Gehört ein landwirtschaftlicher Betrieb auf Grund gesetzlicher Erbfolge **370** einer Erbengemeinschaft, kann das AG (Abt. Landwirtschaftsgericht) auf Antrag **den Betrieb einem Erben zuweisen** (§§ 13 bis 17, 33 GrdstVG); die weichenden Miterben erhalten eine kleine Abfindung (vgl. § 2049 BGB). Im Geltungsbereich der Höfeordnung trifft die HöfeO Sonderregelungen.

---

82 Einzelheiten *Zimmermann* ZEV 2009, 374.
83 MünchKomm/*Kroll-Ludwigs* § 1822 Rn. 10.

ff) Erbteilungsklage

371 Können sich die Miterben nicht einigen, muss (je nach Streitwert) vor dem AG oder LG geklagt werden. Der Klageantrag ist auf Zustimmung zu einem vom Kläger nach den gesetzlichen Regeln (§§ 2042 II; 752 BGB) aufgestellten detaillierten Teilungsplan zu richten.[84] Der Teilungsplan ist nur zustimmungsfähig, wenn von einer Berichtigung der Nachlassverbindlichkeiten vor Teilung ausgegangen wird.[85] Die Gerichtspraxis[86] verlangt ferner, dass der Nachlass „**teilungsreif**" ist. Weder die Erhebung der Klage noch die Einnahme der Beklagtenstellung bedürfen der Genehmigung des Betreuungsgerichts.[87]

gg) Antrag auf Teilungsversteigerung

372 Eine Teilungsversteigerung eines Nachlassgrundstücks ist möglich, § 180 ZVG. Dies ist nur eine Vorstufe; denn die Verteilung des Erlöses erfolgt im Auseinandersetzungsverfahren. Der betreute Miterbe braucht für seinen Antrag die Genehmigung des Betreuungsgerichts, § 181 II 2 ZVG.

---

84 OLG Düsseldorf FamRZ 2000, 1049.
85 OLG Celle FamRZ 1998, 1521.
86 OLG Karlsruhe NJW 1974, 956; LG Münster NJOZ 2004, 257; a. A. MünchKomm/ *Fest* § 2042 Rn. 60.
87 MünchKomm/*Kroll-Ludwigs* § 1822 Rn. 10.

L. Der Betreute als Vorerbe

1. Rechtslage bei Vorerbschaft

Nach dem Tod des Erblassers geht dessen Vermögen auf den Erben über **373** (§ 1922 BGB). Grundsätzlich kann der Erbe mit der Erbschaft machen, was er will; stirbt der Erbe, geht sein Vermögen (darunter auch das seinerzeit geerbte Vermögen, soweit noch vorhanden) auf seinen Erben über. Diese Grundregel durchbricht das BGB, indem es dem Erblasser auf vielerlei Weisen gestattet, das weitere Schicksal seines Vermögens zu beeinflussen, z. B. durch Anordnung einer **Nacherbschaft**. Ein **wichtiger Fall** ist das sog. **Behindertentestament** (Rn. 117 ff.).

Die Anordnung der Vor- und Nacherbschaft erfolgt durch letztwillige **374** Verfügung des Erblassers (Testament, Erbvertrag), nie durch das Nachlassgericht. Abzugrenzen ist die Vorerbschaft vom Nießbrauch am Nachlass (der Nießbraucher hat keine Verfügungsbefugnis); vom befristeten oder aufschiebend bedingten Vermächtnis; vom Quotenvermächtnis (§§ 2147, 2154 BGB); vom Auseinandersetzungsverbot (§ 2044 BGB).

Setzt der Erblasser einen Nacherben ein, wird dieser erst Erbe, nachdem **375** **zunächst ein anderer Erbe geworden** ist (§ 2100 BGB). Meist wird als Übergangszeitpunkt vom Erblasser der Tod des Vorerben angegeben, hilfsweise gilt dies als angeordnet (vgl. § 2105 BGB). Der Erblasser wird also für eine gewisse Zeitspanne vom Vorerben beerbt und dann vom Nacherben; wegen § 2109 BGB kann der Erblasser seinen Willen noch mehrere Jahrzehnte durchsetzen und das Vermögen in Familienhand halten. Der Nacherbe ist der Erbe des Erblassers, nicht des Vorerben. Zwischen Vor- und Nacherben besteht keine Erbengemeinschaft, weil sie nicht gleichzeitig, sondern nacheinander erben. Das Vorerbschaftsvermögen stellt für den Vorerben ein **Sondervermögen** dar, das anderen Regeln als das restliche Eigenvermögen des Erben (Vorerben) folgt.

Beispiel:

E hat in seinem Testament den A zum Vorerben und den N zum Nacherben bestimmt. Wenn E stirbt, wird er von A beerbt. Es tritt dann eine Spaltung des Vermögens von A ein: mit seinem Eigenvermögen kann A machen was er will, es vererben (u. U.) nach Belieben; mit dem von E geerbten Vermögen ist er eingeschränkt, es fällt bei Tod des A an N. A kann aber die Vorerbschaft ausschlagen und evtl. den Pflichtteil verlangen (§ 2306 BGB).

376 **Erbschein.** Der Vorerbe erhält auf Antrag vom Nachlassgericht einen Erbschein mit dem Nacherbenvermerk, § 352b FamFG („Es wird bezeugt, dass E von B allein beerbt worden ist. Nacherbfolge ist angeordnet; sie tritt mit dem Tod des Vorerben ein; Nacherbin ist Frau X").

377 **Grundbuch.** Im Grundbuch wird die Nacherbfolge von Amts wegen eingetragen (§ 51 GBO); das Grundbuchamt erlangt die Kenntnis aus dem ihm vorzulegenden Erbschein (§ 35 GBO).

378 Der Vorerbe bzw. dessen Erben haben dem Nachlassgericht den **Eintritt der Nacherbfolge mitzuteilen** (§ 2146 BGB); diese Pflicht trifft gegebenenfalls den Betreuer des Vorerben.

379 **Zeitliche Schranken.** Die Einsetzung eines Nacherben wird grundsätzlich mit dem **Ablauf von 30 Jahren** unwirksam, wenn nicht vorher der Nacherbfall eingetreten ist (§ 2109 I 1 BGB); zahlreiche Fälle, in denen die Frist von 30 Jahren überschritten werden kann, regelt § 2109 I 2 BGB, so dass für die Grundregel kaum Fälle bleiben.

380 **Beispiel:**

E setzte den V zum Erben ein und bestimmte, dass mit dem Tod des V der N (der schon lebt) die Erbschaft erhalten soll. E ist 1982 gestorben. V stirbt 2022. Obwohl mehr als 30 Jahre verstrichen sind ist die Nacherbeneinsetzung nicht unwirksam geworden; die Anordnung bleibt nach § 2109 I 2 Nr. 1 BGB wirksam.[1] Im Jahre 2022 beerbt somit der N den E.

381 **Ausschlagung.** Die vielfältigen Beschränkungen des Vorerben (Rn. 382 ff.) belasten den Vorerben schwer. Er ist zwar rechtlich gesehen Erbe, wirtschaftlich aber nur eine Art Nießbraucher/Treuhänder. Der Vorerbe kann sich dem entziehen, indem er die Erbschaft ausschlägt (dann bekommt er allerdings überhaupt nichts). Ist der Vorerbe pflichtteilsberechtigt, ist § 2306 BGB[2] zu beachten: der Vorerbe kann den Pflichtteil verlangen (falls er pflichtteilsberechtigt ist!), wenn er die Erbschaft ausschlägt. Die **Ausschlagung** durch einen Betreuer als Vertreter des betreuten Vorerben bedarf der **Genehmigung des Betreuungsgerichts**, § 1851 Nr. 1 BGB (Rn. 672). Dabei muss geprüft werden, ob dies für den Betreuten wirtschaftlich sinnvoll ist. Schlägt der Vorerbe aus, rückt der Nächstberufene ein (§ 1953 II BGB); die Belastung mit Nacherbschaft bleibt grundsätzlich bestehen.

---

1 BayObLG FamRZ 1990, 320 = NJW-RR 1990, 199; KG Rpfleger 1976, 249; Grüneberg/ *Weidlich* § 2109 Rn. 2.
2 Dazu eingehend *K. W. Lange* ZEV 2022, 313.

2. Rechtsstellung des Vorerben

a) Gewöhnliche Vorerben

aa) Verfügungen über Nachlassgegenstände im Allgemeinen

Der gewöhnliche Vorerbe kann grundsätzlich über die zur Erbschaft gehö- **382** renden Gegenstände *verfügen* (§ 2112 BGB), soweit sich nicht aus §§ 2113 bis 2115 BGB Ausnahmen ergeben; ob der Betreuer des Vorerben die Genehmigung des Betreuungsgerichts benötigt, richtet sich nach §§ 1848 ff. BGB, das ist wie beim gewöhnlichen Alleinerben. Verfügungen sind Übertragungen, Aufhebung, Inhaltsänderung, Belastung oder Aufgabe eines Rechts. Veräußert der Vorerbe Nachlassgegenstände, fällt der Erlös (Gegenleistung) in den Nachlass. Was dem Vorerben allerdings als **Nutzung des Nachlasses** (z. B. Mieteinnahmen, Zinsen) zusteht, fällt in das **Privatvermögen** des Vorerben (§ 2111 I 1 BGB).

Beispiel: **383**

V ist Vorerbe und steht unter Vermögensbetreuung. Der Nachlass besteht aus Aktien, die der Betreuer (B) des V über die Bank an der Börse veräußern will. Unter dem Aspekt der Beschränkung durch die Nacherbschaft ist V an der Verfügung nicht gehindert (§ 2112 BGB). Als Betreuer braucht B aber die Genehmigung des Betreuungsgerichts (§ 1849 I Nr. 2 BGB). Der Erlös fällt zunächst in den Nachlass (§ 2111 BGB); ist er beim Tod des V verbraucht, erbt Nacherbe N vom Erlös nichts mehr.

bb) Verfügung über Grundstücke, Grundstücksrechte

Wenn der Vorerbe über ein zur Erbschaft gehörendes **Grundstück** (oder **384** Rechts an einem Grundstück, z. B. Geh- und Fahrtrecht; Grundpfandrecht) verfügt, z. B. das Grundstück veräußert, dann ist diese Verfügung zwar zunächst wirksam, falls eine **Genehmigung des Betreuungsgerichts** vorliegt (§ 1850 Nr. 1 BGB). Sobald die Nacherbfolge aber eingetreten ist, wird die Verfügung von selbst und gegenüber jedermann unwirksam (§ 2113 I BGB), *soweit* sie das Recht des Nacherben vereiteln oder beeinträchtigen würde. Da im Grundbuch der Nacherbenvermerk von Amts wegen eingetragen worden war (§ 51 GBO) sind Erwerber nicht gutgläubig, der Notar klärt sie auf.

Verfügungen über Grundstücke, die mit Nacherbenvermerk belastet **385** sind, kommen allerdings fast nur in anderer Form vor. Die Grundstücksveräußerung bedarf der notariellen Beurkundung, der Notar kennt aus der Grundbucheinsicht den Nacherbenvermerk und belehrt den Käufer über das enorme Risiko und dieser verzichtet dann auf das „Geschäft". **In der Praxis** wird über Grundstücke des Vorerben etc. deshalb nur verfügt,

wenn der Nacherbe zustimmt, weil dies die Verfügung uneingeschränkt wirksam macht;[3] das wird aus § 2120 BGB gefolgert. Für seine Zustimmung verlangt der Nacherbe üblicherweise etwas, z. B. einen Teil des Kaufpreises. Die Zustimmung muss dem Grundbuchamt in notarieller Form (§ 29 GBO) nachgewiesen werden. Durch die Zustimmung verfügt der Nacherbe über ein „Recht", er verliert nämlich insoweit die Anwartschaft auf die Erbschaft; wenn er nicht unter Betreuung steht, ist er in seiner Zustimmung frei.

cc) Schenkungen des Vorerben

386 Wenn der Vorerbe über einen zur Erbschaft gehörenden Gegenstand *unentgeltlich verfügt*, dann ist diese Verfügung zwar **zunächst wirksam.** Unentgeltlichkeit ist gegeben, wenn das Entgelt nicht den Marktverhältnissen entspricht bzw. gar kein Entgelt fließt. Subjektiv wird gefordert, dass der Vorerbe die Unangemessenheit des Entgelts kennt oder jedenfalls hätte erkennen müssen.[4] **Sobald die Nacherbfolge eingetreten ist,** wird die Verfügung von selbst und gegenüber jedermann unwirksam (§ 2113 II 1 BGB), *soweit* sie das Recht des Nacherben vereiteln oder beeinträchtigen würde (was praktisch immer der Fall ist); ausgenommen sind Anstandsschenkungen (§ 2113 II 2 BGB). Auch bei nur teilweiser Unentgeltlichkeit („verbilligter Verkauf") wird die *ganze* Verfügung unwirksam;[5] es genügt also nicht, wenn der Erwerber die Differenz nachzahlt.

Faktisch aber hilft die „Unwirksamkeit" dem Nacherben nichts; denn er könnte zwar nach dem Tod des Vorerben anhand des Nachlassverzeichnisses (Rn. 409) feststellen, welche Gegenstände nun fehlen, kann aber selten herausbringen, wohin sie gekommen sind, ob sie verschenkt, verkauft, kaputt gegangen sind und wer sie jetzt hat; im Übrigen werden gutgläubige Erwerber geschützt (§ 2113 III BGB). Bei einem verschenkten Grundstück dagegen hilft die Grundbucheinsicht.

Steht der **Vorerbe unter Betreuung** konnte er früher nichts verschenken (§ 1804 a. F. BGB). Seit 2023 sind Schenkungen aus dem Vermögen des Betreuten zulässig, bedürfen aber der Genehmigung des Betreuungsgerichts (§ 1854 Nr. 8 BGB).

dd) Nutzungen, Einnahmen

387 Die gewöhnlichen Nutzungen der Erbschaft (Mieteinnahmen, Pacht, Zinsen, Obstertrag des Gartens) stehen dem Vorerben zu (vgl. § 2111 I 1 BGB).

---

3 BGH NJW 1963, 2320; MünchKomm/*Lieder* § 2113 Rn. 15; unstreitig.
4 BGH NJW 1984, 366; RGZ 81, 364; OLG Oldenburg NJW-RR 2002, 728.
5 BGH FamRZ 1990, 1344; BGH FamRZ 1977, 389 = NJW 1977, 1631.

ee) Kosten und Lasten des Nachlasses, Ausgaben

Man muss drei zahlungspflichtige Vermögensmassen unterscheiden: (1) **388**
das Privatvermögen des Vorerben; (2) der der Nacherbschaft unterliegende
Nachlass; (3) das Privatvermögen des Nacherben.

Sodann sind **vier Arten von Kosten und Lasten** zu unterscheiden: **389**

(1) Erhaltungskosten. Die gewöhnlichen Kosten der Erhaltung des **390**
Nachlasses, wie Grundsteuer, laufende Reparaturen, trägt der Vorerbe aus
seinem Privatvermögen (§ 2124 I BGB), denn er erhält ja auch die Nutzungen. (2) Aufwendungen, die nicht *laufende* Erhaltungskosten sind. Solche
Aufwendungen, wie Umstellung der Kohlenofenheizung auf Zentralhei-
zung, trägt der Nachlass (§ 2124 II BGB). (3) Sonstige Verwendungen. Be-
baut der Vorerbe ein Grundstück mit Mitteln seines Privatvermögens, kann
er eventuell vom Nacherben Ersatz der Kosten verlangen (§ 2125 BGB;
§§ 683, 684 BGB). (4) Außerordentliche Lasten. Nachlassverbindlichkeiten wie z. B. Schulden des Erblassers, auch Beerdigungskosten, Pflichtteilsansprüche, Vermächtnisse, kann der Vorerbe aus der Erbschaft bestreiten
(§ 2126 BGB).

ff) Haftung des Vorerben für Nachlassverbindlichkeiten

Für die Nachlassverbindlichkeiten haftet der Vorerbe **bis zum Eintritt des** **391**
Nacherbfalls, wie wenn er Vollerbe wäre.

gg) Anspruch des Vorerben auf Zustimmung des Nacherben

Die Verfügungsbefugnis des Vorerben ist durch §§ 2113 ff. BGB be- **392**
schränkt. Bei Zustimmung des Nacherben (§§ 183, 184 BGB) bestehen
keine Beschränkungen. § 2120 BGB regelt die Fälle, in denen ein Anspruch
des Vorerben gegen den Nacherben auf Zustimmung besteht; notfalls ist
vor dem Prozessgericht zu klagen und nach § 894 ZPO zu vollstrecken.

Fall: **393**

Zum Nachlass gehört ein Haus. Vorerbe V muss eine dringende Renovierung
des Dachstuhls durchführen und möchte den hierfür erforderlichen Betrag
durch Verkauf eines anderen Nachlassgrundstücks finanzieren. V kann wegen
§ 2113 I BGB nicht dauerhaft wirksam über den Bauplatz verfügen, er wird
daher keinen Käufer finden. Anders ist es, wenn der Nacherbe zustimmt. Die
Aufwendungen für den Dachstuhl sind vom Nachlass zu tragen (§ 2124 II
BGB), nicht aus dem Privatvermögen des V. Entspricht die Renovierung einer
ordnungsmäßigen Verwaltung, was im Prozess notfalls durch Gutachten zu
klären ist, hat V gegen N einen **Anspruch auf Zustimmung** (§ 2120 BGB).
Für die Veräußerung des Grundstücks braucht der unter Betreuung stehende
Vorerbe ferner die Genehmigung des Betreuungsgerichts (§ 1850 Nr. 1 BGB).

b) Befreite Vorerben

394 Der Erblasser kann den Vorerben im Testament bzw. Erbvertrag von den in § 2136 BGB genannten zahlreichen Beschränkungen und Verpflichtungen ganz oder teilweise befreien, aber nicht von den Einschränkungen durch die Betreuung.

Formulierung: Steht im Testament nur, dass V Vorerbe ist, ist das ein gewöhnliche Vorerbschaft; nur wenn V als „befreiter Vorerbe" oder ähnlich bezeichnet ist, liegt befreite Vorerbschaft vor.

Wenn der Erblasser testiert, dass der Nacherbe nur das erhalten soll, was von der Erbschaft bei Eintritt der Nacherbfolge übrig ist, gilt dies als befreite Vorerbschaft (§ 2137 I BGB); ebenso im Zweifel, wenn bestimmt wurde, dass der Vorerbe zur freien Verfügung über die Erbschaft berechtigt sein soll (§ 2137 II BGB). **Folge der Befreiung:** der Vorerbe kann auch Grundstücke veräußern und den Erlös für sich verbrauchen; er ist nicht zur ordnungsmäßigen Verwaltung verpflichtet. Die Befreiung ist im **Erbschein** anzugeben (§ 352b FamFG); sie ist auch im Grundbuch einzutragen (§ 51 GBO).

395 **Grundstücke.** Der Erblasser kann den Vorerben von § 2113 I BGB befreien, so dass der befreite Vorerbe dauerhaft wirksam über Grundstücke verfügen kann. Doch gilt dies nicht, wenn die Verfügung (ganz oder teilweise) unentgeltlich erfolgt, weil nach § 2136 BGB von § 2113 II BGB nicht befreit werden kann. Die Grundstücksverfügung des befreiten Vorerben ist also auf Dauer nur wirksam, wenn entweder der Nacherbe zugestimmt hat oder wenn die Verfügung voll entgeltlich war. Da aber der Nacherbe durch den eingetragenen Nacherbenvermerk geschützt ist, trägt das Grundbuchamt alle Verfügungen des Vorerben ein (keine „Grundbuchsperre").

396 **Keine Befreiung** ist möglich von § 2111 BGB (Surrogationsprinzip), § 2112 BGB (Verfügungsrecht), § 2113 II BGB (Schenkungen), § 2115 BGB (Zwangsvollstreckung gegen Vorerben), § 2120 BGB (Pflicht des Nacherben, gegebenenfalls einzuwilligen), § 2121 BGB (Nachlassverzeichnis), § 2122 BGB (Feststellung des Zustandes des Nachlasses), §§ 2124 bis 2126 BGB (Verteilung der Tragung von Kosten und Lasten), § 2132 BGB (Sorgfaltspflicht des Vorerben), § 2138 II BGB (Schadensersatzpflicht).

c) Pflichten des Vorerben gegenüber dem Nacherben

397 Vgl. dazu Rn. 409 ff.

d) Belastung des Erben nur mit einem Vermächtnis

Selbst bei einer befreiten Vorerbschaft unterliegt der Erbe zahlreichen Be- **397a**
schränkungen (Rn. 396), was manchmal unerwünscht ist. Der Erblasser E
will beispielsweise, dass der Erbe A den Nachlass verbrauchen, verschenken
und **vererben kann, wie er will,** aber eben, dass, falls von seinem Nachlass
später beim Tod des A noch etwas vorhanden ist, dies der X erlangen soll.
Dann muss der Erblasser den A zum Vollerben einsetzen und dem X ein
Vermächtnis zuwenden, des Inhalts, dass X den noch vorhandenen Rest-
nachlass des E bekommt.[6] Zur Klarstellung sollte E in seinem Testament
hinzufügen „Es handelt sich nicht um Vor- und Nacherbfolge".

---

6 MünchKomm/*Lieder* § 2137 Rn. 4; Grüneberg/*Weidlich* § 1937 Rn. 2; *Zimmermann*
ZErb 2019, 35.

M. Der Betreute als Nacherbe

1. Rechtsstellung des Nacherben

a) Anwartschaftsrecht des Nacherben

Mit dem Tod des Erblassers erwirbt der Vorerbe die Erbschaft, der Nach-   **398**
erbe erlangt nur ein Anwartschaftsrecht. Erst mit dem Tod des Vorerben
(bzw. dem Eintritt der sonstigen vom Erblasser gesetzten Bedingung, z. B.
Heirat) fällt die Erbschaft des Erblassers dem Nacherben an (§ 2139 BGB).

Nacherbe kann nur werden, wer zur Zeit des Eintritts der Nacherbfolge   **399**
schon lebt oder wenigstens schon gezeugt ist (§§ 2108 I, 1923 BGB). Der
Erblasser kann für den Fall, dass der Nacherbe nicht Erbe wird, z. B. weil
er schon gestorben ist, einen **Ersatznacherben** berufen; mit dem Erbfall
erlangt der Ersatznacherbe ein (vererbliches) Anwartschaftsrecht.[1]

Der Nacherbe will manchmal nicht viele Jahre auf die Erbschaft war-   **400**
ten müssen, sondern seine Chance schon vorher zu Geld machen; auch der
Vorerbe will oft die Beschränkungen durch Nacherbschaft abstreifen. Das
kann gelöst werden, wenn der Nacherbe seine Anwartschaft auf den Vorerben überträgt,[2] üblicherweise gegen Zahlung einer Abfindung[3] (Form des
schuldrechtlichen Geschäfts: §§ 2371, 2385 BGB; Form der Verfügung:
§ 2033 BGB, eine notarielle Beurkundung ist also erforderlich). Hierdurch
wird der Vorerbe Vollerbe.[4] Da dadurch die potentielle künftige Erbschaft
des Nacherben entfällt braucht der Betreuer des Nacherben für diese Verfügung über sein Recht die **Genehmigung des Betreuungsgerichts** (§ 1851
Nr. 2 BGB, zumindest analog). Das Problem ist, wie hoch bei der Abfin-
dungsverhandlung das Anwartschaftsrecht zu bewerten ist.

Beispiel: **401**

E hat den V zum Vorerben eingesetzt, den N zum Nacherben, sobald V verstorben ist. Wann der Nacherbfall eintreten wird, kann anhand der Sterbetabellen

---

1 MünchKomm/*Lieder* § 2102 Rn. 9.
2 Die Übertragbarkeit folgt aus § 2108 II BGB; BGH ZEV 1995, 453; BayObLG DNotZ
   1070, 686; OLG Hamm FamRZ 1970, 607 = NJW 1970, 1606; Grüneberg/*Weidlich*
   § 2139 Rn. 7; MünchKomm/*Lieder* § 2100 Rn. 27 ff.
3 *Keim* DNotZ 2003, 822; darauf ist Erbschaftsteuer zu zahlen, § 3 II Nr. 6 ErbStG.
4 BayObLG FamRZ 1992, 728; Grüneberg/*Weidlich* § 2100 Rn. 15.

theoretisch abgeschätzt werden. Durch die Übertragung erlangt V den Nachlass zu vollem Recht (kann ihn veräußern, vererben), während er vorher nur eine Art Nutzungsrecht hatte. Der Wert entspricht deshalb dem Sachwert des Nachlasses abzüglich Nutzungen für die geschätzte Dauer des Nutzungsrechts; die Höhe der Abfindung ist aber Verhandlungssache.

402   Wurde vom Erblasser ein **Ersatznacherbe** bestellt (z. B. Nacherbe ist X, ersatzweise der Y) wird durch eine solche Übertragung die Rechtsstellung des Ersatznacherben nicht geschmälert. Der Vorerbe würde zwar zunächst voll verfügungsbefugt werden, bei Eintritt des Ersatznacherbfalls diese Position aber wieder verlieren. Deshalb muss auch die **Anwartschaft des Ersatznacherben** auf den Vorerben übertragen werden.[5] Steht der **Ersatznacherbe unter Betreuung**, bedürfen die Erklärungen des Betreuers der Genehmigung des Betreuungsgerichts nach § 1851 Nr. 2 BGB, was zumindest voraussetzt, dass die Gegenleistung dem betreuten Ersatznacherben (und nicht nur dem Nacherben) zu fließt.

b) Ausschlagung der Nacherbschaft

403   Der Nacherbe kann nach seinem Belieben die Erbschaft ausschlagen, sobald der Erbfall (= Tod des Erblassers) eingetreten ist (§ 2142 I 1 BGB) oder auch erst später, nämlich sobald der Nacherbfall (= Tod des Vorerben) eingetreten ist; er hat also zwei Möglichkeiten. Die Ausschlagungsfrist beginnt allerdings erst mit Kenntnis des Nacherben vom Nacherbfall (§ 2139 BGB mit § 1944 II BGB). Haben alle Nacherben ausgeschlagen, verbleibt sie (wenn kein anderer Wille des Erblassers anzunehmen ist, z. B. Bestimmung eines Ersatzerben) dem Vorerben bzw. dessen Erben (§ 2142 II BGB). Schlägt nur einer von mehreren Nacherben aus, kommt es zur Anwachsung (§ 2094 BGB).[6] Schlägt der **Betreuer des Nacherben** aus braucht er dazu die **Genehmigung des Betreuungsgerichts** (§ 1851 Nr. 1 BGB); vgl. dazu Rn. 177 ff.

c) Erbschein

404   Der Nacherbe erhält zunächst keine an ihn gerichtete „Bescheinigung", die seine Nacherbenstellung ausweist; er kann aber eine Ausfertigung des Erbscheins, der dem Vorerben erteilt wurde und welcher den Nacherbenvermerk enthält, verlangen (§ 357 II FamFG). Der Erbschein für den Vorerben enthält u. a. den Namen des Nacherben und lautet z. B. „Nacherbschaft ist angeordnet. Sie tritt ein mit dem Tod des Vorerben. Nacherbe ist XY…".

---

5 *Keim* DNotZ 2003, 822.
6 BayObLGZ 1962, 239/246 = FamRZ 1962, 538.

Sobald der Nacherbfall eingetreten ist, wird dem Nacherben auf Antrag ein gewöhnlicher Erbschein erteilt. Der dem Vorerben früher erteilte Erbschein wird nach h. M.[7] bei Eintritt des Nacherbfalls unrichtig mit der Folge, dass er nach § 2361 BGB eingezogen werden kann (aber nicht muss).

d) Grundbuch

Im Grundbuch wird die Nacherbfolge von Amts wegen eingetragen (§ 51 **405** GBO). Der Nacherbe kann nach h. M.[8] auf die Eintragung des Nacherbenvermerks verzichten (notarielle Form ist notwendig, § 29 I GBO); die Nacherbenstellung geht dadurch nicht verloren. Dann ist er nicht mehr vor gutgläubigem Erwerb des Grundstücks des Erblassers durch einen Dritten geschützt. Dieser Verzicht ist ein unentgeltlicher Verzicht auf Rechte, somit eine Schenkung. Einen solchen Verzicht kann der Betreuer des Nacherben seit 2023 nur mit Genehmigung des Betreuungsgerichts erklären (§ 1854 Nr. 8 BGB); früher war eine solche Schenkung nichtig und konnte nicht genehmigt werden.

e) Wegfall des Nacherbrechts durch Zeitablauf

Die Einsetzung eines Nacherben wird mit dem Ablauf von 30 Jahren nach **406** dem Erbfall unwirksam, wenn nicht vorher der Fall der Nacherbfolge eingetreten ist (§ 2109 S. 1 BGB). Dies gilt aber u. a. nicht, wenn die Nacherbfolge für den Fall angeordnet ist, dass in der Person des Vorerben ein bestimmtes Ereignis eintritt (z. B. Tod des Vorerben) und diese Person beim Erbfall bereits vorhanden ist (§ 2109 S. 2 BGB).

Beispiel: **407**

Der Erblasser E hat 1978 angeordnet, dass V Vorerbe sein soll und mit dem Tod des V der N (geb. 1970) Nacherbe wird. E stirbt 1981 und der V 2023, dann wird N Nacherbe, obwohl mehr als 30 Jahre verstrichen sind.

f) Auswirkungen der Nacherbfolge auf die Vergütung des Betreuers

Erlangt der Betreute durch den Tod des Erblassers zwar noch keine Erb- **408** schaft, aber eine Nacherbschaft, erhöht sich sein Vermögen durch den **Wert**

---

7 OLG Köln FamRZ 2003, 1784; MünchKomm/*Grziwotz* § 2361 Rn. 5.
8 MünchKomm/*Lieder* § 2100 Rn. 35; Grüneberg/*Weidlich* Rn. 5 vor § 2100.

des Anwartschaftsrechts, das verkäuflich, verpfändbar, vererblich (§ 2108 BGB) usw. ist, aber nur spekulativ. Man könnte deshalb die Auffassung vertreten, dass ein solcher Betreuter nicht mehr mittellos ist mit der Folge, dass (1) sich das Vermögen und damit die jährliche Gerichtsgebühr (Nr. 11101 KV GNotKG) erhöht, (2) die Staatskasse die Betreuervergütung nicht mehr zahlen muss und andererseits (3) die Vergütung des Betreuers steigt, weil bei einem vermögenden Betreuten die Fallpauschale höher (§§ 8, 9 VBVG), eventuell sogar eine Sonderpauschale anfällt (§ 10 VBVG). – Die Anwartschaft kann aber nicht nachvollziehbar bewertet[9] oder jederzeit verkauft werden; sie ist also mit Null zu bewerten.

2. Rechte des Nacherben gegenüber dem Vorerben

a) Nachlassverzeichnis

409 Der Nacherbe kann vom Vorerben die Vorlage eines Nachlassverzeichnisse nach dem **Stand bei Errichtung**[10] (d. h. einschließlich der Ersatzstücke, § 2111 BGB) verlangen (§ 2121 BGB); dadurch soll dem Nacherben die spätere Durchsetzung seiner Rechte erleichtert werden. Der Nacherbe kann darauf verzichten; der Betreuer des Nacherben hat das Vermögen des Betreuten sorgfältig zu verwalten und darf daher **nicht darauf verzichten**, das wäre eine (genehmigungsbedürftige) Schenkung, obwohl der Vorerbe sich die Arbeit dadurch erleichtern kann, dass er einen Notar mit dem Verzeichnis beauftragt (§ 2121 III BGB) und der Nachlass (d. h. zunächst der Vorerbe) dann die Kosten zu tragen hat (§ 2121 IV BGB).

Der Nacherbe (bzw. dessen Betreuer) kann verlangen, dass er bei der Aufnahme des Verzeichnisses zugezogen wird (§ 2121 II BGB). Die Schulden müssen nicht aufgezählt werden, auch eine Bewertung der einzelnen Gegenstände ist nicht vorgeschrieben. Die Vermutung der Vollständigkeit wird durch ein solches Verzeichnis nicht begründet. Der Betreuer des Nacherben kann vom Vorerben verlangen, dass das Verzeichnis von einem Notar[11] aufgenommen wird (§ 2121 III BGB). Verlangt der Betreuer des Nacherben dieses Verzeichnis und weigert sich der Vorerbe, muss auf Erstellung des Verzeichnisses vor dem Prozessgericht (AG, LG) geklagt und nach § 888 ZPO vollstreckt werden.

---

9   Ebenso *Roth* S. 188.

10 Also nicht beim Erbfall; RGZ 164, 208; BGHZ 127, 360/67 = FamRZ 1995, 158; MünchKomm/*Lieder* § 2121 Rn. 5. Argument: § 2121 III (der Notar könnte ebenfalls nur den Jetzt-Stand aufnehmen).

11 Dafür fallen hohe Notargebühren an; Nr. 23500 KV GNotKG, also 2,0 nach Tabelle B aus dem Wert der verzeichneten Gegenstände (§ 115 GNotKG).

Der Nachlass steht zwar im Eigentum des Vorerben, die **Anwartschaft** 410
darauf stellt aber einen gegenwärtigen veräußerlichen Vermögenswert
dar;[12] deshalb ist das Anwartschaftsrecht in das Vermögensverzeichnis aufzunehmen, das der Betreuer **beim Betreuungsgericht einzureichen** hat
(§ 1835 BGB); zur Abschätzung des Werts ist als Anlage das vom Vorerben erstellte Nachlassverzeichnis beizufügen.[13] Da solche Anwartschaften
nicht gehandelt werden ist ihr Wert in der Regel null.

b) Feststellung des Zustandes der Nachlassgegenstände, Wirtschaftsplan

Der Nacherbe kann verlangen, dass auf seine Kosten ein **Sachverständi-** 411
ger den Zustand von allen oder einzelnen Nachlassgegenständen feststellt
(§ 2122 BGB; §§ 410 ff. FamFG), damit eine Beweissicherung für künftige
Ansprüche gegen den Vorerben (z. B. wenn Nachlassgegenstände beschä-
digt werden) geschaffen wird. Der Sachverständige wird auf Antrag vom
Amtsgericht ernannt, seine Kosten richten sich nach §§ 9 ff. JVEG, die
Gebühren des Gerichts nach Nr. 15212 KV GNotKG. Wegen der Kosten
wird der Betreuer diesen Antrag nur nach Rücksprache mit dem Betreuungsgericht stellen, wenn es sich um wertvolle Gegenstände handelt und
ein Anlass dazu besteht.

Befindet sich ein **Wald im Nachlass** kann der Betreuer die Aufstellung 412
eines **Wirtschaftsplans** verlangen (§ 2123 BGB), damit der Vorerbe den
Wald nicht vollständig abholzt, um den Verkaufserlös zu vereinnahmen.
Der natürliche Nachwuchs wird von der Finanzverwaltung auf ca 5 Fest-
meter je Hektarwald Wald geschätzt.

c) Sichere Geldanlage, Wertpapiere

Gehört zum Nachlass Geld (Bargeld oder Geld auf Konten), dann durfte 413
der Vorerbe bisher den Teil, der „nach den Regeln einer ordnungsmäßigen
Wirtschaft dauernd anzulegen ist", nur „mündelsicher" anlegen (§ 2119
BGB); damit soll der Bestand des Kapitals sichergestellt werden. Seit 2023
ist das dahin geändert, dass die Geldanlage nach der neuen Verordnung zu
§ 240a BGB erfolgen muss. Der Vorerbe darf z. B. „neues" Geld ohne Zustimmung des Nacherben nicht in Aktien anlegen; eine Ausnahmegenehmigung des Gerichts sieht § 2119 BGB nicht vor. Dieselben Anlageregeln

---

12 BGHZ 87, 367 = FamRZ 1983, 882 = NJW 1983, 2244 (Zugewinnbewertung);
    BVerwG NJW 2001, 2417; *Harder* ZEV 1995, 453.
13 MünchKomm/*Kroll-Ludwigs* § 1802 Rn. 4.

gelten für später durch Surrogationserwerb (§ 2111 BGB) erlangtes Geld (z. B. durch Verkauf von Nachlassgegenständen; Versicherungsleistungen). Ein Verlangen des Nacherben ist nicht Voraussetzung. – Der Anspruch des Nacherben auf **Hinterlegung** von Inhaberpapieren ergibt sich aus § 2116 BGB; Sparbücher fallen nicht darunter. Gehören zur Erbschaft bestimme Buchforderungen (früher: Bundesschatzbriefe), kann der Nacherbe die Eintragung eines Sperrvermerks im „Schuldbuch" verlangen (§ 2118 BGB).

d) Auskunftspflichten; Sicherheitsleistung; Zwangsverwaltung

414   Der Nacherbe kann vom Vorerben Auskunft über den Bestand des Nachlasses verlangen (§ 2127 BGB). Wenn durch das Verhalten des Vorerben (z. B. der mangelhaften Verwaltung des Nachlasses) oder durch die ungünstige Vermögenslage des Vorerben die erhebliche Verletzung der Rechte des Nacherben zu befürchten ist, kann der Nacherbe vom Vorerben verlangen, dass dieser **Sicherheiten** leistet (z. B. eine Bankbürgschaft). Nach Verurteilung zur Sicherheitsleistung kann vom Amtsgericht (Vollstreckungsgericht) als Vollstreckungsmaßnahme angeordnet werden, dass die Verwaltung des Nachlasses einem Verwalter übertragen wird (§§ 2128 II, 1052 BGB); Folgen: § 2129 BGB.

e) Haftung des Vorerben gegenüber dem Nacherben; Rechenschaftspflicht

415   Verstößt der Vorerbe gegen die *allgemeine* Pflicht zur ordnungsmäßigen Verwaltung des Nachlasses, dann haftet er nur für die Sorgfalt in eigenen Angelegenheiten, § 2130 I BGB (§ 277 BGB). Verstößt er gegen konkrete Einzelpflichten (§§ 2113 bis 2119, 2123 BGB), dann haftet er in größerem Umfang, nämlich auch für leichte Fahrlässigkeit. Für eine **gewöhnliche Abnutzung** des Nachlassgegenstandes haftet der Vorerbe nicht (§ 2132 BGB). Die Erben des Vorerben erben den gegen den Vorerben entstandenen Schadensersatzanspruch (§ 1967 BGB); wenn der Nacherbe zugleich Erbe des Vorerben ist fällt das zusammen. Ist der Nacherbfall eingetreten, hat der Vorerbe gegebenenfalls Rechenschaft bezüglich des Stamms der Erbschaft abzulegen (§§ 2130 II; 259, 260 BGB).

f) Kein Anspruch auf Herausgabe der Nutzungen

416   Die **Nutzungen** des Nachlassgegenstandes (z. B. Mieteinnahmen; Zinsen) **gehören dem Vorerben** (§ 2111 I 1 BGB), er kann sie verbrauchen.

Wenn er übermäßig Früchte zieht, z. B. zu viele Bäume im Nachlass-Wald fällt und verkauft, dann steht dem Nacherben ein Wertersatzanspruch zu, § 2133 BGB (**Übermaßfrüchte**). Wenn der Vorerbe eigene Schulden mit Nachlassmitteln bezahlt, kann der Nacherbe ab Eintritt des Nacherbfalls Wertersatz verlangen (§ 2134 S. 1 BGB); in Frage kann auch eine Schadensersatzpflicht kommen (§§ 2134 S. 2; 2130, 2131 BGB).

3. Pflichten des Nacherben gegenüber dem Vorerben

Die Verfügungsbefugnis des Vorerben ist durch §§ 2113 ff. BGB be- **417** schränkt. Bei **Zustimmung** des Nacherben (§§ 183, 184 BGB) bestehen keine Beschränkungen. § 2120 BGB regelt die Fälle, in denen ein Anspruch des Vorerben gegen den Nacherben auf Zustimmung besteht; notfalls ist vor dem Prozessgericht zu klagen und nach § 894 ZPO zu vollstrecken.

Beispiele: **418**

Vorerbe V möchte ein Nachlassgrundstück zur Befriedigung von Nachlassgläubigern veräußern; Vorerbe V möchte Kredit aufnehmen und im Grundbuch absichern zu Lasten des Nachlassgrundstücks zur Finanzierung notwendiger Reparaturen.

In diesen Fällen braucht der **Betreuer des Nacherben** für seine Zu- **419** stimmung die **Genehmigung des Betreuungsgerichts** (z. B. § 1854 Nr. 2 BGB). In beiden Fällen hängt die Genehmigungsfähigkeit davon ab, ob diese Verfügungen zur ordnungsmäßigen Verwaltung des Nachlasses erforderlich sind.

4. Haftung des Nacherben für Nachlassverbindlichkeiten

Bis zum Eintritt der Nacherbfolge haftet der Nacherbe N nicht. Anders **420** ist es **ab Eintritt der Nacherbfolge**, denn jetzt ist N der Erbe des Erblassers (nicht des Vorerben). Nachlassverbindlichkeiten (§ 1967 II BGB) sind nicht nur die Schulden zur Zeit des Todes des Erblassers; auch während der Verwaltung durch den Vorerben können im Rahmen ordnungsgemäßer Verwaltung noch Schulden anfallen, die dem Nachlass zuzuordnen sind. Unabhängig vom früheren Verhalten des Vorerben kann der Nacherbe nun selbst Nachlassverwaltung (§ 1975 BGB) beantragen, Nachlassinsolvenzantrag stellen oder die Dürftigkeitseinrede erheben (§ 2144 I BGB). Der Nacherbe haftet nicht mit dem ursprünglichen Nachlass, sondern mit der Masse, die er mit dem Nacherbfall erlangte zuzüglich der gegen den Vorerben bestehenden Ersatzansprüche aus §§ 2130 bis 2134, 2138 II BGB (§ 2144 I Halbs. 2 BGB).

Häufig tilgt der **Vorerbe private Schulden** aus Barmitteln der Vorerbschaft, obwohl das unzulässig ist (er dürfte nur aus den Erträgen zahlen). Dann ist er nach Eintritt der Nacherbfolge dem Nacherben gegenüber zum Wertersatz verpflichtet (§ 2134 S. 1 BGB). Das passt, wenn z. B. der Nacherbfall nach kurzer Zeit eintreten soll, weil dann der Vorerbe noch lebt. Tritt aber der Nacherbfall mit dem Tod des Vorerben ein, ist die Realisierung solcher Ansprüche schwierig, schon wegen der Abgrenzungs- und Beweisfragen.

N. Testamentsvollstreckung

1. Allgemeines

Die Testamentsvollstreckung als Belastung des Nachlasses kann nur vom Erblasser angeordnet werden (§ 2197 BGB); die Auswahl der Person, die das private Amt wahrnehmen soll, kann der Erblasser selbst im Testament treffen, indem er dort eine bestimmte Person zum Testamentsvollstrecker (TV) ernennt, oder er kann Dritte dazu im Testament ermächtigen (§§ 2198, 2199 BGB), oder auch das Nachlassgericht darum ersuchen (§ 2200 BGB).

421

422

	Testamentsvollstreckung	Betreuung
Wesen des Amts	Privates Amt, kein Vertreter der Erben	Gesetzlicher Vertreter des Betreuten
Stellung des Erben bzw. des Betreuten	Der Erbe hat daneben keine Verfügungsmacht, er wird vom TV verdrängt, § 2211 BGB	Der *geschäftsunfähige* Betreute kann rechtlich nicht handeln, der *geschäftsfähige* Erbe kann handeln und wird vom Betreuer nicht verdrängt
Beginn des Amts	Mit Annahme durch den TV, nicht erst ab Erteilung des TV-Zeugnisses	Mit Bekanntgabe des Bestellungsbeschlusses an den Betreuer
Ende des Amts	Mit Kündigung durch den TV, Entlassung durch das Gericht, Erledigung aller Aufgaben	Mit Tod des Betreuten oder Aufhebung der Betreuung
Aufgabenkreis, Rechte	Angaben im Testament, §§ 2203 ff. BGB	Angaben im Bestellungsbeschluss, §§ 1814 ff. BGB
Vergütung	§ 2221 BGB	§ 1876 BGB, §§ 1, 7 ff. VBVG

2. Der Berufsbetreuer als Testamentsvollstrecker des Betreuten

422a Einem beruflichen Betreuer ist es seit 2023 untersagt, von dem von ihm Betreuten Geld oder geldwerte Leistungen anzunehmen (§ 30 I 1 BtOG). Dies gilt auch für Zuwendungen im Rahmen einer Verfügung von Todes wegen (§ 30 I 2 BtOG).[1] Setzt der (testierfähige) Betreute in seinem Testament seinen Berufsbetreuer zum Testamentsvollstrecker ein und nimmt dieser das Amt an, dann erlangt er einen geldwerten Vorteil, weil er Anspruch auf eine Vergütung hat (§ 2221 BGB), die u. U. sehr hoch sein kann; das ist ein geldwerter Vorteil. Das gilt auch, wenn der Betreute ins Testament schreibt: „Der Testamentsvollstrecker erhält keine Vergütung", weil schon die Stellung Vermögenswert hat (vgl. § 2211 BGB). Nimmt der Testamentsvollstrecker das Amt trotzdem an, gilt dies; er hat nur Ärger mit dem Betreuungsgericht, wenn er weiter als Berufsbetreuer agieren will. Vgl. Rn. 80a ff.

Für den ehrenamtlichen Betreuer gilt das „Verbot" des § 30 BtOG nicht.

3. Der Erbe steht unter Betreuung und Testamentsvollstreckung

423 **Beispiele:**

(1) Für die volljährige T besteht eine Betreuung mit dem Aufgabenkreis „Vermögenssorge"; Betreuer ist B. Dann stirbt der Vater der T und wird von der T allein beerbt; der Erblasser hatte im Testament Dauer-Testamentsvollstreckung für die Tochter angeordnet und den TV zum Testamentsvollstrecker bestellt. (2) Wie vor, aber die Betreuung über die Erbin bestand beim Erbfall noch nicht, sondern wird erst später angeordnet.

a) Die Zeitspanne zwischen dem Todesfall und dem Amtsbeginn

424 Zwischen dem Todesfall und dem Amtsbeginn des Testamentsvollstreckers verstreicht eine gewisse Zeit. Der Nachlass ist ab dem Erbfall mit der Testamentsvollstreckung belastet, der Erbe bzw. sein Betreuer kann daher über den Nachlass nicht verfügen, z. B. die Beerdigung nicht aus dem Nachlass bezahlen. Der Testamentsvollstrecker überlegt noch, ob er das Amt annimmt, z. B. weil er den Zeitaufwand fürchtet oder die Vergütungsfrage noch ungeklärt ist. In dieser Zwischenzeit kann unter Umständen niemand

---

1 *Leipold* ZEV 2021, 485; *Zimmermann* ZErb 2021, 418.

für den Nachlass handeln: der Testamentsvollstrecker nicht, weil er sein Amt noch nicht angenommen hat, der Erbe nicht, weil ihm § 2211 BGB dies (schon ab dem Todesfall!) verbietet. Das ist für den Erben ungünstig. Der Betreuer kann den Antrag stellen, dass das Nachlassgericht dem potenziellen Testamentsvollstrecker eine Frist zur Erklärung setzt, ob er das Amt annimmt (§ 2202 III BGB). Notfalls ist vom Betreuungsgericht auf Anregung beliebiger Personen ein Pfleger für den unbekannten Testamentsvollstrecker (analog) § 1882 BGB zu bestellen.[2]

In der Praxis wird meist aufgrund einer **Vollmacht des Erblassers**, die über den Tod hinaus gelten soll, gehandelt.

b) Annahme und Ausschlagung der Erbschaft

Der Betreuer ist gesetzlicher Vertreter des Erben (§ 1823 BGB) in seinem   **425** Aufgabenkreis und daher insoweit für die Annahme bzw. Ausschlagung der Erbschaft (vgl. § 1851 Nr. 1 BGB) zuständig; vgl. Rn. 144 ff. Der Testamentsvollstrecker hat **kein Recht zur Ausschlagung oder Annahme** der Erbschaft, er ist kein Vertreter des Erben.[3] Der Betreuer dagegen kann die Erbschaft ausschlagen, allerdings nur mit Genehmigung des Betreuungsgerichts (§ 1851 Nr. 1 BGB). Die Annahme durch den Betreuer bedarf keiner Genehmigung.

c) Entstehung von zwei Vermögensgruppen

Der **Betreuer des Erben** mit dem Aufgabenkreis „Vermögenssorge" ist nun   **426** für **zwei verschiedene Vermögensmassen,** allerdings in unterschiedlicher Weise, zuständig:

- das Eigenvermögen des Betreuten verwaltet er (wie schon vor dem Tod des Erblassers) nach den Regeln der §§ 1814 ff. BGB;

- das vom Testamentsvollstrecker verwaltete Erbe unterliegt nicht seiner Verwaltung. Er muss es gleichwohl im Vermögensverzeichnis aufführen; er sollte zwei getrennte Aufstellungen machen (I. Der Verwaltung des Betreuers unterliegendes Vermögen; II. Der Verwaltung des Testamentsvollstreckers unterliegendes Vermögen; dazu Rn. 251 ff.).

Trotz dieser begrenzten Kompetenzen des Betreuers wird das der Tes-   **427** tamentsvollstreckung unterliegende Vermögen bei der Berechnung der

---

2 *Damrau* ZEV 1996, 81; nach a. A. (BeckOK BGB/*Grotheer* § 2197 Rn. 58) analog § 1960 BGB.
3 BGHZ 25, 275 = NJW 1957, 1916; Grüneberg/*Weidlich* vor § 2197 Rn. 2.

Gerichtsgebühren für die Betreuung (Nr. 11101 KV GNotKG) voll (und nicht nur teilweise) angesetzt.[4] Die Verdienstmöglichkeiten des Betreuers ändern sich grundsätzlich nicht, da die berufsmäßige Betreuung nach Pauschalen und unabhängig vom Zeitaufwand abgerechnet wird (§§ 7 ff. VBVG). Wenn allerdings der Erbe durch die Erbschaft vom mittellosen Erben zum vermögenden Erben aufsteigt, erhöht sich die Fallpauschale (§ 9 VBVG), ggf. (ab 150.000 Euro) sogar um eine gesonderte Pauschale von 30 Euro monatlich (§ 10 VBVG), und der Betreuer verdient mehr.

428   Für die Geschäfte, für welche ein Betreuer die **Genehmigung des Betreuungsgerichts** bräuchte (§§ 1848 ff. BGB), braucht der Testamentsvollstrecker keine solche Genehmigung. Obwohl der Testamentsvollstrecker das geerbte Vermögen des Betreuten verwaltet, ist die (Vermögens-) Betreuung nicht überflüssig, weil das sonstige Vermögen des Betreuten nicht vom Testamentsvollstrecker verwaltet wird und der Betreute bei der Wahrnehmung seiner Rechte gegenüber dem Testamentsvollstrecker durch den Betreuer vertreten werden muss (Rn. 430 ff.). Der Betreuer hat gegenüber dem Betreuungsgericht bestimmte Berichts- und Rechnungslegungspflichten (§§ 1835, 1846 BGB); Rn. 251 ff., 437. Die erforderlichen Daten muss ihm der Testamentsvollstrecker auf Anfordern mitteilen (§§ 2218 I, 666 BGB); weigert sich der Testamentsvollstrecker, kann das Nachlassgericht nicht helfen, ihm insoweit keine Weisungen erteilen, weil es nicht die Aufsicht über den Testamentsvollstrecker führt; hier muss notfalls vor dem Prozessgericht geklagt werden. Ferner könnte der Betreuer als Vertreter des Erben beim Nachlassgericht die Entlassung des Testamentsvollstreckers wegen Pflichtverletzung (§ 2227 BGB) beantragen.

429

Eigenvermögen des Betreuten	Geerbtes Vermögen des Betreuten
Wird vom Vermögens-Betreuer verwaltet	Wird vom Testamentsvollstrecker verwaltet
Kontrolle des Betreuers durch das Betreuungsgericht	Kontrolle des Testamentsvollstreckers durch den Erben, d. h. den Betreuer, der insoweit der Aufsicht des Betreuungsgerichts unterliegt

---

4 BayObLG Rpfleger 1997, 86. Streitig, vgl. Rn. 253a.

4. Rechte des betreuten Erben gegen den Testamentsvollstrecker

a) Überblick

Steht ein Erbe unter Betreuung und ist Testamentsvollstreckung (bezüglich **430** des ganzen Nachlasses oder bezüglich des Erbteils des Behinderten) angeordnet, dann beschränkt die Betreuung die Befugnisse des Testamentsvollstreckers nicht; der Betreuer nimmt die restlichen Rechte des unter Testamentsvollstreckung stehenden Erben wahr, z. B. Gesundheitssorge, Bestimmung des Aufenthaltsortes, Verwaltung des nichtgeerbten Vermögens. Der durch seinen Vermögens-Betreuer vertretene Erbe hat *gegen den Testamentsvollstrecker* insbesondere folgende Rechte:

aa) Erhalt eines **Nachlassverzeichnisses** (§ 2215 BGB). Wird es nicht **431** innerhalb einer angemessenen Zeit nach Amtsannahme erteilt (die Zeitdauer hängt vom Umfang und der Komplexität des Nachlasses ab und beträgt einige Wochen bis Monate) kann der Betreuer beim Nachlassgericht die Entlassung des Testamentsvollstreckers nach § 2227 BGB beantragen, weil er ungeeignet ist.[5]

bb) Anspruch auf **ordnungsmäßige Verwaltung** des Nachlasses **432** (§ 2216 BGB). Hat der Betreuer Zweifel kann er die Entlassung des Testamentsvollstreckers nach § 2227 BGB beim Nachlassgericht beantragen.

cc) Unterlassung von **Schenkungen** (§ 2205 S. 3 BGB). Zu Schenkun- **433** gen aus dem Nachlass ist der Testamentsvollstrecker nur befugt, wenn sie „einer sittlichen Pflicht" oder einer „auf den Anstand zu nehmenden Rücksicht" entsprechen, was man nur bei kleinen Beträgen etwa zum Geburtstag annehmen kann. Das betreute Eigenvermögen kann der Betreuer dagegen (seit 2023) mit Genehmigung des Betreuungsgerichts verschenken (§ 1854 Nr. 8 BGB).

dd) Laufende **Information** (§§ 2218 I, 666 Alt. 1 BGB). Über wichtigere **434** Fragen muss der Testamentsvollstrecker den Betreuer von sich aus informieren.

ee) **Auskunft** über Einzelfragen (§§ 2218 I, 666 Alt. 2 BGB). der Be- **435** treuer kann jederzeit Auskünfte verlangen, etwa über den Stand des Vermögens, über Kontostände.

ff) **Überlassung** bestimmter Nachlassgegenstände (§ 2217 BGB), also **436** der Sachen, die der Testamentsvollstrecker nicht zur Erfüllung seiner Aufgaben „offenbar" benötigt.

---

5 OLG Schleswig FamRZ 2016, 1705 = NJW-RR 2016, 646; Grüneberg/*Weidlich* § 2227 Rn. 3.

437 **gg) Jährliche Rechnungslegung** (§ 2218 II BGB). Der Rechnungslegungsanspruch unterliegt der Verwaltung des Betreuers.[6] Die Rechnungslegung des Testamentsvollstreckers ist Teil der Rechnungslegung, die der Betreuer dem Betreuungsgericht zu erstatten hat (§§ 1835, 1865 BGB) und dem Betreuungsgericht beizufügen.

438 **hh)** Anspruch auf Anhörung zum **Teilungsplan** vor Auseinandersetzung des Nachlasses (§ 2204 II BGB). Für seine Stellungnahme braucht der Betreuer keine Genehmigung des Betreuungsgerichts. Der einseitige **Teilungsplan** des Testamentsvollstreckers selbst bedarf keiner Genehmigung des Betreuungsgerichts, wenn der Erbe unter Betreuung steht.[7] Der Grund liegt darin, dass der Testamentsvollstrecker keinen Erbteilungsvertrag unter oder mit den Erben schließt, sondern mit der Auseinandersetzung den Willen des Erblassers vollstreckt.[8] Anders ist es dann, wenn der Teilungsplan *im Einvernehmen mit den betreuten Erben* von den Anordnungen des Erblassers oder den gesetzlichen Regeln abweicht. In diesem Falle beruht die Wirksamkeit des Planes auf der Zustimmung der Erben; der Betreuer des Erben muss daher wegen § 1851 Nr. 1 BGB („Auseinandersetzungsvertrag") die Genehmigung des Betreuungsgerichts einholen.[9]

439 **ii)** Anspruch auf **Auseinandersetzung** (§ 2204 I BGB). Erfolgt die Auseinandersetzung nicht durch den Testamentsvollstrecker, sondern durch einen vom Testamentsvollstrecker geduldeten Vertrag zwischen den Beteiligten, handelt es sich nicht mehr um den Vollzug eines Teilungsplans, sondern um einen **Erbteilungsvertrag**, der nach § 1851 Nr. 1 BGB der Genehmigung des Betreuungsgerichts bedarf.

440 **jj)** Anspruch auf **Schadensersatz** (§ 2219 BGB). Für eine diesbezügliche Klage gegen den Testamentsvollstrecker braucht der Betreuer keine Genehmigung des Betreuungsgerichts.

441 **Nach Beendigung des Amts:** Rechenschaftslegung; Herausgabe des Nachlasses; Aktenherausgabe. Der Betreuer hat die Pflicht, diese Abrechnungen zu überprüfen.

b) Ausschüttung der Nachlasserträge, Unterhalt, Pflegekosten

442 Obgleich § 2205 BGB nur den „Nachlass" der Verwaltung des Testamentsvollsteckers unterwirft (§§ 2205 S. 1; 2216 I BGB), ist es unbestritten, dass

---

6 KG OLGE 32, 85, 86; Soergel/*Zimmermann* BGB § 1840 Rn. 4.
7 RGZ 61, 144; *Damrau* ZEV 1994, 1; *Winkler,* Der Testamentsvollstrecker, Rn. 531. Vgl. dazu ferner BGH NJW 1971, 1805.
8 RGZ 61, 139, 144.
9 BGHZ 56, 275, 284 = NJW 1971, 1805; *Winkler,* Der Testamentsvollstrecker, Rn. 531.

bei einer Dauervollstreckung der Vollstrecker grundsätzlich auch die Erträge und Nutzungen des Nachlasses in Besitz zu halten und wieder anzulegen hat,[10] weil sich dies aus dem Wesen einer Vermögensverwaltung ergibt. Abweichend ist es, wenn der Erblasser im Testament etwas anderes angeordnet hat bzw sich das aus der Pflicht zur ordnungsgemäßen Verwaltung ergibt.

Inwieweit laufende Einnahmen des Nachlasses (Mieten, Zinsen, Dividenden usw.) an den Erben herauszugeben sind, richtet sich nach § 2216 BGB, nicht nach § 2217 BGB.[11]

- Es kommt in erster Linie darauf an, was der **Erblasser angeordnet** 443
  hat (§ 2216 II BGB), hilfsweise was eine ordnungsgemäße Verwaltung
  erlaubt und mutmaßlicher Wille des Erblassers (nämlich: Zweck der
  Testamentsvollstreckung) ist. Derzeit werden auf Bankeinlagen und
  Staatsanleihen **keine Zinsen mehr** bezahlt; dann taucht die schwierige
  Frage auf, ob der Stamm des Vermögens angegriffen werden darf.

- Was zum Bestreiten des angemessenen **Unterhalts** (einschließlich **Pflege-** 444
  kosten und Sonderbedarf) des Erben erforderlich ist, ist an ihn (im Rahmen ordnungsgemäßer Verwaltung) laufend herauszugeben; soweit die
  Einkünfte ausreichen, sind auch die Mittel zur Verfügung zu stellen, die
  der Erbe braucht, um seine eigenen Unterhaltspflichten (z.B. gegen geschiedene Ehepartner, Kinder) zu erfüllen.[12]

- Die **Steuern** (z. B. Einkommensteuer, Solidaritätszuschlag, Ergänzungs- 445
  abgabe, evtl. Vermögensteuer, falls wieder eingeführt), die auf die Erbschaft entfallen, sind dem Erben, vertreten durch den Betreuer, zu erstatten.

- Im Falle der **Pflichtteilsbeschränkung nach § 2338 BGB** hat bei An- 445a
  ordnung der Testamentsvollstreckung der Erbe Anspruch auf den jährlichen Reinertrag.

c) Kosten der Betreuung

Bei mittellosen Betreuten zahlt die Staatskasse die Vergütung des Betreuers 446
(§ 1875 I BGB; § 7 VBVG). Ist der Betreute nicht mittellos, hat er die Gerichtskosten und die Betreuervergütung selbst zu zahlen, soweit sein Schonvermögen überschritten wird (§§ 1879, 1880 BGB; § 90 SGB XII). Zum

---

10 BGH FamRZ 1988, 279/280; *Reimann* ZEV 2010, 8; *Zimmermann,* Die Testamentsvollstreckung, Rn. 454.
11 BGH Rpfleger 1986, 1069.
12 RG Recht 1922 Nr. 615; RG LZ 1918, 1268; *Reimann* ZEV 2010, 8.

Vermögen gehört eine Alleinerbschaft und grundsätzlich auch ein Miterbenanteil an einer nicht auseinandergesetzten Erbengemeinschaft. Als (vorübergehend) mittellos gilt andererseits auch, wessen Vermögen derzeit nicht verwertet werden kann, z. B. weil eine Erbauseinandersetzung noch nicht abgeschlossen ist.[13]

Zweifelhaft ist, ob ein dem Betreuten zustehender Nachlass, der unter Testamentsvollstreckung steht, als **nicht zugriffsfähiges Vermögen** aufgefasst werden kann. Der BGH[14] hat ausgeführt, dass ein Nachlass, der der Testamentsvollstreckung unterliegt, nur dann für Vergütungsansprüche eines Betreuers des Erben zur Verfügung steht, wenn dies mit den vom Erblasser im Testament getroffenen Verwaltungsanordnungen zu vereinbaren ist (§§ 2211, 2214 BGB). Daher ist durch Auslegung der an den Testamentsvollstrecker gerichteten **Verwaltungsanordnungen** (§ 2216 II BGB) zu ermitteln,[15] ob der Erblasser auch Vergütungsansprüche des Betreuers ausschließen wollte. Ist das der Fall gilt der Erbe als mittellos und der Betreuer kann seine Vergütung nur aus der Staatskasse verlangen, andernfalls ist der vom Testamentsvollstrecker verwaltete Nachlass zahlungspflichtig, wenn der Betreute kein sonstiges Eigenvermögen hat.

Das OLG Köln[16] hingegen hat eine Zahlungspflicht bejaht. Jedenfalls dann, wenn die Testamentsvollstreckung mit der Maßgabe angeordnet wurde, anderweitig nicht finanzierbare „Bedürfnisse" des Erben zu befriedigen, dann könnten auch die Kosten einer gerichtlich angeordneten Betreuung solche Kosten sein.[17] Dasselbe gilt für die Kosten der Verfahrenspflegschaft.

Der Verwertbarkeit von durch einen Erbfall zugeflossenem Nachlassvermögen als „bereite Mittel" i. S. d. des Sozialleistungsrechts (§ 12 SGB II) kann eine Dauertestamentsvollstreckung entgegenstehen;[18] letztlich kommt es auf den Inhalt der Verwaltungsanordnung des Erblassers an.

Zur **Formulierung des Testaments** für diesen Fall vgl. Rn. 122a.

---

13 OLG Schleswig FamRZ 2003, 1130 = FGPrax 2003, 127; OLG Oldenburg FamRZ 2000, 1534 = Rpfleger 2000, 456; LG Münster FamRZ 1999, 1362.
14 BGH FamRZ 2015, 1019 = ZEV 2015, 414; BGH FamRZ 2017, 758 = ZEV 2017, 267; BGH FamRZ 2017, 1259 = ZEV 2017, 407.
15 Vgl. BGH NJW 2020, 58 zum Fehlen von Verwaltungsanweisungen.
16 OLG Köln FamRZ 2009, 1091 = ZEV 2009, 402. Zum Ganzen vgl. *Enzensberger* ZErb 2021, 422.
17 OLG München NJW-RR 2007, 1240.
18 BSG FamRZ 2009, 1091 = ZEV 2015, 484.

d) Behindertentestament, Erbschaften

Eltern behinderter Kinder, die ab Volljährigkeit oft unter Betreuung ste- **447**
hen, setzen das behinderte „Kind" manchmal in einem Testament zu Erben
(Vorerben) bzw. Miterben ein, ordnen aber gleichzeitig Testamentsvollstreckung an (Muster vgl. Rn. 122). Das hat zur Folge, dass Gläubiger des
Erben während der Dauer der Testamentsvollstreckung keine Zugriffsmöglichkeit auf die der Verwaltung des Testamentsvollstreckers unterliegenden Nachlassgegenstände haben (§ 2214 BGB). Außerdem erfasst die
Testamentsvollstreckung auch die Nachlasserträge, während bei einer bloßen Vorerbschaft/Nacherbschaft der Vorerbe Anspruch auf die Erträge hat
(§ 2112 BGB), so dass sie pfändbar sind.

Beim „Behindertentestament" müssen der testamentarische Regelun- **448**
gen ineinandergreifen:[19] (1) Einsetzung des Behinderten zum (nicht befreiten) Vorerben sowie eines gesunden Verwandten zum Nacherben; (2)
Anordnung der Testamentsvollstreckung auf Lebenszeit des behinderten
Vorerben, Berufung eines Verwandten zum Testamentsvollstrecker und Ersatztestamentsvollstrecker sowie hilfsweise Ersuchen an das Nachlassgericht
nach § 2200 BGB; Regelung der Vergütung des Testamentsvollstreckers;
(3) Der Erblasser weist den Testamentsvollstrecker in der Regel ferner im
Testament durch eine **Verwaltungsanordnung** ausdrücklich an, die jährlichen Reinerträge der Vorerbschaft an den Behinderten in solchen Formen
auszuschütten, auf die der Sozialhilfeträger nicht Zugriff nehmen kann;
das ist nach § 2216 II 1 BGB für den Testamentsvollstrecker bindend.[20]

e) Einkommensteuer

Die Steuererklärung für die noch offene Einkommensteuer (zuzüglich So- **449**
lidaritätszuschlag etc.) des Erblassers, also die Besteuerungsabschnitte **bis**
zum Todestag, hat der Testamentsvollstrecker als Vermögensverwalter
abzugeben (§ 34 III 1 AO)[21] und die Steuer aus den Mitteln, die er verwaltet, zu begleichen. Die Einkünfte, die **ab dem Todestag** des Erblassers
dem Erben aus dem mit der Testamentsvollstreckung belasteten Nachlass
rechtlich zufließen, vereinigen sich mit den Einkünften, die dem Erben
aus einem sonstigen Privatvermögen zufließen; über beides hat der betreute
Erbe, vertreten durch den Betreuer, die Einkommensteuererklärung abzu-

---

19 Vgl. *Ruby/Schindler,* Das Behindertentestament, 2018; *Roglmeier/Demirci,* Behinderten-
    testament, *Roglmeier* ZErb 2021, 424.
20 *Nieder/Kössinger,* Handbuch der Testamentsgestaltung, § 21 Rn. 97.
21 Vgl. *Häfke* ZEV 1997, 427/433.

geben,[22] weil es nicht möglich ist, zwei getrennte Einkommensteuererklärungen abzugeben. Daraus folgt auch, dass der Betreuer (und nicht der Testamentsvollstrecker) das Recht hat, *insoweit* einen Steuerberater auszuwählen und zu mandatieren.

450   Eine andere Frage ist, aus welchen Mitteln die alte und neue Einkommensteuer zu bezahlen ist. Würde man dem Erben die Einkommensteuer auf die Nachlasserträge zahlen lassen, würde im Ergebnis das Privatvermögen des Erben ausgehöhlt und die Verwaltungsbefugnis des Testamentsvollstreckers auf Teile des Privatvermögens erstreckt. Der Testamentsvollstrecker hat daher als Ausfluss ordnungsgemäßer Verwaltung (§ 2216 I BGB) dem Erben laufend die Beträge zu zahlen, die dieser braucht, um die auf die Nachlasserträge entfallenden Vorauszahlungen und Schlusszahlungen auf die Einkommensteuer entrichten zu können.[23] Vgl. Rn. 445. Im gleichen Sinne sind Steuerrückzahlungen aufzuteilen.

f) Gesundheitssorge, Altenheim

451   Die Befugnisse, die der Erblasser dem Testamentsvollstrecker einräumen kann, sind gesetzlich geregelt; sie **beschränken sich auf das dem Erben vererbte Vermögen** (vgl. § 2205 BGB). Das Betreuungsgericht dagegen kann dem Betreuer einer Person fast unbeschränkte Vertretungsbefugnis einräumen (§§ 1814, 1823 BGB), nicht nur im vermögensrechtlichen Bereich. Es ist deshalb nicht Aufgabe oder Recht des Testamentsvollstreckers, sich um die **gesundheitlichen Angelegenheiten des Erben** zu kümmern, für ihn einen Altenheimplatz zu suchen, seine vermögensrechtlichen Angelegenheiten hinsichtlich des Eigen-Vermögens (d. h. des nicht geerbten Vermögens) wahrzunehmen. Dies gilt selbst dann, wenn der Erblasser dem Testamentsvollstrecker im Testament entsprechende Anweisungen erteilt hat; anders wäre es, wenn das Betreuungsgericht in Hinblick darauf den Testamentsvollstrecker zum Betreuer für solche Aufgaben bestellen würde, unter Beschränkung der Vertretungsmacht des „eigentlichen" Betreuers (§ 1815 BGB). Der Erblasser kann auch keine Bestimmungen hinsichtlich der **Totenfürsorge** für den Fall treffen, dass der betreute Erbe stirbt (das kann er nur für seinen eigenen Tod bestimmen). Dieses Recht steht grds. den nahen Angehörigen des Verstorbenen zu.[24]

---

22 Ebenso *Roth*, Erbfall, S. 248.
23 Staudinger/*Dutta* (2021) § 2217 Rn. 13.
24 BGH FamRZ 1978, 15.

5. Rechte des Testamentsvollstreckers gegen den betreuten Erben

Der Testamentsvollstrecker hat im Wesentlichen folgende Rechte gegen **452** den Erben (bzw. Betreuten):

- Er ist **vom Erben unabhängig,** was bedeutet, dass ihm der Vermögens- **453** Betreuer insoweit nichts hineinzureden hat. Soweit die Testamentsvollstreckung reicht, verwaltet der Testamentsvollstrecker den Nachlass, nicht der Betreuer. Kauft er beispielsweise Aktien, braucht er keine Genehmigung des Gerichts oder des Betreuers; anders wäre es beim Betreuer (§ 1848 BGB).

- Recht auf **Ausführung der letztwilligen Verfügung** des Erblassers **454** (§ 2203 BGB); er darf z. b. Vermächtnisse erfüllen, ohne dass er den Betreuer fragen müsste.

- Recht auf **Verfügung über Nachlassgegenstände** (§ 2205 S. 2 BGB); **455** auf Eingehen von Verpflichtungen (§ 2206 I BGB). Der Testamentsvollstrecker kann deshalb einen Nachlassgegenstand, z. B. ein Grundstück, veräußern, ohne dass er die Zustimmung des Betreuers oder die Genehmigung des Nachlassgerichts bräuchte.

- Recht auf **Besitz am Nachlass,** soweit erforderlich (§ 2205 S. 2 BGB). **456**

- Anspruch auf **Einwilligung des Erben bei Eingehung von Verbind-** **457** **lichkeiten** (§ 2206 II BGB). Die Einwilligung des Betreuers kann hierbei im Einzelfall der Genehmigung des Betreuungsgerichts bedürfen. Beispiel: Zum Nachlass gehört ein Mietshaus; der Testamentsvollstrecker will einen Geschäftsraum langfristig vermieten. Dazu ist er berechtigt (§§ 2205, 2206 BGB), er braucht dazu keinerlei Genehmigung des Nachlassgerichts oder des Erben. – Wenn er sich aber vor evtl. Haftung schützen will, kann er den Erben um Einwilligung angehen (§ 2206 II BGB). Wegen § 1853 I BGB braucht der Betreuer des Erben für seine Einwilligung die Genehmigung des Betreuungsgerichts.

- Der Testamentsvollstrecker kann sein Amt **jederzeit kündigen** (§ 2226 **458** BGB) und zwar durch Schreiben an das Nachlassgericht (nicht an den Betreuer); dazu braucht er keinen Grund, es genügt, dass er nicht mehr mag.

6. Die Vergütung des Testamentsvollstreckers

459 Der Testamentsvollstrecker hat gegen den Erben (niemals gegen die Staatskasse!) einen Anspruch auf **Vergütung und Ersatz der Auslagen** (§ 2221 BGB). Hat der Erblasser die Vergütung im Testament festgelegt, ist das maßgeblich. Schreibt der Erblasser: «Der Testamentsvollstrecker erhält keine Vergütung» besteht die Gefahr, dass er das Amt nicht annimmt oder kündigt; einen solche Klausel ist nur sinnvoll, wenn ein Verwandter zum Testamentsvollstrecker ernannt wird.

Fehlt eine Regelung zur Vergütung im Testament, ist umstritten, welcher Betrag dem Testamentsvollstrecker zusteht.[25] Notare schreiben meist in das Testament, dass sich die Vergütung nach der «Neuen Rheinischen Tabelle» richten soll; das ist eine private Tabelle, kein Gesetz. Diese Tabelle enthält viele Möglichkeiten für Zuschläge, so dass sich absurd hohe Vergütungen ergeben können. Besser ist es, im Testament zu regeln, dass der Testamentsvollstrecker z. B. 3 % des Bruttonachlasses als Vergütung erhält (+ Umsatzsteuer und Auslagen) und bei Dauervollstreckung jährlich ferner 3 % der Bruttoerträge bzw. mehr oder weniger.

Das Nachlassgericht kann und darf die Vergütung nicht festsetzen, weil es keine dem § 292 FamFG entsprechende Bestimmung gibt; bei Streit entscheidet deshalb das Zivilgericht. Der Betreuer kann daher vom Testamentsvollstrecker nicht verlangen, dass er einen Vergütungsfestsetzungsbeschluss vorlegt, bevor er die Vergütung dem Nachlass entnimmt. Einigt sich der Betreuer nach Streit über die Höhe der Vergütung mit dem Testamentsvollstrecker, kann eine Genehmigung des Betreuungsgerichts erforderlich sein (§ 1854 Nr. 6 BGB).

7. Vereinbarungen Betreuer – Testamentsvollstrecker

460 Häufig wollen Testamentsvollstrecker mit dem Erben, bzw. dem Betreuer des Erben, Vereinbarungen treffen,[26] die die beiderseitigen Rechte und Pflichten näher bestimmen. Dabei geht es um die Vergütung des Testamentsvollstreckers, die Beschränkung seiner Haftung, seine Abrechnung, seine Informationsaufgaben usw. Solche Vereinbarungen sollte der Betreuer nicht schließen; entweder sind sie als „Erlass,[27] Verzicht" sowieso nichtig oder sie bedürfen der Genehmigung des Betreuungsgerichts (z. B. § 1854 Nr. 6 oder 8 BGB) oder sie sind für den Betreuten aus sonstigen Gründen nachteilig.

25 Vgl. dazu *Zimmermann* ZEV 2001, 334.
26 Vgl. *Steiner* ZEV 2020, 330.
27 Grüneberg/*Götz* § 1804 Rn. 1.

8. Streit zwischen Betreuer und Testamentsvollstrecker

a) Aus Sicht des Betreuers

Der Testamentsvollstrecker unterliegt **nicht der Aufsicht des Nachlass-** 461
gerichts, dieses kann ihm daher keinen Weisungen erteilen und keine
Zwangsgelder[28] androhen oder festsetzen. Der Betreuer kann allenfalls
beim Nachlassgericht beantragen, dass der Testamentsvollstrecker entlassen wird (§ 2227 BGB),[29] er hat als Vertreter des Erben ein Antragsrecht.
Wird das abgelehnt, hat er die Kosten zu tragen. Die Entlassung setzt aber
einen „wichtigen Grund" voraus, etwa dass der Testamentsvollstrecker den
Nachlass falsch verwaltet oder hartnäckig kein Nachlassverzeichnis erstellt.
Gegen den ablehnenden Beschluss kann der Betreuer namens des Betreuten Beschwerde einlegen (§§ 58 ff. FamFG). Erfolgt eine Entlassung, tritt
der vom Erblasser eingesetzte Ersatz-Testamentsvollstrecker ein und wenn
eine Ersatzregelung fehlt kann eventuell das Nachlassgericht aufgrund
eines konkludenten Ersuchens des Erblassers (§ 2200 BGB), das aus dem
Testament herausgelesen werden kann, einen Nachfolger bestimmen; andernfalls ist die Testamentsvollstreckung mangels Vollstrecker hinfällig. In
sonstigen Streitfällen ist der Betreuer darauf angewiesen, vor dem Prozessgericht zu klagen.

Der Betreuer kann sein Amt nicht durch Schreiben an das Betreuungsgericht „kündigen" oder niederlegen; er kann lediglich um Entlassung bitten, wenn auf Grund neuer Umstände für ihn die Fortführung des Amts
nicht mehr zumutbar ist (§ 1868 BGB).

b) Aus Sicht des Testamentsvollstreckers

Der Betreuer unterliegt der Aufsicht des Betreuungsgerichts (§ 1862 BGB), 462
so dass sich der Testamentsvollstrecker dort über den Betreuer „beschweren"
kann und um Weisungen an den Betreuer bitten kann. Er kann auch die
Entlassung (bzw. Auswechslung) des Betreuers anregen, was einen wichtigen Grund voraussetzt (§ 1868 BGB). Wird die Entlassung des Betreuers
abgelehnt, hat der Testamentsvollstrecker dagegen kein Beschwerderecht
(§ 59 FamFG), weil er nicht in „seinen" Rechten beeinträchtigt wird.[30] Im
Übrigen kann der Testamentsvollstrecker jederzeit sein Amt durch Schreiben an das Nachlassgericht **kündigen** (§ 2226 BGB), er braucht dazu keinen Grund und muss keine Begründung angeben.

---

28 OLG Zweibrücken FamRZ 2004, 814.
29 Vgl. *Werner* ZEV 2010, 126.
30 OLG München FamRZ 2007, 1571 = NJW-RR 2007, 1240.

9. Interessengegensätze zwischen Betreuer/ Testamentsvollstrecker/Nacherbe

463   Der nicht kontrollierte Testamentsvollstrecker kann bei der Verwaltung des Nachlasses seine eigenen Interessen in den Vordergrund stellen, etwa überhöhte „Kosten" und Vergütungen entnehmen, ohne dass dies jemand bemerken würde. Ist der **Testamentsvollstrecker zugleich Nacherbe**, ist sein Interesse, möglichst viel aus dem Nachlass zu erhalten, sehr groß, zum Nachteil des betreuten Vorerben; jeder Euro, den er dem Erben aus dem Nachlass gibt, schmälert sein Nacherbe. Ebenso ist es, wenn der ehrenamtliche Betreuer zugleich Nacherbe ist.[31] Ein Berufsbetreuer darf seit 2023 *vom Betreuten* nicht mehr als Nacherbe eingesetzt werden (§ 30 I 2 BtOG), das ist berufsrechtlich unzulässig; gleichwohl ist es wirksam.[32]

a) Betreuer zugleich Testamentsvollstrecker

464   Es ist nicht selten, dass sich nach dem Tod des Erblassers herausstellt, dass er in seinem Testament denjenigen Angehörigen, der auf seinen Vorschlag vom Betreuungsgericht zum Betreuer des späteren Erben bestellt wurde, auch als Testamentsvollstrecker eingesetzt hat. Berufsbetreuer können ab 2023 vom Betreuten (!) nicht mehr als Testamentsvollstrecker eingesetzt werden (§ 30 I 2 BtOG), von anderen Personen natürlich weiterhin. Für ehrenamtliche Betreuer gilt § 30 I 2 BtOG nicht.

465   **Beispiel:**

Der Vater setzt die behinderte Tochter und den gesunden Sohn als Miterben zu je ½ ein und bestellt den Sohn zum Testamentsvollstrecker für den Hälfteanteil der Tochter; der Sohn ist schon seit Jahren Betreuer für die behinderte Schwester. Ab Annahme des Testamentsvollstreckeramts stellt sich dann die Frage, wie beide Ämter gegeneinander abzugrenzen sind.

466   Ein Betreuer kann zwar vom Erblasser bzw. (im Falle des § 2200 BGB) vom Nachlassgericht zum Testamentsvollstrecker bestellt werden, doch ist diese **Ämtervermischung unzweckmäßig**, weil ein Interessengegensatz besteht.[33] Der Testamentsvollstrecker hat Rechte gegen den betreuten Erben, der betreute Erbe Rechte gegen den Testamentsvollstrecker, wie oben (Rn. 430, 452) dargelegt. Auch wäre manchmal unklar, ob der Betreffende als Betreuer oder als Testamentsvollstrecker handelt.

---

31 *Litzenburger* FD ErbR 2007, 225307.
32 *Leipold* ZEV 2021, 485; *Zimmermann* ZErb 2021, 418.
33 *Bisping*, Erbrechtliche Interessengegensätze zwischen Betreuer und Betreutem, 2002.

Der Aufgabenkreis des Betreuers ist daher vom Betreuungsgericht als- **467**
bald einzuschränken (soweit er zugleich Testamentsvollstrecker geworden
ist) und es ist ein **Ergänzungsbetreuer** zu bestellen (§ 1817 V BGB) mit
dem Aufgabenkreis „Wahrnehmung der Rechte des Betreuten gegenüber
dem Testamentsvollstrecker".

Der Ergänzungsbetreuer hat dann das vom Testamentsvollstrecker **468**
„dem Erben" mitgeteilte Nachlassverzeichnis zu kontrollieren (§ 2215
BGB), desgleichen die jährliche Rechnungslegung des Testamentsvollstreckers (§ 2218 II BGB); er hat zu prüfen, ob der Testamentsvollstrecker
den Nachlass ordnungsgemäß verwaltet (§ 2216 BGB), nichts verschenkt
(§ 2205 S. 3 BGB). Er hat Anspruch auf Information (§§ 2218, 666 Alt.
1 BGB), auf Auseinandersetzung (§ 2204 I BGB), auf Anhörung zum Teilungsplan (§ 2204 II BGB), auf Schadensersatz (§ 2219 BGB).[34] Nach Beendigung des Testamentsvollstreckeramts (z. B. infolge Fristablauf) hat er
die Herausgabe des Nachlasses zu fordern; er kann Rechenschaftslegung
verlangen, wenn Unklarheiten über die frühere Amtsführung verblieben
sind. Nun kann die Ergänzungsbetreuung aufgehoben werden. Das gesamte Vermögen wird dann vom Betreuer verwaltet.

b) Betreuer und Testamentsvollstrecker zwar personenverschieden, aber sonstige Nähebeziehung

Interessengegensätze können auch bestehen, wenn Betreuer und Testa- **469**
mentsvollstrecker zwar nicht identisch, aber **verwandt oder voneinander
wirtschaftlich abhängig** sind, etwa wenn der Betreuer zugleich **Nacherbe**
ist. Auch dann ist ein Ergänzungsbetreuer zu bestellen (§ 1817 V BGB).[35]

Beispiel: **470**

Die Erblasserin hat den betreuten Sohn B zum Vorerben bestellt und die N
zur Testamentsvollstreckerin und Nacherbin für B. Die Tochter T von N ist
Betreuerin des B.[36] Auch hier ist für die Wahrnehmung der Belange des B aus
dem Erbfall der Betreuerin T das Vertretungsrecht zu entziehen. Denn andernfalls müsste T (als Betreuerin des Erben B) gegen sich selbst die Kontrollrechte
des Erben gegenüber dem Testamentsvollstecker ausüben, wobei ein Interessengegensatz offenkundig ist (§ 1817 V BGB).

Wenn in solchen Fällen das Betreuungsgericht einen familienfremden **471**
Ergänzungsbetreuer (nicht: Ergänzungspfleger) bestellt, ist das innerhalb
der „Familie" regelmäßig nicht erwünscht. In der Literatur wird vorge-

---

34 Einzelheiten vgl. *Zimmermann*, Die Testamentsvollstreckung, Rn. 311 ff.
35 *Nieder/Kössinger*, Handbuch der Testamentsgestaltung, § 21 Rn. 94.
36 Vgl. OLG Zweibrücken FamRZ 2004, 834 = FGPrax 2004, 30.

schlagen, dass der Testamentsvollstrecker einen Mittestamentsvollstrecker für den Bereich des Interessenkonflikts ernennt;[37] das setzt aber voraus, dass der Erblasser dies im Testament gestattete (§ 2199 II BGB).

10. Anordnung der Betreuung über einen Testamentsvollstrecker

a) Betreuung für den Testamentsvollstrecker bereits beim Antritt seines Amts

472 Wenn ein Volljähriger aufgrund bestimmter Gebrechen seine Angelegenheiten nicht selbst besorgen kann und es erforderlich ist, bestellt das Betreuungsgericht diesem Volljährigen einen Betreuer (§ 1814 BGB). Wer selbst *seine* Angelegenheiten nicht mehr besorgen kann, kann natürlich erst recht nicht als Testamentsvollstrecker die Angelegenheiten eines Dritten besorgen. Die **Ernennung** einer Person zum Testamentsvollstrecker ist daher **unwirksam**, wenn ihr zum maßgeblichen Zeitpunkt (Rn. 476) durch Beschluss des Betreuungsgerichts ein Betreuer zur Besorgung ihrer Vermögensangelegenheiten (Rn. 474) bestellt worden war (§ 2201 BGB).

473 **aa)** Unter Bestellung eines Betreuers (§ 2201 BGB) versteht man die Bestellung im regulären Verfahren, das nach seiner Ausgestaltung eine gewisse Rechtssicherheit bietet. Nach Ansicht des BayObLG genügt aber auch die Bestellung eines vorläufigen Betreuers nach § 300 FamFG,[38] genauer: eines Betreuers durch **einstweilige Anordnung**, um die Folgen des § 2201 BGB (Unwirksamkeit der Bestellung zum Testamentsvollstrecker) zu auszulösen.

Das überzeugt nicht,[39] weil in solchen Fällen weder der Sachverhalt vollständig ermittelt wird noch ein Sachverständigengutachten erholt wird; auch im früheren § 13 Nr. 2 BundeswahlG wurde die einstweilige Anordnung nicht der endgültigen Entscheidung gleichgestellt.

474 **bb)** Die Betreuung muss für die **Vermögensangelegenheiten** des potentiellen Testamentsvollstreckers angeordnet worden sein, damit die Ernennung unwirksam ist. Es muss sich um die gesamten Vermögensangelegenheiten handeln[40] (das folgt aus dem Wort „seiner"), Betreuung

---

37 *Bonefeld* ZErb 2007, 2; *Nieder/Kössinger*, Handbuch der Testamentsgestaltung, § 21 Rn. 94.

38 BayObLG FamRZ 1995, 962 = ZEV 1995, 63 m. Anm. *Damrau*.

39 Einzelheiten bei *Zimmermann*, Festschrift für D. Schwab, 2005, 1099; *Bamberger/Roth/J. Mayer*, BGB, § 2201.

40 BayObLG FamRZ 1995, 962 = Rpfleger 1995, 160; Soergel/*Becker* § 2201 Rn. 1.

nur für einzelne Vermögensangelegenheiten (z. B. den Rentenantrag) ist unschädlich. Eine Beschränkung der Betreuung auf **andere Aufgaben-kreise**, wie z. B. „Gesundheitssorge", „Aufenthaltsbestimmung, Unterbringung" machen den Betreuten nicht unfähig zum Testamentsvollstrecker; das ist an sich erstaunlich. Ist der „Amtsinhaber" aufgrund seines geistigen Zustandes unfähig, kommt aber seine spätere Entlassung aus wichtigem Grund durch das Nachlassgericht in Frage (§ 2227 BGB). Bei unklaren Beschreibungen des Aufgabenkreises wie „Renten-, Behörden- und Bankangelegenheiten" ist es Auslegungssache, ob damit die vollständige „Vermögenssorge" im Sinne von § 2201 BGB gemeint ist; damit kommt eine rechtliche Unsicherheit in den Fall: kommt ein Zivilgericht später zur Auffassung, die Betreuung mit diesen Aufgabenkreisen sei als komplette Vermögensbetreuung aufzufassen, dann ist der vermeintliche Testamentsvollstrecker in Wirklichkeit nie Testamentsvollstrecker gewesen. Beantragt der „Ernannte" ein Testamentsvollstreckerzeugnis (§ 2368 BGB), hat das Nachlassgericht selbst zu beurteilen, ob der unklare Aufgabenkreis als „Vermögensbetreuung" auszufassen ist.

Wenn der Testamentsvollstrecker unter Vermögensbetreuung steht und der Erblasser **keine Ersatzregelung** getroffen hat (Ernennung eines Ersatz-Testamentsvollstreckers, zumindest stillschweigende Bitte im Testament, das Gericht möge einen Ersatzmann bestellen; § 2200 BGB), dann ist die Testamentsvollstreckung gegenstandslos. **475**

cc) Hinsichtlich des **maßgeblichen Zeitpunkts** sagt § 2201 BGB, dass die Ernennung des Testamentsvollstreckers unwirksam ist, wenn der Ernannte „zu der Zeit, zu welcher er das Amt *anzutreten* hat, ... einen Betreuer erhalten hat". Nach dem Gesetzestext kommt es also nicht auf den Zeitpunkt des Erbfalls oder den Zeitpunkt des tatsächlichen Amtsantritts an, sondern auf einen fiktiven Zeitpunkt. Welcher Zeitpunkt maßgeblich ist, ist umstritten. **(1)** Es wird die Meinung vertreten, wesentlich sei die „Erlangung der Kenntnis von der Ernennung als Testamentsvollstrecker";[41] das passt nicht zum Wortlaut des Gesetzes. **(2)** Andere[42] meinen, es komme auf den Zeitpunkt an, in dem der Ernannte in die Lage kommt, sich über die Annahme oder Ablehnung des Amts zu erklären. **(3)** Die Unsicherheit über den wesentlichen Zeitpunkt rechtfertigt es, den Zeitpunkt, zu dem der Ausgewählte das Amt gegenüber dem Nachlassgericht annimmt, als wesentlich anzusehen,[43] d. h. den Zeitpunkt des Zugangs der **476**

---

41 Grüneberg/*Weidlich* § 2201 Rn. 1; Staudinger/*Dutta* (2021) § 2201 Rn. 4; BeckOGK/ BGB *Leitzen* § 2201 Rn. 7.

42 KG v. 27.2.1911, Recht 1912 Nr. 766; Soergel/*Damrau* § 2201 Rn. 3.

43 *Lange/Kuchinke* Erbrecht, 5. Aufl. 2001, § 31 IV Fußn. 96 (S. 678); *v. Lübtow*, Erbrecht II, 1971, S. 937.

Erklärung beim Amtsgericht (§ 2202 I BGB). Diese Lösung hat den Vorzug der Rechtssicherheit.

b) Anordnung der Betreuung über den Testamentsvollstrecker erst nach dessen Amtsantritt

477   **Das Amt** des Testamentsvollstreckers **erlischt,** wenn er einen Betreuer zur Besorgung seiner Vermögensangelegenheiten erhalten hat (§§ 2225, 2201, 1814 BGB). Wird für jemand, der Testamentsvollstrecker ist, ein Betreuer bestellt, dann wäre es falsch, zusätzlich diesem Betreuer den Aufgabenkreis „Vertretung hinsichtlich der Tätigkeit als Testamentsvollstrecker" zu geben;[44] eine solche Anordnung wäre nichtig, weil sie auf etwas rechtlich Unmögliches gerichtet ist: Bei einem unfähigen Testamentsvollstrecker erlischt das Amt automatisch oder er ist zu entlassen, niemals kann für ihn vom Betreuungs- oder Nachlassgericht insoweit ein Vertreter bestellt werden.

478   Sowohl geschäftsunfähige wie auch geschäftsfähige Personen können unter Betreuung gestellt werden.[45] Da bei Eintritt der Geschäftsunfähigkeit das Amt ohnehin erlischt (§§ 2225, 2201 BGB), ist das Erlöschen infolge Bestellung eines Vermögensbetreuers an sich nur bei geschäftsfähigen Betreuten relevant. Weil aber die Frage der Geschäftsunfähigkeit oft nicht eindeutig geklärt werden kann (vor allem nicht, wann sie genau eintrat), treten hier Unsicherheiten auf. Das Erlöschen tritt ein mit dem Wirksamwerden des Bestellungsbeschlusses des Betreuungsgerichts; dies ist der Zeitpunkt des Zugangs beim Betreuer (§ 287 I FamFG). Eine Betreuerbestellung mit anderem Aufgabenkreis, z. B. „Gesundheitssorge", führt nicht zum Erlöschen des Amts als Testamentsvollstrecker.

c) Späterer Wegfall der Betreuung

479   Wird die Anordnung der Betreuung später aufgehoben, dann ist zweifelhaft, ob das Testamentsvollstreckeramt von selbst wieder auflebt. Das ist z. B. dann relevant, wenn eine durch einstweilige Anordnung getroffene Betreuerbestellung schon nach einigen Tagen aufgehoben wird; oder wenn die Beschwerde des Betreuten Erfolg hat. Dies wird von der ganz herrschenden Meinung **verneint,**[46] weil etwas Erloschenes nicht ohne diesbezügliche

---

44 *Damrau* ZEV 1995, 65/66.

45 Unstreitig, vgl. Soergel/*Zimmermann* § 1896 Rn. 25.

46 *Winkler,* Der Testamentsvollstrecker, Rn. 784; Soergel/*Becker* § 2201 Rn. 4; KG Recht 1912 Nr. 766 zur Entmündigung. Beiläufig auch BayObLG FamRZ 1995, 962 = Rpfleger 1995, 160.

Rechtsvorschrift wiederaufleben könne; vgl. § 2225 BGB. Vereinzelt wird differenziert:[47] bei Aufhebung wegen inzwischen weggefallenem Betreuungsgrund bleibe es beim Erlöschen; bei Aufhebung wegen Fehlen eines Grundes von Anfang an sei die Ernennung von Anfang an wirksam, so dass (wenn ein Nachfolger bestellt wurde) schwierige Probleme paralleler Amtsführung auftreten. Meines Erachtens sprechen die besseren Gründe (z. B. der mutmaßliche Wille des Erblassers) dafür, ein Wiederaufleben des Testamentsvollstreckeramtes bei Aufhebung der Betreuung anzunehmen.[48] Wenn die Betreuung anfangs gerechtfertigt war, später nicht mehr, nimmt die herrschende Meinung ebenfalls an, dass kein Wiederaufleben des Amts erfolgt.[49]

---

47 Staudinger/*Dutta* (2021) § 2225 Rn. 14; § 2201 Rn. 7.
48 Einzelheiten vgl. *Zimmermann*, Festschrift für D. Schwab, 2005, 1099.
49 Staudinger/*Dutta* (2021) § 2201 Rn. 6; Soergel/*Becker* § 2201 Rn. 4; Grüneberg/*Weidlich* § 2201 Rn. 1.

O. Tätigkeiten des Betreuers beim Tod des Betreuten

1. Beendigung der Betreuung, Bestattung des Betreuten

Mit dem Tod des Betreuten erlischt die vom Betreuungsgericht angeord-   **480**
nete Betreuung (§ 1970 BGB); ein Aufhebungsbeschluss ist überflüssig.
Die vom Betreuer wirksam getätigten Geschäfte gehen auf die Erben des
Betreuten über; hatte der Betreuer z. B. mit Genehmigung des Betreuungsgerichts einen langjährigen Mietvertrag geschlossen, sind die Erben des
Betreuten daran gebunden. Das gilt auch für Verträge, die nicht der Genehmigung des Betreuungsgerichts bedurften.

Hatte der Betreute die Bestellung des Betreuers mit Beschwerde an-   **481**
gefochten (§§ 58 ff. FamFG) und stirbt der Betreute vor der Entscheidung
des Beschwerdegerichts, dann tritt mit dem Tod des Betroffenen eine Er-
ledigung der Hauptsache ein. Trotz Beschwerde hatte der Betreuer vom
Wirksamwerden seiner Bestellung bis zum Tod des Betreuten die Stellung
als Betreuer (und erhält somit auch eine Vergütung), weil die Beschwerde
keine aufschiebende Wirkung hat.

Der Betreuer hat kein **Totenfürsorgerecht**, er darf also nicht von sich   **481a**
aus bestimmen, wo und wie die Bestattung bzw Einäscherung erfolgen soll,
wie das Grab gepflegt werden soll (Rn. 505); das ist Sache der Angehörigen. Die Kosten der **Bestattung** treffen den Erben des Betreuten (§ 1968
BGB; Rn. 180, 504). Sind die Angehörigen nicht die Erben, begründen die
Bestattungsgesetze der Länder eigene Kostentragungspflichten für die To-
tenfürsorgeverpflichteten;[1] nur bei absoluter Unzumutbarkeit besteht keine
Zahlungspflicht.[2] Damit hat der ehemalige Betreuer nichts zu tun. Er hat
anlässlich der Bestattung des Betreuten daher nichts zu veranlassen oder
zu unternehmen.[3] Wenn sich der ehemalige Betreuer um die Bestattung
kümmert, riskiert er, auf den Kosten sitzen zu bleiben, weil die Erben Kosten nur im Rahmen von § 1968 BGB zu tragen haben (sie können z. B. die
Höhe der Kosten des Sarges bestreiten) oder unpfändbar sind. Sind Erben
oder Angehörige nicht bekannt, muss das **Ordnungsamt** tätig werden,
nicht der Betreuer.

---

1 OVG Hamburg FamRZ 2010, 1856 = ZEV 2010, 584.
2 OVG Lüneburg FamRZ 2021, 1579 = ZEV 2021, 730.
3 BeckOGK/*Schmidt-Recla* BGB § 1908d Rn. 19.

2. Verständigung des Standesamts

482   Die Pflicht, einen Sterbefall dem Standesamt mündlich mitzuteilen, trifft nach § 29 PStG:

1. jede Person, die mit dem Verstorbenen in häuslicher Gemeinschaft gelebt hat,

2. die Person, in deren Wohnung sich der Sterbefall ereignet hat,

3. jede andere Person, die bei dem Tod zugegen war oder von dem Sterbefall aus eigenem Wissen unterrichtet ist.

483   Mit der Anzeige kann ein registriertes **Bestattungsunternehmen** beauftragt werden (§ 29 II PStG). Bei Sterbefällen in Krankenhäusern, Alten- und Pflegeheimen sowie sonstigen Einrichtungen trifft die Anzeigepflicht diese Einrichtung (§ 30 PStG). Den Betreuer könnte die Anzeigepflicht also allenfalls treffen, wenn der Betreute zuhause in Anwesenheit des Betreuers gestorben ist und kein Bestattungsunternehmen beauftragt wird.

3. Fortführung der Geschäfte bei Gefahr in Verzug

484   **Bis zur Kenntnis vom Tod** oder bis zum Zeitpunkt des Kennenmüssens vom Tod kann der Betreuer seine Geschäfte fortsetzen.

485   **Ab Kenntnis vom Tod** hat der Betreuer trotz Beendigung der Betreuung die Geschäfte, die „keinen Aufschub dulden", als Vertreter des Erben, aber beschränkt auf die Haftungsmasse „Nachlass", zu besorgen, bis der Erbe diese Angelegenheiten besorgen kann (§ 1874 II BGB); aus dem Wort „hat" folgt, dass das eine Pflicht des Betreuers ist. § 1874 BGB begründet aber keine gesetzliche Vertretungsmacht für den Betreuer zu Lasten des Erben.[4] Ferner ist zu beachten, dass die Pflichten nur **im Rahmen des Aufgabenkreises** des Betreuers bestehen; wer nur die Gesundheitsbetreuung hat muss sich nicht um die eingefrorene Heizung kümmern. Eine Erweiterung des Aufgabenkreises durch einstweilige Anordnung (§ 300 FamFG) ist nach dem Tod nicht mehr möglich. Aus der Formulierung in § 1874 II BGB kann man eine Pflicht des Betreuers entnehmen, nach dem Tod des Betreuten zumindest *eine* Person (z. B. einen der drei Neffen) zu verständigen, die er für den gesetzlichen oder testamentarischen Erben hält. Jedoch hat der Betreuer insoweit keine Erbenermittlungspflicht.

486   Eine solche Notgeschäftsführungspflicht besteht nur, **bis „der Erbe diese besorgen kann"**. Das ist ein problematischer Satz, weil man zwar

---

4 BSG FamRZ 2017, 559 = NJW 2017, 1134.

automatisch mit dem Todesfall Erbe wird (§ 1922 BGB), auch wenn man nichts davon weiß, aber im Rechtsverkehr meist erst handeln kann, wenn man sich durch einen Erbschein ausweisen kann. Es kann nicht sein, dass der Betreuer die Geschäfte bis zur Erbscheinserteilung fortführen muss. So ist das in § 1874 II BGB auch nicht gemeint. Der Betreuer informiert die Angehörigen bzw Erben, soweit bekannt; andernfalls schreibt er an das örtlich zuständige Nachlassgericht und legt den Sachverhalt dar, insbesondere das Fürsorgebedürfnis; das Nachlassgericht hat dann eine Sicherungspflicht (§ 1960 I 1 BGB). Wird dann ein **Nachlasspfleger** als Vertreter der unbekannten Erben bestellt (Rn. 739), hat dieser die Pflicht, für den Nachlass zu sorgen (§ 1960 II BGB).

Unaufschiebbare Handlungen können z. B. sein: Fristwahrungen, **487** dringende Reparaturen (Wasserrohrbruch usw.), Beseitigung von Gefahrenquellen (Gas abstellen, Heizung im Winter einschalten), Versorgung von Haustieren; Anregung einer Nachlasspflegschaft (§ 1960 BGB) beim Nachlassgericht, wenn ein Bedürfnis besteht und die Erben unbekannt sind. Nur unaufschiebbare Handlungen sind von der Vertretungsmacht des Betreuers gedeckt. Zur Frage, ob der Betreuer für diese Tätigkeit noch vergütet wird, vgl. Rn. 522.

Für „gefundene" **Haustiere** ist die örtliche Behörde, das ist in der Regel **488** die Gemeinde, verantwortlich (§§ 965, 90a BGB); man kann, wenn keine Erben präsent sind, dort anrufen oder den örtlichen Tierschutzverein verständigen. Keinesfalls sollte der Betreuer im eigenen Namen Pflegeverträge etc. mit dem Tierheim schließen, die Kosten sind hoch, die Erstattung durch den Erben höchst unsicher, der ehemalige Betreuer bleibt dann auf den Kosten sitzen.

Geschäfte, die nicht geführt werden dürfen. Nicht unaufschiebbar **489** (und damit nicht mehr vom Betreuer durchzuführen) sind z. B. **Kündigung und Räumung der Wohnung**, Entsorgung von Gerümpel, Verhandlungen mit dem Vermieter wegen der Durchführung von Schönheitsreparaturen, weitere Verwaltung des Nachlasses (z. B. Einzug von Mieten über eine längere Zeit), **Bezahlung von Schulden des Betreuten** (Krankenhaus-, Arztrechnungen), Leistung von Steuervorauszahlungen, Abgabe der Erbschaftsteuer- und der sonstigen Steuererklärungen, Nachlassinsolvenzantrag, Ermittlung der Erben, Stellung von Erbscheinsanträgen namens der Erben, Erbauseinandersetzung, Suche nach Testamenten (gefundene Testamente sind aber beim Nachlassgericht abzuliefern, desgleichen die Testamente, welche der Betreuer in Besitz hat, § 2259 BGB). Der Betreuer handelt als Vertreter ohne Vertretungsmacht (§§ 177 ff. BGB), wenn er noch Geschäfte führt, die aufschiebbar sind; er verpflichtet sich u. U. selbst zu Erfüllung oder Schadensersatz (§ 179 BGB) und wird dafür nicht vergütet.

490   Ist der **Erbe des Betreuten selbst betreuungsbedürftig, aber noch ohne Betreuer,** dann sollte der Betreuer das Betreuungsgericht informieren. Dann muss unter Umständen der bisherige Betreuer des Verstorbenen die Notgeschäfte führen, bis für den Erben selbst ein Betreuer vom Betreuungsgericht bestellt ist. Möglich ist, dass der Betreuer des Erblassers nun zum Betreuer des Erben bestellt wird, sofern kein Interessengegensatz vorhanden ist.

4. Pflichten gegenüber dem Gericht

a) Mitteilung des Todesfalls

491   Der Betreuer hat den Todesfall dem Betreuungsgericht mitzuteilen; ferner sind die Angehörigen zu verständigen, soweit bekannt (mit Aufwand zu ermitteln sind sie aber nicht), notfalls die Ordnungsbehörde, damit dort die Bestattung veranlasst wird. Manchmal verlangt das Betreuungsgericht als Nachweis die Vorlage einer **Sterbeurkunde** (§ 60 PStG) vom Betreuer; das ist aber nicht zulässig.[5] Das Standesamt erteilt bei einem Todesfall für Krankenkasse und Rentenzwecke je eine gebührenfreie Urkunde; eine weitere Sterbeurkunde für den privaten Gebrauch kostet ca. 10 Euro (je nach Landesrecht), jede weitere Urkunde der gleichen Art kostet je 5 Euro (zwei nationale Urkunden kosten also 15 Euro). Der Betreuer müsste also aus seinen eigenen Mitteln 10 Euro zahlen, was nicht veranlasst ist, weil die Betreuung beendet ist und es keine Vorschrift gibt, dass *er* eine Sterbeurkunde vorlegen müsste. Wenn das Betreuungsgericht nicht glaubt, dass der Betreute gestorben ist, kann es von Amts wegen ermitteln (§ 26 FamFG), indem es z. B. selbst das Standesamt anschreibt.

b) Rückgabe der Bestellungsurkunde

492   Der Betreuer hat die Bestellungsurkunde (d. h. den Ausweis, nicht den Gerichtsbeschluss) an das Betreuungsgericht zurückzugeben (§ 290 III FamFG). Das könnte durch Zwangsgeld (§ 35 FamFG) erzwungen werden.[6] Bei Verlust erfolgt **keine Kraftloserklärung,** weil die Urkunde nicht unter § 172 BGB fällt, also keinen Rechtsschein begründet.

---

5 A. A. *Dodegge/Roth* H 19.
6 Grüneberg/*Götz* § 1893 Rn. 5.

c) Erstellung eines Schlussberichts

Vgl. § 1863 IV BGB. Allerdings hat ein solcher Bericht „über die persönli- **493**
chen Verhältnisse" des verstorbenen Betreuten kaum mehr einen Sinn, weil
er keine Perspektiven mehr eröffnen kann.

d) Schlussabrechnung; Hinweispflicht des Betreuers

Soweit zu den Aufgaben des Betreuers auch Vermögensangelegenheiten ge- **494**
hörten, war bis 2022 die Schlussabrechnung für die Zeit von der letzten
Abrechnung bis zum Tod gegenüber dem Betreuungsgericht abzugeben
(§ 1865 BGB). das gilt nur noch, wenn die Erben unbekannt sind (§ 1872
III BGB). Sind die Erben bekannt, hat der Betreuer eine Schlussrechnung
nur zu erstellen und beim Betreuungsgericht einzureichen, **wenn der Erbe
dies verlangt** (§ 1872 II 1 BGB); darauf **muss der Betreuer alle Erben
hinweisen** (§ 1872 II 2 BGB), am besten schriftlich mit Nachweis des
Zugangsdatums. Denn die Frist zur Geltendmachung dieses Verlangens
beträgt sechs Wochen nach Zugang des Hinweises. Zur Abrechnung vgl.
Rn. 501 ff.

Weder das Gericht noch der Betreuer kann von den Erben verlangen,
dass ihm „Entlastung" (d. h. ein negatives Anerkenntnis im Sinne von
§ 397 II BGB) erteilt wird;[7] der Erbe, der eine solche Entlastung abgibt,
würde seine prozessuale Stellung verschlechtern, wenn er sich geirrt hat.[8]
Zur Abrechnung der **restlichen Vergütung** vgl. Rn. 516.

e) Ablieferung eines Testaments

„Wer ein Testament, das nicht in besondere amtliche Verwahrung gebracht **495**
ist, im Besitz hat, ist verpflichtet, es unverzüglich, nachdem er von dem
Tode des Erblassers Kenntnis erlangt hat, an das Nachlassgericht abzuliefern" (§ 2259 I BGB). Mit dem Tod des Betreuten ist die Betreuung beendet und den Betreuer geht die Hinterlassenschaft nichts an; er ist deshalb
auch nicht berechtigt, sie zu *durchsuchen*, etwa nach Geld oder nach einem
Testament. Wenn der Betreuer aber weiß, wo das Testament liegt, wird
man ihn für verpflichtet erachten müssen, dieses zu holen und abzuliefern.

---

7 MünchKomm/*Spickhoff* § 1892 Rn. 6; Grüneberg/*Götz* § 1892 Rn. 5.
8 Vgl. den Fall OLG Köln FamRZ 1996, 249.

5. Pflichten gegenüber den Erben des Betreuten

a) Sicherung des Nachlasses, Bankkonto

496   Zwar ist die Betreuung mit dem Tod des Betreuten beendet, doch hat der Betreuer *Geschäfte*, die keinen Aufschub dulden, zu besorgen, bis der Erbe diese besorgen kann (§ 1874 II BGB). Eine „Gefahr" muss nicht mehr (wie früher) bestehen. Das ist eine Pflicht des Betreuers, nicht nur ein Recht. Bis tatsächlich feststeht, wer der Erbe ist, können Monate bzw Jahre vergehen, z. B. wenn die Testierfähigkeit des Erblassers unklar ist. Deshalb fällt die Sicherung des Nachlasses jedenfalls insoweit, als wertvolle Gegenstände aus der Wohnung des Erblassers, auch Bargeld, vor Diebstahl zu bewahren sind, in die Zuständigkeit des Nachlassgerichts (§ 1960 BGB), das vom bisherigen Betreuer darauf hingewiesen wird; Aufgabe des bisherigen Betreuers ist sie nur im Rahmen der Geschäftsbesorgung. In manchen Bundesländern kann dringende Nachlasssicherung auch eine gemeindliche Aufgabe sein (z. B. nach Art. 36 BayAGGVG). Die Erbensuche gehört dagegen nicht mehr zu den Aufgaben des früheren Betreuers.

    Zur Sicherung gehört auch, einen **„Schwund" des Bankkontos** zu verhindern; deshalb sind bei der Bank bestimmte Daueraufträge zu kündigen und Abbuchungen zu widerrufen, z. B. Kündigung des Zeitungs-Abos, Telefon, Strom, laufende Spenden, u. U. Miete, Krankenkasse, bestimmte Versicherungen.

b) Herausgabe des Nachlasses an die Erben

497   Das Vermögen des verstorbenen Betreuten geht mit dem Tod auf die Erben über (§ 1922 BGB), nicht erst mit der Erteilung eines Erbscheins. Der Betreuer hat den Erben das Vermögen herauszugeben (§ 1872 I BGB), gegen Quittung; zum Vermögen gehören auch Sparbücher und alle im Rahmen der Betreuung erlangten sonstige Unterlagen im Besitz des Betreuers; wichtige Papiere sollte der Betreuer zuvor wegen evtl. Rückfragen der Erben kopieren. **Sperrvermerke** im Sparbuch gem. § 1845 BGB braucht der Betreuer nicht löschen zu lassen; darum müssen sich die Erben kümmern, indem sie vom Betreuungsgericht eine Bescheinigung über die Beendigung der Betreuung erholen[9] und der Bank vorlegen.

498   Ist sich der Betreuer im Unklaren, wer **Erbe** ist, kann eine Auskunft des Nachlassgerichts erholt werden; das hat allerdings nur dann Sinn, wenn bereits ein Erbschein erteilt ist, weil nun der Betreuer eine Kopie

---

9 MünchKomm/*Spickhoff* § 1890 Rn. 3.

des Erbscheins erhalten kann (§ 357 II FamFG). Dann kann der **Nachlass**, soweit er im Besitz des Betreuers ist, an die im Erbschein als Erben bezeichneten Personen **herausgegeben** werden. Bei **Miterben** erfolgt die Herausgabe (z. B. von Schmuckstücken, Bargeld) an *alle* Erben, oder an denjenigen Miterben, der eine Vollmacht der übrigen Miterben vorlegt. Im Übrigen ist zu beachten, dass Konten und Depots sowieso auf den Namen des Betreuten lauten, der Erbe also sein Eigentum daran durch den Erbschein nachweisen kann; eine Herausgabe im eigentlichen Sinn gibt es hier nicht. Der Betreuer sollte sich nicht darauf einlassen, die Guthaben (aufzuteilen und) zu überweisen. Die Teilung ist Sache der Erben und geht den Betreuer nichts an. Ist **kein Erbschein erteilt** handelt der Betreuer auf eigenes Risiko, wenn er an jemand den Nachlass herausgibt, den er für den Erben hält; denn der Schutz, den ein Erbschein gibt (§§ 2365, 2366 BGB), kommt ihm hier nicht zugute. Notfalls kann er Wertgegenstände beim Amtsgericht hinterlegen.

Sind die Erben unbekannt und ist vom Gericht ein **Nachlasspfleger** **499** bestellt worden, kann an diesen der Nachlass herausgegeben werden; zur Frage, ob die Überweisung von Geld vom Betreuer an den Nachlasspfleger eine „Verfügung" im Sinne von § 1849 I BGB ist und daher der Betreuer die Genehmigung des Nachlassgerichts braucht vgl. Rn. 742.

In allen Fällen muss der Betreuer ein Verzeichnis der herausgegebenen **500** Sachen („**Bestandsverzeichnis**", § 260 BGB) erstellen und sollte sich die Aushändigung quittieren lassen. Bei „begründeten" Bedenken gegen die Richtigkeit des Verzeichnisses können die Erben verlangen, dass der Betreuer die Richtigkeit beim Amtsgericht eidesstattlich versichert (§ 260 II BGB). Wenn der Betreuer diese Versicherung freiwillig abgeben will erfolgt sie nach § 410 Nr. 1 FamFG beim Amtsgericht. Wenn er sich weigert, müssen ihn die Erben auf Abgabe verklagen und können dann nach § 888 ZPO aus dem Urteil vollstrecken.

c) Schlussrechnung

Der Betreuer hat den Erben gegenüber **Schluss-Rechnung** zu legen (§ 1872 **501** II BGB), wenn die Erben es von ihm verlangen. Auf dieses Recht hat der Betreuer die Erben hinzuweisen (und das Betreuungsgericht darüber zu informieren), dann haben die Erben sechs Wochen Zeit, die Schluss-Rechnung zu verlangen. Sind die Erben sechs Monate nach Ablauf dieser Frist immer noch unbekannt, dann hat der Betreuer die Schluss-Rechnung zu erstellen (§ 1872 III BGB) und beim Betreuungsgericht einzureichen; das Gericht übersendet eine Kopie an die Erben, falls sie inzwischen bekannt sind (§ 1873 I BGB).

Da der Betreuer ohnehin gegenüber dem Betreuungsgericht jährlich abrechnen muss (§ 1865 BGB), betrifft die Schluss-Rechnung nur das Rumpfjahr von der letzten Jahresabrechnung bis zum Tod des Betreuten. Die Schluss-Rechnung kann deshalb erfolgen, indem vom Betreuer auf die früheren Jahres-Abrechnungen gegenüber dem Betreuungsgericht Bezug genommen (bzw. einkopiert) wird, ferner das Rumpfjahr abgerechnet wird.

d) Prüfung der Schluss-Rechnung durch das Betreuungsgericht

501a Sie erfolgt nur, wenn die Erben binnen sechs Wochen nach dem Zugang der Schlussrechnung die Prüfung verlangen, worüber sie vom Gericht zu belehren sind (§ 1873 III, II BGB). Bei einer Erbengemeinschaft genügt es, wenn *ein* Erbe die Prüfung verlangt. Die Prüfung verursacht keine neuen Gerichtsgebühren.

e) Rechenschaft gegenüber den Erben

502 Man muss zwischen der **Abrechnung gegenüber dem Gericht und der Rechenschaft gegenüber den Erben** des Betreuten unterscheiden. Auch wenn der Betreuer durch Bezugnahme auf die Jahresabrechnungen sowie die Abrechnung für das Rumpfjahr ein komplettes Rechenwerk vorlegt, hindert das die Erben des Betreuten nicht, Rechnungsposten zu beanstanden, die das Betreuungsgericht bei der Prüfung unbeanstandet gelassen hat.[10] Hatte der Betreuer z.B. zu Lebzeiten Gegenstände (antike Möbel, Münzensammlung; Grundstücke) aus dem Vermögen des Betreuten verkauft, können die Erben nun behaupten, der Verkauf sei zu billig erfolgt, weshalb der Betreute einen Schadensersatzanspruch gehabt habe (§ 1826 BGB), der nun von ihnen geerbt worden sei; zuständig ist das Prozessgericht.

f) Befreite Betreuer

503 Bei einem befreiten Betreuer (§ 1859 BGB; Rn. 11a) genügt es, wenn er eine Vermögensübersicht und eine Übersicht über die Einnahmen und Ausgaben seit der letzten Übersicht erstellt, eidesstattlich die Richtigkeit und Vollständigkeit der Vermögensübersicht versichert, und einreicht (§ 1872 V BGB), falls die Erben dies verlangen. „Befreit" sind Vater, Mutter, Ehegatte, Abkömmlinge, Geschwister; Verein und Vereinsbetreuer; Betreuungsbe-

---

10 OLG Karlsruhe FamRZ 2004, 1601; MünchKomm/*Spickhoff* § 1890 Rn. 8.

hörde und Behördenbetreuer. Diese privilegierten Betreuer brauchten bis 2022 dem Betreuungsgericht die jährliche Rechnungslegung des § 1840 a. F. BGB nicht vorlegen, wie aus § 1857a a. F. BGB folgte.[11] Jetzt müssen sie nicht einmal Übersichten einreichen, wenn die Erben es nicht verlangen.

Dauert die Betreuung z. B. fünf Jahre, musste der befreite Betreuer bei Erlaubnis des Gerichts keine jährlichen Abrechnungen erstellen (§ 1859 I 3 BGB), nur sog. Vermögensübersichten (§ 1859 I 2 BGB) und nach dem Tod des betreuten zwei weitere Übersichten. Das ist nur vertretbar, wenn es sich um „kleine Verhältnisse" handelt, (fast) kein Vermögen vorhanden ist und als Einnahme nur die Rente.

6. Beerdigung des Betreuten

Zu unterscheiden ist zwischen der **Bestattungspflicht**, dem **Totenfürsorge-** **504** **recht** und der **Kostentragungspflicht.** Der Totenfürsorgeberechtigte, der Bestattungspflichtige und der Kostenträger sind nicht zwangsläufig identisch.

Die Einzelheiten der Bestattung (Art der Bestattung, Erd- oder Feuer- **505** bestattung, Ort der Bestattung, Totenfeier, Grabschmuck usw.) richten sich nach dem geäußerten Willen des Verstorbenen; er kann einen Teil des Rechts, z. B. die Grabpflege, auf eine **Gärtnerei** überragen;[12] fehlt es daran, haben **die nächsten Angehörigen** das Recht der **Totenfürsorge** (Rn. 481). Der Erblasser könnte seinem Betreuer entsprechende Weisungen erteilen.

Die öffentlich-rechtliche Pflicht, für die **Bestattung** zu sorgen, ist nach **506** dem Landesrecht[13] den nächsten Angehörigen auferlegt, auch wenn sie die **Erbschaft ausgeschlagen** haben. Denn wenn Leichen in den Wohnungen liegen, stellt das eine Gefahr für die öffentliche Gesundheit dar. In einigen Bundesländern gibt es im jeweiligen Bestattungsgesetz ferner Bestimmungen, wonach hilfsweise (also wenn sich die Angehörigen um nichts kümmern) der Betreuer, wenn er den Aufgabenkreis Personensorge hatte, diese öffentlich-rechtliche Pflicht hat (z. B. Art. 15 II Nr. 3 Bayerisches Bestattungsgesetz). Hilfsweise ist dort auch der Betreuer verpflichtet, die **Leichenschau** zwecks Feststellung des Todes zu veranlassen (§ 1 I Nr. 4 Bayerische Bestattungsverordnung), also einen Arzt zu rufen. In einzelnen Bundesländern findet sich Landesrecht, wonach überhaupt jeder Betreuer mit beliebigem Aufgabenkreis Bestattungspflichten bezüglich

---

11 OLG Düsseldorf FamRZ 1996, 374.

12 OLG Koblenz FamRZ 2012, 66 = ZEV 2021, 730 (LS) = BeckRS 2021, 27110.

13 Vorschriftensammlung; *Deinert/Neuser/Bispink,* Todesfall- und Bestattungrecht, 2021.

des verstorbenen Betreuten hat[14] (§ 10 I Nr. 6 Sächsisches BestattungsG; § 9 BestattungsG Rheinland-Pfalz). Der Betreuer ist aber kein „sonstiger Sorgeberechtigter" und deshalb nicht für die Bestattung seines verstorbenen Betreuten verantwortlich.[15]

507   Die **Kosten** der Leichenschau und Bestattung haben die Erben zu tragen (§ 1968 BGB) bzw. die nach sonstigen Regeln Verpflichteten. Dazu gehört der Betreuer als solcher nicht (anders aber z. B., wenn er der Erbe des Betreuten ist). Sind die Erben zahlungsunfähig, hat grundsätzlich das **Sozialamt** die Bestattung zu zahlen (§ 74 SGB XII). Das Sozialamt zahlt aber nur die „erforderlichen" Kosten (also eine ganz einfache Beerdigung ohne Sterbebilder, Feierlichkeiten, Zeitungsinserat, Grabstein usw.).

508   Den Betreuer trifft nur die Pflicht, die ihm bekannten Angehörigen vom Todesfall zu verständigen; selbst hat er **keine Bestattung zu veranlassen**. Kümmert sich niemand um die Bestattung, muss wegen der kurzen zur Verfügung stehenden Zeit das Ordnungsamt tätig werden (Ersatzvornahme); der Betreuer sollte also das Ordnungsamt der Stadt bzw. des Kreises verständigen. Das Ordnungsamt kann vom Bestattungspflichtigen Ersatz der Aufwendungen fordern, der seinerseits vom Erben oder vom Sozialamt Ersatz verlangen kann.[16] Trotz Ausschlagung kann die Bestattungspflicht und damit die Kostentragungspflicht der Angehörigen weiter bestehen (vgl. Rn. 180). Da derjenige, welcher im eigenen Namen einen Bestattungsunternehmer beauftragt, aus dem geschlossenen Werkvertrag auch zahlungspflichtig ist, **sollte der Betreuer solche Aufträge nicht erteilen**. Tut er es trotzdem, kann er erhebliche Schwierigkeiten haben, den vollen verausgabten Betrag von den Erben oder vom Sozialamt erstattet zu erhalten. Die Kosten der Bestattung darf der ehemalige Betreuer nicht mehr vom Nachlasskonto zahlen.[17] Einen **Grabstein** darf er keinesfalls in Auftrag geben, einen **Dauergrabpflegvertrag** darf er nicht mehr schließen.

509   Wenn der verstorbene Betreute den Betreuer zu Lebzeiten mit seiner Bestattung „beauftragt" hat, könnte man daran denken, dass der Betreuer tätig wird. Der „Auftrag" muss aber, damit Streit mit den Erben vermieden wird, nachweisbar sein (also schriftlich) und der Betreute muss bei Erteilung des „Auftrags" noch geschäftsfähig gewesen sein. Selbst wenn das der Fall sein sollte, kann der Erbe einwenden, die vom früheren Betreuer in Auftrag gegebenen Bestattung sei zu teuer gewesen, weshalb er sie nur teil-

---

14 Vgl. *Bienwald* BtPrax 2000, 107.
15 VG Leipzig FamRZ 2007, 1686.
16 BVerwG FamRZ 2001, 1452 = NVwZ 2001, 927; OVG Lüneburg NJW 2003, 1268; *Stelkens/Cohrs* NVwZ 2002, 917.
17 *Jochum* BtPrax 1996, 88.

weise bezahlen müsse (vgl. § 1968 BGB); dann bleibt der Betreuer auf der Differenz sitzen.

Zeigt sich zu Lebzeiten des Betreuten, dass er ohne Hinterbliebene **510** sein wird, ist es zweckmäßig, wenn zu Lebzeiten des Betreuten ein **Bestattungsvorsorgevertrag** zwischen dem Betreuten, vertreten durch den Betreuer, und einem örtlichen Bestattungsunternehmen abgeschlossen wird. Hier werden die Einzelheiten der Bestattung im Vertrag festgelegt und der Betrag ist an den Bestattungsunternehmer vorauszuzahlen. Dazu muss der Betreuer einen ausreichenden Aufgabenkreis haben. Die Genehmigung des Betreuungsgerichts ist u. U. einholen, wenn der zu bezahlende Betrag von einem versperrtem Konto überwiesen werden soll (§ 1849 BGB). Weitere Voraussetzung ist natürlich ferner, dass der Betreute ausreichendes Vermögen hat und dieses nicht für den Lebensunterhalt braucht. Der Vorteil eines solchen Vertrages ist, dass damit die Bestattung in der vom Verstorbenen gewünschten Art gesichert ist und die Erben gehindert werden, nur eine billige Beerdigung zu veranlassen.

7. Organ- oder Gewebeentnahme beim toten Betreuten

Die Entnahme von Organen aus dem Körper des toten Spenders ist grund- **511** sätzlich nur zulässig, wenn der Spender zu Lebzeiten zugestimmt hatte (§ 3 TPG); dazu muss der Spender einwilligungsfähig sein.[18] Zu Lebzeiten des Betreuten darf dessen Betreuer keine solche Zustimmung erteilen, weil dies **keine mögliche Aufgabe eines Betreuers** ist.[19] Liegt dem Arzt, der die Organ- oder Gewebeentnahme vornehmen soll, weder eine schriftliche Einwilligung noch ein schriftlicher Widerspruch des möglichen Spenders vor, ist dessen nächster Angehöriger unter Umständen zustimmungsbefugt (§ 4 I TPG). „Dem nächsten Angehörigen steht eine volljährige Person gleich, die dem möglichen Organ- oder Gewebespender bis zu seinem Tode in besonderer persönlicher Verbundenheit offenkundig nahegestanden hat; sie tritt neben den nächsten Angehörigen" (§ 4 II 5 TPG).

Ist der Betreute verstorben, kann es somit in Einzelfällen noch zu den ge- **512** setzlichen Aufgaben des Betreuers gehören, darüber zu entscheiden, ob dem Betreuten Organe entnommen werden dürfen. Das ergibt sich aus § 4 TPG, welches hilfsweise auf den Willen der **Vertrauenspersonen** des Verstorbenen abstellt; dazu gehört unter Umständen auch ein Betreuer,[20] falls er dem Betreuten nahegestanden hat. Dafür genügt die Behauptung des Betreuers;

---

18 *Bienwald/Sonnenfeld/Harm* § 1904 Rn. 44.
19 AG Mölln FamRZ 1995, 188.
20 *Deinert* BtPrax 1998, 60, 63.

wegen der Eilbedürftigkeit kann nichts nachgeprüft werden. Der Betreuer hat dabei auf den geäußerten bzw. mutmaßlichen Willen des verstorbenen Betreuten abzustellen. Deshalb kommt auch eine Ablehnung der Zustimmung in Frage. Auf die Entscheidung des Betreuers kommt es ferner an, wenn der Betreute als möglicher Organ- oder Gewebespender die Entscheidung über eine Organentnahme dem Betreuer übertragen hat (§ 4 III TPG).

513 Voraussetzung der Organentnahme ist die Feststellung des **Hirntodes**. Diese Feststellung setzt je nach der Art der Hirnschädigung eine längere Beobachtung (bis zu drei Tagen[21]) voraus, während der zur Erhaltung der Transplantierbarkeit der durchbluteten Organe der Patient maschinell beatmet und durchblutet werden muss. Hat jemand seine Bereitschaft zur Organspende erklärt und später eine **Patientenverfügung** niedergelegt, in der ein Verbot der Intensivbehandlung enthalten ist, liegt ein Widerspruch vor. Umstritten ist, was vorrangig ist. Im Zweifel geht die *spätere* Patientenverfügung vor, wenn anzunehmen ist, dass der Patient unter keinen Umständen, selbst nicht für Tage, eine Intensivmedizin wollte. Einen solchen Willen wird man aber kaum unterstellen können.

514 Die Verwendung einer Leiche für **anatomische Sektionen** im Medizinstudium kann der Betreuer nicht gestatten; das gehört nicht mehr zu seinem Aufgabenkreis.

8. Nachlassabwicklung durch den Betreuer im Auftrag der Erben des Betreuten

515 Der Betreuer wird sich nach dem Tod des Betreuten mit den ihm bekannten Angehörigen in Verbindung setzen und sie vom Tod des Betreuten verständigen, ferner davon, dass sein Amt beendet ist und für die weiteren Angelegenheiten (Wohnungsauflösung, Erbteilung usw.) die Erben selbst zuständig sind. Die weiteren Pflichten (Aushändigung der Unterlagen, des Vermögens, Hinweis auf das Recht zur Schluss-Rechnung und deren Prüfung, §§ 1872, 1873 BGB) sind gegenüber den Erben (das sind nicht unbedingt die Angehörigen) zu erfüllen.

Die Erben können dann entweder den Nachlass selbst abwickeln oder (z. B. wenn sie verstreut und entfernt wohnen) mit dem bisherigen Betreuer einen **Dienst-, Werk- und Geschäftsbesorgungsvertrag** schließen und ihm eine **Nachlassvollmacht**[22] erteilen, die Bestattung zu veranlassen und

---

21 BT-Drucks. 15/3700 S. 22.
22 Zur Auslegung einer Nachlassvollmacht vgl. OLG München FamRZ 2012, 663 = ZEV 2012, 429.

den Nachlass „abzuwickeln", z. B. die Wohnung zu entsorgen. Da es hierfür keine eigene Gebührentabelle gibt, sollte das Honorar vor Beginn der Tätigkeit vereinbart werden. Soweit es sich allerdings dabei um eine *Rechtsdienstleistung* handelt, ist dies Rechtsanwälten und sonstigen berechtigten Personen vorbehalten (Rn. 730 ff.).

a) Vollmacht. A, B, C als Miterben zu je ⅓ der Erbengemeinschaft nach dem **515a** am ... in ... verstorbenen X erteilen dem früheren Betreuer Y folgende Vollmacht:

Die Erben beauftragen und bevollmächtigen Y, in Bezug auf den Nachlass von X alle Rechtsgeschäfte und Rechtshandlungen vorzunehmen, die zur Nachlassabwicklung zweckmäßig oder erforderlich sind, insbesondere:

(1) einen **Erbschein** beim Nachlassgericht A zu beantragen und die entsprechenden Urkunden des Standesamts zu besorgen, wonach A, B, C aufgrund Gesetzes bzw. Testaments Miterben von Frau X mit folgenden Quoten wurden ...

(2) das **Grundstück** ... zu verkaufen und die **Wohnung** in ... nach freiem Ermessen aufzulösen, gegebenenfalls den Inhalt zu entsorgen; mit dem Vermieter eine Renovierungsvereinbarung nach freiem Ermessen zu schließen;

(3) alle **Konten** (Nr. ...) aufzulösen, alle Wertpapiere des Depots (Nr. ... bei der B-Bank) zu veräußern;

(4) alle **Nachlassgläubiger** zu bezahlen, die restliche Betreuervergütung (welche mit ... Euro vereinbart wird) dem Nachlass zu entnehmen, ebenso das für die vorliegende Abwicklung vereinbarte Honorar nebst Auslagen;

(5) die **Erbschaftsteuererklärung** abzugeben, die Steuer zu zahlen;

(6) eine **Grabpflegevertrag** mit einer Gärtnerei für die Dauer von ... Jahren zu schließen und aus dem Nachlass im Voraus zu bezahlen;

(7) den Miterben **Abrechnung** mit Belegen für die vorliegend vereinbarte Tätigkeit zu erteilen;

(8) ...

(9) das **restliche Guthaben** gemäß den Erbquoten des Erbscheins an die Erben zu überweisen und zwar auf folgende Konten ...

Wenn diese Vollmacht notariell beglaubigt ist, kann der Bevollmächtigte auch **Nachlassgrundstücke** veräußern.

b) Vertrag zwischen A, B, C als Miterben zu je ⅓ der Erbengemeinschaft nach **515b** dem am ... in ... verstorbenen X und dem früheren Betreuer Y:

§ 1. Die Aufbewahrungsfrist für die Unterlagen des Beauftragten beträgt ... Jahre; die Haftung von Y wird auf Vorsatz und grobe Fahrlässigkeit beschränkt.

§ 2. Für die frühere Tätigkeit als Betreuer erteilen die Erben dem Y Entlastung.

§ 3. Für Tätigkeiten, die unter das Rechtsdienstleistungsgesetz fallen, wird sich Y der Hilfe eines Rechtsanwalts bedienen.

§ 4. Als Honorar wird vereinbart: ... zuzüglich Umsatzsteuer; die Auslagen des Y betragen pauschal ... Euro. Ferner gehen zusätzlich verauslagte Anwaltskosten nach § 3, Erbscheinsgebühren, Standesamtskosten und ähnliche Kosten zu Lasten der Erben.

P. Restliche Vergütung des Betreuers, Auslagenersatz

1. Zeit bis zum Tod des Betreuten

Die Betreuung endet mit dem Tod des Betreuten. Damit ist dann auch die **516** vergütungsfähige Zeit zu Ende, nicht erst mit dem darauf folgenden Monatsende.[1] Der Tag, an dem die Änderung eintritt, gehört aber noch zum ablaufenden Teilmonat.

Beispiel: **517**

Die Betreuung bestand seit drei Jahren. Der Betreute war mittellos und wohnte im Heim. Das vorherige Abrechnungsquartal lief vom 2.8. bis 1.11. Tod des Betreuten am 5.11., Ende der Vergütung 5.11., also sind noch 4/30 eines Monats zu vergüten; vgl. § 9 II VBVG.

Auch wenn im Todesfall fehlerhaft ein Aufhebungsbeschluss ergeht, **518** ist die Zeit bis zur Bekanntgabe des Aufhebungsbeschlusses nicht mehr zu vergüten. In den Fällen der Beendigung der Betreuung durch Tod des Betreuten muss nicht die **Dreimonatsfrist** des § 15 VBVG abgewartet werden, es kann sofort abgerechnet werden,[2] entgegen dem Wortlaut von § 15 VBVG. Es wäre sinnlos, wenn der Betreuer noch den Ablauf der drei Monate abwarten müsste. § 15 VBVG will erreichen, dass der Betreuer jährlich höchstens vier Abrechnungen einreicht; dieser Zweck wird nicht beeinträchtigt.

Der berufsmäßige Betreuer kann nicht mehr nach Stunden abrechnen, **519** sondern nach sehr ausgetüftelten **Fallpauschalen**, die differenzieren nach der bisherigen Dauer der Betreuung, dem gewöhnlichen Aufenthaltsort des Betreuten (zuhause oder im Heim) und dem Vermögensstatus der Betreuten (mittellos; oder nicht mittellos; bis 150.000 Euro oder mehr Vermögen). Ferner werden die Berufsbetreuer je nach ihrer Ausbildung in drei Gruppen (A, B, C) eingeteilt. Die Fallpauschale gilt einschließlich Auslagenersatz (§ 11 VBVG) und Umsatzsteuer, die ohnehin nicht mehr anfällt.

---

1 OLG Köln FamRZ 2006, 1787 = FGPrax 2006, 163; OLG München FamRZ 2006, 1787 = NJW-RR 2006, 1517.
2 BGH FamRZ 2011, 1220; MünchKomm/*Fröschle* VBVG § 9 Rn. 10; h.M.

520   **Beispiel:**

Ein Rechtsanwalt gehört als Berufsbetreuer zur Gruppe C. Betreut er eine mittellose Person, die zuhause wohnt, erhält für das siebte bis zwölfte Monat je Monat (C 3.2.1) 246 Euro (umsatzsteuerfrei, einschl. Auslagen wie Fahrtkosten).

2. Vergütung für gewöhnliche Abwicklungsarbeiten?

521   Fraglich ist, ob die Zeit für die Abschlusstätigkeiten des Betreuers (Schlussbericht, Vermögensaufstellung, Zusammenstellung der Einnahmen und Ausgaben, Rückgabe der Bestallungsurkunde, Erteilung notwendiger Auskünfte an Banken usw., Herausgabe des Nachlasses an die Erben, Schlussrechnung), die erst nach dem Tod des Betreuten anfallen, als Betreuungszeit zählt. Die Betreuung endet mit dem Tod des Betreuten (§ 1870 BGB). Überwiegend wird daher vertreten, dass diese Zeit **nicht zusätzlich vergütungspflichtig** ist, den vergütungsfähigen Zeitraum nicht verlängert.[3] Denn solche Tätigkeiten sind durch die Pauschale mit abgegolten. Dafür spricht die vom VBVG angestrebte leichtere Abrechnung; andernfalls müsste im Einzelfall festgestellt werden, wie lange nach dem Tod noch die Abwicklungsleistungen dauerten. Zudem bestünde die Gefahr des Missbrauchs; so könnten Betreuer versucht sein, die Abwicklung hinauszuzögern, um möglichst lange die Pauschalvergütung zu erhalten. Manchmal kommen Rückfragen (z. B. von Gläubigern) erst nach einigen Monaten.

3. Vergütung für Notgeschäftsführung nach dem Tod des Betreuten?

522   Die Betreuung endet zwar mit dem Tod des Betroffenen, doch hat der Betreuer die Geschäfte, die „keinen Aufschub dulden", zu besorgen, bis der Erbe anderweit Fürsorge treffen kann (§ 1874 II BGB), vgl. Rn. 484. Solche Geschäfte sind z. B. Gas abstellen, Heizung einschalten, Versorgung der Haustiere. Nach der bis 30.6.2005 geltenden Regelung wurde nach den geleisteten Stunden abgerechnet und die Notgeschäftsführung war daher unbestritten eine vergütungsfähige Zeit. Das seit 1.7.2005/1.1.2023 geltende System pauschaliert, zahlt ohne Berücksichtigung des Zeitaufwands und stellt auf das Ende der Betreuung ab; deshalb wird **diese Zeit nicht vergütet**.

---

3 OLG München FamRZ 2006, 1787 = NJW-RR 2006, 1517; OLG Köln FGPrax 2006, 163; LG Wuppertal FamRZ 2006, 1063; LG Duisburg BtPrax 2006, 117.

Nur vereinzelt wurde die Ansicht vertreten, der Berufsbetreuer sei für den Zeitraum der Notgeschäftsführung nach dem Tod des Betreuten zu vergüten, weil nicht ersichtlich sei, dass der Gesetzgeber Notgeschäftsführung vergütungsfrei habe machen wollen. Das LG Stendal[4] wollte nach § 5 a. F. VBVG, also pauschal, vergüten. Das OLG München[5] wollte nicht pauschal, sondern auf der Basis einer Einzelaufstellung nach Stunden analog § 12 VBVG abrechnen.

Ein Betreuer, der **in Unkenntnis des Todes** des Betroffenen zunächst weiter tätig wurde, ist insoweit allenfalls in analoger Anwendung von § 12 VBVG (wie ein Ergänzungsbetreuer) und nicht pauschal zu entschädigen.[6]

4. Festsetzungsverfahren

Hier kommt es darauf an, wer die Vergütung zahlen soll. **523**

a) Staatskasse bei Mittellosigkeit

aa) Vergütung und Ersatz von Aufwendungen des **ehrenamtlichen Be-** **524** **treuers** richten sich nach dem BGB (§ 1875 I BGB), nicht nach dem VBVG, er erhält also keine „Fallpauschale". Die Festsetzung erfolgt nach § 292 FamFG. Er erhält Ersatz seiner Aufwendungen (§ 1877 BGB), evtl. pauschaliert (§ 1878 BGB). Der Staat zahlt dem *ehrenamtlichen* Betreuer einer *vermögenden* Person keine Vergütung.

bb) Die Vergütung des **Berufsbetreuers** aus der Staatskasse kann noch nach dem Tod des Betreuten festgesetzt werden,[7] in der Regel auf Antrag des Betreuers, theoretisch auch von Amts wegen; § 292 FamFG mit § 7 III VBVG. **Formelle Voraussetzung** ist, dass beim Antrag des berufsmäßigen Betreuers die 15-Monatsfrist gewahrt ist (§ 16 III VBVG); dagegen muss der Betreuer nicht warten, bis die Dreimonatsfrist des § 15 I VBVG verstrichen ist; er kann also sofort nach dem Tod des Betreuten abrechnen. **Materielle Voraussetzung** ist, dass der Nachlass die Vergütung nicht voll zahlen kann; das muss der Betreuer bei seiner Antragstellung vortragen. Die Schonbeträge des Betreuten zu dessen Lebzeiten (§ 1880 BGB;

---

4 LG Stendal FamRZ 2006, 1063; OLG Köln FGPrax 2006, 163; unentschieden BeckOGK/ *Schwedler* BGB § 1698b Rn. 10.
5 OLG München FamRZ 2006, 1787 = NJW-RR 2006, 1517.
6 BGH FamRZ 2016, 1152 = NJW-RR 2016, 643; LG Essen FamRZ 2020, 791 (LS) = BeckRS 2019, 42834.
7 BayObLG FamRZ 1996, 372; Rpfleger 1990, 361; KG NJW 1957, 1441; LG Leipzig FamRZ 2000, 1451.

§ 90 SGB XII; Rn. 543) gelten nach dem Tod des Betreuten nicht mehr (1881 S. 3 BGB), so dass z. B. das zuvor geschützte selbstgenutzte Hausgrundstück des Betreuten nun von den Erben dieses Hauses einzusetzen ist. Mit ihrem Eigenvermögen haften die Erben des Betreuten bezüglich der Betreuervergütung nicht (§§ 1881 S. 3, 1880 II BGB), sie müssen dazu **keine Haftungsbeschränkungsverfahren** durchführen. Nach dem Tod gilt ferner die Haftungsbeschränkung nach § 1881 S. 2 BGB, so dass den Erben die Freibeträge nach § 102 III, IV SGB XII verbleiben müssen. Zum Regress der Staatskasse gegen die Erben vgl. Rn. 536 ff.

525   Hatte der Betreute einen Dritten als Bezugsberechtigten einer **Lebensversicherung** benannt, ist der Dritte insoweit nicht Erbe geworden (vgl. § 330 BGB), die Versicherungssumme fällt nicht in den Nachlass, so dass gegen den Dritten keine Erstattung der Vergütung festgesetzt werden kann,[8] es also bei der Zahlungspflicht der Staatskasse bleibt.

b) Bekannte Erben des Betreuten

526   Der Betreute schuldet grundsätzlich die Betreuervergütung selbst. Die vom Erblasser nicht mehr bezahlte Vergütung ist daher eine Nachlassverbindlichkeit (§ 1967 I BGB) der Erben, es handelt sich um eine vom Erblasser herrührende Schuld im Sinne von § 1967 II BGB.[9] Ist der vergütungsberechtigte Betreuer Alleinerbe des Betreuten, fehlt für eine Festsetzung das Rechtsschutzbedürfnis,[10] weil er nicht gegen sich vollstrecken kannm. **Ist der Nachlass des Betreuten leistungsfähig**, zahlt nicht die Staatskasse die Vergütung, sondern der bzw. die Erben. Für die Frage, ob Vermögen vorliegt, ist auf den Zeitpunkt des Todes abzustellen.[11]

527   Sind die Erben des Betreuten bekannt, was nicht zwingend einen Erbschein voraussetzt, kann der Betreuer die Festsetzung seiner Vergütung gegen die Erben beantragen (vgl. § 292 FamFG); für eine Klage (oder einen Mahnantrag) gegen die Erben würde das Rechtsschutzbedürfnis fehlen. Das Betreuungsgericht kann somit den Betreuer nicht auf eine Klage gegen die Erben verweisen, weil sie angesichts § 292 FamFG ohne Rechtsschutzbedürfnis wäre. Die Erben sind am Verfahren zu beteiligen, d. h. zum Vergütungsantrag schriftlich anzuhören (§ 292 IV FamFG). Sie sind im Rubrum des Beschlusses namentlich zu nennen. Der Beschluss richtet sich

---

8   OLG Jena FGPrax 2001, 22.
9   BayObLG FamRZ 1999, 1609 = FGPrax 1999, 182; BayObLGZ 1995, 395 = FamRZ 1996, 372.
10   OLG Jena FGPrax 2001, 22.
11   BayObLG FamRZ 1999, 1609 = FGPrax 1999, 182.

gegen die Erben insgesamt, nicht nach bestimmten Erbquoten, weil sie als Gesamtschuldner haften (§ 2058 BGB).

Allerdings haftet der Erbe nur mit dem Wert des im Zeitpunkt des Erb- **528** falls vorhandenen Nachlasses (§ 102 SGB XII) und kann im Festsetzungsverfahren auch die ihm durch § 1881 n. F. BGB in Verbindung mit § 102 III, IV SGB XII eingeräumten **Schongrenzen** geltend machen (Rn. 543). Sollte der Nachlass nicht ausreichen, ist der Festsetzungsantrag gegen den Nachlass zurückzuweisen; auf neuen Antrag des Betreuers hat die Staatskasse die Vergütung zu bezahlen.[12]

Soweit im Festsetzungsverfahren sonstige **Einwendungen des Erben** **529** ausgeschlossen sind (z. B. **Schadensersatzansprüche der Erben** gegen den Betreuer, Rn. 568), kann der Erbe nach § 767 ZPO gegen den Vergütungsfestsetzungsbeschluss vor dem Prozessgericht klagen;[13] der Erbe kann also im FamFG-Verfahren nicht seinen geerbten Schadensersatzanspruch mit seiner Vergütungsschuld verrechnen.

Ist die Vergütung gegen die Erben festgesetzt worden und zeigt sich **530** dann wider Erwarten, dass kein haftender Nachlass vorhanden ist, kann der Betreuer einen **neuen Festsetzungsantrag**, nun gegen die Staatskasse, richten; die Rechtskraft des Festsetzungsbeschlusses gegen die Erben steht nicht entgegen.[14] Ein weiteres Problem ist hierbei, ob die Wahrung der 15-Monatsfrist (§ 16 III VBVG) durch den ersten Antrag auch zugunsten des zweiten Festsetzungsantrags wirkt; das wird man bejahen müssen.

Der Betreuer ist nicht gezwungen, die Festsetzung zu beantragen; er **531** kann sich **mit den Erben** auch gütlich **einigen.** Meist will der Betreuer auf diese Weise eine höhere als die gesetzliche Vergütung erlangen. Halten sich die Erben später nicht an dieses „tatsächliche Zugeständnis" einer höheren Vergütung, ist es für das Festsetzungsverfahren nicht bindend. Der Betreuer ist also darauf angewiesen, den überschießenden Betrag einzuklagen, mit unsicherem Ausgang, weil die Zulässigkeit von Vergütungsvereinbarungen in Betreuungssachen umstritten ist.[15]

---

12 BayObLG FamRZ 2004, 305.
13 BGH FamRZ 2015, 1709; BGH FamRZ 2012, 1051 = NJW-RR 2012, 835; BayObLG FamRZ 1999, 1609.
14 BayObLG FamRZ 2004, 305.
15 Nach LG Saarbrücken FamRZ 2009, 1091 unzulässig (doch betrifft das keine Vereinbarung mit den Erben); vgl. *Zimmermann* FamRZ 2011, 1776/1779.

c) Unbekannte Erben bei vermögendem Nachlass

532   Sind die Erben zwar zahlungspflichtig, weil der Nachlass vermögend ist, aber noch nicht namentlich bekannt, dann kann gegen die Erben weder festgesetzt noch vollstreckt werden. Auf den Nachlass kann der Betreuer nicht mehr legal zugreifen, weil die Betreuung mit dem Tod beendet ist. Deshalb muss der Betreuer hier zunächst beim Nachlassgericht den Antrag stellen, dass ein **Nachlasspfleger** als Vertreter der unbekannten Erben bestellt wird (§ 1961 BGB); sollte das vom Nachlassgericht abgelehnt werden, kann der Betreuer als Nachlassgläubiger dagegen Beschwerde einlegen (§§ 58 ff. FamFG), worüber das OLG entscheidet. Der Nachlasspfleger wird dann zum Vergütungsantrag angehört; der Vergütungsfestsetzungsbeschluss des Betreuungsgerichts ergeht gegen die *unbekannten Erben des Betreuten*, vertreten durch den Nachlasspfleger N .....; der Nachlasspfleger kann aus dem Nachlass bezahlen.

Werden die Erben später bekannt und wird die Nachlasspflegschaft aufgehoben, bevor der Betreuer aus dem Beschluss Zahlung vom Pfleger erhalten hat, kann der Betreuer durch Vorlage einer Erbscheinsausfertigung (die er vom Nachlassgericht erhält, § 357 II FamFG) eine Beischreibung der Namen der Erben auf dem Festsetzungsbeschluss beantragen und dann gegen die Erben vollstrecken (es handelt sich nicht um eine Titel-Umschreibung nach § 727 ZPO, weil nur der wahre Sachverhalt, wer Erbe ist, aufgedeckt wird).

d) Festsetzung noch gegen den Betreuten

533   Ist die Vergütung noch gegen den (vermögenden) Betreuten festgesetzt worden, kann aus diesem Vollstreckungstitel (§ 86 FamFG) im Regelfall nicht einfach gegen die Erben vollstreckt werden (Ausnahme: die Zwangsvollstreckung hat bereits begonnen, § 779 I ZPO), eine Umschreibung der Vollstreckungsklausel gegen die Erben nach § 727 ZPO ist erforderlich. Falls dafür ein Erbschein erforderlich ist, kann der Betreuer eine Ausfertigung des bereits erteilten Erbscheins beantragen (§ 357 II FamFG). Falls noch kein Erbschein erteilt ist, könnte der Betreuer als Gläubiger einen Erbschein beantragen (§ 792 ZPO); die Erbscheinsgebühren (Nr. 12210, 23300 KV GNotKG) dürfen nur aus dem Wert der Vergütungsforderung berechnet werden, sie werden später mitvollstreckt (§ 788 ZPO).

6. Tod des Betreuers

Ist der Betreuer gestorben, soll der Erbe des Betreuers dies dem Betreuungsgericht mitzuteilen. Das Amt des Betreuers ist mit seinem Tod erloschen, es wird nicht auf seine Erben weitervererbt. Ein neuer Betreuer wird bestellt (§ 1869 BGB). Bei schuldhafter Verletzung seiner Anzeigepflicht haftet der Erbe des Betreuers nicht (§ 1894 a. F. BGB wurde ersatzlos gestrichen). Eine Verpflichtung der Erben zur **Fortführung der vom Betreuer begonnenen Geschäfte**, etwa in Form einer Notgeschäftsführung, gibt es nicht; erst recht hat der Erbe des Betreuers kein Recht dazu. Führt der Erbe ein Geschäft des Betreuers trotzdem weiter, so handelt er als Geschäftsführer ohne Auftrag; die Rechtsfolgen, insbesondere die Haftung, richten sich nach den §§ 677 ff. BGB.

534

7. Tod des ehrenamtlichen Betreuers, Bestellung eines Berufsbetreuers

Stirbt der Betreuer, besteht die Betreuung betreuerlos fort; baldigst ist ein neuer Betreuer zu bestellen (vgl. § 1869 BGB). Dies kann nach Ansicht des OLG München[16] jedenfalls dann nicht einer Erstbestellung mit entsprechend höherer Fallpauschale gleichgestellt werden, wenn die zeitliche Lücke innerhalb der Betreuung drei Monate nicht überschreitet. Nichts anderes kann gelten, wenn ein Betreuer entlassen wird, aus welchen Gründen auch immer, wie aus der Gleichstellung in § 1869 BGB folgt.

535

---

16 OLG München FamRZ 2006, 647.

Q. Regress der Staatskasse bei den Erben des Betreuten

1. Rückzahlung von Betreuervergütung

Grundsätzlich schuldet der Betreute selbst dem Betreuer Vergütung und **536**
Auslagenersatz. Hatte die Staatskasse wegen Mittellosigkeit des Betreuten
(definiert in § 1880 BGB) an den Betreuer Vergütung und Aufwendungsersatz gezahlt und ist der Betreute dann gestorben, müssen die Erben deshalb grundsätzlich Ersatz an die Staatskasse leisten, § 1881 BGB, § 16 II
VBVG (Forderungsübergang). Praktischen Sinn hat die Regelung etwa,
wenn sich nach dem Tod des Betreuten herausstellt, dass der Betreute zu
Unrecht für mittellos gehalten wurde (**verschwiegenes Vermögen**) oder
wenn der Betreute nur Gegenstände besaß, die zum **Schonvermögen** nach
des § 1880 I BGB i. V. m. § 90 II Nr. 8 SGB XII gehörten, wie z. B. das
selbst genutzte Haus. Wenn der Betreute verstirbt, erlischt die Privilegierung als Schonvermögen.

Wenn der ursprüngliche Festsetzungsbeschluss zu Lebzeiten des Be- **537**
treuten rechtskräftig wurde, kann der Erbe nicht mehr einwenden, dass
z. B. vom falschen Aufenthaltsort (Wohnung statt Heim) des Betreuers ausgegangen wurde, die Vergütung somit zu hoch berechnet worden sei; die
bloße Feststellung der Vergütung durch den Urkundsbeamten (§ 292 V
FamFG) erlangt keine solche Rechtskraft.

2. Auskunftspflichten des Erben

Ist möglich, dass ein Regress in Frage kommt, leitet das Betreuungsgericht **538**
ein Regressverfahren ein. Der Erbe des Betreuten ist (auf Aufforderung des
Betreuungsgerichts) verpflichtet, dem Betreuungsgericht den **Nachlassbestand** mitzuteilen (§ 292a II 2 FamFG n. F.), auf Verlangen in Form eines
Nachlassverzeichnisses. Das könnte durch Androhung und Festsetzung eines
Zwangsgeldes durchgesetzt werden (§ 35 FamFG). Zweckmäßiger ist, bei
(trotz Mahnung) unterlassener Auskunft die Rückzahlung durch den Erben
anzuordnen; im Beschwerdeverfahren kann der Erbe dann die Unterlagen
vorlegen. Der Erbe muss die Richtigkeit des Nachlassverzeichnisses eidesstattlich versichern (§ 292a II 2 FamFG n. F.). Im Regelfall genügt das letzte
Vermögensverzeichnis des Vermögensbetreuers als Nachlassverzeichnis.

3. Haftung des Erben

539   Die Haftung des Erben für die Betreuervergütung ist mehrfach begrenzt:

a) Wert des Nachlasses

540   Die Haftung (d. h. die Rückzahlung) ist auf den *Wert* des Nachlasses begrenzt (§ 1881 S. 2 BGB). Grundsätzlich haftet zwar ein Erbe für Schulden des Erblassers auch mit seinem Eigenvermögen, nicht nur mit der Erbschaft; wenn er sein Eigenvermögen schützen will muss er ausschlagen etc. Wegen der Haftungsbegrenzung in § 1881 BGB erübrigt sich aber ein solches **Ausschlagungsverfahren (der Staat wollte Ausschlagungsverfahren in großer Zahl verhindern)**. Auf eigenes Einkommen und Vermögen der Erben darf nicht zurückgegriffen werden. Diese Haftungsbeschränkung gilt auch dann, wenn der Erbe nach dem Tod des Betreuten unmittelbar auf die noch nicht festgesetzte Betreuervergütung in Anspruch genommen werden soll.[1]

541   **Nachlasswert** ist das Aktivvermögen abzüglich Nachlassverbindlichkeiten (vgl. § 2311 BGB).[2] Zu den Nachlassverbindlichkeiten zählen sowohl die bereits zu Lebzeiten in der Person des Erblassers entstandenen rechtlichen Verpflichtungen[3] als auch diejenigen Verbindlichkeiten, die zwar erst in der Person des Erben entstehen, deren Rechtsgrund aber bereits beim Erbfall bestand. Zu den **Nachlassverbindlichkeiten** gehören daher auch die Kosten einer angemessenen Beerdigung[4] (Leichenfeier, Grabstein, Erstbepflanzung; aber *nicht* laufende Grabpflege);[5] dieser Betrag ist also vom *Aktiv*vermögen abzuziehen (und geht somit faktisch dem Regressanspruch der Staatskasse vor[6]). Vermächtnisse sind nicht abzuziehen.[7] Auch die Kosten einer Nachlasspflegschaft sind nicht abzuziehen.[8] Von den Bestattungskosten sind aber vorweg Sterbegelder, Sterbegeldversicherungszahlungen und ähnliche zweckgebundene Leistungen abzuziehen, weil sie

---

1 OLG Frankfurt NJW 2004, 373; OLG Jena FGPrax 2001, 22; BayObLG FamRZ 2001, 866; OLG Düsseldorf FGPrax 2002, 219; LG Kassel FamRZ 2015, 1377 = ZEV 2015, 599.
2 BGH NJW 2014, 3370 = FamRZ 2014, 1775; OLG Saarbrücken FamRZ 2015, 281.
3 Vgl. OLG München FamRZ 2006, 508.
4 BayObLG FamRZ 2002, 699.
5 BGH FamRZ 2021, 1243 = NJW 2021, 2115 (sie sei nur eine sittliche Pflicht); OLG Köln FamRZ 2015, 1318; OLG Jena FGPrax 2001, 22/3; LG Trier BtPrax 2000, 132; OLG Oldenburg FamRZ 1992, 987.
6 BayObLG FamRZ 2002, 699; a. A. LG Trier BtPrax 2000, 132; LG Frankenthal BtPrax 1999, 298; LG Koblenz FamRZ 2001, 1169.
7 BGH NJW 2014, 3370 = FamRZ 2014, 1775.
8 LG Münster ZEV 2021, 603 (LS).

die Belastung des Erben minderten. Die Höhe der Beerdigungskosten ist betragsmäßig nicht begrenzt.

Rückforderungsansprüche des Sozialhilfeträgers sind Nachlassverbindlichkeiten, auch wenn sie zum Zeitpunkt des Todes der Betreuten noch nicht förmlich festgesetzt waren, der Rechtsgrund für die Rückforderung aber bereits zu Lebzeiten der Betreuten entstanden war.[9] Andere Verbindlichkeiten bleiben selbst dann außer Betracht, wenn sie bereits (durch öffentlich-rechtlichen Leistungsbescheid oder zivilrechtlichen Titel) tituliert sind. Solange ein dem Betroffenen zustehender Gegenstand nicht aus seinem Vermögen abgeflossen ist, muss er dem Aktivvermögen zugerechnet werden, auch wenn insoweit möglicherweise Vollstreckungsmaßnahmen Dritter drohen könnten.[10]

Die **Haftungsbeschränkung** ist *nicht gegenständlich*, sondern **wertmäßig zu verstehen;**[11] wenn der Erbe Teile des Nachlasses veräußert oder verschenkt hat, bleibt doch die Haftungsbeschränkung bestehen. Auch muss nicht der Nachlass (z. B. das schöne alte geerbte Möbelstück) an die Staatskasse herausgegeben werden, damit sie sich befriedigen kann; allenfalls Geldzahlung in Höhe des Wertes (notfalls durch einen Sachverständigen zu schätzen) wird geschuldet.   **542**

b) Schonbetrag beim Erben

Haftungsbegrenzung. Es gibt nach dem Tod des Betreuten zwar kein Schonvermögen mehr. Eine Haftungsbegrenzung ergibt sich aber aus der Verweisung des § 1881 BGB auf § 102 III, IV SGB XII. Sie ist vom Betreuungsgericht von Amts wegen zu beachten. Da der Erbe kraft Gesetzes nur beschränkt haftet, bedarf es keines Vorbehalts im Vollstreckungstitel, wie in § 780 ZPO vorgesehen.[12] Nach § 102 III SGB XII kann gegenüber dem Erben der Anspruch auf Kostenersatz nicht geltend gemacht werden, wenn: **543**

Nr. 1: Der Wert des Nachlasses unter dem dreifachen des Grundbetrags nach § 85 I SGB XII liegt; es kommt auf die Höhe des Freibetrags im Zeitpunkt des Erbfalls an); sog. Bagatellnachlässe; oder   **544**

Nr. 2: Der Wert des Nachlasses unter 15.340 Euro liegt, wenn der Erbe der Ehegatte des Betreuten (nicht umgekehrt!) oder mit diesem verwandt (Begriff: § 1589 BGB) ist und nicht nur vorübergehend (d. h. in der Regel   **545**

---

9   OLG Frankfurt NJW 2004, 373.
10   OLG Stuttgart FamRZ 2007, 1912.
11   VGH Baden-Württemberg FEVS 38, 384 zu § 92c BSHG.
12   OLG Stuttgart FamRZ 2007, 1912; BayObLG FamRZ 2005, 1590; a. A. OLG Thüringen FamRZ 2006, 645.

einige Monate) bis zum Tod des Betreuten mit diesem in häuslicher Gemeinschaft (d. h. zumindest im selben Haus) gelebt und ihn gepflegt hat (nicht erforderlich: *alleinige* Pflege); unschädlich ist aber, wenn der Betreute kurze Zeit vor seinem Tod in einem Krankenhaus untergebracht werden musste.

546   **Zu Nr. 1 und 2:** Das Wort „soweit" im Gesetzestext besagt, dass dem Erben auf jeden Fall ein Freibetrag in Höhe des „Dreifachen" bzw. in Höhe von 15.340 Euro verbleiben muss, auch wenn der Nachlasswert höher ist.[13] Bei **mehreren Erben** wird der Freibetrag nur einmal gewährt; er ist nach den Erbteilen (vgl. Erbschein) aufzuteilen.[14] Eine Kumulation beider Freibeträge soll in Betracht kommen, wenn von mehreren Erben einer die Voraussetzungen der Nr. 2 erfüllt.

547   **Nr. 3:** wenn die Inanspruchnahme des Erben nach der Besonderheit des Einzelfalles eine **besondere Härte** bedeuten würde. Sie ist nur bei außergewöhnlich gelagerten Sachverhalten anzunehmen, die es unter Berücksichtigung aller Umstände des Einzelfalls als unbillig erscheinen lassen, den Erben für den Kostenersatz in Anspruch zu nehmen. Sie muss besonders gewichtig sein, also objektiv besonders schwer wiegen, und sich in der Person des Erben realisieren.[15] Beispiel: Alle vorgenannten Pflegevoraussetzungen liegen vor, doch ist Erbin nicht die Witwe, sondern die langjährige Lebensgefährtin des Betreuten. Oder: zwar Pflege, doch fehlte die häusliche Gemeinschaft.[16]

c) Verjährung des Anspruchs

548   Der Anspruch der Staatskasse gegen den Betreuten erlischt nach **drei Jahren**. Die Verweisung auf § 102 IV SGB XII besagt, dass der Anspruch auf Kostenersatz in drei Jahren nach dem Tod der leistungsberechtigten Person, ihres Ehegatten oder ihres Lebenspartners erlischt. Innerhalb der Frist muss das Betreuungsgericht einen Beschluss erlassen, der die an die Staatskasse zu leistenden Zahlungen der Höhe nach festsetzt (§ 292 FamFG); dieser Beschluss muss ferner im Sinne von § 40 I FamFG wirksam geworden sein, d. h. dem Zahlungspflichtigen zugehen. Ein bloßes Rückforderungsschreiben führt nicht zur Hemmung der Verjährung.[17]

---

13 BVerwGE 66, 161.
14 BVerwGE 57, 26.
15 BGH NJW 2014, 3370 = FamRZ 2014, 1775.
16 HessVGH FamRZ 1999, 1023.
17 BGH FamRZ 2012, 627.

§ 102 IV SGB XII verweist auf § 103 III 2 SGB XII. Diese Verweisung **549** bedeutet: die Bestimmungen des BGB über die Unterbrechung und Hemmung der Verjährung gelten entsprechend; der Erhebung der Klage steht der Erlass eines Rückzahlungsbeschlusses gleich. Der Ablauf der Dreijahresfrist wird also gehemmt wie bei der Verjährung, z. B. durch Stundung (§ 202 BGB). Richtet sich der Anspruch gegen einen Nachlass, d. h. sind die Erben vorerst unbekannt und wird ein Nachlasspfleger eingesetzt, tritt Ablaufhemmung ein (§ 207 BGB); eine Unterbrechung der Erlöschensfrist erfolgt z. B. durch Anerkenntnis, Abschlagszahlung (§ 208 BGB).

4. Verfahren des Betreuungsgerichts

Der Erbe wird gehört (§ 292a III FamFG). Ist der Erbe noch unbekannt, **550** tritt an seine Stelle ein (vom Nachlassgericht zu bestellender) Nachlasspfleger. Nach Durchführung der Ermittlungen (§ 26 FamFG) erlässt das Betreuungsgericht (Rechtspfleger) den entsprechenden Rückzahlungsbeschluss. Der Name des Erben ergibt sich aus den Nachlassakten. Ist er unbekannt, kann vom Nachlassgericht ein Nachlasspfleger bestellt werden und der Beschluss „gegen den Nachlasspfleger" (§§ 1960, 1961 BGB) als Vertreter der unbekannten Erben ergehen (z. B. dann, wenn sich erst beim Tod des Betreuten zeigt, dass er sein Bar-Vermögen verschwiegen hatte). Mehrere Erben haften als Gesamtschuldner; im Innenverhältnis gleichen sie nach ihren Erbquoten aus.

5. Rechtsmittel

Gegen den Beschluss ist (bei Beschwerdewert ab 600,01 Euro) die befris- **551** tete Beschwerde nach §§ 58 ff. FamFG, 11 I RPflG statthaft; bei einem Beschwerdewert unter 600,01 Euro nur die Erinnerung (§ 11 II RPflG), außer das Betreuungsgericht (Richter; Rechtspfleger) hat die Beschwerde zugelassen. Über die Beschwerde entscheidet das LG.

6. Vollstreckung

Der Beschluss des Betreuungsgerichts wird nach der JustizbeitreibungsG **552** (§ 1 I Nr. 4b JBeitrG; früher JBeitrO) gegen den Erben bzw. die Erben vollstreckt.

7. Rückzahlung von Sozialhilfe und Rente

553   Nach § 102 I 1 SGB XII richtet sich auch, ob die Erben eines Betreuen, der Sozialhilfe bezogen hat, diese Hilfe zurückzahlen müssen. Die Rückzahlung ist durch eine Bagatellregelung auf Beträge beschränkt, die innerhalb eines Zeitraumes von zehn Jahren vor dem Erbfall aufgewendet wurden (§ 102 I 2 SGB XII) und das Dreifache des Grundbetrages nach § 85 I SGB XII (oben Rn. 544) übersteigen. § 102 III SGB XII bringt einen Freibetrag, der Miterben nur gemeinsam zusteht. Der Regress kann nur befristet geltend gemacht werden (§ 102 IV SGB XII). Die Erbenhaftung ist auf den Wert des Nachlasses beschränkt; § 102 II 2 SGB XII (Rn. 540). Die Sozialbehörde macht ihren Anspruch durch Leistungsbescheid (Verwaltungsakt) geltend.

Der Sozialhilfeträger muss im Rahmen der Erbenhaftung bei einer Mehrheit von Erben, die mit dem Nachlass als **Gesamtschuldner** für an den Erblasser geleistete Sozialhilfe haften, regelmäßig Ermessen ausüben, welchen Gesamtschuldner und in welcher Höhe er ihn in Anspruch nimmt.[18]

Häufig übergibt jemand sein Grundstück an Angehörige; später, wenn er verarmt ist, kann er u. U. wegen **Verarmung** die Herausgabe des Geschenks fordern (§ 528 BGB). Hat der Sozialhilfeträger inzwischen an den Übergeber Sozialhilfe bezahlt, kann er den Rückforderungsanspruch auf sich überleiten (§ 93 SGB XII) und einklagen; nach dem Tod richtet sich der Anspruch gegen die Erben. Damit der Wert der Schenkung möglichst gering ist, werden im notariellen Vertrag als Gegenleistung umfangreiche **Pflegeverpflichtungen** der Angehörigen vereinbart. Zur Bewertung dieser Gegenleistungen gibt es einen Erlass der Finanzbehörden.[19]

554   **Gesetzestext: § 102 SGB XII – Kostenersatz durch Erben**[20]

(1) Der Erbe der leistungsberechtigten Person oder ihres Ehegatten oder ihres Lebenspartners, falls diese vor der leistungsberechtigten Person sterben, ist vorbehaltlich des Absatzes 5 zum Ersatz der Kosten der Sozialhilfe verpflichtet. Die Ersatzpflicht besteht nur für die Kosten der Sozialhilfe, die innerhalb eines Zeitraumes von zehn Jahren vor dem Erbfall aufgewendet worden sind und die das Dreifache des Grundbetrages nach § 85 Abs. 1 übersteigen. Die Ersatzpflicht des Erben des Ehegatten oder Lebenspartners besteht nicht für die Kosten der Sozialhilfe, die während des Getrenntlebens der Ehegatten oder Lebenspartner geleistet worden sind.

---

18 BSG FamRZ 2014, 660 = ZEV 2014, 434.
19 Erlass ZEV 2014, 447.
20 Beispiel zu § 102 SGB: Der Bezirk fordert dem Erblasser gewährte Blindenhilfe von den Erben zurück; OLG Bamberg ErbR 2022, 597.

Ist die leistungsberechtigte Person der Erbe ihres Ehegatten oder Lebenspartners, ist sie zum Ersatz der Kosten nach Satz 1 nicht verpflichtet.

(2) Die Ersatzpflicht des Erben gehört zu den Nachlassverbindlichkeiten. Der Erbe haftet mit dem Wert des im Zeitpunkt des Erbfalles vorhandenen Nachlasses.

(3) Der Anspruch auf Kostenersatz ist nicht geltend zu machen,

1. soweit der Wert des Nachlasses unter dem Dreifachen des Grundbetrages nach § 85 Abs. 1 liegt,

2. soweit der Wert des Nachlasses unter dem Betrag von 15.340 Euro liegt, wenn der Erbe der Ehegatte oder Lebenspartner der leistungsberechtigten Person oder mit dieser verwandt ist und nicht nur vorübergehend bis zum Tod der leistungsberechtigten Person mit dieser in häuslicher Gemeinschaft gelebt und sie gepflegt hat,

3. soweit die Inanspruchnahme des Erben nach der Besonderheit des Einzelfalles eine besondere Härte bedeuten würde.

(4) Der Anspruch auf **Kostenersatz erlischt in drei Jahren nach dem Tod** der leistungsberechtigten Person, ihres Ehegatten oder ihres Lebenspartners. § 103 Abs. 3 Satz 2 und 3 gilt entsprechend.

...

Gesetzestext: § 103 SGB XII – Kostenersatz bei schuldhaftem Verhalten   555

...

(3) Der Anspruch auf Kostenersatz erlischt **in drei Jahren** vom Ablauf des Jahres an, in dem die Leistung erbracht worden ist. Für die Hemmung, die Ablaufhemmung, den Neubeginn und die Wirkung der Verjährung gelten die Vorschriften des Bürgerlichen Gesetzbuchs sinngemäß. Der Erhebung der Klage steht der Erlass eines Leistungsbescheides gleich.

Die gesetzlichen Regelungen zur **Rückabwicklung überzahlter Rentenleis**   555a
tungen nach dem Tod des Rentenberechtigten finden sich in § 118 III bis IVa SGB VI. Die Rechtslage ist sehr kompliziert, wenn zwischenzeitlich andere Gläubiger Abbuchungen tätigten, so dass die Rentenüberzahlung teilweise verbraucht ist.[21] Eine gutgläubige Betreuerin, die in Unkenntnis des Todes des Betreuten über die Rente verfügt, muss sie nicht selbst zurückzahlen.[22]

---

21 Vgl. BSGE 130, 211 = NJW 2021, 1837.
22 BSGE 122, 192 = FamRZ2017, 559 = NJW 2017, 1134.

R. Schadensersatzansprüche der Erben des Betreuten gegen den früheren Betreuer und den Vorsorgebevollmächtigten

1. Grundlagen

Der Betreuer ist dem Betreuten für den aus einer Pflichtverletzung entste- **556** henden Schaden verantwortlich, wenn ihm ein Verschulden zur Last fällt (§ 1826 BGB).[1] Der Schadensersatzanspruch des Betreuten gegen seinen Betreuer, den dieser zu Lebzeiten nicht geltend gemacht hat, fällt in den Nachlass (§ 1922 BGB) und wird also von den Erben des Betreuten geerbt. § 1826 BGB gilt sowohl für den **berufsmäßigen** wie für den **ehrenamtlichen Betreuer**, der Haftungsmaßstab ist also grundsätzlich nicht unterschiedlich. Der BGH[2] wendet § 1826 BGB auf den **Verfahrenspfleger** entsprechend an, da sein Zweck auch auf den Verfahrenspfleger zutreffe.

Die Haftung erfasst die Zeitspanne vom Wirksamwerden der Bestel- **557** lung zu Betreuer (§ 287 FamFG) bis zur Beendigung der Betreuung oder dem Ende des Amtes des konkreten Betreuers. Noch nach dem Ende treffen den Betreuer nachträgliche Pflichten aus § 1874 II BGB, so dass er bei Unterlassung der gebotenen Fortführung dringlicher Geschäfte haften kann (Rn. 484).

Für ehrenamtliche Betreuer bestehen **Sammelhaftpflichtversicherun-** **558** **gen,**[3] allerdings mit unterschiedlichen Haftungshöchstbeträgen. Mit Bestellung ist der ehrenamtliche Betreuer automatisch versichert, den Beitrag zahlt der Justizhaushalt des Landes. Meist wird hier ferner verlangt, dass dem Betreuer der Aufgabenkreis „Vermögenssorge" ausdrücklich übertragen war[4] und mit Hilfe weiterer Klauseln u. U. eine Haftungsübernahme abgelehnt. – Anwälte und Steuerberater sind als Berufsbetreuer zwar meist über ihre allgemeine **Berufshaftpflicht** versichert, aber mit unterschiedlichen Einschränkungen je nach Versicherungsgesellschaft. Sonstige Berufsbetreuer sind nur versichert, wenn sie eine entsprechende Haftpflichtversicherung abgeschlossen haben. Für Berufsbetreuer ist seit 2023

---

1 Einzelheiten: *Deinert u. a.,* Die Haftung des Betreuers, 2018.
2 BGHZ 182, 116 = FamRZ 2009, 1656 = NJW 2009, 2814.
3 Vgl. HK-BUR-*Deinert/Lütgens* § 1833 Rn. 311 (Länderübersicht).
4 *Fiala/Keppel* BtPrax 2008, 198.

Voraussetzung der Registrierung, dass sie eine solche Berufshaftpflichtversicherung nachweisen (§ 23 I Nr. 3 BtOG).

559 **Kenntnis** von Vorgängen, aus denen sich eine Schadensersatzpflicht des Betreuers ergeben könnte, erlangen die Erben des Betreuten, weil sie als Erben eines Beteiligten das Recht auf Akteneinsicht haben (§ 13 FamFG) und deshalb jedenfalls die jährlichen Abrechnungen und die Genehmigungen in vermögensrechtlichen Angelegenheiten einsehen und sich kopieren lassen können. Außerdem haben die Erben den Anspruch des Betreuten auf Rechenschaft (§ 1865 BGB) geerbt und können daher vom Betreuer Rechenschaft fordern; sie können vom Betreuungsgericht die Prüfung der Schluss-Rechnung verlangen (§ 1873 BGB). Allerdings werden die **Akten** des Betreuungsgerichts nur 10 Jahre lang **aufbewahrt;**[5] Nachforschungen werden dadurch erschwert, dass auch Banken ihre Unterlagen nur 10 Jahre aufbewahren müssen.

560 Ist **der haftungspflichtige Betreuer gestorben**, geht seine Verpflichtung auf seine Erben über (§ 1967 BGB), die sich aber u. U. durch Ausschlagung, Antrag auf Nachlassverwaltung, Nachlassinsolvenz, Dürftigkeitseinrede (§ 1990 BGB) davon lösen und ihr Eigenvermögen schützen können.

2. Voraussetzungen und Geltendmachung des Schadensersatzanspruchs

a) Pflichtverletzung

561 Der Betreuer hat die allgemeine Pflicht zu treuer und gewissenhafter Führung der Betreuung, wobei der im Bestellungsbeschluss des Betreuungsgerichts zugewiesene Aufgabenkreis maßgebend ist; Handeln *außerhalb* des Aufgabenkreises ist immer Pflichtverletzung. Unterlassungen außerhalb des Aufgabenkreises stellen in der Regel keine Pflichtverletzung dar.

562 **Beispiel:**

B ist zum Betreuer mit dem Aufgabenkreis „Personensorge" bestellt worden. Er kümmert sich daher nicht um die Vermögensangelegenheiten des Betreuten. Grundsätzlich haftet er nicht, es sei denn man nimmt eine Pflicht an, das Betreuungsgericht davon zu informieren, dass eine Erweiterung der Betreuung notwendig ist.

563 Neben dieser allgemeinen Pflicht regelt das Gesetz noch besondere Einzelpflichten. Andererseits soll der Betreuer Wünschen des Betreuten

---

5 Nr. 95 der Bund/Länder Aufbewahrungsbestimmungen von 1971/2007.

entsprechen (§ 1821 BGB). Dadurch entsteht ein „Spannungsverhältnis". Verzichtet der Betreuer auf etwas, was rechtlich möglich ist, aber vom Betreuten ausdrücklich nicht gewünscht wird und aus wirtschaftlichen Gründen auch nicht notwendig ist (z. B. Mieterhöhung bei langjährigen Hausmitbewohnern), haftet er nicht.[6]

Beispiele für Pflichtverletzungen: **Verspätete Beantragung von Rente**[7] **oder Sozialhilfe**,[8] von Wohngeld, Eingliederungshilfe,[9] sonstigen staatlichen Leistungen; Unterlassen eines Prozesskostenhilfeantrags, so dass der Betreute mit Kosten belastet wird; höhere Geldbeträge längere Zeit unverzinslich angelegt,[10] **Geldanlage** bei einer Bank, deren Einlagensicherung ungenügend ist und die zusammenbricht;[11] Nichteinholen der Genehmigung des Betreuungsgerichts: vor bestimmten ärztlichen Maßnahmen,[12] vor Unterbringung (§ 1831 BGB), vor **Wohnungskündigung** (§ 1833 BGB); verspätete Beantragung der Genehmigung der Wohnungskündigung;[13] Verzögerung der Wohnungsräumung, nachdem sie vom Betreuungsgericht genehmigt wurde, so dass noch Miete zu zahlen ist; Unterlassen einer Anmeldung zur Krankenversicherung;[14] Unterlassen der Geltendmachung von Gewinnansprüchen,[15] von Bereicherungsansprüchen,[16] von Beihilfe. Als Nachfolgebetreuer von seinem Vorgänger die Schlussrechnung nicht angefordert oder nicht geprüft zu haben.[17] Unterlassen von gerechtfertigten Mieterhöhungen, von Unterhaltsklagen, von Unterhaltsvollstreckung; Bewilligung der Löschung einer Vormerkung, ohne dass die gesicherte Leistung erbracht ist;[18] fehlerhafter Umgang mit einer ausbezahlten Vergleichssumme;[19] **Wasserleitungen** des leer stehenden Hauses vor dem Winter

564

---

6 Vgl. OLG Karlsruhe NJOZ 2011, 536 (unwirtschaftliche, aber vom Betreuten gewünschte Autoreparatur).

7 OLG Stuttgart DAVorm 1966, 115; LG Berlin FamRZ 2002, 345; LG Köln FamRZ 2006, 1874 (Hinterbliebenenrente nicht beantragt).

8 BGH NJW-RR 2011, 1009; OLG Schleswig FamRZ 1997, 1427; LG Offenburg FamRZ 1996, 1356; LG Köln FamRZ 1998, 919 (Aufgabenkreis Personensorge sei notwendig).

9 LG Berlin BeckRS 2011, 14308.

10 BayObLG FamRZ 2005, 389 (13.400 Euro zuhause verwahrt, also ohne Zinsertrag); LG Bremen Rpfleger 1993, 338 (zinsungünstige Anlage). Veraltet, denn heute wird kein Guthabenzins mehr bezahlt.

11 LG Waldshut-Tiengen FamRZ 2008, 916.

12 Vgl. OLG München FamRZ 2007, 1128 (Einstellung der Sondenernährung).

13 LG Berlin FamRZ 2000, 1526; *Meier* BtPrax 1999, 57.

14 BSG FamRZ 2002, 1471; OLG Brandenburg FamRZ 2008, 916; LG Dessau-Roßlau FamRZ 2010, 1011 (*Bienwald*) = BeckRS 2010, 15044.

15 BGH FamRZ 2005, 358.

16 OLG München Rpfleger 2006, 14.

17 OLG Koblenz FamRZ 2016, 2032 = LSK 2016, 109021.

18 OLG Hamm FamRZ 1995, 696 für Nachlasspflegschaft.

19 OLG Braunschweig BtPrax 2020, 194.

nicht „winterfest" gemacht;[20] Überlassung einer EC-Karte an den Betreuten, der auf diese Weise hohe Beträge abhebt und vergeudet;[21] Ferner liegt eine Pflichtverletzung vor, wenn die Einreichung einer Klage vor Ablauf der **Verjährungsfrist** versäumt wird.[22] Unter besonderen Umständen kann der Betreuer verpflichtet sein, für den Betreuten eine Haftpflichtversicherung abzuschließen;[23] eine grundsätzliche Pflicht hierzu besteht nicht.[24]

b) Verschulden

565   Der Betreuer hat als eigenes Verschulden Vorsatz und Fahrlässigkeit zu vertreten (§ 276 BGB). Er hat nicht etwa nur für die Sorgfalt wie in eigenen Angelegenheiten einzustehen; wohl aber ist auf den Lebenskreis des Betreuers Rücksicht zu nehmen.[25] Das heißt, wenn einem nicht rechtskundigen Betreuer ein Sozialhilfebescheid, den Betreuten betreffend, zugestellt wird, der plausibel ist, liegt kein Verschulden vor, wenn er kein Rechtsmittel einlegt.[26] Dringende Abhaltung durch eigene Geschäfte lassen das Verschulden nicht entfallen.[27] Ebenso wenig kann sich der Betreuer auf Arbeitsüberlastung oder die geringe Honorierung berufen.

566   Auskunft und Rat des Betreuungsgerichts entheben den Betreuer nicht der eigenen sorgfältigen Prüfung. Die **Genehmigung eines Geschäfts durch das Betreuungsgericht** schließt Verschulden nicht begriffsnotwendig aus,[28] da § 1856 BGB gerade die Doppelprüfung vorsieht und damit den Schutz des Betreuten bezweckt, nicht aber die Entlastung des Betreuers.[29] Es muss ferner bedacht werden, dass für die Genehmigung der Rechtspfleger zuständig ist, der nicht Volljurist ist, so dass von einem Betreuer, welcher Rechtsanwalt ist, u. U. verlangt werden muss, dass er Fachliteratur zu Rate zieht.[30]

567   Der *geschäftsfähige* Betreute kann mit dem Betreuer einen **Erlassvertrag** über einen schon entstandenen Schadensersatzanspruch schließen.

---

20 OLG München OLG-Report 2000, 318; LG Berlin BeckRS 2011, 20918.
21 LG Berlin FamRZ 2010, 492 (*Bienwald*) = BeckRS 2010, 06609.
22 BGH VersR 1968, 1165.
23 Vgl. BGH FamRZ 1980, 874; OLG Hamm JR 1978, 201; *Peters* FamRZ 1997, 595 für Eltern.
24 BGHZ 77, 224 = FamRZ 1980, 874 = NJW 1980, 2249; OLG Hamm VersR 1982, 77.
25 RG JW 1911, 1016; BGH FamRZ 1964, 199.
26 OLG Schleswig FamRZ 1997, 1427.
27 KG OLGE 4, 414.
28 BGH FamRZ 2004, 1924 = NJW 2004, 220; FamRZ 1964, 199; FamRZ 1983, 1220.
29 BGH MDR 1962, 466; BGH FamRZ 1964, 199.
30 Fall BGH FamRZ 2004, 1924 = NJW 2004, 220.

c) Geltendmachung

Der Anspruch muss vor dem **Prozessgericht** (AG, LG) geltend gemacht **568** werden,[31] nicht vor dem Betreuungsgericht. Das Betreuungsgericht darf nicht mit den Zwangsmitteln des § 1862 III BGB den Betreuer zum Ersatz des Schadens *zwingen*. Nach h. M.[32] darf der Schadensersatzanspruch **im Vergütungsfestsetzungsverfahren** (§ 292 FamFG) nicht berücksichtigt werden; wenn der Erbe des vermögenden Betreuten also gegenüber dem Vergütungsfestsetzungsantrag des Betreuers die **Aufrechnung** mit eigenen Schadensersatzansprüchen einwendet, wird trotzdem die Vergütung festgesetzt; gegen den Titel kann sich der der Erbe des Betreuten mit Klage nach § 767 ZPO wehren. Die **Beweislast** für Pflichtverletzung, Schuld, Schaden, ursächlichen Zusammenhang liegt beim Betreuten bzw. dessen Erben.

d) Verjährung

Der Anspruch verjährte bis 30.8.2009 in 30 Jahren (§ 197 I Nr. 2 a. F. **569** BGB); seit 1.9.2009 gilt die Regelverjährung **von drei bzw. 10 Jahren** (§§ 195, 199; Übergangsrecht: Art. 229 § 23 EGBGB). Während der Dauer des Betreuungsverhältnisses ist der Fristablauf gehemmt (§ 207 I 2 Nr. 4 BGB). Dauerte die Betreuung von 2005 bis 2020 und hat der Betreuer 2006 einen Schaden verursacht, läuft die Haftung also, vereinfacht gesagt, mindestens bis 2023. Endet die Betreuung durch den Tod des Betreuten beginnt die Verjährung erst mit dem Tod zu laufen. Wurde die Betreuung vor dem Tod des Betreuten aufgehoben und stirbt der Betreute während des Laufs der Verjährungsfrist, ist die Ablaufhemmung in Nachlassfällen nach § 211 BGB zu beachten (Rn. 726).

3. Ansprüche gegen den Vorsorgebevollmächtigten

Zwischen dem Erblasser und dem Vorsorgebevollmächtigten besteht ein **569a** Rechtsverhältnis, das ja nach Ausgestaltung ein Gefälligkeitsvermächtnis, ein Auftrag oder ein Geschäftsbesorgungsvertrag gewesen sein kann; daneben besteht die abstrakte Vollmacht. Ansprüche, die der Vollmachtgeber gegen den Bevollmächtigten hatte, werden vom Erben des Vollmachtgebers geerbt (§ 1922 BGB); das sind z. B. Ansprüche auf **Abrechnung,**

---

31 Vgl. BGH NJW-RR 2011, 1009 = FamRZ 2011, 1144 (LS).
32 BGH FamRZ 2015, 1709; BGH NJW-RR 2015, 193; KG FamRZ 2008, 81 = NJW-RR 2007, 1598.

Rechnungslegung,[33] **auf Schadensersatz, auf Herausgabe von Geld.** Bei einem Auftrag oder einer Geschäftsbesorgung ist der Bevollmächtigte gem. § 667 BGB verpflichtet, dem Vollmachtgeber alles, was er zur Ausführung des Auftrags erhält und was er aus der Geschäftsbesorgung erlangt, herauszugeben. Zwischen Ehegatten wird man i. d. R. keine Pflicht zur Rechnungslegung annehmen können. Streitig wird oft sein, in welchem Umfang der Bevollmächtigte vom Konto des Vollmachtgebers abgehobene oder überwiesene Geldbeträge auftragsgemäß zur Finanzierung des Lebensunterhalts des Vollmachtgebers verwandt hat. Für die zweckentsprechende Verwendung der abgehobenen oder überwiesenen Gelder trägt der Bevollmächtigte die Darlegungs- und Beweislast,[34] die nach Treu und Glauben, etwa zwischen Angehörigen, abmildert sein kann.

Beispiel:[35] Die alleinstehende E erteilte dem V eine notariell beurkundete Vorsorgevollmacht, die auch nach ihrem Tod gelten sollte. Nach einem Jahr starb die E. V räumte nun alle Konten ab (insgesamt 274.196 Euro). Für die unbekannten Erben klagte ein Nachlasspfleger gegen V auf Rückzahlung, gestützt auf § 812 BGB. V wandte ein, die E habe ihm das Geld als Dank jahrelange Pflege und Unterstützung geschenkt. Die Klage war erfolgreich, denn die „Schenkung" war unwirksam.

---

33 OLG Braunschweig FamRZ 2021, 1582 = BeckRS 2021, 10190 (Vollj. Kind als Vorsorgevollmächtigter).

34 OLG Brandenburg ZErb 2019, 145 = ZEV 2019, 611 (LS) = FamRZ 2019, 2033; OLG Brandenburg ZEV 2014, 118.

35 OLG Brandenburg ZErb 2019, 145 = ErbR 2019, 774.

S. Enterbung des Betreuten, Erbverzicht, Zuwendungsverzicht

1. Enterbung des Betreuten

a) Pflichtteilsentziehung

Wenn der Erblasser bestimmte Verwandte nicht als Erben oder Vermächt- **570** nisnehmer einsetzt oder sie sogar ausdrücklich ausschließt („Mein Sohn Siegfried wird enterbt"), dann sprechen Laien von „Enterbung". Pflichtteilsberechtigte Personen (Rn. 588) haben trotzdem den Pflichtteilsanspruch. Der Erblasser kann diesen Pflichtteil seinen Abkömmlingen, Eltern und Ehegatten nur entziehen, wenn extreme Voraussetzungen vorliegen, die in § 2333 BGB genannt sind. Im Bereich betreuter Erben spielen allenfalls zwei Fälle eine Rolle:

§ 2333 Nr. 2 BGB: Der Erblasser kann einem Pflichtteilsberechtigten **571** den Pflichtteil entziehen, wenn diese Person sich eines Verbrechens oder *schweren* vorsätzlichen Vergehens gegen bestimmte Personen (Erblasser, Ehegatte des Erblassers, andere Abkömmlinge, Nähepersonen) schuldig macht. Voraussetzung ist ein Verschulden des Pflichtteilsberechtigten, nicht aber eine Verurteilung durch ein Strafgericht.

§ 2333 Nr. 4 BGB: Der Erblasser kann einem Pflichtteilsberechtigten **572** den Pflichtteil ferner entziehen, wenn diese Person wegen einer vorsätzlichen Straftat zu einer Freiheitsstrafe von mindestens einem Jahr ohne Bewährung rechtskräftig verurteilt wird und die Teilhabe des Abkömmlings am Nachlass deshalb dem Erblasser unzumutbar ist. Gleiches gilt, wenn die Unterbringung des Pflichtteilsberechtigten in einem **psychiatrischen Krankenhaus oder in einer Entziehungsanstalt** wegen einer ähnlich schwerwiegenden vorsätzlichen Tat rechtskräftig angeordnet wird. Eine Pflichtteilsentziehung ist also auch dann möglich, wenn (z.B.) der Abkömmling zwar wegen seiner Tat infolge Schuldunfähigkeit nicht zu einer Strafe verurteilt werden konnte, aber deswegen in die Psychiatrie eingewiesen wird und wenn die Abwägung des Verhaltens des Pflichtteilsberechtigten die Unzumutbarkeit der Nachlassteilhabe ergibt.

573   **Beispiel:**[1]

Der geistesschwache Sohn S würgt seine Mutter bis zur Bewusstlosigkeit. Deshalb enterbt sie ihn testamentarisch und setzt seine Schwester als Erbin ein. Hierauf erschlägt S seine Mutter und vergräbt die Leichenteile im Wald. S., vertreten durch seinen Betreuer, machte gegen seine Schwester als Erbin seinen Pflichtteilsanspruch geltend.

574   Eine wirksame Entziehung des Pflichtteils ist im Übrigen an hohe formale Voraussetzungen geknüpft (§§ 2336, 2337 BGB), **weil der Grund der Entziehung im Testament detailliert angegeben** werden und zutreffen muss. Ungenügend sind Sätze wie „weil mich mein Sohn geschlagen hat; weil er ein polizeibekannter Verbrecher ist" usw.

b) Erbunwürdigkeit

575   Eine Pflichtteilsentziehung ist nicht möglich, wenn der Erblasser von der Verfehlung des Erben, z. B. der Fälschung des Testaments, keine Kenntnis hatte oder wenn er keine Konsequenzen mehr ziehen kann. Für diese und ähnliche Fälle bringt § 2339 BGB eine Regelung, die allerdings in Betreuungsfällen kaum einschlägig ist. Die Erbunwürdigkeit tritt nicht automatisch ein, sondern muss durch **Klage** geltend gemacht werden (§ 2342 BGB). Kläger ist, wem der Wegfall des Erbunwürdigen erbrechtlich nützen würde, Beklagter der Erbunwürdige. Steht der Kläger unter Betreuung, kann der Betreuer als Vertreter die Klage erheben.

2. Erbverzichtsvertrag

a) Zweck und Inhalt des Vertrages, Unterschied zum Pflichtteilsverzicht

576   Der Erbverzicht[2] ist ein Vertrag zwischen dem Erblasser und seinem Ehegatten oder einem Verwandten, durch den diese auf ihr *gesetzliches* Erbrecht verzichten. Der Erblasser kann aber trotzdem den Verzichteten im Testament als Erben oder Vermächtnisnehmer einsetzen. Der reine Erbverzicht (d. h. *ohne* Pflichtteilsverzicht) kommt allerdings in der Praxis selten vor; viel häufiger ist der Pflichtteilsverzicht (Rn. 608), weil der Erblasser dadurch seinen Spielraum erweitert. Der bloße Pflichtteilsverzicht erhöht

---

1 BVerfG FamRZ 2005, 872 = NJW 2005, 1561 (zur früheren Fassung des § 2333 BGB).
2 Dazu *Damrau*, Der Erbverzicht als Mittel zweckmäßiger Vorsorge für den Todesfall, 1966.

nämlich das Pflichtteilsrecht anderer Pflichtteilsberechtigter nicht.[3] Bei einem Erbverzicht hingegen steigen dadurch die Pflichtteile der anderen Pflichtteilsberechtigten,[4] was für den Erblasser unerwünscht ist. Denn bei der Feststellung des für die Berechnung des Pflichtteils maßgebenden Erbteils wird derjenige nicht mitgezählt, der durch Erbverzicht von der gesetzlichen Erbfolge ausgeschlossen ist (§ 2310 S. 2 BGB).

Beispiel: **577**

> Der verwitwete Vater E hat 4 Kinder (A, B, C, D). Der gesetzliche Erbteil eines jeden beträgt ¼, der Pflichtteil ⅛. Wenn E mit dem Sohn A einen bloßen Erbverzicht vereinbart, beträgt der gesetzliche Erbteil von B, C, D je ⅓, der Pflichtteil je ⅙. E hat also dadurch seinen erbrechtlichen Gestaltungsspielraum kaum erweitert.

b) Form, Abfindung, Betreuung, Genehmigung

Der Erbverzicht hat einen Sinn, weil der Verzichtende dafür in der Pra-   **578**
xis eine **Abfindung** verlangt, um schon vor dem Erbfall an Geld zu kommen. Der Erbverzichtsvertrag bedarf der notariellen Beurkundung (§ 2348 BGB); der Notar hat die Urkunde dem Zentralen Testamentsregister der Bundesnotarkammer in Berlin zu melden (§ 78b BNotO; vgl. § 347 FamFG), damit sie beim Tod des Erblassers dem Nachlassgericht mit Sicherheit bekannt wird.

Ist der **Erblasser** *geschäftsfähig* kann er, auch wenn er unter Betreuung   **579**
steht, den Vertrag nur persönlich schließen, also nicht von einem Betreuer oder einem sonstigen Bevollmächtigten vertreten werden; ist der Erblasser *geschäftsunfähig* und steht er unter Betreuung, kann nur der Betreuer für ihn handeln und braucht die Genehmigung des Betreuungsgerichts (§ 1851 Nr. 9 BGB). Wenn die Geschäftsfähigkeit bzw. Geschäftsunfähigkeit nicht offenkundig ist, ist der Vertrag daher mit einem hohen Risiko behaftet (zur praktischen Handhabung vgl. Rn. 65a), wenn nur der eine oder der andere handelt; deshalb sollten in einem solchen Falle stets der Betreuer und zugleich der Betreute handeln.

Der **Verzichtende** (z. B. Abkömmling) muss den Vertrag nicht persön-   **580**
lich schließen, er kann vertreten werden,[5] was sich aus § 2347 S. 2 BGB ergibt. Dabei muss differenziert werden: **(1)** Ist der Verzichtende *geschäftsfähig* und steht er unter Betreuung, kann er den Vertrag selbst schließen oder von einem Bevollmächtigten oder von einem Betreuer vertreten wer-

---

3 BGH FamRZ 1982, 571; FamRZ 1997, 173.
4 BGH FamRZ 1998, 1294.
5 MünchKomm/*Wegerhoff* § 2347 Rn. 3.

den. Die Vollmacht kann der Verzichtende allerdings auch seinem Betreuer erteilen, der aber dann als Bevollmächtigter kraft Vollmacht und nicht als Betreuer kraft Bestellungsbeschluss des Betreuungsgerichts auftritt. Tritt der Betreuer dagegen als gesetzlicher Vertreter auf ist die Genehmigung des Betreuungsgerichts erforderlich. **(2)** Ist der Verzichtende *geschäftsunfähig* und steht er unter Betreuung, kann der Betreuer für ihm handeln und braucht die Genehmigung des Betreuungsgerichts (§ 2347 S. 2 BGB). Wenn die Geschäftsfähigkeit bzw. Geschäftsunfähigkeit nicht offenkundig ist taucht die obige Problematik (Rn. 579) ebenfalls auf.

581   **Abfindung.**[6] Der Erbverzicht wird in der Regel gegen eine Abfindung erklärt, die an den Verzichtenden ausbezahlt wird. Als abstraktes Rechtsgeschäft kann der Erbverzicht nicht in einem Synallagma zur Abfindungsvereinbarung stehen.[7] Wie kann verhindert werden, dass der Verzicht zwar wirksam wird, der Verzichtende aber seine versprochene „Gegenleistung" nicht erlangt? In Frage kommt z. B. eine Verknüpfung durch Bedingungen:[8] Der Erbverzichtsvertrag wird aufschiebend bedingt durch die Zahlung der Abfindung geschlossen. Wird keine Abfindung bezahlt, kann zweifelhaft sein, ob eine „Schenkung" vorliegt; für die Qualifikation als Schenkung ist maßgeblich, ob sich die Vertragsparteien über die Unentgeltlichkeit der Zuwendung einig sind.[9]

582   Im **Genehmigungsverfahren des Betreuungsgerichts** sollte der Betreute vom Gericht (zuständig ist der Rechtspfleger, §§ 3, 15 RPflG) **persönlich angehört** werden; dies folgt aus § 299 S. 2 FamFG i. V. m. § 1851 BGB. Wenn er sich nicht mehr artikulieren kann ist dem Betreuten ein **Verfahrenspfleger** zu bestellen (§ 276 FamFG). Steht der Verzichtende unter Betreuung, dann ist im Rahmen des Genehmigungsverfahrens vor allem zu prüfen, ob die Abfindung, die er für den Verzicht erhalten soll, angemessen ist; erfolgt der Verzicht ohne ausreichende Abfindung taucht die Frage der Nichtigkeit wegen Sittenwidrigkeit auf (§ 138 BGB).

Beispiel:

Unternehmer V, verwitwet, hat zwei Kinder. Er veranlasst S, auf den Pflichtteil zu verzichten gegen Zahlung von 100.000 Euro. Später stellt sich heraus, dass das Vermögen des V (Guthaben und Aktien) 10 Mio Euro beträgt, was S damals nicht wusste. Solche Täuschungen sind nicht selten, mangels Unterlagen kann das Vermögen des künftigen Erblassers nicht festgestellt werden. Deshalb sollten Gerichte einem Pflichtteilsverzicht nicht zustimmen.

---

6 *Schotten* DNotZ 1998, 163.
7 MünchKomm/*Wegerhoff* § 2346 Rn. 21.
8 Vgl. BayObLG FamRZ 1995, 964; MünchKomm/*Wegerhoff* § 2346 Rn. 25.
9 BGHZ 206, 165 = FamRZ 2016, 214 = NJW 2016, 324.

Hinsichtlich der Abfindung ist auch zu prüfen, ob gesichert ist, dass der Vertrag erst wirksam wird, wenn die Abfindung tatsächlich bezahlt wird (Rn. 581). Der Genehmigungsbeschluss wird erst mit Rechtskraft wirksam (§ 40 II FamFG); er ist dem Betreuer, aber auch dem Betreuten bekannt zu geben (§ 41 III FamFG).

3. Zuwendungsverzichtsvertrag

a) Der betreute Erblasser

Hat der Erblasser jemanden in einem Testament als Erben oder Vermächt-   **583**
nisnehmer eingesetzt und überlegt er sich die Sache später anders, dann kann er die Einsetzung rückgängig machen, indem er sein Testament zerreißt oder einfach ein neues Testament errichtet, in welchem er sein früheres Testament widerruft. Das scheitert aber in zwei Fallgruppen:[10] **(1)** wenn der Erblasser durch Erbvertrag oder durch gemeinschaftliches Testament gebunden ist; oder **(2)** wenn der Erblasser nicht mehr testierfähig ist. In beiden Fällen kann ein Zuwendungsverzichtsvertrag[11] helfen. Das Problem ist allerdings, ob ein Betreuer überhaupt einen Aufgabenkreis erhalten kann, der ihn berechtigt, in die Erbfolge nach dem Tod des Betreuten einzugreifen (§§ 2064, 2274 BGB); § 1851 Nr. 9 n. F. BGB, der den Zuwendungsverzichtsvertrag regelt, gilt erst ab 2023.

Beispiel: **584**

Die verwitwete Mutter M hat drei Söhne; einen davon (S) hat sie mit Testament zum Alleinerben eingesetzt. Nach einigen Jahren wird sie dement (und testierunfähig) und ihr wird ein Betreuer bestellt. Sie bringt zum Ausdruck, dass sie nun doch im Falle ihres Todes alle drei Söhne gleichbehandelt haben will.

Ihr Testament kann Frau M nicht mehr widerrufen. Aber die betreute   **585**
Erblasserin M, vertreten durch ihren Betreuer mit dem Aufgabenkreis „Abschluss eines Zuwendungsverzichtsvertrages mit S", könnte mit dem Sohn S einen Verzichtsvertrag schließen. Da M wegen ihrer Testierunfähigkeit kein anderweitiges Testament mehr verfassen kann, tritt dann letztlich gesetzliche Erbfolge ein, d. h. die drei Söhne erben je ⅓. Der Vertragsschluss setzt voraus:

* Notarieller Abschluss des Vertrages, §§ 2352, 2348 BGB;

* Genehmigung des Betreuungsgerichts, §§ 2352, 1851 Nr. 9 BGB (Rn. 676);

---

10 *Weidlich* ZEV 2007, 463.
11 Dazu *Kornexl*, Der Zuwendungsverzichtsvertrag, 1998.

- Einverständnis des Verzichtenden. Denn S würde aufgrund des Testaments Alleinerbe und wäre nur mit Pflichtteilsansprüchen von zwei mal ⅙ belastet, bekäme also wirtschaftlich ⅔ des Nachlasses; nun soll er auf ⅓ herabgesetzt werden; das wird er in der Regel nur gegen eine Abstandszahlung tun.

586 Ist der **Erblasser** *geschäftsfähig* kann er, auch wenn er unter Betreuung steht, den Vertrag nur persönlich schließen, also nicht von einem Betreuer oder einem sonstigen Bevollmächtigten vertreten werden; nur wenn der Erblasser *geschäftsunfähig* ist und unter Betreuung steht, kann der Betreuer für ihm handeln und braucht die **Genehmigung des Betreuungsgerichts** (§ 2347 S. 2 n. F. BGB). Wenn die Geschäftsfähigkeit bzw. Geschäftsunfähigkeit nicht offenkundig ist, sollten stets der Betreuer und zugleich der Betreute handeln.

b) Der Betreute als Verzichtender

587 Der Verzichtende (z. B. der Abkömmling) gibt durch den Zuwendungsverzicht eine durch Testament eingeräumte Erbchance auf. Diese Erberwartung kann allerdings der testierfähige Erblasser jederzeit ohnehin dadurch vernichten, dass er ein Widerrufstestament errichtet, so dass der Zuwendungsverzicht keinen Sinn hat, wenn der Erblasser noch testierfähig ist. Anders ist es, wenn der Erblasser durch Erbvertrag oder durch gemeinschaftliches Testament gebunden ist. Vgl. dazu die Ausführungen beim Erbverzicht (oben Rn. 576 ff.).

T. Pflichtteil des Betreuten; Pflichtteilsverzicht; Verträge zu Lebzeiten

1. Der Betreute als Pflichtteilsberechtigter

Pflichtteilsberechtigt sind Abkömmlinge, Ehegatte, registrierte Lebens-   588
partner, Eltern des Erblassers (§ 2303 BGB). **Nicht pflichtteilsberechtigt**:
Geschwister, Großeltern und fernere Ordnungen haben zwar ein gesetzliches Erbrecht (§§ 1926, 1928, 1929 BGB), aber kein Pflichtteilsrecht.
Der schlichte Lebensgefährte bzw. die Lebensgefährtin, Freund/Freundin
(Mann/Frau), nicht registriert, haben weder ein gesetzliches Erbrecht noch
ein Pflichtteilsrecht. Der geschiedene Ehegatte hat kein Pflichtteilsrecht
(über Unterhaltsansprüche vgl. § 1586b BGB). Ferner ist nicht pflichtteilsberechtigt, wer auf sein gesetzliches Erbrecht ohne Vorbehalt des Pflichtteils
(also einschließlich diesem) verzichtet hat (§ 2346 I BGB); auch wer nur auf
den Pflichtteil verzichtet hat (§ 2346 II BGB); eventuell der Abkömmling
eines dergestalt Verzichtenden (§ 2349 BGB; sofern im Verzichtsvertrag
nicht etwas anderes vereinbart wurde); der gerichtlich für pflichtteilsun-
würdig Erklärte (§ 2345 II BGB); der, dem das Pflichtteilsrecht wirksam
entzogen wurde (§§ 2333 ff. BGB).

Der Betreuer kann als Vertreter des pflichtteilsberechtigten Betreuten
vom Erben ein Nachlassverzeichnis einschließlich der Schenkungen des
Erblassers (wegen des **Pflichtteilsergänzungsanspruchs**, § 2325 BGB)
verlangen, am besten die Aufnahme durch einen Notar (§ 2314 BGB). Er
kann verlangen, dabei anwesend zu sein.[1]

Für Erbfälle ab 17.8.2015 gilt die **EuErbVO**. Nach Art. 21 I EuErbVO   588a
unterliegt die *gesamte* Rechtsnachfolge von Todes wegen dem Recht des
Staates, in dem der Erblasser im Zeitpunkt seines Todes seinen gewöhnlichen **Aufenthalt** hatte (zuvor kam es in Deutschland auf den letzten
Wohnsitz an). Zieht der deutsche Rentner z.B. nach Spanien um, etwa
auf Veranlassung seines Betreuers, gilt grds. das dortige Erbrecht (und also
auch das dortige Pflichtteilsrecht). Die Staaten in Europa haben ganz unterschiedliche Pflichtteilsrechte.[2] Durch den Umzug ändert sich also das
Pflichtteilsrecht, zugunsten oder zuungunsten der Angehörigen. Einzelheiten vgl. Rn. 29d.

---

1 OLG Brandenburg ErbR 2022, 48; OLG Koblenz ErbR 2021, 1081.
2 Nachzulesen bei *Süß*, Erbrecht in Europa, 4. Aufl. 2020.

589   Der **Anspruch entsteht** mit dem Erbfall (§ 2317 I BGB); er ist sofort fällig, ab Mahnung bzw. Rechtshängigkeit sind **Zinsen** zu zahlen (§§ 286, 288, 291 BGB). Da die Zinsen auch dann zu zahlen sind, wenn der Anspruch noch nicht bezifferbar ist,[3] sollte der Betreuer baldmöglichst mahnen, um den frühestmöglichen Zinsanspruch zu sichern.

Verjährung: Der Pflichtteilsanspruch verjährt in 3 Jahren (§ 195 BGB), Beginn nicht mit dem Todestag des Erblassers, sondern nach § 199 BGB grds. erst mit dem folgenden Jahresende. Für den Beginn der Verjährung des Pflichtteilsanspruchs eines *geschäftsunfähigen* Betreuten ist auf die Bestellung des Betreuers und dessen Kenntnis abzustellen (§ 210 BGB).[4]

Der Berechtigte kann dem Erben *nach dem Tod* des Erblassers die Pflichtteilsschuld erlassen (**formloser Erlassvertrag**, § 397 BGB; Rn. 610); der Betreuer des Berechtigten könnte nur mit Genehmigung des Betreuungsgerichts den Anspruch erlassen (§ 1851 Nr. 1 BGB), was praktisch nicht genehmigungsfähig ist, wenn nichts dafür bezahlt wird.

590   Steht der zahlungspflichtige Erbe unter **Testamentsvollstreckung,** ist gleichwohl der Erbe (und nicht der Testamentsvollstrecker) auf den Pflichtteil zu verklagen (§ 2213 I 3 BGB), der Testamentsvollstrecker auf Duldung der Zwangsvollstreckung (§ 2213 III BGB).

591   **Pflichtteilsquote.** Der Pflichtteil besteht in der Hälfte des Wertes des gesetzlichen Erbteils (§ 2303 I 2 BGB). Es ist also zunächst der gesetzliche Erbteil + der Pflichtteilsergänzungsanspruch (§ 2325 BGB) zu ermitteln und dann zu halbieren. Beispiel: Hat der verwitwete Erblasser zwei Kinder hinterlassen, beträgt der gesetzliche Erbteil der Kinder je ½ (§ 1924 BGB), der Pflichtteil also ¼.

Fall: Die verwitwete F hat drei Kinder. Sie schenkt dem A ein kurz vor dem Tod 20.000 Euro (§ 2325 BGB) und setzt A und B als Erben ein, C soll nichts erben. Sie hinterlässt 19.000 Euro. Der fiktive Nachlass beträgt 39.000 Euro, der Pflichtteil des C 1/2 von 13.000 Euro, also 6.500 Euro.

a) Dritte als Pflichtteilsschuldner

592   Der Betreuer des Berechtigten muss hier zunächst den Nachlassbestand und die Schenkungen des Erblassers vor seinem Tod klären, um die Höhe des **Pflichtteils** (§ 2303 BGB) sowie ggf. des **Pflichtteilsergänzungsanspruchs** (§§ 2325 ff. BGB) errechnen zu können bzw. einen sachkundigen Rechtsanwalt (Fachanwalt für Erbrecht) damit zu beauftragen. Wenn

---

3 BGH NJW 1981, 1732; Grüneberg/*Weidlich* § 2317 Rn. 3.
4 OLG Hamm BeckRS 2020, 41209; Grüneberg/*Weidlich* § 2317 Rn. 17.

der Nachlass nur aus Bankguthaben und Wertpapieren besteht, keine Anrechnungen und Ausgleichungen (§§ 2315, 2316, 2318/2324 BGB) erfolgen und die Schulden nur aus den Beerdigungskosten bestehen, ist die Berechnung unproblematisch. Bei komplizierteren Nachlässen ist der Erbe aufzufordern:

Schriftlich Auskunft über den Bestand des Nachlasses des verstorbenen X zu   **593**
erteilen und zwar durch Vorlage eines Bestandsverzeichnisses, das insbesondere folgende Positionen umfasst:

– Die beim Erbfall vorhandenen Sachen, Rechte, Forderungen und sonstigen Vermögensgegenstände (Aktiva);

– Die beim Erbfall vorhandenen Nachlassverbindlichkeiten (Passiva), auch zweifelhafte Verbindlichkeiten (insoweit mit Erläuterung);

– Die Schenkungen (auch gemischten Schenkungen) des Erblassers an die Erben und an Dritte innerhalb von 10 Jahren vor dem Erbfall. Die Auskunft hat sich auch auf vermeintliche Anstands- und Pflichtschenkungen zu erstrecken. Darunter fallen auch Lebensversicherungs- und sonstige Verträge zugunsten Dritter, bei denen der Verstorbene die Prämien bezahlt hat.

– Die anrechnungs- und ausgleichspflichtigen Zuwendungen des Erblassers an seine Abkömmlinge (§§ 2315; 2316, 2050 ff. BGB), auch solche außerhalb der Zehnjahresgrenze des § 2325 BGB.

– Vermögensübertragungen des Erblassers an den Erben mehr als 10 Jahre vor dem Erbfall, bei denen der Erblasser den „Genuss" des verschenkten Gegenstands bis zum Erbfall nicht entbehrt hat. Das sind z. B. Übertragungen von Grundstücken unter Vorbehalt eines Nießbrauchs oder Wohnungsrechts.

Das Bestandsverzeichnis ist von einem **Notar** aufzunehmen; der Betreuer hat das **Recht der Anwesenheit** bei Aufnahme des Bestandsverzeichnisses. Es wird um Mitteilung des Notartermins gebeten.

Werte (Verkehrswert; § 2311 BGB) sind bei allen im Bestandsverzeichnis angegebenen Nachlasspositionen anzugeben. Guthaben und Wertpapiere sind mit Unterlagen (wie Kontoauszügen, Depotauszügen) zu belegen.

Der Wert der im Nachlass befindlichen Grundstücke sowie folgender Gegenstände: ... ist durch ein **Sachverständigengutachten** zu ermitteln; das Gutachten ist dem Betreuer vorzulegen; bei verschenkten Grundstücken muss das Gutachten sowohl den Wert zur Zeit des Erbfalls ... wie den Wert zum Zeitpunkt der Eintragung des Schenkungsvollzuges im Grundbuch angeben (vgl. § 2325 II 2 BGB).

Der Betreuer verfügt über den Pflichtteilsanspruch, wenn er ihn durch   **594**
Annahme des Betrages zum Erlöschen bringt, so dass im Rahmen von § 1849 I Nr. 1 BGB eine Genehmigung erforderlich sein kann. Kommt es

aufgrund der mitgeteilten Werte nach Streit zu einer Einigung, dann ist unter Umständen hierzu die Genehmigung des Betreuungsgerichts erforderlich (**Vergleich**, § 1854 Nr. 6 BGB).

b) Der Betreuer als Alleinerbe und Pflichtteilsschuldner

595   **Beispiel:**

Betreuer von B ist ihr Vater. Nach dem Tod der Mutter wird der Vater aufgrund eines gemeinschaftlichen Testaments der Ehegatten Alleinerbe der Mutter. Die betreute Tochter B hat daher einen Pflichtteilsanspruch gegen ihren Vater, der zugleich ihr Betreuer ist.

596   Der gesetzliche Vertreter (Betreuer) kann ein Rechtsgeschäft mit sich selbst vornehmen, wenn das Rechtsgeschäft *ausschließlich* in der Erfüllung einer Verbindlichkeit besteht (§ 181 BGB). So gesehen kann der Betreuer den Pflichtteilsanspruch des Betreuten (§ 2317 BGB) gegen sich erfüllen (§§ 1824, 181 BGB), ohne dass ein Ergänzungsbetreuer zu bestellen wäre. Wenn z. B. der Betreuer an den Betreuten als Pflichtteilsabgeltung 5.000 Euro überweist, der Anspruch aber tatsächlich 20.000 Euro beträgt, dann ist die Verbindlichkeit nur teilweise erfüllt worden (zur Verjährung des Restanspruchs vgl. unten Rn. 700 ff.). Den Rest kann sich der Betreuer nicht selbst erlassen (Erlassvertrag, Rn. 610, 611).

597   Die **Berechnung der Höhe** des Pflichtteilsanspruch ist selten unstreitig, weil die Bewertung des Nachlasses oft nicht zweifelsfrei ist (wie viel ist das Grundstück wert, was zählt zu den Nachlassverbindlichkeiten, in welcher Höhe bestehen Anrechnungen und Ausgleichungen usw.). Weil somit ein **Interessengegensatz** offenkundig ist, müsste an sich das Betreuungsgericht dem Betreuer insoweit die Vertretungsmacht entziehen (§ 1871 I 2 BGB) und einen **Ergänzungsbetreuer** bestellen (§ 1817 V BGB). Hier ist die Rechtsprechung aber recht zurückhaltend, um sich die Arbeit zu ersparen: Pflichtteilsansprüche des Betreuten gegen den Betreuer sollen keinen Entzug der Vertretungsmacht rechtfertigen, solange kein konkreter Interessengegensatz bei der Erfüllung des Pflichtteilsanspruchs (insbesondere keine Gefährdung des Anspruchs) ersichtlich sei.[5] Deshalb sei **kein Ergänzungsbetreuer** zu bestellen, wenn der Pflichtteil „wertlos" sei;[6] hier fragt sich, wer die „Wertlosigkeit" prüft. Auch die Ausschlagungssituation des § 2306 BGB soll für sich allein ebenfalls nicht die Annahme eines

---

5 BayObLG Rpfleger 1982, 180; BayObLG Rpfleger 1981, 302; KG JW 1936, 2748; KG OLGE 18, 305.
6 KG OLGE 34, 262; MünchKomm/*Spickhoff* § 1796 Rn. 15.

erheblichen Interessengegensatzes rechtfertigen;[7] ebenso nicht, wenn die Durchsetzung des Anspruchs gegen den Betreuer gesichert erscheine.[8] Etwas anderes gelte dann, wenn der Betreute seinerseits ein Interesse an der Geltendmachung oder Sicherstellung des Anspruchs hat.[9] Das BayObLG[10] andererseits hält die Bestellung eines Ergänzungsbetreuers für die Prüfung und Geltendmachung von Pflichtteils- und Pflichtteilsergänzungsansprüchen des Betreuten gegen Vater und Schwester, die zu seinen Betreuern bestellt sind, für erforderlich.

Der Betreuer ist gemäß §§ 181, 1824 BGB von der Vertretung der Betreuten insoweit ausgeschlossen, als es um die **Geltendmachung** von Ansprüchen geht, die dem Betreuten als Pflichtteilsberechtigten zustehen; denn er müsste Ansprüche nach §§ 2303, 2325 BGB gegen sich selbst als Alleinerben geltend machen. Das Betreuungsgericht hat deshalb von Amts wegen oder auf Anregung des Betreuers oder sonstiger Personen und Stellen (z. B. des Nachlassgerichts) einen Ergänzungsbetreuer zu bestellen (§ 1817 V BGB), der den Pflichtteilsanspruch ggf. gegen den Betreuer macht und die Sicherung betreibt. Es sollte ein Rechtsanwalt (und nicht ein Verwandter) als **Ergänzungsbetreuer** bestellt werden, um weitere Interessenkonflikte zu vermeiden. Die Vergütung des berufsmäßigen Ergänzungsbetreuers richtet sich wegen § 12 I VBVG nach § 3 VBVG; da ein Fall rechtlicher Verhinderung des Betreuers vorliegt erhält der berufsmäßige Ergänzungsbetreuer eine Bezahlung nach seinem **Zeitaufwand** (je Stunde 23,00 bis 39,00 Euro zuzüglich Auslagenersatz und Umsatzsteuer); §§ 3 I, 4 VBVG; ist er Rechtsanwalt kann er u. U. nach dem **RVG** abrechnen. **598**

Falls kein Ergänzungsbetreuer bestellt wird und sich niemand sich um die Sache kümmert, verjährt der Pflichtteilsanspruch des Berechtigten vorerst nicht, weil die Verjährung während der Dauer des Betreuungsverhältnisses gehemmt ist (§ 207 I 2 Nr. 4 BGB; Rn. 713). Endet das Betreuungsverhältnis (wie meist) erst mit dem Tod des Betreuten, dann erben die Erben des Betreuten den Pflichtteilsanspruch. Bis dahin ist der Schuldner, also der Betreuer als Alleinerbe, unter Umständen zahlungsunfähig. **599**

---

7   OLG Frankfurt FamRZ 1964, 154.
8   KG OLGE 18, 305 bei MünchKomm/*Spickhoff* § 1796 Rn. 15.
9   BayObLG bei *Goerke* Rpfleger 1982, 264/5.
10 BayObLG FamRZ 2004, 906; zustimmend Grüneberg/*Weidlich* § 2317 Rn. 5.

c) Nahestehende Personen als Pflichtteilsschuldner

600   **Beispiel:**

Betreuer von B ist ihr Vater. Die Mutter verschenkte ihr Anwesen vor dem Tod an ihre zweite Tochter (T). Nach dem Tod der Mutter wird der Vater zwar testamentarisch Alleinerbe der Mutter, doch ist der Nachlass so gering, dass er den Pflichtteilsanspruch und Pflichtteilsergänzungsanspruch der B nicht erfüllen könnte und müsste (§ 2328 BGB). Die betreute Tochter B hat daher einen Anspruch gegen ihre früher beschenkte Schwester T (§ 2329 BGB).

601   Soweit es um die Geltendmachung des Pflichtteilsergänzungsanspruchs nach § 2329 I BGB gegen eine schon vor dem Erbfall beschenkte „nahestehende" Person (z. B. die Schwester) geht, ist der Vater nach § 1824 BGB gehindert, hinsichtlich dieses Anspruchs für die B rechtsgeschäftliche Erklärungen abzugeben oder die B bei der gerichtlichen Geltendmachung dieses Anspruchs zu vertreten, da er mit der Schwester in gerader Linie verwandt ist.[11] Auch hier muss ein **Ergänzungsbetreuer** bestellt werden (§ 1817 V BGB). Zum selben Ergebnis käme man, wenn man zwar deshalb keinen Vertretungsausschluss annehmen würde, weil das Rechtsgeschäft *ausschließlich* in der Erfüllung einer Verbindlichkeit bestehe; der Betreuer müsste das Betreuungsgericht informieren (§§ 1862, 1863 BGB), welches dem Betreuer wegen des Interessenwiderstreits (§ 1824 BGB) insoweit die Vertretung entziehen müsste, d. h. den Aufgabenkreis insoweit einschränken (§ 1871 I 2 BGB).

602   In gemeinschaftlichen Testamenten von Ehegatten ist manchmal eine **Pflichtteilsstrafklausel**[12] enthalten:

603   „Die Eheleute M und F setzen sich gegenseitig zu Alleinerben ein; Erben des überlebenden Ehegatten sollen unsere drei Kinder A, B und C sein. Wenn ein Kind nach dem Tod des erstversterbenden Elternteils den Pflichtteil schriftlich verlangt, soll es auch beim Tod des überlebenden Elternteils nur den Pflichtteil erhalten."

604   Ist M gestorben und steht A unter Betreuung, dann steht der Betreuer des A vor der schwierigen Entscheidung, ob er namens des A den Pflichtteil „verlangen" soll oder nicht. Hier sollte nichts übereilt werden, denn das „Verlangen" kann nicht mehr rückgängig gemacht werden. Letztlich kommt es auf das Alter der Beteiligten an und darauf, wie sich das Vermögen des Überlebenden noch bis zu dessen Tod entwickeln kann und wird.

---

11 BayObLG FamRZ 2004, 906.

12 Dazu BGH FamRZ 2022, 988 = ErbR 2022, 586; OLG Frankfurt FamRZ 2022, 1319 = ErbR 2022, 614; Grüneberg/*Weidlich* § 2075 Rn. 6 „Verwirkungsklausel".

d) Pflichtteil und Sozialrecht

aa) Der geschäftsfähige Pflichtteilsberechtigte kann *nach* dem Tod dem   **604a**
Erben den Pflichtteil erlassen (§ 397 BGB), gegen Zahlung oder unentgeltlich. Das bedarf keiner notariellen Beurkundung, formlos, ist aber bei
mündlichem Erlass (z. B. Gespräche am Friedhof: „Ich will nichts haben")
u. U. ein Beweisproblem. Der geschäftsunfähige Pflichtteilsberechtigte
kann selbst keinen Erlass vornehmen, wohl aber vertreten durch seinen Betreuer (als Schenkung genehmigungspflichtig, § 1854 Nr. 8 BGB).

Wird eine Abfindung bezahlt, ist der Empfänger nun u. U. nicht mehr
mittellos und hilfsbedürftig, Sozialhilfe und Arbeitslosengeld (ALG II)
werden nicht mehr bewilligt (§ 2 I SGB XII; § 9 I SGB II). Ein entstan-
dener Pflichtteilsanspruch ist Vermögen, wenn der Erbfall vor der ersten
Antragstellung eingetreten ist; ist der Erbfall später eingetreten zählt der
Anspruch merkwürdigerweise zum Einkommen,[13] was wegen unterschiedlicher Schonbeträge von Bedeutung ist.

bb) Bezieht der Pflichtteilsberechtigte **ALG II** und ist der Pflichtteilsanspruch mit dem Erbfall angefallen (§ 2317 BGB), ist der Anspruch kraft
Gesetzes (§ 33 I 1 SGB II) auf den Sozialleistungsträger übergegangen. Es
ist keine Überleitungsanzeige notwendig, der Erlass ist nicht mehr möglich,
weil der Pflichtteilsberechtigte nicht mehr Inhaber des Anspruchs ist.

cc) Bezieht der Pflichtteilsberechtigte **Sozialhilfe**, gibt es keinen Übergang kraft Gesetzes; erst der Zugang der schriftlichen Überleitungsanzeige
bewirkt den Übergang des Anspruchs auf den Sozialleistungsträger in
Höhe der seit dem Erbfall erbrachten Leistungen (§ 93 I 1 SGB XII).[14] Der
Pflichtteilsanspruch kann, wenn er auf den Sozialhilfeträger übergeleitet
worden ist, von diesem auch geltend gemacht werden, ohne dass es insoweit
auf eine Entscheidung des Pflichtteilsberechtigten (oder seines Betreuers)
selbst ankäme.[15] Der Erlass des Pflichtteilsanspruchs nach dem Tod des
Erblassers ist (nach umstrittener Ansicht) nicht deswegen sittenwidrig, weil
der Erlassende Sozialhilfe bezieht.[16] Der Erlass kann aber zu Leistungskür-
zungen führen (§ 31 II Nr. 1 SGB II; § 26 I 1 Nr. 1 SGB XII),[17] weil hier

---

13 BSG FamRZ 2015, 1494; BSG ZEV 2015, 484; *v. Proff* ErbR 2016, 250.
14 *v. Proff* ErbR 2016, 250.
15 BGH NJW-RR 2005, 369 = FamRZ 2005, 448; BGH NJW-RR 2006, 223 = FamRZ
    2006, 194; OLG Karlsruhe ZEV 2021, 693. Vgl. § 33 I 3 SGB II, § 93 I 4 SGB XII;
    § 852 ZPO; BeckOK/*Weber* SGB XII § 93 Rn. 112. Zur Strafklausel vgl. BGH ZEV
    2006, 76.
16 *Wendt* ErbR 2012, 66; Grüneberg/*Weidlich* § 2317 Rn. 9; a. A. *Klühs* ZEV 2011, 15,
    zweifelnd *v. Proff* ErbR 2016, 250.
17 *v. Proff* ErbR 2016, 250; *Doering Striening/Horn* NJW 2013, 1276.

jemand mutwillig auf eine Einnahme bzw. einen Vermögenszuwachs verzichtet.

Wird keine Abfindung bezahlt kann eine **Schenkung** vorliegen (§ 516 BGB), der Sozialleistungsträger kann den **Rückforderungsanspruch** nach § 528 BGB (Armut) auf sich überleiten (bzw. er geht über).[18]

2. Der betreute Erbe als Pflichtteilsschuldner

605   **Beispiel:**

Nach dem Tod des Vaters wird die Mutter aufgrund eines Testaments des Vaters Alleinerbin des Vaters. Betreuerin der Mutter ist die Tochter der Ehegatten. Die Tochter hat einen Pflichtteilsanspruch gegen ihre Mutter.

606   Auch in diesen Fällen kann der Betreuer nicht mit sich selbst handeln; das Betreuungsgericht muss auf Anregung beliebige Personen einen **Ergänzungsbetreuer** mit dem Aufgabenkreis „Regelung der Pflichtteilsansprüche" bestellen (§ 1817 V BGB),[19] mit dem dann verhandelt werden kann. Wurde der geschäftsunfähige betreute Erbe verurteilt, **Auskunft über den Nachlassbestand** zu erteilen (§ 2314 BGB), damit der Pflichtteil berechnet werden, wird nach § 888 I 1 ZPO vollstreckt;[20] ein Zwangsgeld ist gegen den Betreuten zulässig, Zwangshaft darf aber nicht verhängt werden.[21] Erstellt ein Notar das Verzeichnis muss er ggf eigene Ermittlungen anstellen.[22]

607   Eine **Stundung** ist unter engen Voraussetzungen möglich (§ 2331a BGB); zuständig ist das Prozessgericht, im Falle des § 2331a II BGB[23] das Nachlassgericht (§ 362 FamFG); unabhängig davon kann natürlich freiwillig ein Stundungsvertrag geschlossen werden.

---

18 *Muscheler* ZEV 2005, 119.
19 LG Braunschweig FamRZ 2011, 675 = BeckRS 2011, 09053.
20 BGH FamRZ 2019, 141 = NJW 2019, 231.
21 BGH FamRZ 2022, 298 = NJW 2022, 393.
22 Vgl. OLG München FamRZ 2021, 1925 = ErbR 2021, 959; OLG Brandenburg ErbR 2022, 48.
23 Beispiel: Der Erbe müsste bei Zahlung das seit 70 Jahren selbst bewohnte Elternhaus aufgeben, OLG Dresden ZEV 2000, 32.

3. Der Pflichtteilsverzichtsvertrag

a) Allgemeines

Durch notariellen Vertrag mit dem Erblasser (also *vor* **dem Erbfall**[24]) **608** kann ein Pflichtteilsberechtigter auf seinen Pflichtteil verzichten (§ 2346 II BGB).[25] Der Pflichtteilsverzicht ist eine spezielle Form des Erbverzichts. Der auf das Pflichtteilsrecht beschränkte Verzicht ändert aber im Gegensatz zum Erbverzicht die gesetzliche Erbfolge nicht. Dementsprechend erhöht der bloße Pflichtteilsverzicht – anders als der Erbverzicht gem. § 2310 S. 2 BGB – das Pflichtteilsrecht anderer Pflichtteilsberechtigter nicht.[26]

Beispiel: **609**

(1) Der verwitwete Vater E hat 4 Kinder (A, B, C, D). Wenn E mit Sohn A einen Pflichtteilsverzicht vereinbart, beträgt der gesetzliche Erbteil von A, B, C, D nach wie vor je ¼, der Pflichtteil von B, C, D bleibt bei je ⅛. A hat zwar keinen Pflichtteilsanspruch. Wenn aber E ohne Testament stirbt, erbt A als gesetzlicher Erbe trotzdem ¼.

(2) Vater E hat mit dem Sohn A einen Pflichtteilsverzicht vereinbart. Dann setzt er durch Testament B, C und D ein. A hat keinen Pflichtteilsanspruch.

Nach **dem Erbfall** kommt ein **Erlassvertrag** in Frage (Rn. 589, 604a).[27]   **610**

Beispiel: **611**

E ist gestorben und hatte seinen Sohn als Alleinerben eingesetzt. Die unter Betreuung stehende geistig behinderte geschäftsunfähige Tochter will auf ihren Pflichtteil „verzichten". Es liegt kein der notariellen Form bedürftiger Vertrag nach § 2346 II BGB vor, weil E schon gestorben ist. Es handelt sich um einen **Erlassvertrag** (§ 397 BGB), der formlos möglich ist. Der Betreuer (Aufgabenkreis: Pflichtteilswahrnehmung, §§ 1814, 1815 BGB) braucht aber die Genehmigung des Betreuungsgerichts (§§ 1851 Nr. 1, 1854 Nr. 8 BGB).[28]

Der Pflichtteilverzicht kann auf den **Pflichtteilsergänzungsanspruch**   **612** oder den Zusatzpflichtteil (§§ 2325, 2305 BGB) oder in sonstiger Weise be-

---

24 BGHZ 37, 319 = FamRZ 1962, 468 = NJW 1962, 1910; BGHZ 134, 60 = FamRZ 1997, 173 = NJW 1997, 521.

25 Über Angriffsstrategien gegen erklärte Pflichtteilsverzichte vgl. *Horn* ZEV 2010, 295 (Verzichte sind u. U. sittenwidrig, § 138 BGB); zur gerichtlichen Kontrolle von Pflichtteilsverzichten vgl. *Bengel* ZEV 2006, 192.

26 BGHZ 134, 60 = FamRZ 1997, 173 = NJW 1997, 521; BGH FamRZ 1982, 571 = NJW 1982, 2497.

27 BGHZ 134, 60 = FamRZ 1997, 173 = NJW 1997, 521; RG JW 1928, 907; KG OLGZ 1976, 193; *Pentz* JZ 1998, 88; MünchKomm/*Lange* § 2317 Rn. 6; *Grüneberg/Weidlich* § 2217 Rn. 4.

28 MünchKomm/*Kroll-Ludwigs* § 1822 Rn. 9.

schränkt werden.[29] Der Pflichtteilsverzicht sollte ausdrücklich auf einen etwaigen Pflichtteilsergänzungsanspruch (§ 2325 BGB) erstreckt werden, da es sich hierbei um einen rechtlich selbständigen Anspruch handelt; wird nur auf den „Pflichtteil" verzichtet ist es eine Frage der Auslegung ob auch der Pflichtteilsergänzungsanspruch gemeint war.

613   Der verfügende Pflichtteilsverzichtsvertrag bedarf der **notariellen Beurkundung** (§§ 2346, 2348 BGB). Gleichzeitige Anwesenheit beider Teile beim Notar ist nicht vorgeschrieben.

b) Vertretung des geschäftsunfähigen, betreuten Erblassers

614   Der Erblasser kann weder im Willen noch in der Erklärung vertreten werden.[30] Er muss selbst beim Notar erscheinen; ein Verstoß führt zur Nichtigkeit des Verzichtsvertrags.[31] Eine Ausnahme gilt, wenn der Erblasser geschäftsunfähig ist (§ 2247 S. 2 BGB); dann kann er **durch einen Betreuer vertreten** werden. Das ist erstaunlich, weil bei Errichtung eines Testaments (§ 2064 BGB) oder eines Erbvertrags (§ 2274 BGB) oder bei Aufhebung des Erbvertrags (§ 2290 II BGB) keine Vertretung durch einen Betreuer möglich ist. Der Betreuer muss einen ausreichenden Aufgabenkreis haben (§ 1815 BGB; Rn. 10), z. B. „Abschluss eines Pflichtteilsverzichtsvertrags"; „Vermögenssorge" dürfte nicht genügen, weil ein Verzichtsvertrag nicht zum alltäglichen Gegenstand von Vermögenssorge gehört.

c) Vertretung des geschäftsfähigen, betreuten Erblassers

615   Ein geschäftsfähiger Erblasser, der unter Betreuung steht, kann den Pflichtteilsverzichtsvertrag selbst schließen; er braucht dazu keine Einwilligung seines Betreuers und erst recht keine Genehmigung des Betreuungsgerichts. Ein Einwilligungsvorbehalt kann insoweit nicht angeordnet werden (§ 1825 BGB).

616   Grundsätzlich hat ein Betreuer auch dann **Vertretungsmacht**, wenn der Betreute geschäftsfähig ist. Das gilt aber nicht beim Pflichtteilsverzichtsvertrag hinsichtlich der Vertretung des Erblassers, weil nach § 2347 S. 1 BGB der Erblasser den Vertrag nur persönlich schließen kann und eine Ausnahme lediglich dann gilt, wenn der Erblasser geschäftsunfähig ist,[32] also nicht wenn er geschäftsfähig ist. Tritt später der Erbfall ein, kann somit

---

29 *Fette* NJW 1970, 743; *Mayer* ZEV 2000, 263; MünchKomm/*Wegerhoff* § 2346 Rn. 20.
30 BGHZ 37, 319 = FamRZ 1962, 468 = NJW 1962, 1910.
31 BGHZ 37, 319 = FamRZ 1962, 468 = NJW 1962, 1910; BGH FamRZ 1996, 412 = ZEV 1996, 228.
32 *Cypionka* DNotZ 1991, 571.

der Erbe seinen gesetzlichen Erbteil oder Pflichtteil mit der Begründung verlangen, der frühere Erbverzichtsvertrag sei nichtig, weil er zwar vom Betreuer des Erblassers als dessen Vertreter geschlossen worden sei, aber der Betreute sei damals noch geschäftsfähig gewesen, so dass der Vertrag nichtig war. Dann muss im Verfahren durch Einholung von Gutachten geklärt werden, ob der Betreute seinerzeit geschäftsunfähig war oder nicht, was erfahrungsgemäß schwierig ist (zur praktischen Handhabung vgl. Rn. 65a).

Der Betreute ist nicht verpflichtet, sich am Tag der notariellen Beurkundung von einem Psychiater auf seine Geschäftsfähigkeit untersuchen zu lassen; Atteste von Hausärzten („X ist meines Erachtens geschäftsunfähig") genügen keinesfalls; auch das im Betreuungsverfahren eingeholte Gutachten (§ 280 FamFG) äußert sich meist nicht zur Geschäftsfähigkeit, vor allem ist es insoweit nicht für einen späteren Zivilprozess oder ein Erbscheinsverfahren *verbindlich*. Besteht der geringste Zweifel an der Geschäftsunfähigkeit sollte deshalb der Erbverzichtsvertrag nur geschlossen werden, wenn auf der Erblasserseite sowohl der Erblasser wie auch sein Betreuer den notariellen Vertrag schließen.[33]

d) Vertretung des geschäftsunfähigen Verzichtenden durch einen Betreuer

Der Verzichtende (z. B. ein Abkömmling) kann beim Vertragsschluss vertreten werden, obgleich ein Pflichtteilsverzicht an sich ein höchstpersönlicher Vorgang ist. Für einen geschäftsunfähigen Verzichtenden, der unter Betreuung steht, kann somit der **Betreuer** den Verzichtsvertrag schließen, wenn er einen ausreichenden Aufgabenkreis hat; Genehmigung ist erforderlich (§ 1851 Nr. 9 BGB). „Vermögenssorge" wird man nicht genügen lassen können, notwendig wird der konkrete Aufgabenkreis „Abschluss eines Pflichtteilsverzichtsvertrags" sein. Der BGH[34] hält den Verzichtsvertrag eines Sozialleistungsbeziehers grds. nicht für sittenwidrig und daher nicht für nichtig.

617

e) Vertretung des geschäftsfähigen, betreuten Verzichtenden

Ein geschäftsfähiger Verzichtender, der unter Betreuung steht, kann den Vertrag selbst schließen, ohne dass er die Zustimmung des Betreuers bräuchte. Für ihn kann aber auch der Betreuer verzichten, sofern der Erbverzicht in den Aufgabenkreis des Betreuers fällt,[35] weil § 2347 BGB für

618

---

33 BayObLG FamRZ 2001, 941 = ZEV 2001, 190; MünchKomm/*Wegerhoff* § 2347 Rn. 10; *Cypionka* DNotZ 1991, 571; *Keim* NotBZ 1999, 1.

34 BGH NJW 2011, 1586 = FamRZ 2011, 472.

35 *Bamberger/Roth/J. Mayer* § 2347 Rn. 4.

den Verzichtenden (anders als für den Erblasser) nicht vorschreibt, dass er den Vertrag persönlich schließen müsse.

619   Einem geschäftsfähigen Betreuten kann aber durch einen **Einwilligungsvorbehalt** die Möglichkeit genommen werden, selbst einen Pflichtteilsverzichtsvertrag zu schließen (§ 1825 I BGB). In diesem Fall braucht der Betreute die Einwilligung des Betreuers. Die Einwilligung des Betreuers kann nur bis zum Tod des Erblassers bzw. bis zum Tod des Verzichtenden erteilt werden.

3. Genehmigung des Betreuungsgerichts

a) Erklärung des betreuten Erblassers

620   **aa) Geschäftsunfähiger Erblasser.** Der **Pflichtteilsverzichtsvertrag**, der vom geschäftsunfähigen Erblasser, vertreten durch einen Betreuer, geschlossen wird, ist nur wirksam, wenn er vom Betreuungsgericht genehmigt wurde (§ 1851 Nr. 9 BGB).

621   **bb)** Ein unter Betreuung stehender **geschäftsfähiger Erblasser** kann den Pflichtteilsverzichtsvertrag nur selbst schließen (§ 2347 S. 1 BGB); ein Betreuer kann für ihn nicht handeln. Deshalb entfällt die Möglichkeit oder Notwendigkeit einer betreuungsgerichtlichen Genehmigung; ein sog. Negativattest (Beschluss des Gerichts, dass keine Genehmigung notwendig ist) ist nicht möglich. Wird ein solcher Vertrag gleichwohl genehmigt und stellt sich später heraus, dass der Erblasser bei Vertragsschluss geschäftsfähig war, geht die Genehmigung ins Leere; der Vertrag ist unwirksam.

622   **cc) Zuständig** für die betreuungsgerichtliche Genehmigung ist der Rechtspfleger des Betreuungsgerichts (§ 3 Nr. 2 RPflG). Im Verfahren wird für den betreuten Erblasser in der Regel ein Verfahrenspfleger zu bestellen sein (§ 276 FamFG), damit sein rechtliches Gehör gewahrt wird. **Genehmigungskriterium** ist das Wohl des betreuten Erblassers (§ 1821 BGB). Der Pflichtteilsverzicht als solcher ist für den Erblasser lediglich rechtlich vorteilhaft (oben Rn. 608) und kann so gesehen genehmigt werden; Bedenken gegen die Erteilung der betreuungsgerichtlichen Genehmigung können sich aber aus dem gleichzeitig geschlossenen **Abfindungsvertrag** (Kausalgeschäft zum Erbverzicht; vgl. Rn. 634) ergeben.

623   **Beispiel:**

Der verwitwete geistig verwirrte Erblasser E, vertreten durch einen Betreuer, will einen Pflichtteilsverzichtsvertrag mit einem seiner drei Söhne schließen und dem Sohn als Gegenleistung 100.000 Euro zahlen. Wenn das gegenwärtige Gesamtvermögen des E nur 200.000 Euro beträgt, ist das Geschäft für E nachteilig und nicht genehmigungsfähig.

Der Genehmigungsbeschluss wird erst **mit Rechtskraft wirksam** (§ 40   **624** II FamFG),[36] d. h. mit Ablauf der zweiwöchigen Beschwerdefrist (§ 63 II Nr. 2 FamFG); die Frist beginnt mit Zustellung an den Betreuten, der als verfahrensfähig gilt, auch wenn er geschäftsunfähig ist (§ 275 FamFG). Ist der Beschluss rechtskräftig, wird er dem Betreuer mitgeteilt; zu diesem Zeitpunkt muss der Betreuer noch im Amt sein.

Meist wird zuerst der notarielle Pflichtteilsverzichtsvertrag geschlossen   **625** und erst anschließend die Genehmigung des Gerichts beantragt (**nachträgliche Genehmigung**). Der Betreuer kann nach Zugang der rechtskräftigen Genehmigung frei entscheiden, ob er davon Gebrauch macht. Will er das tun, dann ist zu beachten, dass die betreuungsgerichtliche Genehmigung gegenüber dem Vertragspartner erst wirksam wird, wenn sie ihm (d. h. dem Verzichtenden, z. B. dem Abkömmling) durch den gesetzlichen Vertreter des Erblassers (d. h. den Betreuer) mitgeteilt wird (§ 1856 I 2 BGB). In der Praxis erteilen die Vertragsparteien dem Notar entsprechende Vollmachten (sog. **Doppelvollmacht**[37]), so dass der Notar die Genehmigung als Vertreter des Erblassers entgegennimmt und sich selbst als Vertreter des Verzichtenden mitteilt.

Eine betreuungsgerichtliche Genehmigung, die erst nach dem Tod des   **626** Erblassers oder des Verzichtenden erteilt wird, ist wirkungslos; dasselbe gilt für eine Mitteilung des Betreuers des Erblassers gemäß § 1829 I 2 BGB, die dem Verzichtenden nicht mehr zu Lebzeiten des Erblassers oder zu seinen eigenen Lebzeiten zugegangen ist.

b) Erklärung des betreuten Verzichtenden

aa) Die Erklärung des gesetzlichen Vertreters des **geschäftsunfähigen**   **627** **Verzichtenden**, z. B. des Abkömmlings, bedarf zu ihrer Wirksamkeit der Genehmigung des Betreuungsgerichts (§ 1851 Nr. 9 BGB).

bb) Ein unter Betreuung stehender **geschäftsfähiger Verzichtender**   **628** kann den Pflichtteilsverzichtsvertrag selbst schließen. Auch der Betreuer kann für ihn handeln. Hatte das Betreuungsgericht insoweit einen Einwilligungsvorbehalt angeordnet (§ 1825 BGB), also angeordnet, dass der Betreute zu einem Erbverzicht die Einwilligung des Betreuers braucht, so ist nach h. M.[38] wegen des Zwecks der Regelung ebenfalls eine Genehmigung des Gerichts erforderlich.

---

36 *Keidel/Meyer-Holz,* FamFG, § 40 Rn. 29.
37 Zur Doppelvollmacht vgl. BGH FamRZ 2016, 296; Grüneberg/*Götz* § 1828 Rn. 6.
38 Soergel/*Damrau* § 2347 Rn. 7.

629   cc) **Zuständig** für die Genehmigung ist der **Rechtspfleger** des Betreuungsgerichts. Für den betreuten Verzichtenden wird in der Regel ein Verfahrenspfleger zu bestellen sein (§ 276 FamFG). **Genehmigungskriterium** ist das Wohl des Verzichtenden (§ 1821 BGB), wobei auf seine Interessen abzustellen ist.[39] Das bedeutet in der Regel, dass der Betreute für seinen Verzicht eine **Abfindung** erhalten muss (Kausalgeschäft) und diese vollwertig oder annähernd vollwertig sein muss:[40] Beim Verzicht auf den Erbteil bzw. Pflichtteil ist also dessen ungefährer Wert auszugleichen. Da der Wert des Nachlasses beim künftigen Erbfall unbekannt ist, wird man auf die Werte zum Zeitpunkt des Abschlusses des Verzichtsvertrags abstellen müssen; von einer vollen Abfindung kann dann ausgegangen werden, wenn der Wert des Erbteils im Zeitpunkt des Verzichtsvertrages die Gegenleistung nicht um mehr als 10 % übersteigt.[41] Die Werte sind von Amts wegen zu ermitteln (§ 26 FamFG), z. B. durch Gutachten; andernfalls ist zwar die Genehmigung trotzdem wirksam, jedoch kommt Staatshaftung in Betracht.[42]

630   Der Genehmigungsbeschluss wird erst **mit Rechtskraft wirksam** (§ 40 II FamFG),[43] Einzelheiten vgl. oben Rn. 624. Zur nachträglichen Genehmigung und zur Doppelvollmacht vgl. oben Rn. 625. Bei Zugang der Genehmigung muss der Erblasser noch leben (oben Rn. 626).

631   **Beispiel:**

Der Erblasser schließt mit seinem geistig behinderten, unter Betreuung stehende Sohn, vertreten durch einen Betreuer, einen notariellen Pflichtteilsverzichtsvertrag. Der Vertrag wird anschließend vom Betreuungsgericht genehmigt, es übersendet die rechtskräftige Genehmigung dem Betreuer. Dieser schickt sie am 1.6. an den Erblasser, wo sie am 3.6. eingeht. Der Erblasser ist aber am Tag zuvor (2.6.) verstorben. Die Mitteilung der Genehmigung ist eine empfangsbedürftige Willenserklärung. Erst damit wird der Vertrag wirksam.[44] Der Zugang muss daher vor dem Tod des Erblassers erfolgen. Der Erbverzicht ist somit unwirksam.

---

39   BGH FamRZ 1995, 151 = NJW-RR 1995, 248.
40   MünchKomm/*Wegerhoff* § 2347 Rn. 8.
41   OLG Köln FamRZ 1990, 99.
42   BGH FamRZ 1995, 151 = NJW-RR 1995, 248.
43   Keidel/*Meyer-Holz*, FamFG, § 40 Rn. 29.
44   BGH NJW 1978, 1159; MünchKomm/*Wegerhoff* § 2347 Rn. 7.

4. Besonderheiten, wenn der Betreuer mit den Beteiligten verwandt ist

Ist der Betreuer ein erbberechtigter Verwandter des Erblassers, dann kol- **632** lidiert sein Interesse in der Regel mit dem Interesse des Betreuten, den er beim Erbverzicht vertreten soll. In solchen Fällen ist er daher von der Vertretung des Betreuten ausgeschlossen (§§ 181, 1824 II BGB), weshalb für den Betreuten ein **Ergänzungsbetreuer** zu bestellen ist (§ 1817 V BGB).

5. Aufhebung des Pflichtteilsverzichtsvertrags[45]

Die Parteien des Pflichtteilsverzichtsvertrags können den Vertrag ganz oder **633** teilweise aufheben (§ 2351 BGB), aber nur zu Lebzeiten des Erblassers.[46] Ein einseitiger Widerruf ist unwirksam,[47] da ein Vertrag vorliegt. Weder die Abkömmlinge, auf die sich der Verzicht erstreckt (§ 2349 BGB), noch diejenigen, die durch den Verzicht begünstigt worden wären, müssen einer Aufhebung zustimmen.[48] Der Aufhebungsvertrag bedarf der **notariellen Beurkundung** (§§ 2351, 2348 BGB). Der Erblasser kann den Aufhebungsvertrag nur persönlich schließen, also nicht vertreten werden; anders ist es bei Geschäftsunfähigkeit (§ 2347 BGB). Der Verzichtende kann vertreten werden.

6. Pflichtteilsverzichtsvertrag und Abfindung[49]

a) Verzicht gegen Abfindung

Das BGB regelt in §§ 2346 ff. BGB nur den „verfügenden" Pflichtteilsver- **634** zichtsvertrag; dass jedem Verzicht ein Kausalgeschäft (Grundgeschäft) zugrunde liegt bleibt unerwähnt. Der Pflichtteilsverzicht wird in der Regel gegen eine Abfindung erklärt, die an den Verzichtenden ausbezahlt wird oder in anderer Form erbracht wird. Die Abfindung unterliegt der Schenkungsteuer (§ 7 I Nr. 5 ErbStG), soweit die Freibeträge des ErbStG überschritten werden. Als abstraktes Rechtsgeschäft kann der Pflichtteilsverzicht nicht in einem Gegenseitigkeitsverhältnis (Synallagma) zur Abfindungsvereinbarung stehen.[50]

---

45 *Keim* NotBZ 1999, 1.
46 BGHZ 139, 116 = NJW 1998, 3117.
47 BGHZ 30, 261/267 = FamRZ 1959, 494.
48 Grüneberg/*Weidlich* § 2351 Rn. 1; MünchKomm/*Wegerhoff* § 2351 Rn. 2.
49 *Schotten* DNotZ 1998, 163.
50 MünchKomm/*Wegerhoff* § 2346 Rn. 21.

Wie kann verhindert werden, dass der Verzicht zwar wirksam wird, der Verzichtende aber seine versprochene „Gegenleistung" nicht erlangt? Möglichkeiten: **(1)** Vorauszahlung der Abfindung, notfalls an einen Treuhänder; **(2)** Gegenseitiger Vertrag (wegen der Warnfunktion ist notarielle Form erforderlich,[51] § 2348 BGB ist nicht unmittelbar einschlägig, aber analog anzuwenden), in dem sich der eine Teil zum Verzicht, der andere zur Zahlung der Abfindung verpflichtet. §§ 280 ff., 323 ff. BGB sind darauf anwendbar. Der Verzichtende kann dann auf Zahlung klagen, der Erblasser auf Abgabe des Antrags zum Abschluss des Abfindungsvertrages (§ 894 ZPO). Eine Anpassung wegen Wegfalls der Geschäftsgrundlage (§ 313 BGB) kommt in Betracht.[52] **(3)** Verknüpfung durch Bedingungen:[53] der Pflichtteilsverzichtsvertrag ist aufschiebend bedingt durch die Zahlung der Abfindung.

635   Im Übrigen sind Pflichtteilsverzicht und Abfindungsvertrag über § 139 BGB verknüpft.[54]

b) Unentgeltlicher Pflichtteilsverzicht

636   In der Praxis wird häufig im Vertrag „Unentgeltlichkeit" vereinbart, obwohl „Abfindungsleistungen" schon vor Vertragsschluss erbracht wurden.[55] Der formnichtige schuldrechtliche Vertrag wird nach h. M. durch den formgerecht erklärten abstrakten Erbverzicht geheilt, analog §§ 311b I 2, 518 II BGB.[56]

637   Erklären die Vertragsparteien, Abfindungen seien bereits „früher" (vor Anordnung der Betreuung) geflossen, dann muss der Betreuer feststellen, ob das stimmt und nach dem Verbleib der Gegenleistung forschen. Denn es ist naheliegend, dass hier etwas konstruiert wird, um den Verzicht genehmigungsfähig zu machen.

638   Soll tatsächlich ein unentgeltlicher Verzichtsvertrag vom Betreuer des Verzichtenden geschlossen werden, wird das im Regelfall nicht genehmigungsfähig sein. Liegt tatsächlich Unentgeltlichkeit vor, verschenkt der Verzichtende etwas, was seit 2023 nach § 1854 Nr. 8 BGB genehmigungspflichtig ist (zuvor war es nichtig). Die h. M.[57] fasst allerdings unter Berufung auf

---

51 KG OLGZ 1974, 263/265; *Leipold* Erbrecht Rn. 548; h. M.
52 BGHZ 134, 152 = FamRZ 1997, 287 = NJW 1997, 653 (zum Höferecht).
53 Vgl. BayObLG FamRZ 1995, 964 = ZEV 1995, 228.
54 MünchKomm/*Wegerhoff* § 2346 Rn. 27.
55 *Bengel* ZEV 2006, 152.
56 *Bengel* ZEV 2006, 152.
57 *Grüneberg/Götz* § 1804 Rn. 1; MünchKomm/*Wegerhoff* § 2346 Rn. 5.

den Wortlaut des § 517 BGB auch unentgeltliche Pflichtteilsverzichte nicht als Schenkung auf, sondern subsumiert unter § 1851 Nr. 1, 2 BGB.

7. Sittenwidrigkeit des Pflichtteilsverzichts, Erlassvertrag, Sozialhilfeträger

Beispiel:[58]   **639**

Die Eheleute M und F setzen sich gegenseitig zu Alleinerben ein. Sie haben drei volljährige Kinder (A, B, C), die gleichzeitig notariell unentgeltlich auf ihren Pflichtteil verzichten. F stirbt sodann. M wird Alleinerbe. Die Tochter A bezieht seit 20 Jahren Sozialhilfe. Der Sozialhilfeträger leitet den Pflichtteilsanspruch auf sich über (§ 93 SGB XII) und verlangt von M den Pflichtteil; denn der Pflichtteilsverzicht sei wegen Sittenwidrigkeit unwirksam (§ 138 BGB).

Das Pflichtteilsrecht als bloße, nicht bestimmbare Erwartung ist (vor dem   **640** Tod) als künftiger Anspruch nicht auf den Sozialhilfeträger überleitungsfähig.[59] Der **Pflichtteilsverzicht** eines behinderten Sozialleistungsbeziehers (also nach dem Tod) ist nach Ansicht des BGH[60] grundsätzlich nicht sittenwidrig; das ist aber umstritten.[61] Einesteils besteht im Sozialhilferecht der Nachranggrundsatz, was besagt, dass jemand keine staatlichen Leistungen erhalten darf, der sich selbst helfen kann. Deshalb wird im Betreuungsrecht die Auffassung vertreten,[62] dass eine (vom Betreuer erklärte) **Ausschlagung** der werthaltigen Erbschaft eines behinderten (volljährigen) „Kindes" nicht vom Betreuungsgericht (nach § 1851 Nr. 1 BGB) *genehmigt* werden könne. Der BGH dagegen betont das Recht des (geschäftsfähigen) Behinderten zur freien Entscheidung; das mag sein, allerdings treten dann die Konsequenzen des Sozialhilferechts ein. Der unentgeltliche Pflichtteilsverzicht durch einen Betreuer dürfte in der Regel nicht genehmigungsfähig sein.

Hält der Träger Sozialhilfe den Verzicht für unwirksam, dann führt er   **641** eine Überleitung des Anspruchs nach § 93 SGB XII durch Verwaltungsakt durch.[63]

---

58 OLG Köln FamRZ 2010, 838 = ZEV 2010, 85. Allgemein zum Thema „Verzicht auf erbrechtliche Ansprüche durch Sozialleistungsbezieher" *Weidlich* ZEV 2022, 3425.
59 *Klühs* ZEV 2011, 15.
60 BGH FamRZ 2011, 472 = NJW 2011, 1586; OLG Köln FamRZ 2010, 838 = ZEV 2010, 85; dazu *Weidlich* ZEV 2022, 325; zuvor *Vaupel* RNotZ 2009, 497; *v. Proff* ZErb 2010, 206; *Littig/J. Mayer*, Sozialhilferegress gegenüber Erben und Beschenkten, 1999, Rn. 177.
61 Für Sittenwidrigkeit z. B. *Dutta* FamRZ 2010, 841; *Armbrüster* ZEV 2010, 88.
62 OLG Stuttgart NJW 2001, 3484; OLG Hamm FamRZ 2009, 2036 = ZEV 2009, 471; vgl. Grüneberg/*Götz* § 1896 Rn. 22; BeckOK/*Bettin* BGB § 1822 Rn. 6.
63 *Hußmann* ZEV 2005, 54; Grüneberg/*Weidlich* § 2317 Rn. 7.

642 Dabei muss der Träger sein Entschließungs- und Auswahlermessen sachgerecht ausüben,[64] was zu begründen ist (§ 33 SGB X). Die Überleitung ist mit Widerspruch und Klage zum **Sozialgericht** angreifbar[65] (hier kann geprüft werden, ob das Ermessen richtig ausgeübt wurde). Die Überleitung führt zu einem Gläubigerwechsel. Der Träger kann nun vor dem Prozessgericht den Pflichtteilsanspruch durch Klage gegen den Erben geltend machen; hier wird geprüft, ob der Anspruch trotz des Verzichts besteht.

643 Ist der Erblasser gestorben, ist der Pflichtteilsanspruch entstanden; nun kann der Pflichtteilsberechtigte durch Vertrag mit dem Erblasser den Anspruch erlassen (**Erlassvertrag**, § 397 BGB). Das bedarf der Genehmigung (§ 1851 Nr. 1 BGB); Rn. 611. Wenn eine sittenwidrige Vereinbarung zulasten des Sozialhilfeträgers vorliegt,[66] dann ist der Erlassvertrag nicht genehmigungsfähig.

8. Verträge zwischen den künftigen Erben über den Pflichtteil bzw. gesetzlichen Erbteil

644 § 311b BGB

…

(4) Ein Vertrag über den Nachlass eines noch lebenden Dritten ist nichtig. Das Gleiche gilt von einem Vertrag über den Pflichtteil oder ein Vermächtnis aus dem Nachlass eines noch lebenden Dritten.

(5) Absatz 4 gilt nicht für einen Vertrag, der unter künftigen gesetzlichen Erben über den gesetzlichen Erbteil oder den Pflichtteil eines von ihnen geschlossen wird. Ein solcher Vertrag bedarf der notariellen Beurkundung.

645 Künftige gesetzliche Erben können somit bereits zu Lebzeiten des Erblassers einen Vertrag über den gesetzlichen Erbteil oder den Pflichtteil schließen.[67] Die Vertragsparteien müssen gesetzliche Erben im Sinne von §§ 1924 ff. BGB sein. Wird der Versprechende nicht kraft Gesetzes,

---

64 VGH Baden-Württemberg NJW 1991, 2922.
65 *Auktor* MittBayNot 2008, 14; *Brückner* NJW 2008, 1111 (zu Wohnungsrechten).
66 VGH Mannheim NJW 1993, 2953; *Klühr* ZEV 2011, 15; *v. Proff* ZErb 2010, 206; *Vaupel* RNotZ 2010, 141; *Schumacher*, Rechtsgeschäfte zu Lasten der Sozialhilfe im Familien- und Erbrecht, 2000, S. 142; *Lambrecht*, Der Zugriff des Sozialhilfeträgers auf den erbrechtlichen Erwerb, 2001, S. 172; *Weidlich* ZEV 2022, 325.
67 Grundlegend *Daniels*, Verträge mit Bezug auf den Nachlass eines noch lebenden Dritten, 1973; *v. Proff* ZEV 2013, 183 (mit Vertragsbeispiel).

sondern auf Grund letztwilliger Verfügung Erbe, so führt das nicht zur Unwirksamkeit des Vertrages, wenn der Versprechende abstrakt als möglicher gesetzlicher Erbe in Betracht kommt.[68] Verträge über Vermächtnisse und testamentarische Erbteile fallen nach dem Wortlaut nicht unter die Privilegierung des Abs. 5, was keinen Sinn hat. Der BGH[69] meint: jedenfalls wenn der Erblasser seine Erbfolge gerade so ordnet, wie sie auch kraft Gesetzes wäre, muss ein „Erbschaftsvertrag" ebenso möglich sein wie bei gesetzlicher Erbfolge; der Erbschaftsvertrag sei nicht deshalb unwirksam, weil der Verpflichtete den – gleich hohen – Erbteil aufgrund einer Verfügung von Todes wegen erlangt.

§ 311b V BGB hat z. B. dann Bedeutung, wenn die künftigen gesetz- **646** lichen oder testamentarischen Erben miteinander **Verträge über Ausgleichungspflichten** schließen, aber wegen der vorgenannten BGH-Rechtsprechung nur bis zur Höhe des jeweiligen gesetzlichen Erbteils.[70] Oder: wenn der (künftige) Erblasser sein Testament ändern möchte, wegen inzwischen **eingetretener Testierunfähigkeit** aber dazu rechtlich nicht mehr in der Lage ist; dann können die Erben selbst handeln.

Jeder der künftigen gesetzlichen (bzw. testamentarischen) Erben kann **647** dabei durch einen Betreuer mit ausreichendem Aufgabenkreis vertreten werden. Jedoch ist eine Genehmigung des Betreuungsgerichts erforderlich (§ 1851 BGB).

Nach dem Tod des Erblassers kann der Pflichtteilsberechtigte mit dem **648** Erben einen **Erlassvertrag** schließen (oben Rn. 604a, 610).

---

68 MünchKomm/*Kanzleiter*, 8. Aufl., § 311b Rn. 120.
69 BGHZ 104, 279 = FamRZ 1988, 1041 = NJW 1988, 2726; zum Problem vgl. *Kuchinke* JZ 1990, 601; *Wiedemann* NJW 1968, 769; *Limmer* DNotZ 1998, 922.
70 MünchKomm/*Ruhwinkel* § 311b Rn. 140.

U. Erbschein und Erbscheinsverfahren

1. Der Betreute als Erblasser

Da mit dem Tod des Betreuten die Betreuung automatisch endet (§ 1870 **649** BGB), ohne dass noch ein diesbezüglicher Feststellungsbeschluss notwendig wäre, hat der Betreuer des Erblassers mit dem Nachlass nichts mehr zu tun; ausgenommen sind bestimmte Eilfälle (Rn. 484) und wenn der Erbe ebenfalls unter Betreuung steht. Das **Stellen eines Erbscheinsantrags** nach dem Tod des Betreuten geht den Betreuer als Nichterben nichts an und ist auch keine Eilaufgabe im Interesse der Erben nach § 1874 II BGB; die Sicherung des Nachlasses vor Dieben etc. ist grundsätzlich Aufgabe des Nachlassgerichts (Rn. 496). Sind die Erben unbekannt, ist es nicht Sache des Betreuers, die **Erben zu ermitteln** (das ist Aufgabe des Nachlassgerichts bzw. eines vom Nachlassgericht eingesetzten Nachlasspflegers, §§ 1960, 1961 BGB). Sind die Erben bekannt und haben sie die Erbschaft angenommen, können sie beim Nachlassgericht einen Erbschein beantragen. Ist der Betreuer des Erblassers Rechtsanwalt oder Notar kann er von den Erben bevollmächtigt werden, gegen Gebühr (RVG VV 2300, 3100) als Vertreter der Erben den Erbschein zu beantragen. Hat der Betreuer diese Qualifikation nicht und gehört er auch sonst nicht zu den nach dem RDG berechtigten Personen (Rn. 730), kann er nicht als Bevollmächtigter der Erben einen Erbschein beantragen. Stellt er gleichwohl unter Vorlage einer Vollmacht der Erben einen Erbscheinsantrag, dann wird er vom Nachlassgericht als Vertreter zurückgewiesen (§ 10 II FamFG).[1] Anders wäre es, wenn er zugleich Betreuer des Erben ist (Rn. 731).

2. Der Betreute als Erbe

a) Erbscheinsantrag

Ist der betreute Erbe *geschäftsfähig* kann er den Erbscheinsantrag selbst stellen; er wird vom Betreuer nicht verdrängt; anders ist es, wenn ein entsprechender Einwilligungsvorbehalt angeordnet wurde (§ 1825 BGB). Auch der Betreuer kann den Erbscheinsantrag stellen. Ist der betreute Erbe *geschäftsunfähig* ist er auch verfahrensunfähig (§ 9 FamFG), weshalb nur sein

---

1 BVerfG FamRZ 2010, 1797 = NJW 2010, 3291 zum gewerbsmäßigen Erbenermittler.

Betreuer, falls er einen ausreichenden Aufgabenkreis hat (z. B. Vermögens-sorge, Rn. 10), für ihn handeln kann. Es gehört dann zu den Aufgaben des Betreuers, dem Betreuten den Nachlass zu verschaffen, in der Regel ist dazu ein Erbschein erforderlich. Das Stellen eines Erbscheinsantrags (und die Annahme der Erbschaft) durch den Betreuer als gesetzlichen Vertreter des Erben ist eine erlaubte Rechtsbesorgung (§ 8 I Nr. 1 RDG); Rn. 731.

Kosten des Erbscheins inkl. eidesstattliche Versicherung: 2,0 Gebühren Tabelle B (Nr. 12210, 23300 KV GNotKG); Wert: § 40 GNotKG. Beispiel: Nachlasswert 10.000 Euro, Erbschein 150 Euro. Nachlasswert 100.000 Euro, Erbschein 546 Euro. Bei 1 Million: Erbschein 3.470 Euro. Dazu kommen Auslagen des Gerichts usw.

651   Das Stellen des **Erbscheinsantrags** und die darin liegende Annahme der Erbschaft (§ 1943 BGB) durch den Betreuer bedürfen **nicht** der **Genehmigung des Betreuungsgerichts** (Umkehrschluss aus § 1851 Nr. 1 BGB);[2] im Gegensatz zur Ausschlagung einer Erbschaft. Ein Miterbe kann den Antrag auf gemeinschaftlichen Erbschein allein stellen (§ 352a I 2 FamFG); er vertritt hierbei nicht etwa die Miterben.

652   Widerspricht ein anderer Beteiligter einem Erbscheinsantrag, dann ergeht ein **Feststellungsbeschluss**, bei dem die sofortige Wirksamkeit ausgesetzt wird (§ 352e II FamFG). Der Widersprechende kann dann gegen den Feststellungsbeschluss befristet Beschwerde zum OLG einlegen (§§ 58 ff. FamFG), worauf der Beschluss des Nachlassgerichts überprüft wird. Weder der Widerspruch des Betreuers noch die Beschwerde bedürfen der Genehmigung des Betreuungsgerichts.

b) Abgabe der eidesstattlichen Versicherung

653   Bestimmte Tatsachen hat der Antragsteller eidesstattlich zu versichern (§ 352 III FamFG). Der Antragsteller muss die Versicherung persönlich abgeben. Sie kann durch einen Bevollmächtigten abgegeben werden,[3] auch durch einen sog. **Vorsorgebevollmächtigten**,[4] obwohl es sich um eine Wissenserklärung handelt (den Erbscheinsantrag dagegen kann auch ein Bevollmächtigter stellen). Ein *geschäftsunfähiger* (eidesunfähiger) Betreuter kann die Versicherung nicht abgeben. Die Versicherung kann in einem sol-

---

2 BayObLG Rpfleger 1996, 455; KG NJW 1962, 54; Grüneberg/*Götz* § 1822 Rn. 4.
3 OLG Celle FamRZ 2018, 1795 = ErbR 2019, 113; a.A. BayObLGZ 1961, 4/10; KG JR 1953, 307.
4 OLG Celle FamRZ 2018, 1795 = ErbR 2019, 113; BeckOK/*Schlögel* FamRG § 352 Rn. 28; vgl. BGH FamRZ 2020, 441 = NJW 2020, 1143 zur ZwangsvollstreckungsEV; a.A. *Litzenburger* ZEV 2004, 450.

chen Fall aber durch einen gesetzlichen Vertreter, d. h. einen Betreuer, abgegeben werden; allerdings könnte das Nachlassgericht sich auch in einem
solchen Fall mit der Versicherung des Betreuten begnügen, weil das Gericht
die Versicherung ja auch gänzlich erlassen kann. Ist wegen Existenz einer
Vorsorgevollmacht kein Betreuer bestellt worden (§ 1814 BGB). müsste also
im Erbfall unter Umständen das Betreuungsgericht einen Betreuer (als gesetzlichen Vertreter) lediglich mit dem Aufgabenkreis der Abgabe der eidesstattlichen Versicherung bestellen, was unpraktikabel ist. Eine Ausnahme
besteht auch hier, wenn das Nachlassgericht dem Erben die eidesstattliche
Versicherung erlässt (§ 352 III 4 FamFG),[5] wodurch Gerichtsgebühren ge-
spart werden.

Beantragt nur **ein Teil der Miterben** den gemeinschaftlichen Erb-   **654**
schein (schon ein Miterbe allein ist antragsberechtigt, § 352a I 2 FamFG),
haben gleichwohl alle Miterben die Versicherung abzugeben, sofern nicht
das Nachlassgericht die Versicherung eines oder einiger von ihnen für ausreichend erachtet (§ 352a IV FamFG). Verlangt das Nachlassgericht die
Vorlage der Versicherung auch der anderen Miterben, ist umstritten, ob der
Antragsteller gegen die anderen Miterben einen Anspruch (zu verfolgen vor
dem Prozessgericht) auf Abgabe der eidesstattlichen Versicherung hat;[6]
das ist wegen § 2038 I 2 BGB zu bejahen, nämlich wenn der Erbschein zur
Verwaltung des Nachlasses erforderlich ist,[7] weil ein Teilerbschein nicht
genügen würde.

c) Beteiligte am Erbscheinsverfahren

Im Verfahren auf Erteilung eines Erbscheins ist Beteiligter der Antragsteller   **655**
(§ 345 I 1 FamFG); das ist selbstverständlich. Ferner können nach dem
Ermessen des Nachlassgerichts als Beteiligte hinzugezogen werden: (1) die
gesetzlichen Erben; (2) diejenigen, die nach dem Inhalt einer vorliegenden
Verfügung von Todes wegen als Erben in Betracht kommen; (3) die Gegner
des Antragstellers, wenn ein Rechtsstreit über das Erbrecht anhängig ist; (4)
diejenigen, die im Fall der Unwirksamkeit der Verfügung von Todes wegen
Erbe sein würden sowie (5) alle Übrigen, deren Recht am Nachlass durch
das Verfahren unmittelbar betroffen wird (§ 345 I 2 FamFG). Auf ihren
Antrag sind sie hinzuzuziehen (§ 345 I 3 FamFG). Ein Betreuer kann also
in zahlreichen Erbscheinsfällen einen Antrag auf Hinzuziehung stellen; ist
er verfahrensunfähig kann aber nur sein Betreuer für ihn den Antrag stellen
(§ 9 FamFG).

---

5 *Kroiß* ErbR 2022, 193.
6 *Staudinger/Herzog* § 2356 a. F. Rn. 57. Ablehnend Protokolle zum BGB Band V S. 679.
7 *Staudinger/Herzog* § 2356 a. F. Rn. 57.

d) Interessenkonflikte; Bestellung eines Ergänzungsbetreuers?

656   **Beispiel:**

Der kinderlose Erblasser hat in einem Testament den B als Erben eingesetzt. Die Schwester des Erblassers (S) kommt als gesetzliche Erbin in Betracht. Nach § 345 FamFG ist deshalb die Schwester S zum Erbscheinsantrag des B anzuhören. Wenn nun der B Betreuer der Schwester S ist fragt sich, ob ein Ergänzungsbetreuer (§ 1817 V BGB) nur zwecks Anhörung bestellt werden muss. Das AG Hameln hat dies verneint.[8]

Denn da das Erbscheinerteilungsverfahren kein Rechtsstreit i. S. von § 1824 I Nr. 3 BGB sei, besteht für den Betreuer kein generelles Vertretungshindernis für den Betroffenen, aber auch kein schwerwiegender Interessengegensatz (vgl. § 1864 II BGB), wenn sich dafür aus dem Sachverhalt keine Anhaltspunkte ergeben. Wenn aber die Testierfähigkeit des Erblassers zweifelhaft gewesen wäre, bestünden Anhaltspunkte für einen Interessengegensatz. Wenn die Schwester pflichtteilsberechtigt wäre (als Schwester ist sie das aber nicht, § 2303 BGB), dann müsste ebenfalls ein Ergänzungsbetreuer zwecks Geltendmachung des Anspruchs gegen den Betreuer bestellt werden (Rn. 595 ff.).

e) Ausländische Nachlässe

657   Manchmal hinterlässt ein im Ausland verstorbener Erblasser (mit ausländischer Staatsangehörigkeit oder ausländischem Aufenthalt) sein Vermögen einer Person, welche sich in Deutschland befindet und nach deutschem Recht unter **Betreuung** steht, Nachlass befindet sich im In- und Ausland. Hier sind verschiedene Fragen auseinander zu halten:

aa) Welches **materielle Erbrecht** kommt zum Zug? Das hängt vom Erbrecht und vom internationalen Privatrecht des jeweiligen Landes ab. Aus deutscher Sicht kommt es bei Erbfällen **bis 16.8.2015** auf die Staatsangehörigkeit des Erblassers an (Art. 25 EGBGB), die Staatsangehörigkeit des Erben ist aus unserer Sicht gleichgültig. Bei Erbfällen **ab 17.8.2015** ist die EuErbVO zu beachten, wonach es nicht mehr auf die Staatsangehörigkeit ankommen, sondern auf den letzten gewöhnlichen Aufenthalt des Erblassers (Art. 4 EuErbVO).

---

8 AG Hameln FamRZ 2010, 1272.

Damit ergibt sich das Problem, dass Angehörige den dementen Erblasser in ein Land verbringen könnten (wo er dann auch stirbt), dessen Erbrecht bzw. Pflichtteilsrecht für sie günstiger ist; vgl. Rn. 29b.[9]

bb) Wie erfolgt der Nachweis der Erbenstellung im Ausland? Das Ausland hat meist kein Erbscheinsverfahren in unserem Sinn (§§ 2353 ff. BGB), sondern vielfältige andere Regelungen. Im Geltungsbereich der EuErbVO kann der Erbe (z. B. zusätzlich zum Erbschein) ein **Europäisches Nachlasszeugnis** beantragen und damit seine Erbenstellung in bestimmten Ländern nachweisen. **Mitgliedstaaten** sind 27 Staaten der Europäischen Union, nämlich Belgien, Bulgarien, Deutschland, Estland, Finnland, Frankreich, Griechenland, Italien, Kroatien, Lettland, Litauen, Luxemburg, Malta, die Niederlande, Österreich, Polen, Portugal, Rumänien, Schweden, die Slowakei, Slowenien, Spanien, die Tschechische Republik, Ungarn und Zypern. Die **EuErbVO gilt nicht** für Dänemark, Irland und das Vereinigte Königreich (Großbritannien);[10] auch nicht für die Schweiz und die Länder außerhalb Europa.

cc) Wird das Vertretungsrecht des deutschen Erben-Betreuers, also sein Betreuer-Ausweis, im Ausland anerkannt? Das richtet sich nach dem ausländischen internationalen Privatrecht, teils nach dem ErwSÜ (Rn. 658).

Im Verhältnis zu den Vertragsstaaten ist das **Haager Übereinkommen**   **658**
über den internationalen Schutz Erwachsener v. 13.11.2000 vorrangig.[11] Das Übereinkommen ist in Deutschland zum 1.1.2009 in Kraft getreten.[12] **Mitgliedstaaten** sind derzeit Belgien, Deutschland, Estland, Finnland, Frankreich, Großbritannien (nur Landesteil Schottland), Lettland, Monako, Österreich, Portugal, Schweiz, Tschechische Republik, Zypern.

Anwendungsbeispiel:[13]   **659**

Ein Schotte heiratet eine Deutsche. Das Ehepaar lebt in Deutschland. Das deutsche Betreuungsgericht ist für die Bestellung eines Betreuers international zuständig und wendet deutsches, also nicht schottisches, Betreuungsrecht an. Da das Übereinkommen in Schottland ebenfalls gilt, wird der in Deutschland bestellte Betreuer dort anerkannt, wenn er z. B. dort bei der Bank Geld abheben will. Das deutsche Gericht stellt ihm dazu eine besondere Bescheinigung aus, die auch in Schottland Beweiswert hat.

---

9   *Zimmer/Oppermann* ZEV 2016, 126; in der Schweiz beträgt z. B. der Pflichtteil der Nachkommen 75 % (Art. 471 ZGB-Schweiz), in Deutschland nur 50 %. Vgl. *Süß,* Erbrecht in Europa.

10 Vgl. § 1 Abs. 2 IntErbRVG, Erwägungsgründe Nr. 82, 83 zur EuErbVO.

11 *Helms* FamRZ 2008, 1995; *Lachwitz* BtPrax 2008, 143; *Wagner* IPRax 2007, 11; *Guttenberger,* BtPrax 2006, Heft 3; *Guttenberger, Das Haager Übereinkommen …,* 2004; *Siehr* RabelsZ 2000, 715.

12 BGBl. 2007 II S. 323; Ausführungsgesetz BGBl. 2007 I S. 314.

13 Entnommen der Pressemitteilung des BJM vom 14.12.2006.

660   Schwierigkeiten bereitet die Frage, auf wessen **Kosten** die ausländischen Schriftstücke bzw. die deutschen Schreiben an ausländische Nachlassbehörden zu **übersetzen** sind. Denn dies sind Auslagen in Zusammenhang mit der Betreuung, welche beim deutschen Berufsbetreuer in der Stundenpauschale inbegriffen sind (§ 11 VBVG), also voll zu seinen finanziellen Lasten gehen. Dies kann möglicherweise überwunden werden, wenn der Betreuer einen hiesigen Rechtsanwalt mit Kenntnissen der betreffenden Fremdsprache beauftragt, weil dessen Kosten vom (nicht mittellosen) deutschen Betreuten nach § 1877 III BGB gesondert zu tragen sind. In der Regel wird der deutsche Betreuer ausländische Rechtsanwälte einschalten müssen (wichtig ist die Frage nach den Gebühren); die Anschriften deutschsprachiger Anwälte erfährt er vom deutschen Konsulat oder im Internet („deutschsprachige Anwälte in Prag").

V. Genehmigungen des Betreuungsgerichts

Der Betreuer braucht zu zahlreichen Geschäften die Genehmigung des **661** Betreuungsgerichts (§§ 1848 ff. BGB); je nach Sachlage macht eine fehlende Genehmigung das Geschäft entweder nichtig (sog. **Außengenehmigung**,[1] z. B. §§ 1850, 1851 BGB) oder lässt die Wirksamkeit des Geschäfts unberührt (**Innengenehmigung**, z. B. §§ 1848 BGB). Vor allem dann, wenn der betreute Alleinerbe die Erbschaft angenommen hat, so dass sein bisheriges Vermögen mit dem geerbten Vermögen eine Einheit bildet, sind zusätzlich die allgemeinen Genehmigungsvorbehalte in §§ 1848, 1849 ff. BGB (Verfügung über Forderungen und Wertpapiere; Geldanlage) bedeutsam. Ein sog. **Negativattest** (Beschluss des Gerichts, dass ein Rechtsgeschäft keiner Genehmigung bedarf) ersetzt eine trotzdem erforderliche Genehmigung nicht. Nachfolgend werden nur die Fälle erörtert, die in Zusammenhang mit einer Erbschaft des Betreuten bedeutsam sind.

Familienangehörige (u. a.) als Betreuer (**"befreite" Betreuer**, Rn. 11a, 503) brauchen in einigen Fällen (§ 1859 BGB) keine Genehmigung.

1. Schenkungen[2]

Bis 2022 durfte der Betreuer nicht in Vertretung der Betreuten Schenkun- **662** gen machen; sowohl das Verpflichtungs- wie das dingliche Vollzugsgeschäft waren dann nichtig. Seit 2023 regelt § 1854 Nr. 8 BGB, dass Schenkungen oder unentgeltliche Zuwendungen des Betreuers zulässig sind, aber der Genehmigung des Betreuungsgerichts bedürfen. Ausgenommen (d. h. genehmigungsfrei[3]) sind übliche Gelegenheitsgeschenke, z. B. zum Geburtstag, Trinkgeld für Handwerker etc. sowie Geschenke, die nach den Lebensverhältnissen des Betreuten angemessen sind[4] (eine schwammige Formulierung, die nichts besagt). Das kann nicht abstrakt (z. B. nach Betragshöhe) beantwortet werden; wer 50 Mio. Euro hat kann anders schenken als ein armer Mensch.

---

1 *Wesche* Rpfleger 2010, 403.
2 *Holzhauer* FamRZ 2000, 1063.
3 In Zweifelsfällen sollte damals eine Genehmigung möglich sein, so LG Kassel NJW-RR 2013, 199, das eine Anstandsschenkung von je 40.000 Euro der betreuten 92-jährigen Mutter an ihre beiden verschuldeten Söhne für zulässig hält. Nicht vertretbar.
4 Das OLG Düsseldorf FamRZ 2017, 2073 = ZEV 2017, 328 hat die Schenkung einer "Luxusyacht" im Wert von 575.000 Euro als Anstandsgeschenk aufgefasst; abwegig.

Solche „angemessene" Schenkungen sind genehmigungsfrei, wenn sie nicht (wie eine Grundstücksschenkung) nach speziellen Vorschriften (wie § 1850 Nr. 1 BGB) genehmigungspflichtig sind. § 516 BGB definiert die Schenkung als „eine Zuwendung, durch die jemand aus seinem Vermögen einen anderen bereichert, ... wenn beide Teile darüber einig sind, dass die Zuwendung unentgeltlich erfolgt". Wegen § 517 BGB gilt nicht als Schenkung: wenn jemand zum Vorteil eines anderen **einen Vermögenserwerb unterlässt** oder auf ein angefallenes, noch nicht endgültig erworbenes Recht verzichtet oder eine Erbschaft oder ein Vermächtnis ausschlägt; die Ausschlagung, der Erbverzicht und der Pflichtteilsverzicht eines Betreuten bedürfen aber der Genehmigung des Betreuungsgerichts (§ 1851 Nr. 1 BGB).

Beim **Grundbuchamt** entstehen Probleme, wenn eine solche ungenehmigte Grundstücksübertragung vorgelegt wird. Wenn der Betreuer eines Millionärs eine Eigentumswohnung verschenkt, ist das nach den Lebensverhältnissen des Betreuten angemessen? Das Grundbuchamt hat ein Prüfungsrecht, es führt selbst keine Beweisaufnahme durch; es wird im Zweifel durch Zwischenverfügung die Vorlage der Genehmigung (bzw. den Nachweis der Geschäftsfähigkeit des Betreuten) fordern, weil andernfalls das Grundbuch möglicherweise unrichtig würde.

663   Auch eine **gemischte Schenkung** („verbilligter Verkauf") fällt unter § 1854 Nr. 8 BGB. Eine gemischte Schenkung ist in objektiver Hinsicht gegeben, wenn der Beschenkte eine Leistung des Schenkers erhält, die den Wert der versprochenen Gegenleistung überwiegt; der unentgeltliche Charakters des Geschäfts muss nicht gegenüber dem entgeltlichen Teil überwiegen; der Wert der geschenkten Zuwendung muss nicht mindestens das Doppelte etwaiger Gegenleistungen betragen.[5]

Eine Schenkung kann auch im Verzicht auf eine dem Betreuten zustehende Sicherheit bestehen, wenn diesem Verzicht kein Äquivalent gegenübersteht.[6] Das ist von § 1854 Nr. 7 BGB abzugrenzen, der den Verzicht auf Sicherheiten gegen Gegenleistung betrifft. Das Nachgeben in einem Vergleich ist keine Schenkung, weil es dabei an einer Einigung über die Unentgeltlichkeit fehlt; allerdings ist der Vergleich u. U. genehmigungspflichtig (§ 1854 Nr. 6 BGB). Wenn sich der Betreuer mit einem Pflichtteilsbetrag begnügt, der um die Hälfte niedriger ist als die Summe, welche sich bei Zugrundelegen des Verkehrswerts errechnet, ist das eine gemischte Schenkung.[7] Wenn der Betreute den Miteigentumsanteil an seiner Eigentumswohnung, die seinen einzigen Vermögenswert darstellt und von ihm zu eigenen Wohnzwecken genutzt wird, im Wege der **vorweggenomme-**

---

5 BGH ZEV 2013, 213.
6 RGZ 33, 209.
7 A. A. BayObLG DAVorm 1989, 428.

nen Erbfolge an einen der Abkömmlinge gegen Übernahme einer inhaltlich stark beschränkten Pflegeverpflichtung überträgt, kann das eine unzulässige gemischte Schenkung sein.[8] Wenn der Erbe unter Betreuung steht und der **Testamentsvollstrecker** einen Nachlassgegenstand *unentgeltlich* veräußern will, was nach § 2205 S. 3 BGB verboten ist, kann das von allen Erben genehmigt werden und wird dadurch wirksam;[9] der Betreuer braucht aber zur Zustimmung zu unentgeltlichen Verfügungen eine Genehmigung (§ 1854 Nr. 8 BGB).

Schenkungen des Betreuers, die vom Betreuungsgericht **nicht genehmigt** wurden und nicht zu den Ausnahmefällen gehören, sind nichtig. Ob eine Schenkung eine genehmigungsfreie und damit zulässige Gelegenheitsschenkung bzw den Lebensverhältnissen angemessene Schenkung ist oder nicht, das muss der Betreuer zunächst selbst entscheiden und trägt das Risiko. Mittelbar kann das aber nachgeprüft werden, wenn z.B. der Betreuer 15.000 Euro vom Sparbuch des Betreuten überweisen will, weil das genehmigungspflichtig ist (§ 1849 I, II BGB).   **664**

2. Weitere Genehmigungsfälle[10]

a) Ausschlagung der Erbschaft

Vgl. § 1851 Nr. 1 BGB. Die Ausschlagung erfolgt nach §§ 1942 ff. BGB,   **665** sie ist genehmigungspflichtig, ebenso auch die Ausschlagung mit dem Ziel der Geltendmachung des Pflichtteils (§ 2306 BGB);[11] desgleichen die Anfechtung der Annahme, da sie als Ausschlagung gilt, §§ 1954, 1957 I BGB;[12] die Ausschlagung einer Nacherbschaft, eines Miterbenanteils. Ist übersehen worden, dass die Ausschlagung zu genehmigen war, ist die infolge der unwirksamen Ausschlagung durch Fristsäumnis eingetretene **Annahme der Erbschaft anfechtbar;**[13] hierfür ist die betreuungsgerichtliche Genehmigung notwendig (vgl. § 1851 Nr. 1 BGB). Die Ausschlagung einer (nicht überschuldeten) Erbschaft durch den Betreuer ist in der Regel nicht genehmigungsfähig; dies gilt besonders, wenn dadurch ein Zugriff des Sozialhilfeträgers verhindert wird;[14] umstritten, vgl. Rn. 212. Auch wenn die

---

8 OLG Frankfurt FamRZ 2008, 544 = FGPrax 2008, 18.
9 BGHZ 57, 84.
10 Diese Aufzählung ist nicht abschließend, vgl. §§ 1849 bis 1854 BGB.
11 OLG Köln FamRZ 2008, 1113; *Lange* ZEV 2022, 313.
12 BayObLG FamRZ 1983, 834.
13 BayObLG Rpfleger 1983, 152; *Klüsener* Rpfleger 1993, 133.
14 OLG Hamm FamRZ 2009, 2036 = ZEV 2009, 471; OLG Stuttgart ZEV 2002, 367 mit abl. Anm. *J. Mayer.*

Erbschaft einem Bruder anwächst, entspricht es nicht ordentlicher Vermögenssorge, sie auszuschlagen.[15] § 83 I InsO ist nicht analog anwendbar. Zur Wahrung der Ausschlagungsfrist vgl. Rn. 193.

Die **Annahme einer Erbschaft**, auch schlicht durch Verstreichenlassen der Ausschlagungsfrist, ist genehmigungsfrei; genehmigungspflichtig ist es aber seit 2023, wenn der Betreute seinem Berufsbetreuer testamentarisch etwas zuwenden will, ihn z. b. zum Erben einsetzen will (§ 30 I 2, III BtOG); vgl. Rn. 80. Die ungenehmigte Annahme ist aber trotzdem wirksam.

b) Ausschlagung eines Vermächtnisses

666   **Vgl. § 1851 Nr. 1 BGB.** Für die Ausschlagung eines Vermächtnisses gibt es keine Frist wie bei der Ausschlagung der Erbschaft. Sie erfolgt nach § 2180 BGB gegenüber dem Erben bzw sonst Verpflichteten und ist genehmigungspflichtig. Die Anfechtung der Annahme scheint genehmigungsfrei zu sein, weil Abs. 3 des 2180 BGB (versehentlich?) nicht auf § 1957 BGB verweist;[16] zweifelhaft. Auch der **Verzicht** (sowie der Teilverzicht bei mehreren vermachten Gegenständen) auf die Geltendmachung eines Vermächtnisses ist genehmigungspflichtig (§ 1851 Nr. 1 BGB).

c) „Verzicht" auf den Pflichtteilsanspruch

667   **Vgl. § 1851 Nr. 1 BGB.** Gemeint ist der **Erlassvertrag** (§ 397 BGB) über den entstandenen Pflichtteilsanspruch (§§ 2303 ff. BGB), also nach dem Tod des Erblassers, weil erst damit der Anspruch entstanden ist (§ 2317 BGB).[17] Er ist formlos durch Vertrag mit dem Erben möglich. Vgl. Rn. 610.

d) Auseinandersetzungsvertrag (Erbteilungsvertrag)

668   **Vgl. § 1851 Nr. 1 BGB.** Er richtet sich nach §§ 2042 ff. BGB; vgl. Rn. 359. Es handelt sich um jeden Vertrag zwischen den Miterben, durch den die Erbengemeinschaft, sei es hinsichtlich des ganzen Nachlasses, sei es hinsichtlich eines einzelnen Gegenstandes, aufgehoben werden soll.[18] Sinn der Genehmigung ist, den Betreuten vor Übervorteilung zu schützen. Ob

---

15   OLG Stuttgart ZEV 2002, 367.

16   *Dodegge/Roth* E 119.

17   MünchKomm/*Kroll-Ludwigs* § 1822 Rn. 9; Protokolle VI, S. 394.

18   KGJ 42, 49; MünchKomm/*Kroll-Ludwigs* § 1822 Rn. 10.

es sich um einen gerichtlichen (z. B. §§ 363 ff. FamFG; Prozessvergleich) oder außergerichtlichen Vertrag handelt, ist unerheblich (jedoch kann sich § 1854 Nr. 6 BGB etwas anderes ergeben, wenn ein Gericht einen Vergleich vorgeschlagen hat). Ein Vertrag, durch den die Erbschaft als solche im Ganzen an einen Dritten verkauft wird, fällt nicht unter Nr. 1, sondern unter Nr. 2; ebenso die **Veräußerung eines Erbanteils.** Die Veräußerung eines beweglichen Nachlassgegenstandes, z. B. des Mobiliars, durch sämtliche Miterben ist grundsätzlich genehmigungsfrei; erst die Aufteilung des Erlöses unterliegt möglicherweise dem Genehmigungserfordernis.[19] Vgl. Rn. 362. Anders ist es aber, wenn der Nachlassgegenstand einem Genehmigungserfordernis unterliegt, die Veräußerung eines **Nachlassgrundstücks** durch den Betreuten als Alleinerben oder durch alle Miterben fällt z. B. unter § 1850 Nr. 1 BGB;[20] die Veräußerung von Wertpapieren (Aktien) kann unter § 1849 I Nr. 2 BGB fallen. Genehmigungsbedürftig ist bereits der schuldrechtliche Vertrag,[21] weil anderenfalls § 1851 BGB im Prozesswege umgangen werden könnte. Die Genehmigung beinhaltet dann auch entsprechende Verfügungen, z. B. die Auflassung von Grundstücken und die Einziehung des Kaufpreises (vgl. § 1849 BGB).

e) Erbrechtliche Verpflichtungsgeschäfte etc.

§ 1851 Nr. 2 BGB behandelt seltene Vorgänge. Die *Verpflichtung* zur Verfügung über **eine angefallene Alleinerbschaft oder einen Miterbenanteil** (§§ 2033, 1922 II BGB), z. B. der Erbschaftskaufvertrag (§§ 2371 ff., 2385 BGB), der Verpflichtungsvertrag zur Nießbrauchsbestellung an der Erbschaft (§ 1089 BGB), sind genehmigungsbedürftig (§ 1851 Nr. 2 BGB). Ebenso, wenn der Betreute zu einer Verfügung über **seinen künftigen gesetzlichen Erbteil** oder seinen **künftigen Pflichtteil** verpflichtet wird. Ein Vertrag über den künftigen Erbteil eines noch lebenden Dritten ist grds. nichtig (§ 311b IV 1 BGB), aber zulässig, wenn er unter den **künftigen gesetzlichen Erben** geschlossen wird (notarielle Beurkundung, § 311b V BGB; vgl. Rn. 644). Auch Verträge über den künftigen Pflichtteil einer noch lebenden Person sind nur unter den **künftigen gesetzlichen Erben** zulässig. – Der Verzichtsvertrag selbst mit dem Erblasser (§ 2346 BGB), worin der Betreute den Verzicht leistet, ist genehmigungsbedürftig nach § 2347 n. F. BGB.

669

---

19 A. A. *Brüggemann* FamRZ 1990, 124/8, der eine Teilung nach den gesetzlichen Regelungen für genehmigungsfrei hält.
20 Dazu *Sonnenfeld* NotBZ 2001, 322 (Minderjährige).
21 A. A. KGJ 42, 49.

f) Verfügung über einen angefallenen Erbanteil

670 **Vgl. § 1851 Nr. 3 BGB.** Darunter fällt z. B. die **Übertragung eines Erbanteils,** die Verpfändung an eine Bank. Die Vermögensmasse geht hier im Ganzen durch ein Rechtsgeschäft auf den Erwerber über (§ 2033 I BGB). **Abschichtung:** Anstelle der Übertragung eines Erbanteils kann der Miterbe mit (kostengünstigerer) *formfreier* Vereinbarung aus der Erbengemeinschaft ausscheiden, wodurch dann der Nachlass den anderen Miterben im Verhältnis ihrer Anteile anwächst (vgl. Rn. 305 BGB);[22] das fällt unter Nr. 3.

g) Anfechtung eines Erbvertrages

671 **Vgl. § 1851 Nr. 4 BGB.** Wenn der geschäftsfähige Erblasser einen Erbvertrag geschlossen hatte und nun geschäftsunfähig ist, kann sein Betreuer mit Genehmigung des Betreuungsgerichts den Erbvertrag anfechten (§§ 1851 Nr. 4, 2282 II BGB), falls ein Anfechtungsgrund (Irrtum, Drohung, Täuschung) besteht und die Anfechtungsfrist, die auch für den Betreuer gilt,[23] gewahrt ist. Eine Anfechtung durch den Betreuer ist nur hinsichtlich **erbvertragsmäßig** getroffener Verfügungen möglich. Lediglich **einseitig** getroffene Verfügungen in einem Erbvertrag können dagegen durch den Betreuer nicht angefochten werden.[24]

h) Aufhebung eines Erbvertrages

672 **Vgl. § 1851 Nr. 5 BGB.** Der geschäftsfähige Erblasser kann den Aufhebungsvertrag nur persönlich abschließen (§ 2290 II BGB), der andere Vertragspartner kann sich bei Abschluss des Aufhebungsvertrages dagegen vertreten lassen,[25] z. B. von seinem Betreuer, der dazu die Genehmigung des Betreuungsgerichts braucht (§ 1851 Nr. 5 BGB); ebenso, wenn nur eine einzelne vertragsmäßige Verfügung aufgehoben werden soll.

---

22 BGH FamRZ 2018, 40 = FGPrax 2018, 24; BGHZ 138, 8 = FamRZ 1998, 673 = NJW 1998, 1557; LG Köln NJW 2003, 2993; *Jünemann* ZEV 2012, 65; *Wesser/Saalfrank* NJW 2003, 2937; *Keim* RNotZ 2003, 375; *Reimann* MittBayNot 1998, 188. Dagegen *Keller* ZEV 1998, 281; *Rieger* DNotZ 1999, 64/69.
23 BeckOGK BGB/*Röhl* § 2282 Rn. 7.
24 OLG Bamberg FamRZ 2016, 83 = ZErb 2015, 314; BeckOGK/*Röhl* BGB § 2282 Rn. 8.
25 BeckOGK BGB/*Müller-Engels* § 2290 Rn. 25.

i) Zustimmung zur Aufhebung eines Vermächtnisses, einer Auflage oder einer Rechtswahl im Erbvertrag

Vgl. § 1851 Nr. 6 BGB. Wenn M und F einen Erbvertrag geschlossen **673** haben, in dem z. b. M ferner dem V ein Grundstück vermacht (Vermächtnis), dann kann M dieses Vermächtnis durch Testament widerrufen; F muss aber zustimmen (§ 2291 I 2 BGB); notarielle Beurkundung der Zustimmung der F ist notwendig (nicht die Zustimmung des V). Die Zustimmung kann durch einen Vertreter erfolgen,[26] z. b. einen Betreuer, wenn F unter Betreuung steht. Der Betreuer braucht die Genehmigung des Betreuungsgerichts (§ 1851 Nr. 6 BGB). Dasselbe gilt für eine Auflage oder eine Rechtswahl (Art. 22 EuErbVO).

j) Aufhebung eines Erbvertrages durch gemeinschaftliches Testament

Vgl. § 1851 Nr. 7 BGB. Ein zwischen Ehegatten bzw Lebenspartnern **674** geschlossener Erbvertrag kann (durch Erbvertrag oder) gemeinschaftliches Testament der geschäftsfähigen Vertragsparteien aufgehoben werden (§ 2292 BGB). Die Vertragspartei, die selbst nicht als Erblasser gehandelt hat, kann sich vertreten lassen (der andere Vertragspartner nicht!), z. B. durch einen Betreuer. Dass der Betreuer daher an einem Testament (mit Genehmigung des Betreuungsgerichts, § 1851 Nr. 7 BGB) irgendwie mitwirken könne ist zumindest schlecht formuliert.

k) Rücknahme aus der amtlichen Verwahrung

Vgl. § 1851 Nr. 8 BGB. Eine Rücknahme des Erbvertrages aus der amt- **675** lichen Verwahrung des Nachlassgerichts oder des Notars gilt als Widerruf (§§ 2300, 2256 BGB) und kann daher nur an alle Vertragsschließenden, nicht an Vertreter (z. B. Betreuer), erfolgen. § 1851 Nr. 8 BGB regelt hierzu einen Genehmigungstatbestand.

l) Erbverzicht, Pflichtteilsverzicht, Zuwendungsverzicht

Vgl. § 1851 Nr. 9 BGB. Abschluss oder Aufhebung solcher Verträge **676** (Rn. 576, 583, 608) bedürfen der Genehmigung des Betreuungsgerichts (§ 1851 Nr. 9 BGB).

---

26 BeckOGK/*Müller-Engels* BGB § 2290 Rn. 11.

m) Erbrechtliche Zuwendungen des testierfähigen Betreuten an seinen Berufsbetreuer

676a　Darunter fallen Erbeinsetzung, Vermächtnis und Ernennung zum Testamentsvollstrecker. Das alles ist grds. nur mit vorheriger Genehmigung des Betreuungsgerichts zulässig (§ 30 I 2 BtOG); vgl. Rn. 80a.

n) Verfügung über einzelne Nachlassgegenstände

677　aa) Wenn **Grundstücke** und **Grundstücksrechte** betroffen sind, besteht Genehmigungsbedürftigkeit nach § 1850 BGB.

678　bb) Wenn der Betreute ein „**Erwerbsgeschäft**" (z. B. eine Gastwirtschaft, ein Textilgeschäft) geerbt hat (was nicht genehmigungspflichtig ist) und der Betreuer es als Ganzes **veräußern** will ist dies nach § 1852 Nr. 1a BGB genehmigungspflichtig. Auch die Praxis des Arztes, Rechtsanwalts, Steuerberaters, Wirtschaftsprüfers, ist ein Erwerbsgeschäft in diesem Sinne, so dass der Verkauf durch den Betreuer des betreuten Erben genehmigungspflichtig ist.[27] Wenn aber der Betreuer des Erben die einzelnen Inventarstücke eines solchen Geschäfts (Regale, Vorräte, Apparate usw.) verkauft, um die Schließung vorzubereiten, ist das nicht genehmigungspflichtig.[28] Die **Schließung des Geschäfts (Aufgabe) durch den Betreuer** ist genehmigungsfrei, aber dem Betreuungsgericht anzuzeigen (§ 1847 BGB). Die **unentgeltliche Veräußerung** des Geschäfts fällt in der Regel unter § 1854 Nr. 8 BGB und ist genehmigungspflichtig (bis 2022 war sie unheilbar nichtig). Die schlichte **Fortführung des Geschäfts** bedarf keiner Genehmigung, das Gericht erfährt sie sowieso aus dem Vermögensverzeichnis.

Das Erben von **Anteilen an einem Geschäft** ist genehmigungsfrei. Die Veräußerung von Anteilen an Personen- oder Kapitalgesellschaften (OHG, KG, BGB-Gesellschaft, GmbH-Anteile, Aktien usw.) ist nach § 1852 Nr. 1b BGB genehmigungspflichtig; für Aktien folgt das schon aus § 1849 I Nr. 2 BGB.

679　cc) **Verfügungen über Geld-Forderungen und Wertpapiere.** Sie sind nach § 1849 BGB genehmigungspflichtig. Wenn der Betreuer also die von seinem Betreuten geerbten Aktien und Investmentanteile veräußert ist das genehmigungspflichtig. Die Annahme von Leistungen ist in den in § 1849 II BGB genannten Fällen genehmigungsfrei.

27　KG NJW 1976, 1946; MünchKomm/*Kroll-Ludwigs* § 1822 Rn. 12; a. A. RGZ 144, 5, welches eine Arztpraxis nicht als Geschäft einstufte (daher genehmigungsfrei).

28　MünchKomm/*Kroll-Ludwigs* § 1822 Rn. 12.

dd) Sonstige Nachlassgegenstände. Werden Nachlass-Möbel etc. **680**
veräußert (oder wegen Wertlosigkeit entsorgt) und fließt der Erlös in den
Nachlass ist das genehmigungsfrei.

o) Verpachtung eines landwirtschaftlichen Betriebs

Land- oder forstwirtschaftliche Pachtverträge des Betreuten, ohne Rück- **681**
sicht, ob er daran als Pächter oder Verpächter beteiligt ist, sind nach § 1853
Nr. 2 BGB genehmigungspflichtig. Die Größe der Landwirtschaft spielt
keine Rolle;[29] früher hieß es „Landgut" und nicht jede Landwirtschaft war
ein „Landgut". Auf die Pachtdauer kommt es ebenfalls nicht an. Bei der
Genehmigung wird insbesondere geprüft, ob der Pachtzins angemessen ist,
was sich nach der Üblichkeit richtet.

Beispiel: **682**

Landwirt E ist verstorben und hat seinem geistig behinderten, unter Betreuung
stehendem Sohn S seine Landwirtschaft hinterlassen. Der Betreuer verpachtet
die Flächen an einen Nachbarn.

p) Verpachtung eines gewerblichen Betriebs

Solche Pachtverträge, sei es als Pächter oder Verpächter, unterliegen der **683**
Genehmigungsbedürftigkeit nach § 1853 Nr. 2 BGB. Die Praxis eines Frei-
beruflers (Arzt, Anwalt) hat dieselbe wirtschaftliche Bedeutung wie ein
Gewerbebetrieb und zählt daher ebenfalls hierher.[30]

q) Miet- und sonstige Pachtverhältnisse

aa) § 1853 S. 1 Nr. 1 BGB: Zu einem Miet- oder Pachtvertrag oder zu **684**
einem anderen Vertrag, durch den der Betreute zu wiederkehrenden Leistungen verpflichtet wird, bedarf der Betreuer der Genehmigung des Betreuungsgerichts, wenn das Vertragsverhältnis länger als vier Jahre dauern
soll (was nicht gilt, wenn der Betreute das Vertragsverhältnis ohne eigene
Nachteile vorzeitig kündigen kann, § 1853 S. 2 BGB).

Beispiel:

Wenn der Betreute eine Eigentumswohnung oder ein Mietshaus geerbt hat
und der Betreuer dort eine Wohnung vermieten will, die der Betreute bisher

---

29 MünchKomm/*Kroll-Ludwigs* § 1822 Rn. 31.
30 MünchKomm/*Kroll-Ludwigs* § 1822 Rn. 34.

nicht selbst nutzte und auch nicht selbst nutzen will, weil er im Heim wohnt, braucht der Betreuer die Genehmigung des Betreuungsgerichts.[31]

685   **bb) § 1833 BGB**: Die Aufgabe von Wohnraum, der vom Betreuten selbst genutzt wird, bedarf der Genehmigung. Darunter fällt z. B. die Vermietung eines solchen Wohnraums oder die Verfügung über ein Grundstück (z. B. Hausverkauf), sofern dies mit der Aufgabe von (selbstgenutztem) Wohnraum verbunden ist (§ 1833 III BGB).

686   **cc) §§ 563, 563a BGB.** § 563 BGB bestimmt, dass bestimmte Familienangehörige automatisch mit dem Tod des Mieters in das Mietverhältnis eintreten: Der Ehegatte, der mit dem Mieter einen gemeinsamen Haushalt führte; der registrierte Lebenspartner; die Kinder, wenn in dem gemeinsamen Haushalt Kinder des Mieters lebten. Andere Familienangehörige, die mit dem Mieter einen gemeinsamen Haushalt führen, treten mit dem Tod des Mieters in das Mietverhältnis ein, wenn nicht der Ehegatte oder der Lebenspartner eintritt.

Beispiel:

M hat eine Wohnung gemietet, die von ihm und seiner Frau F bewohnt wird. Für die F wird später ein Betreuer bestellt, sie ist geschäftsunfähig. Dann stirbt M, X wird Erbe. Unabhängig davon, wer der Erbe des M wird, „erbt" die F jedenfalls die Rechte aus dem Mietvertrag.

687   Die automatisch eingetretenen Personen haben ein **Ablehnungsrecht**: erklären sie innerhalb eines Monats, nachdem sie vom Tod des Mieters Kenntnis erlangt haben, dem Vermieter, dass sie das Mietverhältnis nicht fortsetzen wollen, gilt der Eintritt als nicht erfolgt. Für geschäftsunfähige Personen gilt § 210 BGB (Rn. 716) entsprechend. Die Ablehnung ist eine einseitige, empfangsbedürftige Willenserklärung, aber nicht eine „Kündigung"; sie muss dem Vermieter nach den §§ 130 ff. BGB zugehen und wirkt zurück. Steht der automatisch Eintretende unter Betreuung, kann sein Betreuer die Ablehnung erklären, falls er einen ausreichenden Aufgabenkreis hat (z. B. Vermögenssorge). Ist der automatisch Eintretende ohne einen Betreuer mit einem ausreichenden Aufgabenkreis und ist er geschäftsunfähig, dann wird der Fristenlauf gehemmt und nicht vor Ablauf eines Monats[32] vollendet, nachdem der Eintretende einen Betreuer bekommen hat (§ 210 I 2 BGB). Für die Kenntnis kommt es auf das Wissen des Betreuers an, bei einem *geschäftsfähigen* Betreuten auf dessen Kenntnis.[33]

---

31 LG Wuppertal FamRZ 2007, 1269.
32 Die Sechsmonatsfrist des § 210 I 1 BGB ist nicht einschlägig.
33 BeckOGK BGB/*Wendtland* § 563 Rn. 42.

r) Kreditgeschäfte

Kreditverträge, z. B. zu Lasten des Erben in Zusammenhang mit der Erb- **688**
auseinandersetzung, sind nach § 1854 Nr. 2 BGB genehmigungsbedürftig.
Ebenso ist es, wenn der betreute Erbe eine fremde Verbindlichkeit oder
eine Bürgschaft für fremde Schulden übernehmen soll (§ 1854 Nr. 4 und 5
BGB). Ein für das Bankkonto eingeräumter Überziehungskredit kann nach
§ 1854 Nr. 2 ohne Genehmigung in Anspruch genommen werden (anders
als früher).

s) Prokura

aa) Wenn der Betreute ein Handelsgeschäft geerbt hat, das fortgeführt wer- **689**
den soll, wofür aber der Betreuer einem Beschäftigten **Prokura erteilen
will**, dann bedarf die Erteilung der Prokura der Genehmigung des Betreuungsgerichts (§ 1852 Nr. 3 BGB). Die Prokura ist vom Betreuer zum Handelsregister anzumelden (§ 53 II HGB). Der bestellte Prokurist hat die volle
Rechtsstellung der §§ 49, 50 HGB; er braucht die Geschäfte, die für einen
Betreuer als gesetzlicher Vertreter des Betreuten genehmigungsbedürftig
wären, nicht genehmigen zu lassen,[34] was die enorme Gefahr der Prokura
für das Vermögen des Betreuten zeigt. Eine Genehmigung für die Erteilung
der Prokura ist nicht erforderlich, wenn Prokura für eine GmbH erteilt werden soll, an der ein Betreuer als Gesellschafter beteiligt ist;[35] ebenso ist es
bei OHG und KG. Ein Verstoß gegen § 1852 Nr. 3 BGB macht die ohne
Genehmigung erteilte Prokura unheilbar unwirksam, § 1858 BGB; sie wird
auch durch Eintragung in das Handelsregister nicht wirksam, selbst gegenüber gutgläubigen Dritten nicht.[36]

bb) Wenn in einem von dem Betreuten ererbten Erwerbsgeschäft **be- 690
reits ein Prokurist** vor dem Erbfall **bestellt** war, dann erlischt sie nicht
durch den Tod des Inhabers des Handelsgeschäfts (§ 52 III HGB) und es
ändert sich an den Befugnissen des Prokuristen durch den Erbfall nichts.[37]
Auch intern braucht der Prokurist in der Regel keine Weisungen der Erben
abzuwarten oder einzuholen, doch muss er sie vollumfänglich informieren.[38] Wenn der Prokurist Miterbe des bisherigen Inhabers des Handelsgeschäfts wird, dann erlischt aber die Prokura mit dem Tode des Inhabers

---

34 RGZ 106, 185/6; MünchKomm/*Kroll-Ludwigs* § 1822 Rn. 68; *Dodegge/Roth* E 133.
35 KG OLGE 27, 369.
36 RGZ 127, 153/8.
37 OLG Hamm BB 1956, 900; MünchKomm/*Kroll-Ludwigs* § 1822 Rn. 68.
38 *Baumbach/Hopt*, HGB, § 52 Rn. 4.

des Handelsgeschäfts.[39] Der Widerruf der Prokura durch den Betreuer ist jederzeit möglich (§ 52 I HGB) und genehmigungsfrei.[40] Der Widerruf ist vom Betreuer zum Handelsregister anzumelden (§ 53 II HGB).

691   **cc)** Der Betreuer kann sich nicht **selbst zum Prokuristen** bestellen (§§ 1824 II, 181 BGB). Das ginge nur durch einen vom Betreuungsgericht bestellten Ergänzungsbetreuer (§ 1817 V BGB).

692   **dd) Sonstige Bevollmächtigte** kann der Betreuer ohne Genehmigung bestellen,[41] auch Handlungsbevollmächtigte gemäß § 54 HGB; er kann ihnen aber nicht mehr Rechte übertragen, als er selbst besitzt. Die Erteilung der Vollmacht bedarf keiner betreuungsgerichtlichen Genehmigung.

t) Vergleiche, Schiedsverfahren

693   Ein Vergleich kann nach § 1854 Nr. 6 BGB genehmigungspflichtig sein, sowohl ein außergerichtlicher Vergleich wie ein Prozessvergleich, Abfindungsvergleich mit der Versicherung nach einem Personenschaden (z. B. Unfall; Arzthaftpflicht).[42] Häufig sind Vergleiche zwischen Betreuten als Mieter und dem Vermieter wegen Schäden an der Wohnung, die der Betreute verursacht hat. Ein im Vergleichswege abgegebenes Schuldanerkenntnis kann betreuungsgerichtlich erst dann genehmigt werden, wenn das Gericht die gegenüber dem Betroffenen behaupteten Forderungen daraufhin geprüft hat, ob ihre Höhe, Plausibilität, mögliche Durchsetzbarkeit und rechtliche Grundlage schlüssig dargelegt sind; die Billigung durch den Verfahrenspfleger genügt nicht.[43]

693a   **Keine Genehmigungsbedürftigkeit** besteht, wenn der Vergleichsgegenstand 6.000 Euro nicht übersteigt. Maßgebend für den Wert ist der Gegenstand des Streites oder der Ungewissheit, nicht der Anspruch selbst, auch nicht die Summe, auf die man sich einigte. Beispiel: Gefordert werden 8.000 Euro, man einigt sich auf 4.000 Euro (genehmigungspflichtig, da der Streitgegenstand 8.000 Euro wert ist). Die Höhe des Gegenstandes ist oft unklar, wenn z. B. auf alle wechselseitigen Ansprüche verzichtet wird, ohne dass sie vorher berechnet werden. Die Genehmigungsfreiheit bei Werten bis 6.000 Euro gilt nicht, wenn nach anderen Bestimmungen Genehmigungspflicht besteht, z. B. nach § 1850 Nr. 1 BGB (Grundstücksübertragung).[44]

---

39   BGHZ 30, 391 = NJW 1959, 2114; BGHZ 32, 67 = NJW 1960, 958; str.
40   OLG Hamm FamRZ 1972, 270.
41   OLG Hamm FamRZ 1972, 270/2.
42   Dazu *Hoffmann/Schwab/Tolksdorf* DAR 2006, 666.
43   BayObLG FamRZ 2003, 1967 = NJW-RR 2003, 1587.
44   OLG Colmar OLGE 6, 66.

Die Genehmigungspflicht entfällt ferner, wenn ein **vom Gericht (Pro-**   **694**
zessgericht usw.) vorgeschlagener Vergleich geschlossen wird. Der Vorschlag muss schriftlich oder protokolliert sein, kann von einem Richter
(Kammervorsitzender, Berichterstatter) oder (in seinem Zuständigkeitsbe-
reich) Rechtspfleger stammen; der Vorschlag kann sich auch auf Punkte
beziehen, die nicht zum Streitgegenstand des Verfahrens gehören.[45] Der
allgemeine Ratschlag des Gerichts, „sich zu einigen" genügt nicht; denn
§ 1854 Nr. 6 BGB unterstellt, dass der Zivilrichter anstelle des Betreu-
ungsrichters (bzw. Rechtspflegers) den Vergleich dahin geprüft hat, dass
er dem Wohl des Betreuten entspricht. Anders als bei sonstigen zivilge-
richtlichen Vergleichen übernimmt also das einen Vergleich vorschlagende
Gericht dieselbe Haftung wie das Betreuungsgericht, das sonst die Gene-
migungsfähigkeit des Vergleichs hätte prüfen müssen. Das Protokoll kann
um den Vorschlag berichtigt werden, § 164 ZPO; der telefonische Vorschlag kann nachträglich schriftlich fixiert werden. Der Vergleich selbst
kann auch außergerichtlich geschlossen werden. Zum Räumungsvergleich
vgl. § 1833 III BGB.

Ein auf ein Schiedsverfahren gerichtete Vereinbarung (d. h. ein **Schieds-**
vertrag) bedarf der Genehmigung (§ 1854 Nr. 6 BGB).

u) Teilungsversteigerung

Beispiel: **695**

Die Betreute ist Mitglied einer Erbengemeinschaft an einem Grundstück, das
verkauft werden soll. Ein anderer Miterbe will einem freihändigen Verkauf
nicht zustimmen. Der Betreuer will nun die gerichtliche Teilungsversteigerung
zwecks späterer Auseinandersetzung betreiben.

Nach § 181 II ZVG darf die Zwangsversteigerung eines Grundstücks
nur angeordnet werden, wenn der Antragsteller als Eigentümer im Grundbuch eingetragen oder Erbe eines eingetragenen Eigentümers ist oder wenn
er das Recht des Eigentümers oder des Erben auf Aufhebung der Gemeinschaft ausübt. Von dem Betreuer eines Miteigentümers kann der Antrag
nur mit Genehmigung des Betreuungsgerichts gestellt werden.

---

45 BT-Drucks. 11/4528 S. 109.

3. Genehmigungsfreie Geschäfte

696   Alles, was nicht ausdrücklich genehmigungspflichtig ist, ist genehmigungs-frei. Beispiele: Nicht genehmigungsbedürftig sind der **Verkauf beweglicher Sachen** (Möbel usw.), die Annahme einer Erbschaft,[46] das Verstreichenlassen der Ausschlagungsfrist,[47] der Antrag auf Erteilung eines Erbscheins, die Annahme eines Vermächtnisses und deren Anfechtung (es fehlt eine dem § 1957 BGB entsprechende Bestimmung), die Anfechtung der Ausschlagung, die als Annahme der Erbschaft wirkt (§ 1957 BGB), die Erhebung der Erbteilungsklage (§ 2042 BGB) und **sonstiger Klagen**, die **Einlegung von Rechtsmitteln**, die Auseinandersetzung durch einen Testamentsvollstrecker (§ 2204 BGB), die „Anerkennung" eines Testamentes, wenn damit nicht ein Verzicht auf den Pflichtteil verbunden ist; der Verkauf eines Erbschaftsgegenstandes (§§ 2042, 753 BGB), soweit er nicht nach anderen Vorschriften (wie §§ 1812, 1821 BGB) genehmigungspflichtig ist; die gewaltsame Öffnung des Banksafes des Erblassers (zur Zuziehung von Zeugen vgl. § 1835 IV BGB); die Entsorgung wertlosen Nachlasses auf dem Müll.

4. Genehmigungsverfahren

697   In der Praxis wird ein **Antrag des Betreuers** verlangt, der die für die Genehmigung erforderlichen Fakten enthält (z. B. zu den einzelnen Werten bei Genehmigung einer Erbteilung), obwohl eine Genehmigung von Amts wegen erteilt wird. Zuständig für die Erteilung der Genehmigung ist das **Betreuungsgericht** und zwar grds. der Rechtspfleger (Richterzuständigkeiten vgl. § 15 RPflG). Es wird von Amts wegen ermittelt (§ 26 FamFG), deshalb kann eine Beschaffung von Gutachten etc. von den Beteiligten nicht verlangt werden kann, das Gericht müsste sie selbst einholen (was vermutlich teurer ist). Vor einer Entscheidung nach §§ 1850 bis 1854 BGB soll das Gericht den Betreuten (schriftlich oder mündlich) **anhören (§ 299 S. 2 FamFG)**; vor Wohnungsgenehmigungen nach § 1833 III BGB muss der Betroffene persönlich angehört werden (§ 299 S. 1 BGB). Wenn das rechtliche Gehör des Betroffenen nicht ausreichend gewahrt werden kann (z. B., wenn er schon verwirrt ist) ist in der Regel ein **Verfahrenspfleger** zu bestellen (§ 276 FamFG).

Die „sonstigen Beteiligten" wie z. B. Angehörige (§ 274 FamFG) müssen nicht angehört werden. Das Genehmigungsverfahren löst keine Gerichts-

---

46   BGHZ 92, 259 = FamRZ 1985, 173 = NJW 1985, 136; KG NJW 1962, 64; OLG Koblenz FamRZ 2008, 1031.
47   OLG Hamm FamRZ 2018, 962 = ZEV 2018, 136; OLG Koblenz FamRZ 2008, 1031.

gebühr nach dem GNotKG aus, aber Auslagen (z. B. für Gutachten) können erhoben werden.

Weiterer Ablauf: (1) Beschluss des Betreuungsgerichts, der genehmigt **698** oder ablehnt: Das Gericht kann die Genehmigung nur dem Betreuer gegenüber erklären (also z. B. nicht dem Vertragspartner gegenüber), § 1855 BGB. Der Beschluss wird erst mit Rechtskraft (§ 45 FamFG) wirksam (§ 40 II 1 FamFG), was im Beschluss anzugeben ist. Eine Rechtsmittelbelehrung ist notwendig (§ 39 FamFG; Beschwerde nach §§ 58 ff. FamFG zum LG); die Beschwerdefrist beträgt in den Fällen der Außengenehmigung (Rn. 661)[48] nur zwei Wochen (§ 63 II Nr. 2 FamFG). Der Beschluss ist auch demjenigen, für den das Rechtsgeschäft genehmigt ist, also dem Betreuten, mitzuteilen (§ 41 III FamFG); da für ihn eine Frist läuft ist Zustellung erforderlich (§ 41 I 2 FamFG). Wenn der Betreute den Vorgang nicht mehr nachvollziehen kann, ist ihm schon im Genehmigungsverfahren ein Verfahrenspfleger zu bestellen; dem Pfleger ist auch der Genehmigungsbeschluss zuzustellen. Er kann dagegen Beschwerde einlegen, desgleichen der Betreute. **(2)** Die Genehmigung ist vom Gericht dem Betreuer mitzuteilen; er kann nun frei entscheiden, ob er davon Gebrauch macht oder nicht, § 1856 I 2 BGB. **(3)** Die **nachträgliche (rechtskräftige) Genehmigung** des Gerichts wird dem Geschäftsgegner gegenüber (z. B. Käufer des Nachlassgrundstücks) erst wirksam in dem Zeitpunkt, in dem der Betreuer (als Vertreter des Verkäufers) sie dem Käufer des Grundstücks mitteilt (§ 1856 I 2 BGB); in der Praxis erfolgt das durch den Notar aufgrund ihm erteilter Vollmachten (sog. Doppelvollmacht). **(4)** Ab Wirksamwerden gegenüber dem Dritten wird der Beschluss über die Genehmigung oder Verweigerung der Genehmigung durch § 48 III FamFG angriffsfest gemacht, ist also nicht mehr anfechtbar.

Insgesamt bedeutet das, dass ein Genehmigungsverfahren mehrere Wochen, wenn nicht Monate, dauert.

Bei der Genehmigung eines einseitigen Rechtsgeschäfts, z. B. der Aus- **699** schlagung einer Erbschaft oder einer Kündigung, muss die Genehmigung grds. vorgelegt werden; das Betreuungsgericht teilt die Genehmigung der Ausschlagung direkt dem Nachlassgericht mit (§ 1858 III BGB).

---

48 *Wesche* Rpfleger 2010, 403.

W. Verjährungsfragen in Erb-/Betreuungsfällen

1. Verjährung von Ansprüchen des Betreuten

Die allgemeine Verjährungsfrist betrug früher grds. 30 Jahre (§ 197 I Nr. 2 **700**
a. F. BGB); seit Wegfall dieser Bestimmung ab 1.1.2010[1] ist die Verjährungsfrist zwar auf drei Jahre verkürzt (§ 195 BGB; Übergangsrecht). Jedoch sind Erweiterungen zu beachten:

a) Fristbeginn

Die dreijährige Verjährungsfrist beginnt, soweit nicht ein anderer Verjäh- **701**
rungsbeginn bestimmt ist, mit dem Schluss des Jahres, in dem

* der Anspruch entstanden ist und

* der Gläubiger (= Erbe des verstorbenen Betreuten) von den den Anspruch
  begründenden Umständen und der Person des Schuldners **Kenntnis
  erlangt** oder ohne grobe Fahrlässigkeit erlangen müsste (§ 199 I BGB).
  Bei gesetzlicher Vertretung des Erben durch einen Betreuer kommt es
  auf dessen Kenntnis an. Bei einer Mehrheit von Gläubigern ergeben
  die §§ 429 III, 425 II und 432 II BGB, dass die Verjährungsfrage für
  jeden Miterben einzeln zu beurteilen ist; das kann bei unterschiedlichen Kenntnisständen der Miterben zu einem unterschiedlichen Ver-
  jährungsbeginn führen.

In den Fällen der **Betreuerhaftung** ist der Anspruch zwar in der Regel **702**
während des Betreuungsverhältnisses entstanden, doch wird die Verjährung **während des Betreuungsverhältnisses gehemmt** (§ 207 I BGB).
Diese Hemmung endet z. B. mit dem Tod des Betreuten. Die Gläubiger
(d. h. die Erben des Betreuten) erlangen aber frühestens Kenntnis von Schadensersatzansprüchen mit Durchsicht der Unterlagen des Betreuten. Wird
der Haftungsanspruch erst mehrere Jahre nach Beendigung der Betreuung
erhoben, kommt es darauf an, ob der Erbe grob fahrlässig gehandelt hat. Er
hat Indizien nachzugehen.[2] Er handelt aber nicht schon dann grob fahrlässig, wenn er es unterlässt, professionelle Hilfe (z. B. von Rechtsanwälten,

---

1 Gesetz v. 24.9.2009 (BGBl. I S. 3142); Wichtiges Übergangsrecht für Altfälle: Art. 229
  § 23 EGBGB.
2 Grüneberg/*Ellenberger* § 199 Rn. 40.

Steuerberatern) in Anspruch zu nehmen, denn das wäre mit Kosten verbunden, die ihm nicht zuzumuten sind.

703 Die **Beweislast** für den Beginn der Verjährung trägt der Schuldner (frühere Betreuer), der sich auf die Verjährung beruft. Geht es um die Klärung grober Fahrlässigkeit, muss der Gläubiger (Erbe des Betreuten) darlegen, welche Schritte zur Ermittlung er unternommen hat.

704 Für den Betreuer ist es lästig, dass er **die Akte** nicht sogleich nach dem Tod des Betreuten weglegen kann; da er dem Betreuten haftet (§ 1826 BGB) und dieser Anspruch von den Erben des Betreuten geerbt wird, muss der Betreuer **noch jahrelang Unterlagen aufbewahren** und mit Ansprüchen der Erben des Betreuten rechnen. Manche Betreuer verlangen daher von den Erben einen Haftungsverzicht, teils mit Unterstützung des Betreuungsrechts. Dafür gibt es keine Rechtsgrundlage. Eine **Entlastung** kann daher nicht verlangt werden. Eine pauschale Feststellungsklage des Betreuers gegen die Erben vor dem Prozessgericht, dass die Vermögensabrechnung „ordnungsgemäß" erfolgt sei, ist mangels Bestimmtheit unzulässig.[3]

b) Höchstfristen

705 Denkbar ist, dass es viele Jahre dauert, bis der Gläubiger Kenntnis vom Anspruch erlangt. Deshalb gilt eine Höchstfrist von 10 bzw. 30 Jahren (§ 199 II, III BGB), die taggenau unmittelbar mit Entstehung des Anspruchs beginnt und nicht erst mit dem darauf folgenden Jahresende.[4] Zu beachten ist ferner, dass daneben die Vorschriften über Hemmung, Ablaufhemmung und Neubeginn der Frist gelten, so dass im Einzelfall wesentlich mehr Zeit als 10 bzw. 30 Jahre verstreichen kann, bis die Verjährung tatsächlich vollendet ist.[5]

c) Erbrechtliche Ansprüche[6]

706 Grundsätzlich gilt auch hier § 195 BGB (nebst Regelungen über Hemmung usw.), d. h. die Verjährungsfrist beträgt drei Jahre. Die Frist beginnt aber nicht irgendwann im Laufe des Jahres, sondern nach § 199 I BGB mit dem 31.12. des Jahres,

- in dem der Anspruch entstanden ist (z. B. durch Erbfall) *und*

---

3 LG Rottweil FamRZ 2000, 33.
4 BGH NJW 2010, 1956; *Grüneberg/Ellenberger* § 199 Rn. 42.
5 *Grüneberg/Ellenberger* § 199 Rn. 42.
6 Dazu eingehend *Küpper* ZEV 2010, 397.

- der Gläubiger von den den Anspruch begründenden Umständen und der Person des Schuldners Kenntnis erlangt.

Hat der Berechtigte nach seiner Behauptung keine Kenntnis erlangt, genügt es für den Fristbeginn, wenn er *ohne grobe Fahrlässigkeit Kenntnis erlangen musste* (§ 199 I Nr. 2 BGB). **707**

Erlangte der Berechtigte keine Kenntnis und fehlt bei ihm grobe Fahrlässigkeit, dann gilt: „Ansprüche, die auf einem Erbfall beruhen oder deren Geltendmachung die Kenntnis einer Verfügung von Todes wegen voraussetzt, verjähren ohne Rücksicht auf die Kenntnis oder grob fahrlässige Unkenntnis in 30 Jahren von der Entstehung des Anspruchs an" (§ 199 IIIa BGB). Das ist die Höchstfrist. Auf einem Erbfall beruhen z. B. Ansprüche auf **Herausgabe der Erbschaft** gegen den Erbschaftsbesitzer (§ 2018 BGB) und den Vorerben (§ 2130 BGB) und die Herausgabe eines unrichtigen Erbscheins an das Nachlassgericht (§ 2362 BGB; der **Anspruch des Pflichtteilsberechtigten** (§ 2303 BGB), der Anspruch gegen den Erben auf Erstattung der Bestattungskosten (§ 1968 BGB), der **Anspruch des Vermächtnisnehmers** aus § 2174 BGB, der Anspruch auf Vollziehung einer Auflage aus § 2194 BGB, Ansprüche zwischen dem Testamentsvollstrecker und dem Erben. Bei Grundstücksvermächtnissen gilt eine Höchstfrist von 10 Jahren (§ 196 BGB).[7] Ein unrichtiger Erbschein kann vom Nachlassgericht unbefristet nach § 2361 BGB eingezogen werden. **708**

2. Hemmung der Verjährung bei höherer Gewalt

§ 206 BGB **709**

Die Verjährung ist gehemmt, solange der Gläubiger innerhalb der letzten sechs Monate der Verjährungsfrist durch höhere Gewalt an der Rechtsverfolgung gehindert ist.

Hemmung bedeutet, dass der Zeitraum, während dessen die Verjährung gehemmt ist, in die Verjährungsfrist nicht eingerechnet wird (§ 209 BGB); es beginnt also nicht die volle Verjährungsfrist neu zu laufen. **710**

Beispiel: **711**

Ein Gläubiger will einen Anspruch einklagen. Die Verjährung würde am 31.12. eintreten. Wegen Hochwasser ist aber das Gericht vom 20.12. bis 30.12. nicht erreichbar; die Verjährungsfrist verlängert sich um 11 Tage, also bis 11.1.

---

7 OLG München FamRZ 2021, 1158 – ErbR 2021, 440.

712   Höhere Gewalt bedeutet einerseits Zufall, aber auch Stillstand der Rechtspflege. Ursache können sein: z. B. Naturkatastrophen, Pandemien und Kriegsereignisse, aber auch eine **Verzögerung durch das Gericht:** Verzögerung der Entscheidung des Betreuungsgerichts über den Antrag des Betreuers, die **Erbausschlagung zu genehmigen (Hemmung durch die Dauer des Genehmigungsverfahrens, § 1858 III 3 BGB);**[8] Folge: Hemmung der Frist bis zum Zugang des Genehmigungsbeschlusses.[9]

3. Hemmung der Verjährung aus familiären und ähnlichen Gründen

713   **§ 207 BGB**

(1) Die Verjährung von Ansprüchen zwischen Ehegatten ist gehemmt, solange die Ehe besteht. Das Gleiche gilt für Ansprüche zwischen

...

4. dem Betreuten und dem **Betreuer** während der Dauer des Betreuungsverhältnisses

...

714   Das **Betreuungsverhältnis** dauert von der Bestellung des Betreuers durch das Betreuungsgericht bis zur Aufhebung bzw. Betreuerwechsel oder Beendigung der Betreuung durch Tod des Betreuten oder Tod des Betreuers. Es erfolgt also eine formale Betrachtung; ob die Betreuung erforderlich war oder zu Recht angeordnet wurde spielt keine Rolle. Ebenso ist es unbeachtlich, ob der Betreute geschäftsfähig war oder nicht, ob ein Einwilligungsvorbehalt bestand oder nicht. Erfasst sind Ansprüche des Betreuers gegen den Betreuten (z. B. auf Vergütung, wenn der Betreute vermögend ist; § 1876 BGB). Ist der Betreute dagegen mittellos, so dass die Staatskasse die Vergütung zahlen muss, gelten die Fristen des § 16 III VBVG (15 Monate), nicht § 207 BGB.[10] § 207 BGB betrifft ferner Ansprüche des Betreuten gegen den Betreuer (z. B. auf Schadensersatz). Nicht nur Ansprüche aus dem Betreuungsverhältnis sind von § 207 BGB betroffen, sondern alle Ansprüche, z. B. auch solche aus Pflichtteil.[11] Zur Hemmung (§ 209 BGB) s. oben Rn. 709.

---

8   OLG Frankfurt FamRZ 1966, 259 = OLGZ 1966, 337 (Erbausschlagung); BGH FamRZ 1995, 1484 = NJW 1995, 1419 (Verzögerung durch sachwidriges Unterlassen einer Pflegerbestellung).

9   MünchKomm/*Grothe* § 206 Rn. 11.

10 LG München I FamRZ 1998, 323; MünchKomm/*Grothe* § 207 Rn. 9 (str.).

11 LG Nürnberg-Fürth FamRZ 2010, 1110.

Beispiel: 715

B steht seit dem Jahre 2012 unter Betreuung; X ist sein Betreuer. X macht bei Führung der Betreuung im Jahre 2012 schwere Fehler, wodurch dem B Schaden entsteht. X haftet daher dem B (§ 1826 BGB). Die Verjährungsfrist beträgt drei Jahre (§ 195 BGB) und beginnt mit Entstehung des Anspruchs usw. (§ 199 BGB), sie wäre an sich am 31.12.2015 abgelaufen. Wenn die Betreuung bis zum Tod des Betreuten im Jahre 2022 besteht, dann sind die Ansprüche des X bis zum Tod gehemmt; die Dreijahresfrist beginnt erst 2022, die Erben können den Schadensersatzanspruch noch geltend machen.

4. Ablaufhemmung bei Geschäftsunfähigen ohne Betreuer

§ 210 BGB   716

(1) Ist eine geschäftsunfähige ... Person **ohne gesetzlichen Vertreter**, so tritt eine für oder gegen sie laufende Verjährung nicht vor dem Ablauf von sechs Monaten nach dem Zeitpunkt ein, in dem die Person unbeschränkt geschäftsfähig oder der Mangel der Vertretung behoben wird. Ist die Verjährungsfrist kürzer als sechs Monate, so tritt der für die Verjährung bestimmte Zeitraum an die Stelle der sechs Monate.

(2) Absatz 1 findet keine Anwendung, soweit eine in der Geschäftsfähigkeit beschränkte Person prozessfähig ist.

a) Anwendungsbereich

§ 210 BGB ist nur einschlägig, wenn jemand *geschäftsunfähig* ist, ihm aber   717
vom Gericht **kein Betreuer bestellt** wurde. So ist es, wenn entweder überhaupt keine Betreuung angeordnet ist oder zwar angeordnet, der Betreuer aber gestorben ist und noch kein neuer Betreuer bestellt ist (§ 1908c BGB). Dem Geschäftsunfähigen fehlt ferner der gesetzliche Vertreter, wenn ein Betreuer zwar bestellt ist, aber nur einen unzureichenden Aufgabenkreis hat.

Beispiele: 718

(1) Es ist ein Betreuer nur für die Personen- und Gesundheitssorge bestellt, nicht aber für die Vermögenssorge und es soll ein vermögensrechtlicher Anspruch geltend gemacht werden. Hier hätte die Betreuung erst auf den Aufgabenkreis „Vermögenssorge" erweitert werden müssen (§§ 293, 300, 301 FamFG).

(2) Der Betreuer stellt fest, dass der Vater des geistig behinderten Betreuten vor 8 Jahren gestorben ist, der Betreute hätte einen **Pflichtteilsanspruch** ge-

habt (verjährt in 3 Jahren, § 195 BGB; Beginn Jahresende, § 199 BGB). Für den Beginn der Verjährung des Pflichtteilsanspruchs eines *geschäftsunfähigen* Betreuten ist auf die Bestellung des Betreuers und dessen Kenntnis abzustellen (§ 210 BGB).[12]

719 Ein gesetzlicher Vertreter fehlt auch, wenn zwar ein Betreuer mit einem ausreichenden Aufgabenkreis bestellt ist, aber wegen Interessenkollision im konkreten Fall rechtlich verhindert ist, §§ 181, 1824 II BGB.

720 **Beispiel:**

> Beim Tod seiner Mutter ist deren Sohn B Erbe geworden, nicht aber die geistig behinderte Tochter; Betreuer der Tochter ist ihr Bruder B. B kann den Pflichtteilsanspruch seiner Schwester (§ 2303 BGB) gegen sich selbst nicht geltend machen. Das Betreuungsgericht muss hierzu einen Ergänzungsbetreuer bestellen (§ 1817 V BGB).

721 § 210 BGB betrifft **zwei Fallgruppen:**

- Die **für den Betroffenen** laufende Verjährung; er ist Schuldner (Beispiel: Der Vermieter hat einen Anspruch auf Mietzahlung gegen den Geschäftsunfähigen, der demnächst verjähren wird). Der Gläubiger könnte hier die Bestellung eines Prozesspflegers nach § 57 ZPO beantragen oder die Bestellung eines Betreuers beim Betreuungsgericht nach § 1814 BGB anregen.

- Die **gegen den Betroffenen** laufende Verjährung; er ist hier Gläubiger, z. B. eines Vermächtnisanspruchs gegen den Erben.

722 § 210 BGB kommt nicht zur Anwendung, wenn jemand *geschäftsfähig* ist, wegen Vorliegens der Voraussetzungen des § 1814 BGB einen Betreuer bräuchte, ihm aber (noch) kein Betreuer bestellt wurde. Ausnahme: Hat das Betreuungsgericht nicht nur Betreuung angeordnet, sondern auch für einen bestimmten Aufgabenkreis einen **Einwilligungsvorbehalt** angeordnet (§ 1825 I 1 BGB), dann gilt § 210 BGB entsprechend (§ 1825 I 2 BGB). Das bedeutet, dass die Verjährung von vermögensrechtlichen Ansprüchen des Betreuten auch dann gehemmt wird, wenn ein *geschäftsfähiger* Betreuter unter einem vermögensrechtlichen Einwilligungsvorbehalt steht, aber ohne Betreuer ist (z. B. weil der bisherige Betreuer entlassen wurde oder gestorben ist, aber noch kein neuer Betreuer bestellt wurde).

Die Verweisung auf **§ 210 II BGB** besagt: Besteht z. B. ein Einwilligungsvorbehalt lediglich für die Personensorge, kommt dem geschäftsfähigen Betreuten die Regelung des § 210 I BGB nicht zugute, da ihm weiterhin die Rechtsmacht zusteht, sich wirksam durch Verträge vermögensrechtlich

---

12 OLG Hamm BeckRS 2020, 41209; Grüneberg/*Weidlich* § 2317 Rn. 17.

zu verpflichten und er insoweit prozessfähig ist, § 52 ZPO in Verbindung
mit § 210 II BGB. Dass ein Geschäftsunfähiger selbst die Bestellung eines
Betreuers beantragen kann (§ 1814 BGB) reicht für die Anwendung des
§ 210 II BGB nicht aus.

b) Auswirkung der Hemmung auf die Fristberechnung

Trotz Geschäftsunfähigkeit des Gläubigers läuft die Verjährungsfrist, sie   **723**
kann aber nicht endgültig ablaufen. Mit dem Fortfall des Hindernisses,
also mit Bestellung eines Betreuers mit einem ausreichenden Aufgabenkreis
(oder Gesundung des Betreuten, der wieder seine volle Geschäftsfähigkeit
erlangt hat), beginnt ein letzter Verjährungszeitraum von (in der Regel)
sechs Monaten. Diese Frist beträgt auch dann sechs Monate, wenn das
Hindernis selbst von kürzerer Dauer war.[13] Eine kürzere Zusatzfrist gilt nur
dann, wenn die laufende Verjährungsfrist ihrerseits kürzer war (§ 210 I 2
BGB), wofür es kaum Anwendungsfälle gibt. Für die Berechnung der Frist
gelten die §§ 187, 188 II BGB.

Beispiel: **724**

Die 90-jährige Mutter ist vor mehreren Jahren gestorben; sie hat ihren Sohn als
Alleinerben eingesetzt und ihre 60-jährige behinderte Tochter T „enterbt". Der
Pflichtteilsanspruch der T gegen ihren Bruder (§ 2303 BGB) wäre (unterstellt)
am 31.12.2019 verjährt (§§ 195, 199 BGB), wenn sie geschäftsfähig gewesen
wäre. Die T war aber geschäftsunfähig und **ohne Betreuer**. Auf Anregung
des Sozialamts wird ihr durch Beschluss des Betreuungsgerichts vom 1.3.2023,
dem Betreuer zugegangen (und damit wirksam geworden, § 287 FamFG) am
10.3.2023, ein Betreuer mit dem Aufgabenkreis „Vermögenssorge, insbesondere Geltendmachung von Pflichtteilsansprüchen" bestellt. Mit Ablauf von
sechs Monaten, also am 10.9.2023, verjährt der Anspruch, spätestens an diesem Tag muss die Klage beim Gericht eingegangen sein (§ 167 ZPO: Rück-
wirkung der Zustellung). Das zentrale Problem ist die schwierige Klärung, ob
und wann die T geschäftsunfähig war.

c) Vorsorgevollmacht

Ein vom Betroffenen bestellter Vorsorgebevollmächtigter ist kein *gesetzli-*   **725**
cher Vertreter,[14] so dass § 210 BGB darauf nicht anzuwenden ist.

---

13 Staudinger/*Peters/Jacoby* (2009) § 210 Rn. 7.
14 Vgl. MünchKomm/*Grothe* § 210 Rn. 3.

5. Ablaufhemmung in Nachlassfällen

726   **§ 211 BGB**

Die Verjährung eines Anspruchs, der zu einem **Nachlass** gehört oder sich gegen einen Nachlass richtet, tritt nicht vor dem Ablauf von sechs Monaten nach dem Zeitpunkt ein, in dem die Erbschaft von dem Erben angenommen oder das Insolvenzverfahren über den Nachlass eröffnet wird oder von dem an der **Anspruch von einem oder gegen einen Vertreter geltend gemacht** werden kann. Ist die Verjährungsfrist kürzer als sechs Monate, so tritt der für die Verjährung bestimmte Zeitraum an die Stelle der sechs Monate.

727   Die Ablaufhemmung in Nachlassfällen nach § 211 BGB betrifft Ansprüche „des Nachlasses" wie auch Ansprüche von Gläubigern gegen den Nachlass. Die Sechsmonatsfrist beginnt:

- Mit wirksamer Annahme der Erbschaft, §§ 1942 ff. BGB (Rn. 154), bei mehreren Erben mit Annahme durch alle Erben; oder

- Mit Eröffnung des Nachlassinsolvenzverfahrens (§§ 315 ff. InsO); oder

- Sobald die Möglichkeit besteht, dass der Anspruch von einem gesetzlichen Vertreter des Nachlasses (z. B. einem **Nachlasspfleger** nach §§ 1960, 1961, 1885 BGB; Nachlassverwalter nach §§ 1981 ff. BGB; Testamentsvollstrecker nach §§ 2197 ff. BGB, Abwesenheitspfleger nach § 1884 BGB) oder gegen einen gesetzlichen Vertreter des Erben (z. B. einen **Betreuer, Nachlasspfleger**) geltend gemacht wird.

728   **Beispiel:**

K hat einen Pflichtteilsanspruch gegen B. Wenige Tage vor Eintritt der Verjährung stirbt B am 10.1. Der Erbe von B, nämlich E, nimmt die Erbschaft am 1.4. an. Die Verjährung tritt frühestens am 1.10. ein.

6. Verjährung von Vergütungsansprüchen des Betreuers

729   Der Vergütungsanspruch des Berufsbetreuers fällt unter das VBVG; dieser Anspruch erlischt nach 15 Monaten (§ 16 III VBVG). Für den Vergütungsanspruch des ehrenamtlichen Betreuers gegen den Betreuten (vgl. § 1876 BGB) gilt die 15-Monatsfrist nicht; hier ist die Verjährung einschlägig (§ 195 BGB).

X. Rechtsdienstleistung in Erbfällen

Besteht in einem gerichtlichen Verfahren **Anwaltszwang**, wie z. B. im Zi-   **730**
vilprozess vor dem Landgericht (§ 78 ZPO), kann der Betreuer als gesetzlicher Vertreter des Betreuten nur auftreten, wenn er selbst Rechtsanwalt
ist. Andernfalls muss er einen Rechtsanwalt beauftragen.

In Verfahren vor dem Nachlassgericht als erste Instanz und vor dem   **731**
Oberlandesgericht als Beschwerdegericht in Nachlasssachen besteht **kein
Anwaltszwang**. Deshalb können die Beteiligten das Verfahren selbst betreiben; sind sie *geschäftsunfähig*, handelt ihr Betreuer für sie (§§ 9 II, 10
I FamFG). Der Betreuer eines unter Betreuung stehenden Erben mit dem
Aufgabenkreis „Vermögenssorge" etc kann deshalb einen Erbscheinsantrag
beim Nachlassgericht stellen und gegen die Ablehnung Beschwerde einlegen, ohne dass Anwaltszwang besteht. In Sachen betreffend die Testamentsvollstreckung ist der Testamentsvollstrecker selbst Partei kraft Amts,
also selbst Beteiligter; er vertritt niemand.

Im **außergerichtlichen Bereich** enthält das **Rechtsdienstleistungsge-**   **732**
setz (RDG) Einschränkungen. Der Betreuer ist eine „gerichtliche bestellte
Person" (§ 8 I Nr. 1 RDG),[1] weshalb ihm Rechtsdienstleistungen *im Rahmen seines Aufgabenkreises* erlaubt sind. Als Betreuer eines Miterben darf
er z. B. mit den anderen Miterben Auseinandersetzungsverträge schließen,
mit Nachlassgläubigern über einen Forderungsverzicht verhandeln. Jedermann darf als Testamentsvollstrecker tätig werden (Einschränkungen in
§ 2201 BGB; berufsrechtliche Ausnahmen vgl. § 30 I 2 BtOG); die damit
in Zusammenhang stehenden rechtlichen Tätigkeiten sind erlaubt (§ 5 II
Nr. 1 RDG).

Ist dagegen die **Betreuung beendet**, etwa durch Tod des Betreuten, ist
der frühere Betreuer keine „gerichtlich bestellte Person" mehr, er unterliegt
also dem RDG, etwa wenn er den Nachlass des Betreuten im „Auftrag" der
Erben abwickelt (Rn. 515a, b). Unter das RDG fällt die rechtliche Prüfung
von Einzelfällen (§ 2 I RDG), also nicht eine wirtschaftliche Tätigkeit. Wer
Nachlassgegenstände verkauft, für die Immobilie einen Käufer sucht, die
Schulden bezahlt und das restliche Geld auf die Konten der Erben überweist, handelt wirtschaftlich. Für den Erbscheinsantrag und für die Erbschaftsteuererklärung könnte das zweifelhaft sein, wenn hier rechtliche
Fragen auftauchen.

---

1 Unstreitig, vgl. *Deckenbrock/Henssler*, RDG, 2021, § 8 Rn. 4.

733 **§ 1 RDG: Anwendungsbereich**

(1) Dieses Gesetz regelt die Befugnis, in der Bundesrepublik Deutschland außergerichtliche Rechtsdienstleistungen zu erbringen. Es dient dazu, die Rechtsuchenden, den Rechtsverkehr und die Rechtsordnung vor unqualifizierten Rechtsdienstleistungen zu schützen.

(2) Wird eine Rechtsdienstleistung ausschließlich aus einem anderen Staat heraus erbracht, gilt dieses Gesetz nur, wenn ihr Gegenstand deutsches Recht ist.

(3) Regelungen in anderen Gesetzen über die Befugnis, Rechtsdienstleistungen zu erbringen, bleiben unberührt.

734 **§ 2 RDG: Begriff der Rechtsdienstleistung**

(1) Rechtsdienstleistung ist jede Tätigkeit in konkreten fremden Angelegenheiten, sobald sie eine rechtliche Prüfung des Einzelfalls erfordert.

(2) Rechtsdienstleistung ist, unabhängig vom Vorliegen der Voraussetzungen des Abs. 1, die Einziehung fremder oder zum Zweck der Einziehung auf fremde Rechnung abgetretener Forderungen, wenn die Forderungseinziehung als eigenständiges Geschäft betrieben wird, einschließlich der auf die Einziehung bezogenen rechtlichen Prüfung und Beratung (Inkassodienstleistung). Abgetretene Forderungen gelten für den bisherigen Gläubiger nicht als fremd.

(3) Rechtsdienstleistung ist nicht:

1. die Erstattung wissenschaftlicher Gutachten,

2. die Tätigkeit von Einigungs- und Schlichtungsstellen, Schiedsrichterinnen und Schiedsrichtern,

3. ... (Beschäftigte),

4. die Mediation und jede vergleichbare Form der alternativen Streitbeilegung, sofern die Tätigkeit nicht durch rechtliche Regelungsvorschläge in die Gespräche der Beteiligten eingreift,

5. die an die Allgemeinheit gerichtete Darstellung und Erörterung von Rechtsfragen und Rechtsfällen in den Medien,

6. ... (verbundene Unternehmen).

§ 3 RDG: Befugnis zur Erbringung außergerichtlicher Rechtsdienstleistungen 735

Die selbständige Erbringung außergerichtlicher Rechtsdienstleistungen ist nur in dem Umfang zulässig, in dem sie durch dieses Gesetz oder durch oder aufgrund anderer Gesetze erlaubt wird.

§ 5 RDG: Rechtsdienstleistungen im Zusammenhang mit einer anderen Tätigkeit 736

(1) Erlaubt sind Rechtsdienstleistungen im Zusammenhang mit einer anderen Tätigkeit, wenn sie als Nebenleistung zum Berufs- oder Tätigkeitsbild gehören. Ob eine Nebenleistung vorliegt, ist nach ihrem Inhalt, Umfang und sachlichen Zusammenhang mit der Haupttätigkeit unter Berücksichtigung der Rechtskenntnisse zu beurteilen, die für die Haupttätigkeit erforderlich sind. Andere Tätigkeit im Sinne des Satzes 1 kann auch eine andere Rechtsdienstleistung sein.

(2) Als erlaubte Nebenleistungen gelten Rechtsdienstleistungen, die im Zusammenhang mit einer der folgenden Tätigkeiten erbracht werden:

1. Testamentsvollstreckung,

2. Haus- und Wohnungsverwaltung,

3. Fördermittelberatung.

§ 6 RDG: Unentgeltliche Rechtsdienstleistungen 737

(1) Erlaubt sind Rechtsdienstleistungen, die nicht im Zusammenhang mit einer entgeltlichen Tätigkeit stehen (unentgeltliche Rechtsdienstleistungen).

(2) Wer unentgeltliche Rechtsdienstleistungen außerhalb familiärer, nachbarschaftlicher oder ähnlich enger persönlicher Beziehungen erbringt, muss sicherstellen, dass die Rechtsdienstleistung durch eine Person, der die entgeltliche Erbringung dieser Rechtsdienstleistung erlaubt ist, durch eine Person mit Befähigung zum Richteramt oder unter Anleitung einer solchen Person erfolgt. Anleitung erfordert eine an Umfang und Inhalt der zu erbringenden Rechtsdienstleistungen ausgerichtete Einweisung und Fortbildung sowie eine Mitwirkung bei der Erbringung der Rechtsdienstleistung, soweit dies im Einzelfall erforderlich ist.

738   **§ 8 RDG: Öffentliche und öffentlich anerkannte Stellen**

(1) Erlaubt sind Rechtsdienstleistungen, die

  1. gerichtlich oder behördlich bestellte Personen,

  2. Behörden und juristische Personen des öffentlichen Rechts ein-
     schließlich der von ihnen zur Erfüllung ihrer öffentlichen Aufga-
     ben gebildeten Unternehmen und Zusammenschlüsse,

  ...

  im Rahmen ihres Aufgaben- und Zuständigkeitsbereichs erbringen.

(2) ...

Y. Nachlasspflegschaft – Der Betreuer als späterer Nachlasspfleger

1. Voraussetzungen und Auswirkungen der Nachlasspflegschaft

Ist der Betreute gestorben und sind die Erben unbekannt, oder ist unge- **739**
wiss, ob sie die Erbschaft angenommen haben, oder besteht sonst ein Bedürfnis für die Sicherung des Nachlasses vor Annahme der Erbschaft, hat
das Amtsgericht (Nachlassgericht) durch den Rechtspfleger die Nachlasspflegschaft anzuordnen und einen Nachlasspfleger als gesetzlichen Vertreter der „unbekannten" Erben zu bestellen (§§ 1960, 1961, 1885 BGB).

Die Nachlasspflegschaft wird angeordnet **740**

* **Von Amts wegen**, etwa wenn der Betreuer des Verstorbenen, das Heim,
  der Vermieter, die Bank usw. dies beim Nachlassgericht anregen und
  ein Bedürfnis dafür besteht (§ 1960 BGB), z.B. die Sicherung des
  Nachlasses vor Diebstahl, Zahlung von Schulden; oder

* Wenn ein **Nachlassgläubiger** die Anordnung beantragt (§ 1961 BGB).
  Der „vermögende" Betreute muss die Betreuervergütung selbst zahlen;
  sind die Erben des Betreuten „unbekannt", kann der Betreuer als Gläubiger der noch nicht bezahlten Vergütung die Anordnung beantragen,
  damit seine Vergütung gegen die „unbekannten Erben des Betreuten ..., vertreten durch den Nachlasspfleger N..." festgesetzt werden
  und vom Nachlasspfleger aus dem Nachlass bezahlt werden kann. Ein
  Kostenvorschuss kann vom antragstellenden Gläubiger nicht verlangt
  werden,[1] weil eine entsprechende Bestimmung im GNotKG fehlt; die
  Kosten der Pflegschaft hat der Nachlass bzw. die Staatskasse zu tragen.

Der Betreuer muss dann den Nachlass des Betreuten an den Nachlass- **741**
pfleger als Vertreter der Erben herausgeben. Der **Betreuer** braucht für die
Überweisung des Guthabens u. U. noch eine Genehmigung des Betreuungsgerichts, weil eine Verfügung des Betreuers im Sinne von § 1849 BGB vorliegt.[2] Zur Entgegennahme des Vermögens braucht der **Nachlasspfleger**

---

1 OLG Dresden FamRZ 2010, 1114 = ZErb 2010, 112; OLG Hamm FamRZ 2010, 1112 =
  ZErb 2010, 115; LG Köln NJW-RR 2009, 375; LG Oldenburg Rpfleger 1989, 460;
  Grüneberg/Weidlich § 1961 Rn. 1; teils a.A. *Weithase* Rpfleger 1993, 143.
2 OLG Karlsruhe FamRZ 2007, 2109 = NJW-RR 2008, 313 (dort lag eine befreite Betreuung vor).

eine Genehmigung des Nachlassgerichts nach § 1849 BGB, soweit nicht die Ausnahmen nach § 1849 IV BGB („Annahme der Leistung") eingreifen.

742   **Beispiel:**

Nach dem Tod des Betreuten B wird N zum Nachlasspfleger bestellt; der (nicht befreite) Betreuer überweist das Vermögen des Betreuten (200.000 Euro) auf das Konto des N (!), welcher das Geld hierauf veruntreut. Nun verlangt der Erbe des B vom Betreuer nochmalige Auszahlung der 200.000 Euro (§§ 1826, 1922 BGB). Falls die Überweisung genehmigungsbedürftig war und die Genehmigung fehlte, haftet der Betreuer (auch das Konto durfte nicht auf N lauten, sondern auf die „unbekannten Erben des B").

743   Der Nachlasspfleger kann nicht (wie ein Erbe des Betreuten) **auf die Schlussabrechnung** des Betreuers gegenüber dem Betreuungsgericht **verzichten** (Rn. 494), da im Verzicht auf Ansprüche möglicherweise eine wegen § 1854 Nr. 8 BGB genehmigungspflichtige Schenkung liegt. Selbst wenn keine Schenkung vorläge, bedürfte eine Entlastungserklärung des Nachlasspflegers als „Verfügung" der Genehmigung des Nachlassgerichts (§ 1849 BGB). Der Nachlasspfleger hat ferner eventuelle Schadensersatzansprüche des verstorbenen Betreuten gegen den Betreuer geltend zu machen (§ 1826 BGB). War der Betreuer als nichtberufsmäßiger Betreuer tätig, so dass er nicht nach den starren Sätzen des VBVG vergütet wird, sondern wegen § 1876 BGB Anspruch auf eine angemessene Vergütung hat, kann der Nachlasspfleger zur Angemessenheit der Vergütung des Betreuers Stellung nehmen; die Auszahlung der Vergütung kann er veranlassen.

2. Der Betreuer als späterer Nachlasspfleger

a) Allgemeines

744   Ist der Betreute gestorben und sind seine Erben im Rechtssinne „unbekannt", so dass eine Nachlasspflegschaft anzuordnen und ein Pfleger zu bestellen ist, fragt sich, ob auch der frühere Betreuer bestellt werden kann. Mit dem Tod des Betreuten ist sein Amt beendet. Das Nachlassgericht (Rechtspfleger) ist in der Auswahl des Nachlasspflegers frei. Zu bestellen ist eine natürliche Person, In- oder Ausländer, sie muss geeignet sein (§ 1885 BGB). Der frühere Betreuer kennt die finanziellen Verhältnisse des Betreuten genau, zumindest wenn zu seinem Aufgabenkreis die Vermögenssorge gehörte; das spricht für seine Eignung. Die **Bestellung** ist daher grundsätzlich **möglich**.[3]

---

3 *Siebert*, Nachlasspflegschaft, Rn. 104; *Klinger/Roth* NJW-Spezial 2005, 253; *Dodeggel Roth* H 19. Vgl. OLG Zweibrücken FamRZ 2008, 818 = NJW-RR 2008, 369.

Die mangelnde Eignung eines Nachlasspflegers kann sich aber aus **745**
einer **Interessenkollision** ergeben, etwa weil der Betreute Schadensersatzansprüche (§ 1826 BGB) gegen den Betreuten hat, die nun der Nachlasspfleger gegen ihn (d. h. gegen sich selbst) geltend machen müsste. Oder weil
der Betreuer selbst Forderungen gegen den Betreuten hatte (häufig, wenn
Betreuer und Betreuter miteinander verwandt sind) und sie möglicherweise
bevorzugt aus dem Nachlass begleichen will. Ein Nachlassgläubiger wird
daher in der Regel für das Amt des Nachlasspflegers nicht geeignet sein.[4]

Soweit die **Vergütung des Betreuers** beim Tod des Betreuten noch **746**
nicht voll beglichen ist muss man meines Erachtens unterscheiden:

Ist ein *berufsmäßiger* Betreuer tätig geworden, dann richtet sich die Ver- **747**
gütung nach dem VBVG, das kaum eine Ermessensentscheidung offen
lässt (Ausnahmen: Unklarheit, ob der Betreute in einem „Heim" untergebracht war; unklare berufliche Einordnung des Betreuers in Altfällen);
deshalb besteht in der Regel kein Interessengegensatz, der die Bestellung
des Betreuers zum Nachlasspfleger verbieten würde, auf keinen Fall dann,
wenn die Vergütung aus der Staatskasse beglichen wird. Im Übrigen wird
die Betreuervergütung ohnehin vom Betreuungsgericht festgesetzt, § 292a
FamFG (Rn. 523 ff.), so dass faktisch keine Interessenkollision besteht.

Anders ist es, wenn ein *ehrenamtlicher* Betreuer für einen *vermögenden* Be- **748**
treuten tätig wurde, weil sich hier die Vergütung nach der „Angemessenheit"
richtet (§ 1876 BGB), also der Nachlasspfleger mit sich als ehemaliger Betreuer im Interessengegensatz wäre (die Bestellung eines Verfahrenspflegers für
die Vergütungsfestsetzung wäre denkbar). Möglich wäre aber, den früheren
Betreuer zum Nachlasspfleger zu bestellen mit dem eingeschränkten Aufgabenkreis „Sicherung und Verwaltung des Nachlasses, ausgenommen der Ansprüche des Betreuers auf restliche Betreuervergütung; sowie Ermittlung der
Erben". Dann muss allerdings der Pfleger mit der Geltendmachung der Vergütung warten, bis die Pflegschaft aufgehoben wird (es sei denn, das Nachlassgericht geht nach §§ 1888, 1867 BGB vor) und es taucht das Fristproblem auf.
Nach anderer Ansicht[5] kann ein Betreuer, der gegen den Nachlass noch Vergütungsansprüche hat, in keinem Fall zum Nachlasspfleger bestellt werden.

Wurde der frühere Betreuer zum Nachlasspfleger bestellt, kann er die **749**
vom Betreuungsgericht bewilligte Vergütung an sich auszahlen; das Selbstkontrahierungsverbot des § 181 BGB steht nicht entgegen, da es um die
Erfüllung einer Verbindlichkeit geht.

Auch wenn ein früherer Betreuer zum Nachlasspfleger bestellt wird, **750**
sind die Tätigkeiten scharf zu trennen. Der Betreuer hat deshalb seine

---

4 BayObLG FamRZ 1993, 241.
5 *Dodegge/Roth* H 29; kritisch auch *Siebert,* Nachlasspflegschaft, Rn. 104, 105.

Schlussabrechnung beim Betreuungsgericht einzureichen (§ 1872 III BGB), der Nachlasspfleger kann die dort festgestellten Vermögenswerte als Anfangsvermögen (reduziert um Bestattungskosten) in seinem dem Nachlassgericht einzureichenden Verzeichnis (§§ 1888, 1835 BGB) einsetzen.

751   Wenn der Vermögens-Betreuer mit dem Nachlasspfleger identisch ist entfällt eine förmliche **Herausgabe des Vermögens** des Betreuten, d. h. des Nachlasses.

752   Der von den Betreuungsgerichten oftmals gewünschte Entlastung des Betreuers ist nicht möglich, weil Personenidentität besteht. Das schadet aber nicht, weil zwar der Erbe des Betreuten verzichten kann, aber selbst ein mit dem Betreuer nicht identischer Nachlasspfleger nicht (vgl. oben Rn. 743). Auch auf eine „Entlastung", was immer das sein soll, hat das Betreuungsgericht keinen Anspruch.[6]

753   **Betreuungsvereine** (d. h. juristische Personen) konnten bisher nicht zum Nachlasspfleger bestellt, weil nur natürliche Personen bestellt werden können (§ 1779 II a. F. BGB: „Person, die nach ihren persönlichen Verhältnissen …"); ab 2023 ist es genauso, obwohl § 1885 BGB nur noch von einem „geeigneten" Pfleger spricht.

754   Bei **Vereinsbetreuern** ist das möglich. Ob sie diese Nebentätigkeit allerdings betreiben und das Büro des Vereins dazu nutzen dürfen, richtet sich nach der Vereinbarung im Anstellungsvertrag.

b) Aufgaben und Vergütung des Nachlasspflegers[7]

755   Die Aufgaben des Nachlasspflegers richten sich nach den Angaben im Bestellungsbeschluss des Nachlassgerichts, in der Regel ist das die „Sicherung und Verwaltung des Nachlasses; Ermittlung der Erben".

756

Vergütung des Berufspflegers		Vergütung des ehrenamtlichen Pflegers	
Nachlass mittellos	Nachlass vermögend	Nachlass mittellos	Nachlass vermögend
§§ 1 bis 6 VBVG: zahlungspflichtig ist die Staatskasse	§ 1888 II 2 BGB: zahlungspflichtig ist der Nachlass	Auslagenersatz nach § 1877 BGB oder pauschalierte Aufwandsentschädigung nach § 1878 BGB, keine Vergütung	§ 1876 BGB: Vergütung nach Ermessen, Auslagenersatz

---

6 AG Neukölln BtPrax 1992, 77; *Roth* S. 79.
7 Dazu *Zimmermann*, Die Nachlasspflegschaft, 6. Aufl. 2023.

aa) Die **Stundenzahl des Nachlasspflegers** ist nicht wie im Betreu-   757
ungsrecht mittels Fallpauschalen vereinfacht, sondern richtet sich nach den
tatsächlich geleisteten, erforderlichen Stunden. Die Auslagen (z. B. Fahrtkosten, Beschaffung von Personenstandsurkunden bei den Standesämtern,
Porto, Kopien) und die Umsatzsteuer werden zusätzlich vergütet, stecken
also nicht (wie im Betreuungsrecht) in der Fallpauschale. **Berufspfleger** ist,
wer in der Regel mindestens 10 Pflegschaften und Betreuungen hat (es wird
also addiert); § 1 VBVG. **Mittellosigkeit** (vgl. §§ 1888, 1880 BGB) liegt
vor, wenn die Vergütung durch den Nachlass nicht gedeckt ist; dabei ist auf
den Aktivnachlass abzustellen.[8] Ein Schonvermögen (§ 90 SGB XII) wie
im Betreuervergütungsrecht gibt es bei der Nachlasspflegschaft nicht, der
ganze Nachlass ist einzusetzen.

bb) Der Berufspfleger erhält aus dem **mittellosen Nachlass** nichts,   758
dafür aber eine Vergütung aus der Staatskasse. Der Stundensatz richtet sich
nach § 3 I VBVG: je nach seiner Ausbildung erhält der Nachlasspfleger
23,00 Euro oder 29,50 Euro oder 39,00 Euro + Auslagen + 19 % MwSt.

cc) Der Berufspfleger erhält aus dem **vermögenden Nachlass** eine   759
Vergütung (§ 1888 II 2 BGB) sowie Ersatz seiner Auslagen und Aufwendungen (§§ 1877, 1878 BGB) und der Umsatzsteuer (19 %). Die Höhe der
Vergütung bestimmt sich nach drei Kriterien (§ 1915 I 2 BGB): die für
die Führung der Pflegschaft nutzbaren Fachkenntnisse; abgestellt wird also
darauf, welches Wissen der Nachlasspfleger vorhält; Umfang der Tätigkeit;
Schwierigkeit der Tätigkeit. Das *Vermögen* hat nur noch mittelbare Bedeutung, indem es sich auf den zeitlichen Umfang und die Schwierigkeit aus-
wirkt. Bei vermögenden Nachlässen wird das Nachlassgericht meist nach
Stundensätzen abrechnen; die Abrechnung nach der Höhe des Vermögens
(z. B. 5 % Prozent des Vermögens) wird kaum mehr vertreten.[9] Die Nach-
lassgerichte bewilligen bei einem etwas höheren Vermögen je Stunde meist
ca. 100 Euro je Stunde.[10]

---

8 BGH NJW 2021, 2657 (gespaltene Stundensätze); BayObLG FamRZ 2000, 1447 =
   Rpfleger 2000, 331.
9 BGH FamRZ 2021, 1837 = NJW 2021, 2657; nach BayObLG FamRZ 2000, 1447 =
   Rpfleger 2000, 331 ist „grundsätzlich" nach Zeitaufwand und Stundensatz abzurech-
   nen. „Immer nach Stunden": OLG Hamm FamRZ 2015, 1830 = ZEV 2021, 665.
10 OLG Frankfurt ZEV 2021, 629; OLG Karlsruhe NJW 2015, 2051; OLG München
   Rpfleger 2006, 405: 67 Euro; LG Schweinfurt ZErb 2009, 308: 100 Euro; OLG Dresden FamRZ 2016, 847 = ZEV 2015, 633: 90 Euro; jeweils + Auslagen + MwSt. **Vergütungsvereinbarungen** zwischen Erbe und Nachlasspfleger sind nach einer Einzelmei-
   nung OLG Celle FamRZ 2011, 1755 – ZErb 2011, 246 unwirksam; a. A. *Zimmermann*
   ZEV 2011, 631.

Z. Pflegefreibetrag und Bestattungskosten bei der Erbschaftsteuer

1. Abzug von Nachlassverbindlichkeiten, Bestattungskosten

§ 10 ErbStG: Steuerpflichtiger Erwerb   760

(1) Als steuerpflichtiger Erwerb gilt die Bereicherung des Erwerbers ...

...

(5) Von dem Erwerb sind, soweit sich nicht aus den Absätzen 6 bis 9 etwas anderes ergibt, als Nachlassverbindlichkeiten abzugsfähig

1. die vom Erblasser herrührenden Schulden, soweit sie nicht mit einem zum Erwerb gehörenden Gewerbebetrieb, Anteil an einem Gewerbebetrieb, Betrieb der Land- und Forstwirtschaft oder Anteil an einem Betrieb der Land- und Forstwirtschaft in wirtschaftlichem Zusammenhang stehen und bereits bei der Bewertung der wirtschaftlichen Einheit berücksichtigt worden sind;

2. Verbindlichkeiten aus Vermächtnissen, Auflagen und geltend gemachten Pflichtteilen und Erbersatzansprüchen;

3. die **Kosten der Bestattung** des Erblassers, die Kosten für ein angemessenes **Grabdenkmal**, die Kosten für die **übliche Grabpflege** mit ihrem Kapitalwert für eine unbestimmte Dauer sowie die Kosten, die dem Erwerber unmittelbar im Zusammenhang mit **der Abwicklung, Regelung oder Verteilung des Nachlasses** oder mit der **Erlangung des Erwerbs** entstehen. Für diese Kosten wird insgesamt ein Betrag von **10.300 Euro ohne Nachweis abgezogen**. Kosten für die Verwaltung des Nachlasses sind nicht abzugsfähig.

...

(8) Die von dem Erwerber zu entrichtende eigene Erbschaftsteuer ist nicht abzugsfähig.

...

a) Kosten der Bestattung des Erblassers

761 Das sind die kommunalen und kirchlichen Gebühren für jegliche Art der Bestattung, auch Trauerkleidung,[1] Trauerfeier, Musik, Grabrede, Leichenschmaus (für eine ortsübliche Anzahl von Personen im ortsüblichen Umfang von Essen und Trinken), Todesanzeigen, Danksagung, Fahrtkosten für mittellose Angehörige zur Bestattung. Anhaltspunkte findet man in der Rechtsprechung zu § 1968 BGB. Abzuziehen ist, was ein Dritter darauf entrichtet, z. B. eine Sterbegeldversicherung. Sie stecken in der Pauschale von 10.300 Euro.

b) Kosten für ein angemessenes Grabdenkmal

762 Darunter fallen die Kosten für den Erwerb des Nutzungsrechts von der Friedhofsverwaltung für die Mindestruhezeit, das Grabdenkmal,[2] die Inschriften, die Einfassung, die erstmalige Bepflanzung. Grenze ist die Angemessenheit, die sich nach den finanziellen Verhältnissen, dem sozialen Status und der Ortsüblichkeit richtet. Sie stecken in der Pauschale von 10.300 Euro.

c) Kosten für die übliche Grabpflege

763 Sie werden mit ihrem Kapitalwert für eine unbestimmte Dauer angesetzt. Die üblichen Kosten (etwa 250 bis 350 Euro je Jahr) sind mit 9,3 zu multiplizieren (§ 13 II BewG). Sie stecken in der Pauschale von 10.300 Euro.

d) Erbschaftsabwicklungskosten

764 Das sind Kosten, die dem „Erwerber" (d. h. dem Erben, Vermächtnisnehmer usw.) unmittelbar im Zusammenhang mit der Abwicklung, Regelung oder Verteilung des Nachlasses oder mit der Erlangung des Erwerbs entstehen. Bei mehreren Erben sind diese Kosten nach Erbquoten aufzuteilen. Darunter fallen: Gebühren des Nachlassgerichts für die Testamentseröffnung und den **Erbschein**, Testamentsvollstreckerzeugnis, die Eintragung im Grundbuch, Kosten eines Erbenermittlers, eines Nachlasspflegers; Kosten eines Rechtsanwalts (§ 35 RVG) bzw. Steuerberaters für die **Erstellung**

---

1 *Meincke,* ErbStG, § 10 Rn. 43. Ausführlich zu allen Details Ziffer 29 ErbStH (Hinweise zu den Erbschaftsteuerrichtlinien) von 2019; sowie die ErbStR vom 19.12.2019 (im Internet über Google).
2 BFHE 275, 353 = ZEV 2022, 298.

der Erbschaftsteuererklärung,[3] die sich nach § 35 RVG bzw. § 24 I Nr. 12 StBerGebVO richten (die Kosten eines Einspruchs oder der Klage gegen den Erbschaftsteuerbescheid sollen nach Auffassung der Finanzverwaltung vom Abzug ausgeschlossen sein), Kosten eines Gutachtens, damit der Nachlass für die ErbSt-Erklärung bewertet werden kann; Kosten eines Testamentsvollstreckers aber nur teilweise (nämlich soweit für die Konstituierung, Abwicklung und Aufteilung des Nachlasses angefallen). Steuerberatungskosten für die Nachentrichtung der vom Erblasser hinterzogenen Steuern, Kosten für die **Haushaltsauflösung** und **Räumung** der Erblasserwohnung sind ebenfalls abzugsfähig.[4] Alle diese Kosten stecken in der Pauschale von 10.300 Euro, die deshalb nur für ärmere Nachlässe relevant ist.

e) Kosten der Nachlassverwaltung

Das sind z. B. Kosten eines Hausverwalters, weitere Kosten der Dauertestamentsvollstreckung, Kosten der Entmüllung[5] des geerbten Hauses: Sie können nicht nach § 10 V ErbStG abgezogen werden, sind aber evtl. für die Einkommensteuer des Erben relevant. **765**

f) Nicht bezahlte Pflegekosten

Wurde der Erblasser gepflegt und ist die Vergütung noch nicht bezahlt, **765a** können die entsprechenden Schulden u. U. vom Nachlass abgezogen werden. Der Abzug einer angemessenen Vergütung als Erblasserschuld setzt aber voraus, dass aus den Umständen ein eindeutiger **vertraglicher Bindungswille zur entgeltlichen Erbringung** der Pflegeleistungen erkennbar wird. Leistungen des Erben, die dieser aufgrund einer von ihm angenommenen moralischen Verpflichtung erbringt, sind nicht gemäß § 10 V ErbStG als Nachlassverbindlichkeiten abziehbar.[6] Hilfreich ist z. B. ein schriftlicher Vertrag.

g) Pauschale oder Einzelnachweis

Der Erbe kann wählen, ob er alle Einzelposten darlegt und ggf. nachweist, **766** dann können u. U. mehr als 10.300 Euro abgezogen werden. **Ohne Nachweis** können immer je Erbfall **10.300 Euro** abgezogen werden, auch wenn

---

3 *Klose* ZEV 2006, 150 mit Nachweisen.
4 BFHE 272, 93 = FamRZ 2021, 893 = ErbR 2021, 530 = ZEV 2021, 271.
5 FG Baden-Württemberg ZEV 2015, 248.
6 BFH FamRZ 2014, 1017 = ZEV 2014, 269.

nur geringere Kosten angefallen sind (§ 10 ErbStG). Miterben können den Pauschbetrag nur anteilig (je nach Erbquote) ansetzen.

2. Freibetrag bei unentgeltlichen Pflegeleistungen des Erben

767   **§ 13 ErbStG: Steuerbefreiungen**

(1) Steuerfrei bleiben …

9. ein steuerpflichtiger Erwerb bis zu 20.000 Euro, der Personen anfällt, die dem Erblasser unentgeltlich oder gegen unzureichendes Entgelt **Pflege** oder Unterhalt gewährt haben, soweit das Zugewendete als angemessenes Entgelt anzusehen ist.

…

768   Ein Betrag bis zu 20.000 Euro unterliegt nicht der Erbschaftsteuer, gleichgültig wie hoch der Nachlass ist, wenn drei Voraussetzungen vorliegen:

a) Pflegeleistung durch eine nicht dazu verpflichtete Person

769   Die Pflegeleistung, d. h. die tatsächliche Pflege im persönlichen oder privaten Bereich, die Fürsorge für das Wohlbefinden eines Menschen, kann meist nicht förmlich „nachgewiesen" werden; die Finanzbehörde ist auf die Angaben des Erben zur Pflege angewiesen. Eine Pflegeleistung ist in der Regel nur möglich, wenn eine gewisse räumliche Nähe besteht (wenn die Erbin in Berlin wohnt, die Erblasserin dagegen in München, ist kaum glaubhaft, dass sie laufend gepflegt wurde). Eine einmalige Leistung genügt nicht, eine gewisse Regelmäßigkeit und Dauer[7] wird man verlangen müssen. Jedoch muss die Pflege nicht täglich erfolgen.

770   Die pflegende Person ist dazu *verpflichtet*, wenn es sich um den Ehegatten (oder gleichgeschlechtlichen registrierten Lebenspartner) handelt (§ 1353 BGB; § 2 LPartG), ebenso Verwandte in gerader Linie wie z. B. Kinder im Verhältnis zu ihren Eltern und umgekehrt (§ 1601 BGB);[8] desgleichen Personen, die aufgrund eines Anstellungsvertrages pflegen. **Auch gesetzlich verpflichtete Personen** (z. B. Ehegatte, Kinder) erhalten den Freibetrag,[9] anders die früher h. M.

---

7 *Daragan/Halaczinsky/Riedel/Griesel*, ErbStG, § 13 Rn. 77.
8 Vgl. LfSt Bayern ZEV 2014, 221.
9 BFH BStBl II 2017, 1069 = BFHE 258, 86 = FamRZ 2017, 1358; a. A. RFH RStBl 1931, 675.

b) Die Erbringung der Pflegeleistung erfolgte unentgeltlich

Oder sie erfolgte gegen unzureichendes Entgelt. Unzureichend ist eine   771
Gegenleistung, das nicht den üblichen Entgelten entspricht. Wesentlich
ist grundsätzlich, welches Entgelt tatsächlich bezahlt wurde, nicht was vereinbart wurde. Die **Pflege durch den Betreuer** kann entgeltlich erfolgen,
wenn der Betreuer mit dem *geschäftsfähigen* Betreuten einen Pflegvertrag
geschlossen hat; war der Betreute *geschäftsunfähig*, dann ist ein Pflegevertrag
(wegen des Verbots des Insichgeschäfts, §§ 1824, 181 BGB) nur wirksam,
wenn insoweit für den Betreuten ein Ergänzungsbetreuer bestellt worden ist.

Erfolgte die Pflege durch eine dritte Person **gegen Entgelt** und sind   772
insoweit noch Schulden des Erblassers vorhanden, dann kann der Erbe den
geschuldeten Betrag als Nachlassverbindlichkeit vom Nachlass in Abzug
bringen (§ 10 V Nr. 1 ErbStG); der Nachweis gegenüber der Finanzbehörde
kann schwierig sein. Beim Zahlungsempfänger scheidet die Anwendung
von § 13 ErbStG schon deswegen aus, weil er nicht Erbe geworden ist (er
muss u. U. sogar für seinen „Lohn" Einkommensteuer zahlen).

Hatte der Erbe den Erblasser **gegen angemessenes Entgelt selbst ge-**   773
pflegt und ist hier noch eine Zahlung offen, dann kann der Erbe den geschuldeten Betrag als Nachlassverbindlichkeit vom Nachlass in Abzug bringen (§ 10 V Nr. 1 ErbStG); da dann eine entgeltliche Pflege vorlag, kann
kein Pflegefreibetrag von bis zu 20.000 Euro zusätzlich gewährt werden. In
einem solchen Fall kann beim Erben Einkommensteuer anfallen; hat er ein
Grundstück geerbt, kann für den entgeltlichen Teil Grunderwerbsteuer anfallen (13.5 Abs. 5 ErbSt-Richtlinien 2011), die je nach Bundesland 3,5 %
bis 6,5 % beträgt (falls der Wert von 2.500 Euro überschritten wird, § 3
Nr. 1 GrEStG), während unentgeltlicher Erwerb eines Grundstücks durch
Erbschaft sonst grunderwerbsteuerfrei ist (§ 3 Nr. 2 GrEStG).

Der BFH[10] sagt: Wenn dem Erben vom Erblasser versprochen worden
ist, ihn zum Erben dafür einzusetzen, dass er ihn pflegt und der Erbe deshalb einen Anspruch auf angemessene Vergütung gegen den Erblasser hat,
kann diese Schuld als Nachlassverbindlichkeit berücksichtigt werden kann;
die Pflegepauschale entfalle in diesem Fall. – Allerdings können die Erben
den Nachweis eines ernsthaft vereinbarten und durchgeführten Vertrages
mangels schriftlicher Vereinbarung häufig nicht führen.

Auslagen der pflegenden Person (z. B. Fahrtkosten, Kauf von Pflege-   774
mitteln, Betteinlagen usw.) können neben der Pflegepauschale nicht geltend gemacht werden, sie sind mit abgegolten. Etwas anderes gilt nur dann,
wenn die Auslagen aufgrund eines nachgewiesenen(!) entgeltlichen Ge-

---

10 BFHE 176, 48 = FamRZ 1995, 481 = BB 1995, 188.

schäftsbesorgungsvertrages (§ 675 BGB) erfolgten und insoweit ein Ersatzanspruch aus § 670 BGB gegen den Erblasser bestand; dann sind die vom Erblasser nicht beglichenen Aufwendungen als Nachlassverbindlichkeit abzuziehen (§ 10 V Nr. 1 ErbStG); RE 10.9 Abs. 5 ErbSt-Richtlinien 2019.

c) Angemessenes Entgelt

775 Das Zugewendete (d.h. die Erbschaft, bzw. das Vermächtnis) muss als angemessenes Entgelt für die Pflegeleistung anzusehen sein. Der Freibetrag beträgt höchstens 20.000 Euro, kann aber auch geringer sein. Ob Angemessenheit vorliegt, richtet sich nach Art und Umfang der erbrachten Pflegeleistungen, die somit gegenüber dem Finanzamt zu schildern sind. Im ersten Schritt muss festgestellt werden, welche Pflegeleistungen sich der Erblasser erspart hat, im zweiten Schritt sind sie zu bewerten.[11] Teils wird hierbei auf die Pauschalen für häusliche Pflege nach § 36 III SGB XI abgestellt, teils auf den Tariflohn für ungelernte Pflegekräfte.[12] Beispielsweise kann bei einer unentgeltlichen Pflegetätigkeit von nur drei Monat nicht der volle Freibetrag von 20.000 Euro gewährt werden; betrug der objektive Wert der Pflegeleistung z.B. nur 6.000 Euro, wird nur ein Freibetrag von 6.000 Euro bewilligt.

3. Freibetrag, Steuerklassen, Steuersätze

776 Je nach ihrer Nähe zum Erblasser haben die Erben (Vermächtnisnehmer) unterschiedlich hohe Freibeträge (§ 16 ErbStG), z.B.:

777 **§ 16 ErbStG: Freibeträge**

(1) Steuerfrei bleibt in den Fällen der unbeschränkten Steuerpflicht (§ 2 Absatz 1 Nummer 1 und Absatz 3 ErbStG) der Erwerb

1. des Ehegatten und des Lebenspartners in Höhe von 500.000 Euro;

2. der Kinder im Sinne der Steuerklasse I Nr. 2 und der Kinder verstorbener Kinder im Sinne der Steuerklasse I Nr. 2 in Höhe von 400.000 Euro;

3. der Kinder der Kinder im Sinne der Steuerklasse I Nr. 2 in Höhe von 200.000 Euro;

4. der übrigen Personen der Steuerklasse I in Höhe von 100.000 Euro;

5. der Personen der Steuerklasse II in Höhe von 20.000 Euro;

---

11 *Daragan/Halaczinsky/Riedel/Griesel*, ErbStG, § 13 Rn. 81.
12 So FG Rheinland-Pfalz EFG 2007, 1095.

6. (weggefallen)

7. der übrigen Personen der Steuerklasse III in Höhe von 20.000 Euro.

(2) …

§ 15 ErbStG: Steuerklassen 778

(1) Nach dem persönlichen Verhältnis des Erwerbers zum Erblasser oder Schenker werden die folgenden drei Steuerklassen unterschieden:

Steuerklasse I:

1. der Ehegatte und der Lebenspartner,

2. die Kinder und Stiefkinder,

3. die Abkömmlinge der in Nummer 2 genannten Kinder und Stiefkinder,

4. die Eltern und Voreltern bei Erwerben von Todes wegen;

Steuerklasse II:

1. die Eltern und Voreltern, soweit sie nicht zur Steuerklasse I gehören,

2. die Geschwister,

3. die Abkömmlinge ersten Grades von Geschwistern,

4. die Stiefeltern,

5. die Schwiegerkinder,

6. die Schwiegereltern,

7. der geschiedene Ehegatte und der Lebenspartner einer aufgehobenen Lebenspartnerschaft;

Steuerklasse III:

alle übrigen Erwerber und die Zweckzuwendungen.

…

§ 19 ErbStG: Steuersätze 779

(1) Die Erbschaftsteuer wird nach folgenden Prozentsätzen erhoben:

Wert des steuerpflichtigen Erwerbs (§ 10) bis einschließlich … Euro	Prozentsatz in der Steuerklasse		
	I	II	III
75.000	7	15	30

Wert des steuerpflichtigen Erwerbs (§ 10) bis einschließlich … Euro	Prozentsatz in der Steuerklasse		
	I	II	III
300.000	11	20	30
600.000	15	25	30
6.000.000	19	30	30
13.000.000	23	35	50
26.000.000	27	40	50
über 26.000.000	30	43	50

(…)

780   **Beispiel:**

Frau E setzt ihre Nachbarin, die mit ihr nicht verwandt ist (daher Steuerklasse III), sie aber seit Jahren unentgeltlich gepflegt hat, als Erbin ein. Nachlass netto 100.000 Euro. Davon geht der allgemeine Freibetrag von 20.000 Euro ab (Rn. 777), ferner der Pflegefreibetrag von 20.000 Euro (Rn. 767) und pauschal 10.300 Euro Bestattungskosten (Rn. 766), so dass die restlichen 49.700 Euro mit 30 % zu versteuern sind, was eine Erbschafsteuer von 14.910 Euro ergibt.

Das ErbSt-Recht ist umfangreich und kompliziert; die Zuziehung eines Steuerberaters ist oft notwendig.

4. Kontrollmitteilungen

781   Das Finanzamt, das für die Erbschaftsteuer zuständig ist, ist nicht identisch mit dem Finanzamt für die sonstigen Steuern, z. B. die Einkommensteuer. Es erfolgen wechselseitige Kontrollmitteilungen, damit hinterzogene Steuern aufgedeckt werden können.[13] Das Erbschaftsteuerfinanzamt hat dem Finanzamt, das für die **Besteuerung des Erblassers** nach dem Einkommen zuständig ist, den ermittelten Nachlass mitzuteilen, wenn dessen Reinwert (hinterlassene Vermögenswerte abzüglich Erblasserschulden mit Ausnahme einer Zugewinnausgleichsverpflichtung) mehr als 250.000 Euro beträgt.

Das für die Erbschaftsteuer zuständige Finanzamt hat dem Finanzamt, das für die **Besteuerung des Erwerbers** nach dem Einkommen zuständig ist, den Erwerb mitzuteilen, wenn dessen erbschaftsteuerlicher Bruttowert (Anteil an den hinterlassenen Vermögenswerten ohne Abzug der Erblasserschulden zuzüglich Wert der sonstigen Erwerbe) mehr als 250.000 Euro beträgt.

---

13   Erlass ZEV 2015, 308.

Stichwortverzeichnis